Multiparentalidade
e Efeitos Sucessórios

Multiparentalidade e Efeitos Sucessórios

2020

Michele Vieira Camacho

MULTIPARENTALIDADE E EFEITOS SUCESSÓRIOS
© Almedina, 2020
AUTOR: Michele Vieira Camacho
DIAGRAMAÇÃO: Almedina
DESIGN DE CAPA: FBA
ISBN: 9788584935772

Dados Internacionais de Catalogação na Publicação (CIP)
(Câmara Brasileira do Livro, SP, Brasil)

Camacho, Michele Vieira
Multiparentalidade e efeitos sucessórios / Michele
Vieira Camacho. – São Paulo : Almedina, 2020.

Bibliografia.
ISBN 978-85-8493-577-2

1. Direito de família 2. Filiação (Direito)
3. Multiparentalidade 4. Parentesco (Direito)
5. Paternidade (Direito) 6. Sucessão familiar
I. Título.

19-31659   CDU-347.63

Índices para catálogo sistemático:

1. Filiação : Direito de família e sucessões :
Direito civil 347.63

Maria Paula C. Riyuzo - Bibliotecária - CRB-8/7639

Este livro segue as regras do novo Acordo Ortográfico da Língua Portuguesa (1990).

Todos os direitos reservados. Nenhuma parte deste livro, protegido por copyright, pode ser reproduzida, armazenada ou transmitida de alguma forma ou por algum meio, seja eletrônico ou mecânico, inclusive fotocópia, gravação ou qualquer sistema de armazenagem de informações, sem a permissão expressa e por escrito da editora.

Janeiro, 2020

EDITORA: Almedina Brasil
Rua José Maria Lisboa, 860, Conj.131 e 132, Jardim Paulista | 01423-001 São Paulo | Brasil
editora@almedina.com.br
www.almedina.com.br

Teus filhos não são teus filhos.
São filhos e filhas da vida anelando por si própria.
Vêm através de ti, mas não de ti.
E, embora estejam contigo, a ti não pertencem.
Podes dar-lhes amor, mas não teus pensamentos,
Pois que eles têm seus pensamentos próprios.
Podes abrigar seus corpos, mas não suas almas.
Residem na casa do amanhã,
que não podes visitar sequer em sonhos
Podes esforçar-te por te pareceres com eles,
Mas não procures fazê-los semelhantes a ti.
Pois a vida não recua, não se retarda no ontem.
Tu és o arco do qual teus filhos,
Como flechas vivas, são disparados.
Que tua inclinação na mão do Arqueiro
Seja para a alegria:
Pois, assim como ele ama a flecha que voa,
Ama também o arco que permanece estável.

Gibran Khalil Gibran (1883-1923), *O Profeta*.

Dedico esse trabalho ao Professor Titular da Universidade de São Paulo, Doutor Álvaro Villaça Azevedo, que, com sua gentileza e genialidade, me fez ver o abstrato e traduzi-lo em palavras.

AGRADECIMENTOS

Agradeço aos meus pais, Carlos e Elis, fonte inesgotável de amor, carinho e compreensão, e aos meus irmãos, Fabrício e Bruno, pelos vínculos preciosos e indissolúveis que nos unem: o natural e o afeto incondicional.

NOTAS DA AUTORA

O mundo acadêmico exige textos em linguagem acurada, muitas vezes erudita e, neste caso, certamente, adequada a um público afeito aos termos jurídicos.

Mas este não é um livro pura e tão somente técnico. Afinal, ele segue o movimento da vida, que cria jurisprudência. Por isso, penso que ele se destina não apenas a grupos de estudiosos da área jurídica: quero me dirigir a todos os que defendem os direitos dos filhos, sejam eles pais biológicos ou socioafetivos, grupos familiares que a vida foi formando a partir de relações de afeto e responsabilidade.

Desejo que os filhos saibam de seu direito à filiação e que os pais percebam a importância que eles têm nesse processo de desenvolvimento psicossocial dos filhos.

Considerando a importância do vínculo de sangue e da responsabilidade dos pais biológicos, procurei levantar a questão da Multiparentalidade, fruto das relações afetivas dos vários tipos de família que foram se apresentando ao longo do tempo.

Como o leitor poderá observar, aqui relembramos, como base de nossa linha de raciocínio, tanto os Direitos da Personalidade como os Princípios da Dignidade da Pessoa Humana, da Paternidade Responsável e do Melhor Interesse da Criança.

A Constituição Federal de 1988 não permite a discriminação entre os filhos, independente das variadas formas que a família se apresenta hoje na sociedade. O afeto ganhou relevância jurídica, atribuindo direitos e responsabilidades aos que o compartilham. Os contornos da adoção delinearam-se mais claramente. E a ciência veio em auxílio das pessoas que, impossibilitadas de gerar, valeram-se de inseminação e outros meios legítimos para formar sua família.

Mas o que queremos destacar é que, quando pensamos no futuro, ao cotejarmos a doutrina e a jurisprudência, sempre é preciso estar atento ao melhor interesse do filho, o que será definido por ele mesmo ao buscar a tutela da parentalidade não reconhecida.

A era do afeto pode ter sufocado a importância biológica. O afeto de todos os que o rodeiam e que participam de seu desenvolvimento é importante ao filho, porém o reconhecimento de sua ascendência biológica não fica em segundo plano: são partes do mesmo sistema que servem para orientar o desenvolvimento físico e psicossocial. E, quando ambos os requisitos se encontram em pais (ou mães) distintos, há que se reconhecer a Multiparentalidade, a fim de que se complete o alicerce necessário a um ambiente de sólida promoção.

E, quando tratamos da isonomia entre os filhos, a promoção pessoal e sua integração na sociedade, não podemos deixar de abordar um dos direitos que lhes é tolhido quando negado o seu reconhecimento – como o direito sucessório. Sua negativa deságua no tratamento desigual entre os irmãos que, por questões íntimas e pessoais dos adultos, decidiram escolher aqueles que queriam como "filhos", revertendo totalmente a máxima de que a filiação é um direito basilar do filho e não pode ficar aos auspícios, aos interesses escusos e desmandos dos adultos.

Assim, este livro procurou responder a várias perguntas que dizem respeito à cumulação de algumas formas de filiação – tanto ao público específico que deseja resolver juridicamente as questões que envolvem a família brasileira do século 21, como aqueles que desejam compreender a importância da proteção dos filhos.

Aos nossos colegas de profissão, propomos a análise dos seguintes pontos cruciais:

A Multiparentalidade pode ser considerada ativismo judicial ou a necessidade de o Estado de regular uma demanda social existente? Os reflexos da Multiparentalidade serão realmente benéficos à sociedade ou gerarão efeitos que o Estado e as próprias partes não saberão solucionar? Poderemos regredir ao preterir algum filho em detrimento de outros, atribuindo efeitos sucessórios de forma limitada? Poderá o Poder Judiciário passar por palco da ganância do homem pela busca do reflexo patrimonial, fazendo da filiação moeda de troca? Para garantir a formação completa de sua personalidade e definição de sua identidade, o ser humano necessita ter para si o mundo genético e afetivo a seu favor? A proteção do integrante do núcleo familiar enquanto sujeito individual de direitos encontra influência nessa nova necessidade individual? São essas e mais perguntas que nos fazemos quando tratamos do tema da Multiparentalidade, que se torna mais emblemático quando posta a questão patrimonial. Isto porque o instituto não está regulamentado em lei, porém a caracterização do vínculo biológico e afetivo em pessoas diferentes dos pais registrais é uma realidade social, o que gera demandas no Poder Judiciário – demandas que encontram as mais diversas respostas, causando enorme insegurança jurídica.

É desse modo que esperamos que este livro venha a contribuir para a clareza do instituto e a conclusão de sua verdadeira eficiência e eficácia na sociedade.

São Paulo, primavera de 2019.

PREFÁCIO

Há mais de 30 séculos a família já era constituída por outras formas, como, por exemplo, pelo casamento religioso, muito embora na edição do Decreto nº 181, denominado "Estatuto do Casamento Civil" de 24.01.1890, houve a vinculação da filiação legítima às "justas núpcias", nos moldes do Artigo 56, §1º.

Assim, por largo período, a determinação enraizou-se em nossa cultura, gerando inúmeras injustiças e diferenciações entre os filhos, chegando a haver uma verdadeira categorização entre legítimos e ilegítimos.

Nesse sentido, sugeri ao Relator da Constituinte de 1988, senador Bernardo Cabral, que fizesse constar um parágrafo no Artigo 227, da Constituição Federal – a cópia do Artigo 202, do Código Familiar do Estado do México de Hidalgo: "Os filhos não recebem qualificativo algum: são iguais ante a lei, a família, a sociedade e o Estado". Entretanto, foi inserido outro texto no §6º que, a meu ver, pode ser interpretado como proteção limitativa aos discriminados filhos consanguíneos extraconjugais e adotivos, em igualdade de condições aos conjugais. A minha visão não se curva: discriminações entre os filhos é inconstitucional e afronta o princípio de Direito Natural da preservação da dignidade da pessoa humana.

Ocorre que, os novos contornos sociais e a evolução da ciência fizeram surgir outros vínculos parentais, fato apontado pelo artigo 1.593 do Código Civil, que deixa ao auspício dos operadores do direito a definição.

E é exatamente para coibir essa discriminação que Michele Vieira Camacho busca estudar o Instituto da Filiação, iniciando por um resgate histórico do tema junto ao Direito Romano, para se "compreender a força de suas conquistas, que não permitem retrocesso". Ao estudar o Instituto em consonância com ditames doutrinários e jurisprudenciais, conclui-se que não já juízo de valor entre as formas de filiação, sendo que deverá ser observado o princípio do melhor interesse da criança.

Isto porque, como bem observa a autora, o reconhecimento ao Estado de Filiação é um direito do filho, já que a família deixou de se tornar o centro para tornar-se um meio impulsionador de bem-estar e promoção física, psicossocial e econômica de seus integrantes.

Assim, uma vez demonstrado pela sociedade que os vínculos afetivo e biológico são unissonamente importantes para o filho, a coexistência entre pessoas distintas fez nascer a Multiparentalidade.

A autora muito bem aponta que a Multiparentalidade é uma realidade social viva dentro dos lares, que se dissemina no Brasil e em vários países afora, restando a cada Estado o dever de regulamentar essas situações já existentes, cujos reflexos benéficos dependem da responsabilidade dos envolvidos de resguardarem o melhor interesse do filho.

Diante disso, aduz que "a Multiparentalidade alcança verdadeiro medidor do estado democrático de direito, já que fundamentada em um de seus elementos: a dignidade da pessoa humana. E ela constitui, ainda, verdadeira proteção para o filho, pois chama os pais à responsabilidade do ofício parental, retirando do abstrato o mandamento constitucional da *paternidade responsável*".

E não há que se falar em patrimonialização da filiação por eventual "dupla herança" em face de eventual multiplicidade de vínculos, como bem aponta a autora, já que não se pode "negar o reconhecimento a um direito líquido e certo (filiação), por uma expectativa de direito (herança), baseada em mero juízo de valor", o que em sua visão, se mostra tão injusto quanto ilegal. Para isso, traz capítulo específico sobre os "Aspectos Sucessórios", com riquíssima contribuição acadêmica.

O fato é que a Multiparentalidade é um recente fenômeno originado nos lares, exigindo dos operadores do direito o diálogo entre diversos princípios e normas a fim de dar à sociedade a resposta mais adequada ao caso concreto. Pelo estágio embrionário, se mostra um grande desafio aos juristas a sua aplicação, o que faz da presente obra uma grande contribuição ao universo jurídico, já que a autora muito bem apresenta o tema, reproduzida por vasta pesquisa, inclusive internacional, o que resultou em sua aprovação na banca de Mestrado da Faculdade de Direito da Universidade de São Paulo, com brilhante exposição que a levou a aprovação "cum laude" (com louvor).

A visão futurista da autora, sempre com o intuito de contribuição, demonstra que algumas omissões ou inaptidões legislativas podem causar entraves ou até mesmo o desvirtuamento do Instituto da Filiação, motivo pelo qual finaliza a pesquisa com algumas sugestões de alteração ou inclusão de dispositivos que poderão facilitar o reconhecimento dos direitos intrínsecos ao Estado de Filiação contemporâneo e trazer segurança jurídica e proteção a quem eles devem ser devidamente atribuídos.

Dito isto, versa a autora sobre um dos temas contemporâneos mais importantes e de grande relevância ao Direito, sendo a Multiparentalidade, com vistas à proteção integral do direito dos filhos enquanto sujeitos de direitos, consonância com os Direitos da Personalidade e com os Princípios da Dignidade da Pessoa Humana e da Paternidade Responsável.

São Paulo, 23 de setembro de 2019.

PROFESSOR DOUTOR ÁLVARO VILLAÇA AZEVEDO

SUMÁRIO

1. INTRODUÇÃO — 25

2. DIREITO ROMANO — 31
   2.1 Importância e Utilidade do Direito Romano — 32
   2.2 Evolução Histórica — 34
   2.3 Fontes — 36
   2.4 Família – Evolução do Parentesco — 40
   2.5 Sucessão "*Ab Intestato*" — 43

3. FAMÍLIAS — 49
   3.1 Breve Relato Histórico — 50
   3.2 Conceito de Família — 55
   3.3 Breve Histórico das Entidades Familiares — 58
       3.3.1 Famílias Reconstituídas — 65
           3.3.1.1 Do Repúdio ao Reconhecimento — 65
           3.3.1.2 Conceito e Reflexo na Filiação — 66

4. PARENTALIDADE E SUAS ESPÉCIES — 69
   4.1 Relações de Parentesco — 70
       4.1.1 Classificação do Parentesco — 73
           4.1.1.1 Natural/Consanguíneo — 74
           4.1.1.2 Civil — 76
           4.1.1.3 Afinidade — 77
       4.1.2 Efeitos do Parentesco — 79
   4.2 Filiação e Outros Aspectos — 81

4.2.1 Sistema de Filiação no Brasil ... 81
4.2.2 Conceito ... 85
4.2.3 Natureza Jurídica ... 88
4.2.4 Classificação ... 90
    4.2.4.1 Natural ... 91
    4.2.4.2 Presuntiva ... 91
        4.2.4.2.1 Presunção pelo Critério Nupcialista ... 92
        4.2.4.2.2 Presunção pelas Técnicas de Reprodução Assistida ... 95
    4.2.4.3 Técnicas de Reprodução Assistida e Principais Aspectos ... 100
        4.2.4.3.1 Cessão Temporária de Útero ... 101
        4.2.4.3.2 Doador de Material Genético ... 105
        4.2.4.3.3 Multiplicidade de Parentes Genéticos ... 106
        4.2.4.3.4 Clonagem Reprodutiva ... 108
        4.2.4.3.5 Discriminação Genética ... 109
    4.2.4.4 Adoção ... 110
    4.2.4.5 Socioafetiva ... 113
        4.2.4.5.1 Afetividade e sua Relevância Jurídica ... 114
        4.2.4.5.2 Filhos de Criação ... 120
        4.2.4.5.3 Adoção à Brasileira ... 121
        4.2.4.5.4 Famílias Reconstituídas ... 123

5. MULTIPARENTALIDADE ... 125
    5.1 Considerações Sobre o Fenômeno ... 127
        5.1.1 Reações Doutrinárias ... 131
        5.1.2 Característica Híbrida do Instituto ... 133
        5.1.3 Fundamentação ... 134
            5.1.3.1 Repercussão Geral nº 622/STF ... 138
    5.2 Dicotomia entre "Estado de Filiação" e "Ascendência Genética" ... 139
        5.2.1 Efeito relativista axiológico entre a Isonomia e os Direitos da Personalidade ... 144
    5.3 Melhor Interesse do Filho ... 146
    5.4 Função Social da Parentalidade ... 149
    5.5 Aspectos Pessoais e Sociais ... 150
    5.6 Critérios para Reconhecimento da Multiparentalidade ... 157

5.6.1	Ascendência Biológica Natural	159
5.6.2	Socioafetividade	161
5.6.3	Técnicas de Reprodução Assistida	163
5.6.4	Adoção	165

5.7 Decisão Do STF e os Aspectos Centrais da Concessão da Multiparentalidade 169
    5.7.1 Limitação do Julgado 169
    5.7.2 Principais Efeitos 173
    5.7.3 Teses Contrárias 174

5.8 Decisões Judiciais 178
    5.8.1 Supremo Tribunal Federal 180
    5.8.2 Superior Tribunal de Justiça 184
    5.8.3 Tribunais de Justiça de Segundo Grau 186
    5.8.4 Decisões de Juízos de Primeiro Grau 188
    5.8.5 Breves Relatos Sobre a Relevância Processual Junto ao STJ 191
        5.8.5.1 Ação de Investigação de Paternidade 192
        5.8.5.2 Ação Negatória de Paternidade 192
        5.8.5.3 Ação Anulatória de Paternidade 193

5.9 Legislação Nacional 194

5.10 Legislações e Decisões Judiciais Estrangeiras 197
    5.10.1 Estados Unidos da América 198
        5.10.1.1 Alasca 200
        5.10.1.2 Califórnia 203
            5.10.1.2.1 Caso Michael *versus* Gerald 204
            5.10.1.2.2 Caso MC 205
        5.10.1.3 Dakota do Norte 208
        5.10.1.4 Delaware 209
        5.10.1.5 Flórida 209
        5.10.1.6 Louisiana 210
        5.10.1.7 Maine 211
        5.10.1.8 Nova Jersey 212
        5.10.1.9 Nova Iorque 212
        5.10.1.10 Oregon 213
        5.10.1.11 Pensilvânia 214
        5.10.1.12 Washington 214
        5.10.1.13 Washington D.C. 215

        5.10.1.14 Breve Relato Histórico sobre a Responsabilidade
do Padrasto   216
    5.10.2 Canadá   217
    5.10.3 Holanda   218

6. ASPECTOS DA SUCESSÃO LEGITIMÁRIA   219
  6.1 Proteção da Legítima de Forma Isonômica   221
    6.1.1 Colação   224
  6.2 Responsabilidade Parental   225
  6.3 Sucessão e Filiação x Patrimonialização   228
  6.4 Obstáculos a Herdar, Criados pelo Legislador   231
  6.5 Multiplicidade de Ascendentes   232
  6.6 Multiplicidade de Descendentes   234
    6.6.1 Adoção   235
      6.6.1.1 Adoção Plena   235
      6.6.1.2 Adoção Afetiva   237
    6.6.2 Técnicas de Reprodução Assistida   239
      6.6.2.1 Inseminação Artificial Homóloga   239
      6.6.2.2 Inseminação Artificial Heteróloga e Cessão
Temporária de Útero   240
      6.6.2.3 Doador de Material Genético   242
    6.6.3 Sucessão Avoenga   243
  6.7 Multiplicidade Sucessória Enfrentada pelo STJ   244

7. Sugestão de *"Lege Ferenda"*   247
  7.1 Filiação   248
  7.2 Adoção   251
  7.3 Doadores   252
  7.4 Gestação por Substituição   254
  7.5 Isonomia Sucessória   256

8. CONCLUSÕES   257

REFERÊNCIAS   263
1. Doutrina   263
2. Documentos em Suporte Eletrônico   272
3. Decisões Judiciais Nacionais   276

4. Decisões Judiciais Estrangeiras	285
5. Enunciados	287
6. Legislação Nacional	288
7. Legislação Estrangeira	292

APÊNDICE 295
Entrevista com Psicóloga especialista em família 295

1. Introdução

A eclosão do interesse pela temática do *direito à filiação*, evidenciado pela proteção constitucional e seguido pela elevação do tema "afeto" a valor jurídico; o retorno da proteção à filiação biológica; e o prestígio dado ao elemento "vontade" do filho na constituição do Estado de Filiação – tudo isso nos faz refletir sobre esses assuntos e sua disposição legal como conceitos norteadores de ações, a fim de atender à evolução sociocultural e preservar direitos, sem impor limites que venham a desvirtuar o Instituto da Filiação.

Torna-se essencial a sincronia entre fato e direito, como poeticamente nos ensina Virgílio de Sá Pereira:

> Mas sempre vos direi que o legislador não cria a família, como o jardineiro não cria a primavera. [...] soberano não é o legislador, soberana é a vida. Onde a fórmula legislativa não traduz outra cousa que a convenção dos homens, a vontade do legislador impera sem contraste.[1]

No mesmo sentido, Antônio Menezes Cordeiro ensina que "o Direito é a ciência que visa solucionar problemas concretos e a solução depende de múltiplos factores, entre os quais, naturalmente, as leis e as numerosas relações que entre elas se estabeleçam"[2].

---

[1] PEREIRA, Virgilio de Sá. *Direito de família*: lições do professor catedrático de direito civil. 3. ed. atual. legislativamente. Rio de Janeiro: Forense, 2008. p. 51-56.

[2] CORDEIRO, Antônio Menezes. *Tratado de direito civil português I*: parte geral. 3. ed. Coimbra: Almedina, 2005. v. 1. p. 25-26.

Em um passado não muito distante, vimos a impossibilidade de os filhos denominados "ilegítimos" auferirem o devido reconhecimento, sob o argumento de que a sociedade precisava "proteger a instituição do casamento" e "manter a paz em família" – limitação inaceitável nos dias atuais, em que o filho é protegido em sua individualidade e como sujeito de direitos, sem qualquer submissão de direitos ao grupo a que pertence.

Iniciamos o presente estudo com o resgate histórico do Direito Romano para compreendermos as raízes do Instituto da Filiação e Sucessão, para ficarmos cientes de como esses assuntos eram tratados e para observar quais foram as mudanças para sua adequação social. Em Roma, evidenciou-se o tratamento desumano a que eram submetidos os filhos, motivo pelo qual achamos importante relembrar esse contexto, ainda que pertencente a uma realidade extinta, pois entendemos que a sociedade precisa saber de sua origem histórica e compreender a força de suas conquistas, que não permitem retrocesso.

Em seguida, passamos a tratar do tema *família*. Realizamos um breve relato histórico e fazemos considerações a respeito de sua formação e influência na contemporaneidade, sempre com os olhos voltados para a filiação múltipla, tema central objeto de nosso estudo.

Na sequência, abordamos o tema parentalidade, sendo que a filiação constitui uma das espécies de parentesco. Assim, passamos a observar alguns aspectos conflitantes com respeito à Doutrina, como a polêmica quanto à integração da afinidade.

Passadas as primeiras considerações sobre a definição de filiação, sua integração ao sistema jurídico e aspectos polêmicos, passamos a investigar o fenômeno da multiparentalidade, os critérios para seu reconhecimento, o eventual potencial lesivo aos filhos, seu reconhecimento jurisprudencial e sua fundamentação legal.

No decorrer de todo o nosso trabalho procuramos trazer pareceres dos juristas que, atentos ao fenômeno e seus reflexos sociais e jurídicos, expressam suas opiniões consubstanciadas em suas experiências e estudos na área do Direito de Família, contribuindo imensamente não apenas para a compreensão como também para a lapidação do Instituto da Filiação. Além disso, na apresentação dos julgados, em capítulo próprio e de forma esparsa em todo o trabalho, passamos a apontar a tendência jurisprudencial.

1. INTRODUÇÃO

Passado esse tópico, colocamo-nos imersos a tratar dos aspectos sucessórios legitimários, sendo que este é um dos efeitos decorrentes do reconhecimento do Estado de Filiação. Deparamos, então, com um grande desafio: afinal, estamos tratando de muitas questões que, pela maturidade embrionária do Instituto da Multiparentalidade, ainda não encontram um lugar definido na sociedade e no Direito. Entretanto, acreditamos que conseguimos expor as principais polêmicas e apresentamos alguns conceitos e princípios que desmistificam certos entraves, como os que resultam na limitação que conflui para a chamada "dupla herança".

Entendemos, ainda, ser de grande valia o levantamento das abordagens desse assunto na legislação estrangeira – o que demonstra que, muito embora recente no Brasil, o fenômeno já vem acontecendo em outros países como Canadá, Estados Unidos e Holanda, onde a reação dos operadores jurídicos se faz presente como resultado do compromisso estatal para normatizar o convívio social.

No Brasil, a dimensão axiológica do Artigo 1.593 homenageia a cláusula geral de proteção à filiação imposta pelo legislador, prestigiando duas espécies de parentesco que decorrem da relação natural e daquelas decorrentes das relações civis entre os cidadãos. Não há juízo de valor[3]: o legislador não pretere uma relação à outra, tampouco indica qual deva permanecer em caso de multiplicidade, e diferente não o poderia ser, já que se assim o fizesse permitiria o tratamento desigual aos filhos – o que refletiria em anacronismo do Código Civil quanto ao Instituto da Filiação. Portanto, como a dinâmica social vai criando novos vínculos de

---

[3] Muito embora a partícula "ou" imposta no artigo 1.593 do Código Civil possa nos remeter a escolha entre o parentesco natural ou civil, o fato é que as conjunções têm seu valor condicionado ao contexto em que são inseridas, devendo o leitor encontrar a coerência existente no texto, interpretando-o a fim de "adequá-lo à situação, levando em conta intenção (...), objetivos, destinatários, regras socioculturais, outros elementos da situação, uso dos recursos linguísticos, etc.". CHAROLLES, Michel. *Introdução aos problemas da coerência dos textos*. In: GALVES, C.; ORLANDI, P. E.; OTONI, P. (Orgs.). *O texto: leitura e escrita*. 2ª ed. Campinas: Pontes, 1997, p. 49; MARCUSCHI, Luiz Antônio. *Linguística do Texto: o que é e como se faz*. São Paulo: Parábola Editorial, 2012, p. 76. Assim, permitir a cumulação entre os parentescos natural e civil traz coerência no texto, em encontro com os comandos constitucionais da dignidade da pessoa humana, paternidade responsável, isonomia, além dos princípios do melhor interesse do filho e função social da parentalidade.

forma imprevista aos olhos do legislador, a proteção do parentesco que dela advém e sua eventual cumulação fica ao auspício da jurisprudência.

Isto porque observamos que a dissociação cultural entre a origem genética e a função paterna nos remete ao fenômeno da multiparentalidade, representando "duas faces de um mesmo rosto fotografado para ser uno, mas que, não raro, se biparte ou fragmenta, e vem de encontro aos limites da norma jurídica"[4].

Assim, podemos encontrar o arbítrio do Poder Judiciário em aplicá-la nos termos que julgar válidos. Diante desse quadro, as decisões vão se apresentando na medida em que a sociedade demanda soluções adequadas e urgentes. De todo modo, o fato é que as relações de família possuem uma dinâmica inalcançável pelo constituinte em tempo real – o que exige do Poder Judiciário um ativismo imediato, que deve ser consubstanciado em princípios que fundamentem esse ativismo.

A realidade pulsante das relações familiares coloca o Direito em ritmo desacelerado, exigindo dos operadores constantes modificações. Por exemplo: há menos de uma década, o conceito de multiparentalidade[5] já havia sido indeferido "por impossibilidade jurídica do pedido de uma pessoa ter dois pais". Porém, um mês após o julgado, o mesmo relator decidiu conceder a multiparentalidade[6]. Desse modo, depois de menos de uma década, a Corte Maior manifestou-se sobre o assunto e

---

[4] FACHIN, Luiz Edson. Paternidade e ascendência genética. In: LEITE, Eduardo de Oliveira (Coord.). *Grandes temas da atualidade*: DNA como meio de prova da filiação. Rio de Janeiro: Forense, 2000. p. 166.

[5] BRASIL. Tribunal de Justiça do Rio Grande do Sul. Apelação Cível nº 70027112192. Apelante: S.O.K. Apelado: S.N.A.S. Relator: Desembargador Claudir Fidélis Faccenda, Oitava Câmara Cível. Porto Alegre/RS, 2 de abril de 2009. Disponível em: <http://www.tjrs.jus.br/busca/search?q=70027112192&proxystylesheet=tjrs_index&client=tjrs_index&filter=0&getfields=*&aba=juris&entsp=a__politica-site&wc=200&wc_mc=1&oe=UTF-8&ie=UTF-8&ud=1&sort=date%3AD%3AS%3Ad1&as_qj=70004131520&site=ementario&as_epq=&as_oq=&as_eq=&as_q=+#main_res_juris>. Acesso em: 06 jan. 2018.

[6] BRASIL. Tribunal de Justiça do Estado do Rio Grande do Sul. Apelação Cível nº 70029363918. Apelante: M. P. Apelado: N. L. C. A. Relator: Desembargador Claudir Fidelis Faccenda, Oitava Câmara Cível. Santa Maria/RS, 7 de maio de 2009. Disponível em: <http://www.tjrs.jus.br/busca/search?q=70029363918&proxystylesheet=tjrs_index&client=tjrs_index&filter=0&getfields=*&aba=juris&entsp=a__politica-site&wc=200&wc_mc=1&oe=UTF-8&ie=UTF-8&ud=1&sort=date%3AD%3AS%3Ad1&as_qj=70008795775&site=ementario&as_epq=&as_oq=&as_eq=&as_q=+#main_res_juris>. Acesso em: 5 jan. 2018.

1. INTRODUÇÃO

reconheceu a possibilidade da cumulação dos vínculos socioafetivo e biológico[7], atendendo assim aos reclames sociais.

Posto que a multiparentalidade é a "tentativa de dar conta da vida real"[8], observamos que ela é operada nos quatro cantos do nosso Brasil e acaba miscigenando-se às mais variadas formas de família. A título de exemplo, deparamos com o cenário de múltipla referência paterna e materna havido nas famílias reconstituídas. Isto demonstra que a multiparentalidade é necessária nos casos em que os laços de sangue não são conjugados aos de afeto. Consequentemente, pessoas distintas somam-se e tornam-se essenciais no processo de desenvolvimento do filho.

Por fim, procuramos demonstrar que algumas omissões ou inaptidões legislativas podem causar entraves ou até mesmo o desvirtuamento do Instituto da Filiação, motivo pelo qual finalizamos o presente trabalho com algumas sugestões de alteração ou inclusão de dispositivos que poderão facilitar o reconhecimento dos direitos intrínsecos ao Estado de Filiação contemporâneo e trazer segurança jurídica e proteção a quem eles devem ser devidamente atribuídos.

---

[7] BRASIL. Supremo Tribunal Federal. *Recurso Extraordinário* nº 898.060, do Tribunal de Justiça do Estado de Santa Catarina. Relator: Ministro Luiz Fux, Tribunal Pleno. Brasília, DF, 21 de setembro de 2016. Disponível em: <http://stf.jus.br/portal/jurisprudencia/listarJurisprudencia.asp?s1=%28898060%29&base=baseAcordaos&url=http://tinyurl.com/htbwlaj>. Acesso em: 5 jan. 2018.

[8] Psicóloga Flávia Moreno. Vide referências no Apêndice A.

2. Direito Romano

Nos dias de hoje, o Direito Romano é estudado pelos historiadores e operadores do Direito como instituto de grande revolução jurídica, sendo que é precursor de regras de convivência social. Ao longo da História, percebe-se que ele se aprimorou para atender aos anseios da sociedade de cada período, chegando até os dias atuais como uma joia que, lapidada, nos apresenta inúmeros frutos, como o *Civil Law*, utilizado na maior parte do mundo[9].

Entendemos que a apresentação do Direito Romano é especialmente importante para a abordagem do tema em questão, onde se evidencia que a procura das raízes está intimamente ligada à dignidade do ser humano, que busca, no resgate de sua História, a compreensão de seu presente.

Não por acaso, ao prefaciar a Consolidação das Leis Civis e Penais, o Ministro Nilson Naves, do Superior Tribunal de Justiça, já alertou para a importância do resgate histórico da cultura jurídica de um país, sem que haja qualquer confusão entre "o que é antigo com o que é obsoleto"[10].

---

[9] O sistema romano-germânico é utilizado na América Latina, Europa Ocidental, parte da Ásia e da África. Cf. SISTEMA romano-germânico. *Wikipedia* (PT) (base bibliográfica do verbete: MARTINS, Isidoro. Sistema Romano-Germânico. História do Direito Nacional, Memória Jurídica Nacional, Ministério da Justiça). Disponível em: <https://pt.wikipedia.org/wiki/Sistema_romano-germ%C3%A2nico>. Acesso em: 10. ago. 2017.

[10] NAVES, Nilson. Apresentação. In: FREITAS, Augusto Teixeira de. *Consolidação das leis civis*. Prefácio de Ruy Rosado de Aguiar. Brasília: Senado Federal, Conselho Editorial, 2003. 2 v.

Entretanto, há necessidade de temperamentos e restrições. Ninguém pode olvidar que as normas jurídicas são criadas para atender às necessidades da sociedade de um período específico.

Nesse sentido, o civilista português José Homem Corrêa Telles, em crítica à "Lei da Boa Razão", promulgada pelo Rei Dom José de Portugal, em 1769, já observou que, no caso de lacunas da Lei, devem ser utilizadas as regras dos costumes e o Direito Romano, sempre levando em conta a "boa razão" para desprezar as regras e leis inaplicáveis à época vigente[11].

Assim, a intenção deste capítulo será trazer um breve resgate histórico do Direito Romano, sempre com olhos voltados para a tratativa da filiação e suas nuances, com o intuito de compreendermos seu surgimento e as principais mudanças que ocorreram no decorrer dos períodos. Assim, serão destacados os seguintes temas: a importância do Direito Romano; sua evolução histórica; as fontes do Direito; a evolução do parentesco; e, por fim, o surgimento da sucessão *ab intestato* com a proteção à legítima.

2.1 Importância e Utilidade do Direito Romano

Inicialmente, faremos breves, porém importantes considerações, a respeito da evolução histórica da família e da sucessão, com um olhar mais atento à filiação, que é o objeto central do presente estudo.

A humanidade vive em constante mudança e as experiências passadas do homem se acumulam, influenciando sua nova forma de viver[12]. Não é diferente, quando se trata do sistema jurídico.

Nesse sentido, há influência das disposições romanas em inúmeros sistemas jurídicos e sua disseminação em cada sociedade – como, por exemplo, o código civil francês de 1804 e o código alemão de 1900, que influenciaram diversos outros sistemas jurídicos, como o italiano de 1865 e o suíço de 1911[13].

---

p. X et seq. Disponível em: <http://www2.senado.leg.br/bdsf/handle/id/496206>. Acesso em: 30 ago. 2017.
[11] TELLES, José Homem Corrêa. *Comentário Crítico à Lei da Boa Razão*. Lisboa: 1865. p. 28-65/ 88-92.
[12] COULANGES, Fustel de. *A cidade antiga*. 2.ed. Tradução de J. Cretella Jr. e Agnes Cretella. São Paulo: Editora Revista dos Tribunais, 2011. p. 17.
[13] CRUZ, Sebastião. *Direito Romano (Ius Romanum)*: I. Introdução. Fontes. 4. ed. revista e atualizada. Coimbra: Dislivro, 1984. p. 90.

2. DIREITO ROMANO

No Brasil, essa influência tornou-se evidente com a colonização portuguesa, que era regida pelo sistema jurídico romano desde sua separação da Espanha, que se deu em 1640. Denota-se que o Código Civil Brasileiro de 1916 teve como base os princípios das Ordenações Filipinas por Portugal, em 1603, e de outros códigos modernos – entre eles o alemão *Burgerliches Gesetzbuch* (BGB), de 1900 – sendo todas as leis editadas sob a influência do Direito Romano[14].

Abelardo Cunha Lobo ressalta a aplicabilidade do Direito Romano na maioria dos conceitos trazidos em nosso Direito Civil atual[15]. Verifica-se, portanto, que o Código Civil conservou a influência marcante do Direito Romano, lapidada por séculos.

Nesse sentido, A. Van Hove[16] assevera a importância do estudo do Direito Romano para aplicação do Direito na atualidade, já que "Muitos princípios do Direito Romano estão de perfeita harmonia com a recta razão, e por isso formam como que uma filosofia jurídica perene". Assim, a formação do verdadeiro jurista deve ser precedida pelos estudos romanistas, sob pena de o rigor legalista se sobrepor àquele que deve trazer a justiça[17].

Assim, concluído que as normas jurídicas estão intimamente ligadas à sociabilidade do homem e seu caráter não repressivo, mas sim de liberdade[18], elas devem ser estudadas em sua origem, já que serão reformuladas para sua adaptação às necessidades sociais.

Diante disso, quando estudamos o Direito Romano como fonte, tornamo-nos detentores da origem histórica dos institutos e, portanto, melhores intérpretes daquela norma, a fim de aplicá-la ao caso concreto com a prudência que lhe é exigida para o alcance, ainda que desafiador, da justiça da decisão.

---

[14] CORREIA, Alexandre; SCIASCIA, Gaetano. Manual de Direito Romano e textos em correspondência com os artigos do Código Civil Brasileiro. 4. ed. São Paulo: Saraiva, 1961. v.1. p. 13-15.
[15] CUNHA LOBO; Abelardo Saraiva da. Curso de Direito Romano. História. Sujeito e Objeto de Direito. Instituições Jurídicas. Brasília: Senado Federal, 2006. p. 17.
[16] VAN HOVE, Alphonse. *Prolegomena Iuris* (Lovaina, 1965) *apud* CRUZ, Sebastião. *Direito Romano (Ius Romanum):* I. Introdução. Fontes. 4. ed. revista e atualizada. Coimbra: Editora Dislivro, 1984. (Prefácio).
[17] CRUZ, Sebastião. *Direito Romano (Ius Romanum):* I. Introdução. Fontes. 4. ed. revista e atualizada. Coimbra: Editora Dislivro, 1984. p. 2.
[18] Ibid., p. 8-9.

2.2 Evolução Histórica

A evolução histórica do Direito Romano sucede a formação do Estado, que possui suas origens atreladas ao desenvolvimento das relações familiares e da propriedade privada.

O Alemão Friedrich Engels, filósofo do Século XIX, faz um paralelo entre as origens da família, da propriedade privada e do Estado, vinculando os institutos entre si com base nas suas respectivas evoluções. Para ele, a criação e aumento da produção de trabalho gerou riquezas colocando o homem no domínio da casa, introduzindo o direito paterno e fazendo surgir, posteriormente, a família monogâmica, que deu origem à propriedade privada através da proteção à terra cultivada por determinada unidade familiar, resultando posteriormente na criação do Estado, sendo que se fez necessária a utilização de uma força maior que organizasse a vida das pessoas em sociedade, sendo, portanto, resultado do desenvolvimento dos povos. Na sua condição de comunista, critica a atuação do Estado na vida das pessoas que, comparado com as civilizações gentílicas originárias, representa divisão da sociedade em classes desaguando na desigualdade social. (pg. 197-220).[19]

Mas o fato é que o Estado também trouxe outros benefícios para a evolução da sociedade, já que os povos originados de tribos gentílicas não tinham a capacidade de se auto organizar em detrimento da sua crescente expansão e geração de riquezas.

Assim, no decorrer de sua existência, o Direito Romano passou por inúmeras transformações para adequar-se às condições políticas, sociais e econômicas vigentes em cada época. Afinal, para garantir a convivência em sociedade de forma harmônica e uniforme, a humanidade precisou criar normas escritas a partir de um Direito Consuetudinário – e evidentemente, esse objetivo não foi alcançado de imediato.

Geralmente os estudiosos[20] adotam a divisão criada pelo filósofo alemão Gottfried Wilhelm Leibniz (1646-1716), entre a História interna

---

[19] ANGELS, Friedrich. *A Origem da Família, da Propriedade Privada e do Estado*. Tradução de Ciro Mioranza. São Paulo: Editora Lafonte, 2017. p. 197-220.
[20] Nesse sentido: GIORDANI, Mário Curtis. *Iniciação ao Direito Romano*, 5. ed. Rio de Janeiro: Lumen Juris, 2003. p. 3; MOREIRA ALVES, José Carlos. *Direito Romano*. 16. ed. Rio de Janeiro: Forense, 2014. p. 1-2; CHAMOUN, Ebert. *Instituições de Direito Romano*. 6. ed. Rio de Janeiro: Rio, 1977. p. 15.

(evolução do Direito Privado Romano) e História externa (desenvolvimento das fases da História política do povo romano).

Com base nesses critérios, temos a seguinte divisão da História externa: Realeza (754 a.C. a 510 a.C.); República (510 a.C. a 27 a.C.); Principado (27 a.C. a 285 d.C.); e Dominato (285 d.C a 565 d.C.).

Quanto à História interna, adota-se a seguinte divisão: Período do Direito Pré-Clássico (754 a.C. até a promulgação da Lei *Aebutia*, entre 149 e 126 a.C.[21]); Período do Direito Clássico (da promulgação da Lei *Aebutia* até o término do governo de Diocleciano, em 305 d.C.); e Período do Direito Pós-Clássico (305 d.C. até a morte de Justiniano, em 565 d.C.).

No Período Pós-Clássico, destaca-se a importância do imperador Justiniano, que codificou as obras jurídicas dos principais jurisconsultos romanos do Período Clássico e compilou as constituições imperiais de seus antecessores, sendo que esse conjunto de obras é denominado *"Corpus Iuris Civilis"*, composto por: Institutas; Digesto; Código; Novelas[22].

Percebe-se que a denominação *"Corpus Iuris Civilis"* (Corpo do Direito Civil) foi dada pelo romanista francês Dionísio Godofredo, em 1538, quando da sua edição das obras[23].

Outra divisão, proposta por Sebastião Cruz, apresenta o *Ius Romanum* repartido em períodos históricos, facilitando a compreensão da origem das normas e seu conteúdo, denominado "critério jurídico interno", composto pelos períodos: a) Arcaico (753 a.C. – 130 a.C.); b) Clássico (130 a.C. – 230 d.C.); c) Pós-Clássico (230 d.C. – 530 d.C.); e d) Justinianeu (530 d.C. – 565 d. C)[24].

Registra-se que o aspecto intelectual dos jurisconsultos ganhou grande repercussão na época clássica, apogeu do Direito Romano, quando houve grande riqueza e qualidade de elaboração de novos institutos, bem como aplicabilidade destes ao caso concreto[25].

---

[21] Lei que substituiu o sistema das ações da lei pelo processo formulário.

[22] Em complemento, a Constituição Imperial mais antiga é de Públio Élio Trajano Adriano, mais conhecido como Adriano, Imperador de Roma de 117 a 138 d.C. VOLTERRA, Eduardo. *Instituciones de Derecho Privado Romano*. Madrid: Editorial Civitas, 1986. p. 33-44.

[23] MOREIRA ALVES, José Carlos. *Direito Romano*, 16. ed. Rio de Janeiro: Forense, 2014. p. 50.

[24] CRUZ, Sebastião. *Direito Romano (Ius Romanum)*: I. Introdução. Fontes. 4. ed. revista e atualizada. Coimbra: Editora Dislivro, 1984. p. 39-91.

[25] Ibidem, p. 46-47.

Assim, o estudo da História do Direito Romano, de indiscutível superioridade em relação aos outros sistemas normativos da antiguidade[26], se faz imperioso, por nos remeter, inclusive, ao desafiante caminho da evolução da vida em sociedade do próprio ser humano, consideradas sua cultura, necessidades e fraquezas.

Logo, a estrutura dos institutos jurídicos e a denominada técnica jurídica moderna desenvolvem-se na tradição romana, por meio de princípios estabelecidos pelos jurisconsultos[27], essenciais à convivência social e à finalidade do Direito[28].

Conclui-se, portanto, que o Direito Romano não é ultrapassado: na verdade, por meio de ininterrupta tradição secular, constitui grande parte da substância viva do Direito Contemporâneo.

2.3 Fontes

As fontes do Direito são as formas pelas quais se concretiza a estrutura normativa de determinada sociedade. Denota-se que as fontes do Direito se apresentam conforme a condição histórica e social de seu povo[29].

Nesse sentido, as fontes do Direito Romano eram: leis, costume[30], plebiscito, senatus-consulto, editos dos magistrados, respostas dos jurisconsultos e constituições imperiais[31].

---

[26] A superioridade do Direito Romano se evidencia quando comparado com os direitos antigos, como por exemplo o Direito do Antigo Oriente, cuja base legislativa era de origem religiosa, resultando em um sistema sem princípios jurídicos gerais para formar um sistema jurídico e normatizar a vida social e econômica daquele povo (VOLTERRA, Eduardo. *Instituciones de Derecho Privado Romano*. Madrid: Editorial Civitas, 1986. p. 36-37).

[27] Por exemplo, aquele instituído por Ulpiano, D. 1, 1, 10pr. "Iustitia est constans et perpetua voluntas ius suum cuique tribuendi". Tradução livre: "Justiça é a vontade constante e perpétua de dar a cada um o seu direito". D.1.1.10.1 "Iuris praecepta sunt haec: honeste vivere, alterum non laedere, suum cuique tribuere. Tradução livre: "Os preceitos de direito são estes: viver honestamente, não lesar outrem, dar a cada um o que é seu. MADEIRA, Hélcio Maciel França. *Digesto de Justiniano, liber primus*: introdução ao Direito Romano / Imperador do Oriente Justiniano I. Prólogo de Pierangelo Catalano. 4. ed. rev. da tradução. São Paulo: Editora Revista dos Tribunais, 2009. p. 24.

[28] BIONDI, Biondo. *Istituzioni di Diritto Romano*. 4. ed. Milão: Giuffrè, 1972. p. 7.

[29] REALE, Miguel. *Lições preliminares de Direito*. 27. ed. São Paulo: Saraiva, 2011. p. 139 et seq.

[30] Ao apontar as fontes do Direito Romano no séc. II d.C., em Gai.1,2, Gaio não faz menção ao costume, o que é objeto de crítica de Alexandre Correia e Gaetano Sciascia, já que não existiu a abolição expressa de tal fonte (CORREIA, Alexandre; SCIASCIA, Gaetano. *Manual de Direito Romano e textos em correspondência com os artigos do Código Civil Brasileiro*. 4. ed. v. I. São Paulo: Saraiva, 1961. p. 21-22).

2. DIREITO ROMANO

Na Realeza, os costumes – *mos maiorum* – eram fontes de Direito[32]. E, muito embora permeados de controvérsias a respeito da sua existência[33], há relatos de que, nesse período, as primeiras leis foram as *lex regiae*, propostas pelo Rei para aprovação do povo reunido em comício por cúrias ou centúrias, cuja finalidade era regulamentar regras costumeiras de convívio social, em especial as de origem religiosa[34].

Na República, os plebiscitos se davam quando da votação da *lex rogata*, apenas pelos plebeus e vinculante apenas a estes, vindo a ser equiparados às leis apenas em 286 a.C., quando seus efeitos passaram a ser extensivos aos patrícios. Os editos dos magistrados – *comunicações feitas pelos magistrados republicanos da forma de administração dos negócios de sua competência* – também contavam nessa época[35].

Verifica-se na "Lei das XII Tábuas", promulgada em 450 a.C., a principal "*lex rogata*". Proposta por uma comissão pré-determinada para sua elaboração, os *decem viri legibus scribundis*, aprovada pelo povo e, então, escrita em primeiro momento em 10 tábuas e, posteriormente, concluída em outras 2 tábuas, tem-se o primeiro registro de normas escritas que dispõem sobre *família e sucessões* e que esteve em vigor, portanto, até a elaboração do *Corpus Iuris Civilis*, de Justiniano[36].

No final da República e no início do Principado, correspondente ao Período Clássico do Direito Romano, época em que surgiram as principais obras jurídicas[37], destaca-se a atividade tríplice da *iurisprudencia*: aconselhar a forma de realização dos negócios jurídicos (*cavere*), assistir às partes no processo (*agere*) e, por fim, dar parecer ou sentença a particulares ou a magistrados sobre questões jurídicas, sendo que aqui se concretizava a Ciência do Direito (*respondere*).[38]

---

[31] CHAMOUN, Ebert. *Instituições de Direito Romano*. 6. ed. Rio de Janeiro: Rio, 1977. p. 33. Cf. também: CRUZ, Sebastião. *Direito Romano (Ius Romanum)*. Coimbra, 1984. p. 169-174; CORREIA; SCIASCIA, op. cit., p. 13-15.
[32] Nesse sentido: CRUZ, op. cit., p. 169-174; CORREIA; SCIASCIA, op. cit., p. 13-15.
[33] CRUZ, op. cit., p. 175-178; em sentido contrário: CORREIA; SCIASCIA, op. cit., p. 15.
[34] MOREIRA ALVES, José Carlos. *Direito Romano*. 16. ed. Rio de Janeiro: Forense, 2014. p. 12.
[35] CORREIA; SCIASCIA, op. cit., p. 23-26.
[36] CRUZ, Sebastião. *Direito Romano (Ius Romanum)*. Coimbra, 1984. p. 178-184.
[37] Por exemplo, as diversas obras jurídicas de Marcus Antistius Labeo, falecido em 10 d.C., entre elas: *Ad XII Tabulas libri; Ad edictum Praetoris Peregrini libri; Ad edictum Praetoris Urbani libri; Epistularum libri*. (CRUZ, Ibidem, p. 375-398).
[38] Ibidem, p. 291-292. Moreira Alves ensina que, "Sob Adriano, os *responsa prudentium* (respostas dos jurisconsultos) abrangem não só os pareceres dados sobre casos concretos (como

Mas o fato é que o passado nos mostra que a *interpretatio* nem sempre ficava a cargo de um intelectual, que consideraria as transformações políticas de concentração de poder, dando outros contornos à ideia de *lei*. Na verdade, no início do Principado, os *senadores* passaram a ter o poder de legislar, e, na condição de nomeados pelo imperador, era duvidosa a impessoalidade daquelas normas[39].

Entretanto, no Século II d.C., já se registra a imposição da vontade absoluta dos imperadores por meio das constituições imperiais, que se tornam única fonte de direito no Período Pós-clássico, iniciado pela *"lex imperio"* de Augusto[40].

As constituições imperiais foram compiladas por Justiniano no Código *Corpus Iuris Civilis*, composto, ainda, pelas fontes de Direito que formaram o Direito antigo, quais sejam: *leges rogatae, senatus-consultos, iurisprudencia e editos dos magistrados*[41].

A História aponta que a compilação das fontes de Direito realizadas por Justiniano trouxe grande contribuição à humanidade, sendo que adaptou a efetividade das leis existentes às principais obras dos juristas do Período Clássico.

Em complemento e, muito embora destoando dos registros históricos[42], entende-se ainda que o Cristianismo influenciou na formação e

---

na época de Augusto), mas também as opiniões gerais dos jurisconsultos com *ius respondendi*, manifestadas sobre casos concretos ou em obras doutrinárias" (MOREIRA ALVES, José Carlos. *Direito Romano*. 16. ed. Rio de Janeiro: Forense, 2014. p. 39). De acordo com o jurisconsulto Ulpiano (Digesto 1,1,10,2): *"Iuris prudentia est divinarum atque humanarum rerum notitia, iniusti scientia"* Tradução: *"Jurisprudência é o conhecimento das coisas divinas e humanas, a ciência do justo e do injusto"*. Madeira, Hélcio Maciel França. *Digesto de Justiniano, liber primus*: introdução ao Direito Romano / Imperador do Oriente Justiniano I. Prólogo de Pierangelo Catalano. 4. ed. rev. da tradução. São Paulo: Editora Revista dos Tribunais, 2009. p. 24.

[39] CORREIA, Alexandre; SCIASCIA, Gaetano. Manual de Direito Romano e textos em correspondência com os artigos do Código Civil Brasileiro. 4. ed. v. 1. São Paulo: Saraiva, 1961. p. 29-30.

[40] Ibid., p. 30. No mesmo sentido: CRUZ, op. cit., p. 215-216.

[41] CRUZ, op. cit., p. 216.

[42] Salvatore Riccobono entende que os historiadores do Século XIX não enfatizaram a influência cristã por falta de pesquisa e por preconceito sobre o assunto, por equivocada atribuição do fato social ao fenômeno econômico e, ainda, por acento no estudo do direito em si, sem observar o fenômeno resultante daquela evolução. RICCOBONO, Salvatore. *Corso di Diritto Romano*: Formazione e Sviluppo Del Diritto Romano Dalle XII Tavole a Giustiniano. Milão: Dott. A. Giuffreè, 1933-34. Parte 1. p. 569-579.

2. DIREITO ROMANO

transformação do Direito Romano[43]. Essa influência foi registrada por Riccobono já no Século III[44], que afirmou que "as ruínas do mundo antigo brilhou à luz da ética e do pensamento cristão"[45]. No Direito da Família, essa influência pode ser verificada na obra de Justiniano – que cita a importante proteção aos filhos atribuída a Constantino, o qual retira dos pais o poder sobre a vida e a morte de seus dependentes[46].

Assim, é inegável que os sentimentos de clemência, perdão, solidariedade, humanidade e igualdade, ensinados por Cristo e enraizados na cultura cristã, tenham influenciado o Direito Romano, em especial na esfera da família, que possuía tantas arbitrariedades e injustiças baseadas em tratamentos desumanos e desiguais.

Conclui-se, portanto, que a História Romana demonstra que as fontes do Direito traduziram a busca dos povos por mecanismos que regulamentassem o convívio em sociedade, resultando em normativas que atendessem às condições políticas, sociais e culturais de cada período, resultando na extração da riqueza do Direito, que os jurisconsultos acreditavam ser "a arte do bom e do justo"[47].

---

[43] Franz Wieacker assevera a influência da igreja no Direito Romano da Idade Média e registra que as suas fontes já naquela época eram escritas, como por exemplo a Sagrada Escritura. Afirma ainda que, após esse período, a igreja continuou com sua influência, onde as ciências jurídicas e canônicas se conciliaram e utilizaram uma a outra de forma subsidiária (WIEACKER, Franz. *Privatrechtsgeschichte Der Neuzeit Unter Besonderer Berucksichtigung Der Deutschen Entwicklung*. 2. ed. revista. Gottingen: Vandenhoek & Ruprecht, 1967: Traduzido por A. M. Botelho Hespanha em *História do Direito Privado Moderno*. 2. ed. revista. Lisboa: Fundação Calouste Gulbenkian, 1980. p. 67-77).

[44] Como exemplo, verifica-se o instituto do divórcio, que era livre porque o cristianismo condicionava sua existência ao *"affectio maritalis"*, encontrando obstáculos com Constantino, seguido por Justiniano, que impuseram penalidades ao cônjuge que dele se socorria. RICCOBONO, Salvatore. *Corso di Diritto Romano*: Formazione e Sviluppo Del Diritto Romano Dalle XII Tavole a Giustiniano. Milão: Dott. A. Giuffreè, 1933-34. Parte 1. p. 585-586.

[45] RICCOBONO, Salvatore. *Roma, madre de las leyes*. Tradução de J. J. Santa-Pinter. Buenos Aires: Depalma, 1975. p. 55-80.

[46] RICCOBONO, Salvatore. *Corso di Diritto Romano*: Formazione e Sviluppo Del Diritto Romano Dalle XII Tavole a Giustiniano. Milão: Dott. A. Giuffreè, 1933-34. Parte 1. p. 572.

[47] Ulpiano citando o jurisconsulto Celsus em *Digesto* 1,1,1 pr. *"...ius est ars boni et aequi"*. MADEIRA, Hélcio Maciel França. *Digesto de Justiniano, liber primus*: introdução ao Direito Romano / Imperador do Oriente Justiniano I. Prólogo Pierangelo Catalano. 4. ed. rev. da tradução. São Paulo: Editora Revista dos Tribunais, 2009. p. 19.

2.4 Família – Evolução do Parentesco

Fustel de Coulanges segue a teoria de Platão de que o parentesco era transmitido somente pela linha masculina, originado pelo patriarcado e mantido pelo culto aos mesmos deuses domésticos. Concluiu, portanto, que o era o rito aos mortos que vinculava os integrantes daquela família. Assim, apenas com o enfraquecimento da religião foi aberto espaço a outras espécies de vínculos de parentesco, como o parentesco consanguíneo, denominado *cognatio*[48].

Em tese contrária, Carlos Maximiliano assevera que o patriarcado não foi precursor da família primitiva, sendo matriarcal em sua origem, em virtude da promiscuidade que ocorria naquele período, em que muitas vezes se desconhecia a paternidade[49].

O filósofo alemão Frederich Engels também discorda da tese da origem da família patriarcal na era primitiva, mas defende que o era matriarcal e poliândrica, já que não se poderia identificar a paternidade, porém não o era uma questão de promiscuidade sexual, mas sim o pertencimento da mulher por outros homens cuja regra era uma condição social sem que o fosse considerado imoral. Assim, o parentesco era consanguíneo e apenas pela linha materna, sendo que a família patriarcal decorreu da evolução histórica dos primitivos, surgindo apenas entre os povos civilizados da antiguidade.[50]

> A descoberta da primitiva *gens* de direito materno como fase anterior à *gens* de direito paterno dos povos civilizados tem, para a história primitiva, a mesma importância que a teoria da evolução de Darwin para a biologia e a teoria do mais-valia de Marx para a economia política. (...) A *gens* de direito materno se tornou hoje o eixo sobre o qual gira toda essa ciência.[51]

Já Pietro Bonfante alega o caráter de "organismo político" atribuído à família romana primitiva[52], teoria que ganha mais força quando Sêneca,

---

[48] COULANGES, Fustel de. *A cidade antiga*. 2. ed. Tradução de J. Cretella Jr. e Agnes Cretella. São Paulo: Editora Revista dos Tribunais, 2011. p. 73-77.
[49] MAXIMILIANO, Carlos. *Direito das Sucessões*. 2. ed. São Paulo: Freitas Bastos, 1942. v. 1. p. 25.
[50] ANGELS, Friedrich. *A Origem da Família, da Propriedade Privada e do Estado*. Tradução de Ciro Mioranza. São Paulo: Editora Lafonte, 2017. p. 13-26.
[51] Idem supra, p. 24.
[52] BONFANTE, Pietro. *Famiglia e Successione*. Milano-Napoli-Palermo: Editora Torino, 1916. p. 1 et seq.

2. DIREITO ROMANO

no Período Pré-clássico, trata a família como um Estado à parte[53]. Ressalta-se o entendimento de Bonfante quando assevera que a união dos *gens*[54] dava-se por motivos de sobrevivência naquela sociedade, para que houvesse a mantença da ordem e proteção contra os inimigos. Entretanto, assevera sua decadência quando o Estado, desconfortável, fortalece outras espécies de família, reagindo à autonomia daquele grupo.

Em uma linha de pensamento que se harmoniza com a teoria de Pietro Bonfante e Fustel de Coulanges, Virgilio de Sá Pereira dá à família romana o sentido de organismo político, sem deixar de ressaltar a importância da religião para sua perpetuação segundo suas crenças. Entretanto, não retira o comando da família patriarcal do poder do *pater familias*, defendendo que este também era seu sacerdote, estando sob seu auspício a admissão de seus integrantes ao culto doméstico, demonstrando, portanto, ter autoridade sobre seus membros[55].

O fato é que, com o surgimento da família patriarcal, refletia a figura do *pater familias* não apenas com poderes familiares, mas como verdadeiro chefe de Estado sobre todos aqueles que a ele se subordinavam – poderio que foi se esmorecendo no decorrer dos períodos, em que se verifica que o Estado também detinha poder sobre a sorte da mulher e do *filius*, muito embora não se compare ao poder que ainda detinha o *pater familias*.

Nesse sentido, o Senatus-consulto Claudianum (52 d.C.) nos trouxe uma ideia do ambiente social em Roma, na época patriarcal, sendo que determinou a redução da mulher à condição de escrava do *dominus* do escravo, caso tivesse relacionamento com escravo sem autorização do proprietário, determinando ainda que os bens e filhos advindos daquela união seguiriam a mesma sorte[56].

---

[53] *Domum pusillam rem publicam esse iudicauereunt* (os nossos antepassados julgaram que o lar doméstico era uma pequena república). Epistolae ad Lucilium, V, 47, 14 *apud* MOREIRA ALVES, José Carlos. *Direito Romano*. 16. ed. Rio de Janeiro: Forense, 2014. p. 604.
[54] *Também chamado de gentiles à Grupo familiar unido pelo nome e não pelo parentesco consanguíneo.* Complementa Moreira Alves que os *"gentiles"* julgavam descender de um antepassado comum, lendário e imemorável, do qual recebiam o nome gentílico. (MOREIRA ALVES, Ibid., p. 10).
[55] PEREIRA, Virgilio de Sá. *Direito de família*: lições do professor catedrático de direito civil. 3. ed. atual. legislativamente. Rio de Janeiro: Forense, 2008. p. 29-31.
[56] CRUZ, Sebastião. *Direito Romano (Ius Romanum)*: I. Introdução. Fontes. 4. ed. revista e atualizada. Coimbra: Dislivro, 1984. p. 225-226.

Muito embora permeada por dúvidas quanto a sua origem, em especial pela perda da História não registrada, o fato é que a figura do *pater familias* é fortemente presente e provada na família romana.

Assim, o poderio do *pater familias* somente encontra restrições no final da República, evoluindo para o Principado com a proteção pessoal e patrimonial dos *filius familias*[57].

No Período Clássico, não havia mais dúvidas: assim, Ulpiniano conceituou a família como "um grupo de pessoas sob a autoridade do mesmo *pater familias*"[58].

Mas a família romana também era identificada de acordo com os grupos a que pertencia, diferenciando-se conforme a capacidade jurídica a que seus integrantes eram limitados pela *potestas* do *pater familias*.

Assim, duas espécies de família culminavam na aquisição de parentesco: *proprio iure* e *natural*. A família *proprio iure* estava sob o poder e mando do mesmo *pater familias*, que não tinha ascendente masculino vivo (esses ascendentes eram chamados de *agnados*). Essas pessoas reunidas sob o comando desse *pater familias* eram denominadas *filii familias* e eram reconhecidas na pessoa de seus filhos, filhas, genros, noras *in manu*, netos, netas, esposa *in manu*. Esse tipo de família entrou em decadência no Direito Clássico, que enalteceu a *família natural*, que, independentemente da *potestas* do *pater*, era formada pelo casamento e sua prole havida por vínculo consanguíneo, denominado *cognatio civilis*[59].

Conclui-se que, no Direito Romano, há diversificação dos grupos que compõem o parentesco. É preciso salientar que não há unanimidade, entre os historiadores, a respeito da formação primitiva da família – salvo quanto à observação de inexistência de liame pelo sangue paterno e pela conclusão de que o conceito de família foi sendo alterado pela própria transformação temporal – assim, no decorrer dos séculos, a família sofreu inúmeras adaptações para atender aos anseios sociais e interesses do Estado.

---

[57] MOREIRA ALVES, José Carlos. *Direito Romano*. 16. ed. Rio de Janeiro: Forense, 2014. p. 604-609.
[58] D. 50, 16, 195, 2.: KRIEGEL, Hermann e Osenbruggen. *Cuerpo del Derecho Civil Romano. Digestorum D. Iustiniani*. Notas de referências de D. Ildefonso L. Garcia Del Corral. Primeira Parte Digesto, Tomo III. Barcelona: Jaime Molinas, 1897. p. 935.
[59] MOREIRA ALVES, op. cit., p. 602-604.

2.5 Sucessão "Ab Intestato"

O direito sucessório também sofreu transformações no decorrer do período histórico romano. Explica-se: por ser intimamente ligado ao Instituto do Parentesco, à formação da família e proteção à filiação, viu seu significado e importância social se modificando – e as diversas alterações no transcorrer dos séculos refletiam tanto a legitimidade em suceder como em ser sucedido, como prova da inconstante e confusa transferência patrimonial *post mortem*. Isto porque, antes da instituição da legítima, o testamento valia como direito de propriedade.

Eduardo Volterra assevera que, no Período Pré-clássico, houve a priorização da *sucessão por testamento* em detrimento à nossa conhecida *legítima*. Portanto, o título de herdeiro era dado ao sucedido antes da morte, mediante testamento e, na falta deste, a lei atribuía direitos sucessórios a quem determinava herdeiros[60].

Em sentido contrário, Pietro Bonfante não dá ênfase à forma de indicação do herdeiro – seja por testamento ou pela lei – já que, em seu entendimento, apenas um poderia herdar: o sucessor do *pater familias* ou a pessoa por ele indicada[61].

Entendemos que a teoria de Pietro Bonfante não se sustenta porque, no Período Pré-clássico já havia proteção da *legítima* para as mulheres[62] e, como se defendia que a *patria potestas* deveria ser exercida apenas por homens, não há que se falar em herança destinada exclusivamente ao sucessor do *pater familias*.

Ademais, Carlos Maximiliano, com sua teoria da família matriarcal primitiva, defende que as mulheres foram precursoras da sucessão e, por serem as únicas responsáveis pela criação dos filhos, detinham a posse dos bens para o sustento dos mesmos, transmitindo-os entre parentes pela linha feminina. Logo, em seu entendimento, apenas com o surgimento do patriarcado a sucessão passou a ser distribuída pelos homens[63].

---

[60] VOLTERRA, Eduardo. *Instituciones de Derecho Privado Romano*. Madrid: Editorial Civitas, 1986. p. 688-689. No mesmo sentido, MOREIRA ALVES, José Carlos. Direito Romano, 16. ed. Rio de Janeiro: Forense, 2014. p. 741-742.

[61] BONFANTE, Pietro. *Famiglia e Successione*. Milano-Napoli-Palermo: Editora Torino, 1916. p.115-116.

[62] Collatio, 16, 3, 20 / Ulpiano 26, 1; 6; 8; C. 6, 58, 14; I. 3, 2, 3. Lei das XII Tábuas, sem discriminação de sexo. (VOLTERRA, op. cit., p. 689 – notas de rodapé).

[63] MAXIMILIANO, Carlos. *Direito das Sucessões*. vol. 1. 2. ed. São Paulo: Freitas Bastos, 1942. p. 25.

Já Fustel de Coulanges afirma que, ainda no tempo da Lei das XII Tábuas, apenas o parentesco por agnação, originado da participação no culto, conferia direitos à herança[64]. Assim ele explica o contraponto do Período Primitivo entre a situação sucessória e afeto nas relações familiares:

> O princípio da família não o encontramos também no afeto natural. Porque tanto o direito grego como o Direito Romano não levam em consideração esse sentimento. Este pode existir no fundo dos corações, mas, para o Direito, nada vale. O pai pode amar a filha, mas não lhe pode legar os bens. As leis de sucessão, isto é, as leis que mais fielmente testemunham as ideias formadas pelos homens acerca da família, estas estão em contradição flagrante, tanto com a ordem do nascimento como com o afeto natural.[65]

Entendemos que a afirmação de Fustel de Coulanges não corresponde à linha histórica, visto que a liberdade de testar colocava o afeto como critério condicionante da transmissão do patrimônio em face da possibilidade de testar ilimitadamente, bastando compreendermos que, naquele período, o afeto tinha significado diferente do hoje experimentado nas relações familiares, que também são compostas de forma antagônicas à do passado.

Assim, filiamo-nos à teoria de Eduardo Volterra na defesa da liberdade testamentária, na qual sua inexistência, invalidade ou ineficácia remetiam às fontes do Direito vigentes no período, conforme citado no item 2.3 do presente trabalho. Os registros demonstram que, ainda no Período Primitivo, as fontes do Direito relacionaram a ideia de afeto e responsabilidade sucessória à proximidade dos integrantes do mesmo grupo familiar.

Nesse sentido, o T. VIII – 2 e 3 da Lei das XII Tábuas (450 a.C.), preservada por juristas de grande prestígio, como Ulpiano, 26, 1; D.50, 16, 195, aduziu que: *"2 – Se alguém morre sem deixar testamento e herdeiro*

---

[64] COULANGES, Fustel de. *A cidade antiga*. 2. ed. Tradução de J. Cretella Jr. e Agnes Cretella. São Paulo: Editora Revista dos Tribunais, 2011. p. 55-77. No mesmo sentido: PEREIRA, Virgilio de Sá. *Direito de família*: lições do professor catedrático de direito civil. 3. ed. atual. legislativamente. Rio de Janeiro: Forense, 2008. p. 41.
[65] COULANGES, op. cit., p. 54-55.

(necessário), seja seu herdeiro o agnado mais próximo. – 3. Se não há agnados, seja a herança distribuída aos gentis"[66].

Ao interpretar a Lei das XII Tábuas, os jurisconsultos dos Períodos Clássico e Pós-Clássico, como Gaio, classificavam como herdeiros necessários os *sui heredes:* os filhos vivos e não emancipados, netos e bisnetos por representação, mulher, noras e nascituro. Os *agnados* eram assim considerados os parentes colaterais, herdando apenas os de grau mais próximo, excluídos os mais remotos[67]; na classe dos *gentiles* estavam os membros da tribo a que pertencia o *de cujus*[68].

Observa-se a discriminação entre *sui heredes* e os filhos do *pater familias* que não eram formalmente considerados filhos por questões legais – como o filho ilegítimo (nascido de latina)[69] que, por ser considerado estrangeiro, não poderia ser herdeiro necessário e, ainda, o filho emancipado, que era considerado como morto passando seu filho (neto do *pater* autor da herança) a herdar por representação[70].

Historicamente, verifica-se que as pessoas mais próximas são integradas como parentes. Assim surgiu a necessidade de proteção, inclusive no âmbito sucessório.

Diante disso, no Direito Clássico, os pretores criaram o *bonorum possessio,* dando direitos reais sobre os bens do autor da herança àqueles que possuíam vínculos e estavam excluídos, indicando sua ordem de preferência, sendo: *sui heredes* e outros herdeiros diretos que antes estavam excluídos; após eram chamados a suceder todos aqueles que estavam protegidos pela Lei das XII Tábuas supracitada; após foram incluí-

---

[66] NASCIMENTO, Walter Vieira. *Lições de História do Direito.* 12. ed. rev. e aumentada. Rio de Janeiro: 2000.p.79.
[67] Os *agnados,* naquele período, estavam em 2º grau na linha sucessória quando da inexistência de testamento, restando limitados os seus direitos em relação aos *filius familias,* sendo que, se pré-morto ao autor da herança, nada recebiam seus descendentes por inexistir nesse grau direito à representação. VOLTERRA, Eduardo. *Instituciones de Derecho Privado Romano.* Madrid: Editorial Civitas, 1986. p. 774-775.
[68] MOREIRA ALVES, José Carlos. *Direito Romano.* 16. ed. Rio de Janeiro: Forense, 2014. p. 9-10 e 741-745.
[69] GAIO. *Institutas,* livro 1, título 67. GAIO. *Institutas.* Tradução, notas e introdução de Alfredo di Pietro. La Plata: Ediciones Libreria Juridica, 1967. p. 63.
[70] GAIO. *Institutas,* livro 3, título 2. GAIO. *Institutas.* Tradução, notas e introdução de Alfredo di Pietro. La Plata: Ediciones Libreria Juridica, 1967. p. 181-182. (*Institutas* 3, 2).

dos os cognatícios – parentes com vínculo consanguíneo com o *de cujus* até o 7º grau – e, por último, o cônjuge sobrevivente[71].

Esse processo resulta, portanto, em verdadeira limitação ao direito de testar positiva, já que se dava proteção àqueles que a lei entendia possuírem mais proximidade com relação ao autor da herança. Assim, começam a ganhar espaço, no Direito Romano, tanto a proteção aos parentes mais próximos como àqueles havidos pelo vínculo consanguíneo.

Giselda Maria Fernandes Novaes Hironaka, em capítulo esclarecedor sobre a diferença entre *hereditas* (sucessão *causa mortis* regulada pelo *ius civile*) e *bonorum possessio* (sucessão *causa mortis* regulada pelo *ius honorarium*), nos ensina que este constituía uma espécie de jurisprudência dos pretores, a qual caminhou em conjunto com o sistema legal sucessório instituído pelos romanos, a fim de *fazer a justiça que o ius civile nos convidava a ignorar*[72].

Assim, muito embora as disposições romanas preterissem a sucessão legítima à testamentária[73], com a evolução foram surgindo regras que deveriam preceder à instituição de herdeiro testamentário, chamadas pela Doutrina Alemã de *formal* e *material*[74].

Mas os romanos já demandavam uma solução harmônica para proteger todos os integrantes do núcleo familiar. Assim, no Período Clássico, já não era possível excluir do testamento o adotado e a mulher que

---

[71] MOREIRA ALVES, op. cit., p. 745-747.

[72] HIRONAKA, Giselda Maria Fernandes Novaes. *Morrer e Suceder:* passado e presente da transmissão sucessória concorrente. São Paulo: Revista dos Tribunais, 2014. p. 191-201.

[73] Entende-se ainda que a sucessão *"ab intestato"*, conhecida na modernidade como sucessão legítima, era dividida em duas categorias: dos *Ingenuos* e dos *Libertos*. Essas categorias sofreram influência das respectivas épocas, culminando em regramentos distintos, basicamente divididos em 4 períodos: (i) *Ius Civile Antiquum*, que classificava os herdeiros em *sui heredes, adgnati e gentiles*; (ii) *Ius Honorarium*, que dava legitimidade de herança apenas aos parentes *agnados*; (iii) Época Imperial, que amplia a lista dos legítimos, como direito à herança entre mães e filhos e inovação no direito à herança dos colaterais; (iv) *Novelas CXVIII e CXXVII* de Justiniano, que dissipa as distinções anteriormente existentes, como entre agnados e cognados, homens e mulheres. MOREIRA ALVES, op. cit., p. 743-753.

[74] Os romanos não tinham denominação específica para designar a sucessão necessária formal ou material (expressões essas que têm sido criticadas por alguns autores modernos, como, por exemplo, BIONDI, Biondo. *Istituzioni di Diritto Romano*, 4. ed. Milão: Giuffrè, 1972. p. 724; MOREIRA ALVES, op. cit., p. 755-756.

2. DIREITO ROMANO

ingressava em um grupo agnatício estando sob a potestas daquele *pater familias*[75].

Portanto, podemos concluir que o Direito Sucessório esteve um passo à frente do Direito de Família, quando verificamos, por exemplo, a inexistência de discriminações das mulheres em obter o título de herdeira, ainda que com restrições ao longo da História.

Havia ainda condicionantes à transmissão da herança: ser cidadão romano e *sui iuris*. Apenas a partir do séc. IV os *filius familias* (*alieni iuris*) passam a ter direito à transmissão de seu patrimônio a seus herdeiros legítimos, muito embora restrito ao pecúlio. Essa condição somente foi alterada no Período Pós-Clássico após a equiparação ao *pater familias*:

> Durante a evolução do Direito Romano, esses herdeiros variaram, tendo em vista a circunstância de que o fundamento pelo qual se dava a delação legítima da herança era a afeição, decorrente do parentesco, que se presumia existir entre o *de cuius* e a pessoa a que iria sucedê-lo.[76]

Assim, a categoria dos herdeiros legítimos altera-se conforme a influência do parentesco, que deixava de ser *agnado* para se tornar *cognado*, por vezes contrapondo-se entre si. Posteriormente, Justiniano fez duas reformas em 543 e 548 d.C., realizando as adaptações que o período exigia.

Logo, nas *Novelas 118 e 127*, Justiniano reestruturou o sistema de sucessões e o definiu com base no parentesco gerado pelo matrimônio, inovando ainda ao reservar a cota parte do legado à legítima, considerando 4 graus: descendentes legítimos; ascendentes e irmãos bilaterais; irmãos unilaterais com ressalva de inexistência de direito de representação; cognados; e, se inexistentes todos os graus, a herança seria considerada vacante e, portanto, destinada ao fisco ou afins. Existiam, ainda, aqueles considerados como *"sucessores extraordinários"*, como por exemplo, o cônjuge pobre e os filhos naturais que possuíam direito a alimentos e, se não existissem filhos legítimos, eram contemplados com 1/6 da herança[77].

---

[75] GAIO. *Institutas*, 2, 138-140 *apud* VOLTERRA, Eduardo. *Instituciones de Derecho Privado Romano*. Madrid: Editorial Civitas, 1986. p. 638 e 782.

[76] MOREIRA ALVES, José Carlos. *Direito Romano*. 16. ed. Rio de Janeiro: Forense, 2014. p. 742.

[77] VOLTERRA, Eduardo. *Instituciones de Derecho Privado Romano*. Madrid: Editorial Civitas, 1986. p. 778-780.

Como no Direito Romano a sucessão é instituída pela substituição de um às relações jurídicas de outro, podendo estabelecer-se por ato *inter vivos* ou *mortis causa*, nada mais coerente e justo que os integrantes daquele núcleo familiar o representassem. Ademais, a herança representa, ainda, a continuidade daquele patrimônio e a garantia de que os entes queridos do *de cujus* não se privem de suas necessidades em face de sua ausência, fato compreendido pelos romanos no Período Clássico com a *bonorum possessio*.

Mas o fato é que o Direito Sucessório sofreu grandes transformações ao longo da História Romana. É importante ressaltar que o grande avanço na proteção da legítima aconteceu exatamente no Período de Justiniano, no qual houve o resgate da literatura jurídica clássica adaptada à nova formação da família.

Assim, conclui-se que a legitimação sucessória do filho foi uma evolução lapidada por séculos pelos romanos, demonstrando uma necessidade social e individual a ser protegida, sendo que o filho representa seus pais tanto na vida como o fará na morte, significando metaforicamente a continuação daquela vida que se encerrou.

3. Famílias

A família sempre desempenhou um papel importante na vida do homem, norteando a forma como este se relaciona com os demais no meio em que vive. Entretanto, a mudança de paradigmas influenciou diretamente a formação da sociedade, que se adequou às necessidades de seus integrantes. O resultado foi uma pluralidade de grupos distintos, mas semelhantes quanto a seus objetivos – como, por exemplo, a busca pela felicidade.

Por inúmeros motivos, essas diversas formas de família encontram respaldo jurídico. Entre os mais importantes podemos citar: a mudança de paradigma do Estado Liberal para um Estado Social que se preocupa com os interesses da coletividade como um todo; a valorização dos Direitos Humanos; e, no Direito de Família, a franca aplicação de preceitos constitucionais como isonomia, dignidade da pessoa humana e solidariedade.

Destaca-se ainda que o homem é o formador da família – e não o contrário. Logo, de acordo com a característica atual da sociedade – que se pauta pela total liberdade de expressão e, mais recentemente, pelo desapego às aparências sociais e aos preconceitos –, os seres humanos relacionam-se entre si da forma pela qual a vida se apresenta individualmente. Desse modo, cada um faz valer seus desejos mais íntimos, sempre buscando concretizar seu projeto de vida pessoal. É a partir desse contexto que passam a surgir inúmeras formas de famílias, e o Direito, por sua vez, busca amoldar-se à nova realidade, a fim de regular juridicamente esses novos núcleos.

Assim, entendemos que este capítulo é de suma importância, já que os núcleos familiares e suas nuances originaram a multiparentalidade – tema central de nossa investigação –, levando-nos assim ao interessante estudo das novas formas de família.

3.1 Breve Relato Histórico

Friedrich Engels defende que Roma foi colonizada por *gens*, denominados *gentílicos*, reunidos em Tribos, formando unidades sociais fundamentadas nos vínculos consanguíneos, cuja forma de organização primitiva possuía: (i) direito de herdar entre os membros em igualdade condições; (ii) mesma localidade para sepultamento dos mortos; (iii) identidade de solenidades religiosas; (iv) proibição de casamento com integrantes da mesma *gens*; (iv) convívio e utilização comum da terra; (v) ajuda e proteção mútuas entre todos os seus membros; (v) direito de uso do nome gentílico; (vi) direito de adotar estranhos para integrar àquela *gens*; (vii) direito de eleger e depor o chefe.[78]

Já na era civilizada, a família romana era constituída inicialmente pela vinculação de um grupo de pessoas à *potestas* do mesmo *pater*. Ocorre que, com Constantino (no Século IV d.C.), a concepção cristã de mundo trouxe novos conceitos de família, e os romanos passaram a entender como família aquela formada pelo casal e sua prole, com fundamento no sacramento matrimonial. Assim, a família foi reconhecida como a união entre homem e mulher em uma comunhão total de vida, mais o fruto dessa união.

Por muito tempo, a família seguiu o modelo romano-cristão e foi considerada como aquela constituída pelo casamento[79].

---

[78] O Autor complementa que, posteriormente, o Estado, ao separar a sociedade conforme classes e riquezas, gerou a extinção da antiga organização gentílica fundada nos vínculos de sangue, por inúmeras razões, entre elas, os conflitos com os povos latinos que, apesar de não serem cidadãos romanos, detinham a maior parte da riqueza industrial e comercial. (ANGELS, Friedrich. *A Origem da Família, da Propriedade Privada e do Estado*. Tradução de Ciro Mioranza. São Paulo: Editora Lafonte, 2017. p.155-166).

[79] Há pesquisas que remetem as sociedades anteriores ao período neolítico a "organizações sociais matrilineares", em que o parentesco se dava apenas entre a mãe e o bebê, este criado pela comunidade matrilinear e não necessariamente pela mãe biológica, verificando-se, já nesse período o partilhamento parental do cuidado com o menor. O patriarcado, por sua vez, já marcava época, sendo que a proteção e manutenção do clã era ofício do irmão mais velho. SILVA, Reinaldo Pereira e. Acertos e desacertos em torno da verdade biológica. In:

3. FAMÍLIAS

Entretanto, por inúmeros motivos, os preceitos religiosos perdem força com o passar dos períodos evolutivos. Entre esses motivos, ressalta-se a chegada da mulher ao mercado de trabalho; consequentemente, ela passa a não depender financeiramente do marido. Esse contexto desconstitui a ideia de indissolubilidade do casamento pregada pela igreja, já que muitos casamentos se sustentavam por esse motivo. Assim, no Século XIX. nasce na Europa a família nuclear e a monoparental, fruto do divórcio e da filiação extrapatrimonial.

No Brasil, houve uma mistura de influências das famílias romana, canônica e germânica; e, ainda que o país tenha inovado, manteve a estrutura herdada – como o conceito monogâmico, que, ferido, gera repulsa social e encontra sua criminalização em nosso ordenamento jurídico.

Logo, podemos observar, pela vigência do Código Civil de 1916, que o Direito só aceitava uma forma de família: a chamada família legítima, advinda das justas núpcias.

Verificava-se, ainda, no diploma revogado, a desigualdade entre homem e mulher na condução da sociedade conjugal – ou seja, o marido era autoridade máxima, cabendo à mulher apenas acatar as suas decisões. Portanto, esse texto previa o exercício da chefia da família pelo marido, ao passo que a mulher era considerada mera colaboradora.

Esse Código Civil de 1916 ainda previa a desigualdade dos filhos. Logo, havia uma verdadeira categorização deles em legítimos e ilegítimos, sendo que estes não advinham do casamento. Na categoria dos filhos ilegítimos, contavam-se os filhos *naturais*: nascidos de pais solteiros e os *adulterinos* – filhos extramatrimoniais e incestuosos.

O diploma de Clóvis Beviláqua também trazia a indissolubilidade do casamento: este só terminaria com a morte, ou por problema de nulidade ou anulação. O divórcio só seria admitido no Brasil em 1977.

Ainda no ordenamento jurídico de 1916, qualquer outra forma de união que não o casamento era repudiada pelo Direito.

Registra-se, portanto, que a sociedade não aceitava mais o regime autoritário a que estava submetida – incluindo as arbitrariedades do Estado na escolha e condução dos interesses pessoais mais íntimos, como a família. A necessidade subjetiva de um posicionamento mais claro culmi-

LEITE, Eduardo de Oliveira (Coord.). *Grandes temas da atualidade*: DNA como meio de prova da filiação. Rio de Janeiro: Forense, 2000. p. 235-238.

nou na revolução estudantil da década de 1968, que pôs em discussão, inclusive, o poder patriarcal e a inferioridade das mulheres e seus filhos, mudando preceitos de forma irreversível[80].

Se considerarmos que a família é um fenômeno que não pode ser controlado pelo Estado, advinda de uma estrutura social pretérita a qualquer influência normativa e que se auto-organiza, veremos que:

> A instituição existe, a despeito da omissão do sistema jurídico em criá-la ou reconhecê-la. Presentes os vínculos de solidariedade entre os nela engajados, buscando a finalidade comum: união de vidas, criação e educação de prole, atividade econômica, partilha de teto comum, tudo sobre direção orgânica, eis aí a instituição caracterizada. [...] O poder de organização já traduz manifestação de direito, tal o cuidado da prole, gestão dos interesses econômicos do grupo e da habitação que é a sua sede.[81]

Assim, com o advento da Constituição Federal de 1988 – e diferente não o poderia ser –, houve verdadeira revolução dos Direitos Sociais. O texto constitucional passou a integrar disposições protetivas à família, extirpando o patriarcalismo e influenciando diretamente o cenário do Direito de Família trazido pela legislação infraconstitucional. Explica-se: com a promulgação da Carta Magna, houve a garantia de igualdade entre homens e mulheres, na condução da sociedade conjugal. Essa Constituição pôs fim à diferença entre homem e mulher adotada pelo Código Civil de 1916. Não há chefia: há colaboração.

Ademais, a categorização dos filhos também termina com a Constituinte de 1988. Hoje filho é filho, sendo proibida qualquer discriminação entre eles.

Também há que se tratar da indissolubilidade do casamento, que encontrou seu fim com o advento da Emenda Constitucional nº 9/1977, que fez surgir a Lei 6515/77. Hoje também há a facilitação do divórcio, que pode ser realizado na forma extrajudicial, desde que seguidos os requisitos legais.

---

[80] LEITE, Eduardo de Oliveira. Exame de DNA, ou, o limite entre o genitor e pai. In: _____. (Coord.). *Grandes temas da atualidade*: DNA como meio de prova da filiação. Rio de Janeiro: Forense, 2000. p. 65-67.

[81] VIANA, Rui Geraldo Camargo. 1996. 200 p. *A família e a filiação*. Tese de Titularidade de Direito Civil – Faculdade de Direito, Universidade de São Paulo, São Paulo, 1996. p. 69-70.

3. FAMÍLIAS

Em se tratando das formas de família, houve mudança do entendimento que apontava o casamento como única maneira de sua constituição. No atual sistema pós Constituição Federal de 1988, a união estável não só é considerada família, como conta com proteção constitucional.

Diante disso, para José Luiz Gavião de Almeida, o Direito de Família *"ganhou contornos novos com sua inclusão, de forma acentuada, na Constituição Federal de 1988"*[82]. Assim, com os novos conceitos sociais, os princípios gerais do Direito estão se amoldando aos princípios constitucionais. Essa aplicação de princípios constitucionais às relações privadas é chamada de "eficácia horizontal mediata", pois há uma ponte infraconstitucional.

Portanto, alguns princípios constitucionais fazem parte da interpretação e aplicação do Direito de Família: *(i) Dignidade da pessoa humana; (ii) Solidariedade social; (iii) Igualdade.*

O princípio da *Dignidade da pessoa humana* demonstra que a pessoa é o centro do ordenamento jurídico privado, ganhando importância em face do patrimônio, que se tornou secundário. Podemos verificar seus reflexos no Direito de Família, como, por exemplo, a proteção do bem de família de imóvel onde reside pessoa solteira, separada ou viúva.

Intimamente aplicado ao Direito de Família está o *Princípio da solidariedade social*, que garante respeito e consideração mútuos. Aqui nasce a vinculação jurídica entre pais e filhos, que, na lição de João Baptista Vilella, ocorre pelo vínculo afetivo e social – e não apenas pelo biológico. O autor prestigia o vínculo afetivo paterno-filial e o denomina de *paternidade do futuro*, pois entende que ser pai é uma decisão espontânea[83]. Logo, com a mudança de paradigmas sociais, tal pensamento transformou-se em realidade, e Paulo Lobo a denomina de *parentalidade socioafetiva*, fundada na posse de estado de filho[84].

O novo conceito de filiação está intimamente ligado a esse princípio, como se pôde observar por ocasião das jornadas de Direito Civil de

---

[82] ALMEIDA, José Luiz Gavião de. O direito de família e a Constituição de 1988. In: MORAES, Alexandre (Coord.). *Os 20 anos da Constituição da República Federativa do Brasil*. São Paulo: Atlas, 2009. p. 381.
[83] VILELLA, João Baptista. Desbiologização da paternidade. *Revista da Faculdade de Direito da Universidade Federal de Minas Gerais*, Belo Horizonte, ano XXVII, n. 21 (nova fase), maio 1979. (Separata).
[84] LÔBO, Paulo Luiz Netto. *Famílias*. São Paulo: Saraiva, 2008. p. 24.

2004 e 2006, quando foram aprovados enunciados relacionados à posse de estado de filho e o vínculo da afetividade[85]. E, como verdadeira proteção ao amor da relação materno-paterno-filial, nossos tribunais não apenas o homenageiam como já priorizaram a parentalidade socioafetiva à biológica[86].

Por fim, o *Princípio constitucional da isonomia* engloba a *igualdade estrita*, em que a lei deve tratar a todos de maneira igual considerando suas desigualdades. Nas relações familiares, entendemos que se trata da igualdade em relação: *i) aos filhos*, independentemente de serem provenientes ou não da relação de casamento e, ainda, independentes do vínculo que constitui seu *status*, seja natural, por adoção, técnicas de reprodução assistida, socioafetiva, ou outras que surgirem; *ii)* à sociedade conjugal entre pessoas, quer formada pelo casamento, quer pela união estável, quer por pessoas do mesmo sexo, todas reconhecidas como entidade familiar pela Constituição Federal de 1988 e jurisprudência; *iii)* à chefia familiar, nascendo assim um verdadeiro regime de companheirismo e colaboração, e não de hierarquia, como no passado; e *iv) ao exercício do poder familiar*, que pertence aos pais, em igualdade de condições.

A Constituição Federal também conferiu outros alicerces fundamentais à proteção da família, refletidos nos seguintes princípios: (i) pluralismo político que reflete na democracia do lar conjugal (art. 1º, V); (ii) paternidade responsável e planejamento familiar (art. 226, §7º); (iii) tutela especial de proteção da família pelo Estado (art. 226, *caput*); (iv) pluralismo dos tipos familiares (art. 226, §1º ao §4º); (v) dissolubilidade do vínculo conjugal (art. 226 §6º); (vi) dever da convivência familiar e da proteção da criança e do adolescente (art. 227 *caput e §3º, VI e §5º*).[87]

---

[85] BRASIL. Enunciado nº 103 da I Jornada de Direito Civil, em 2002. Brasília/DF. Disponível em: <http://www.cjf.jus.br/enunciados/enunciado/734>. Acesso em: 20 nov. 2017. E também: BRASIL. Enunciado nº 519 da V Jornada de Direito Civil, 2012. Brasília/DF. Disponível em: <http://www.cjf.jus.br/enunciados/enunciado/588>. Acesso em: 8 jan. 2018.

[86] BRASIL. Superior Tribunal de Justiça. Recurso Especial nº 878.941, do Tribunal de Justiça do Distrito Federal. Relatora: Ministra Nancy Andrighi, Terceira Turma. Brasília, DF, 21 de agosto de 2007. Disponível em: <http://www.stj.jus.br/SCON/jurisprudencia/doc.jsp?liv re=REsp+878941&b=ACOR&p=true&l=10&i=12>. Acesso em: 5 jan. 2018.

[87] MALUF, Carlos Alberto Dabus; MALUF, Adriana Caldas do Rego Freitas. *Curso de direito de família*. São Paulo: Saraiva, 2013, p. 65/66; Gonçalves, Carlos Roberto. *Direito civil brasileiro*. 5. ed. São Paulo: Saraiva, 2008, v.6, p. 5-9; GAMA, Guilherme Calmon Nogueira da. *Direito de família pós-moderno*: separação de fato e ética. In: *Direito de família*: diversidade e multidisci-

Diante disso, a Constituição Federal de 1988 trouxe nova forma de interpretar as disposições que tratam de Direito de Família, a fim de atender aos anseios da sociedade, cabendo à legislação infraconstitucional proteger todos os núcleos familiares existentes.

Há também outros princípios, destacados no presente trabalho, fundamentais a proteção à multiparentalidade, como (i) melhor interesse da criança (Decreto Legislativo nº 99.710 de 21.nov.1990, artigo 331; c/c Artigos 5º, §2º e 227 da Constituição Federal e na forma do Estatuto da Criança e do Adolescente); (ii) função social da parentalidade (Artigo 5º, da Lei de Introdução às Normas do Direito Brasileiro).[88]

Por fim, denota-se que o Código Civil de 2002 reproduziu os regramentos constitucionais quanto à família e inovou em outros, a fim de se ajustar às novas necessidades sociais – o que não significa proteção isonômica e integral de todas as formas de família e seus integrantes, que se modificam em velocidade e proporção superiores ao manejo legislativo, restando a sorte ao auspício da boa doutrina e coerente jurisprudência, a fim de dar o direito de forma justa e equânime àqueles que dela se socorrem, na jurisdição contenciosa.

3.2 Conceito de Família

Com sua origem no Latim *famulus* – que significa servidor, criado – a família pode ser conceituada como o *locus* onde reinava o *pater*, abrigando, além deste, a esposa, os filhos, o patrimônio, os criados e os servos[89].

À época da edição do Código Civil de 1916 e, naquela sistemática da legislação civilista, Clóvis Beviláqua a conceituou como sendo a *família legítima*, ou seja, aquela advinda do casamento, valorizando assim o que entendia por estabilidade e moralidade, com a finalidade de se cumprir sua função social[90].

---

plinariedade. Porto Alegre: IBDFAM, 2007, p. 97-98; MADALENO, Rolf Hanssen. *Novas perspectivas no direito de família*. Porto Alegre: Livro do Advogado, ed. 2000, p. 22-31 e 43; BITTAR, Carlos Alberto; BITTAR FILHO, Carlos Alberto. *Direito civil constitucional*. 3ª ed. São Paulo: Revista dos Tribunais, 2003, p. 60.

[88] Da análise desses princípios de proteção à filiação multiparental, vide itens 4.3.3 e 4.3.4 do presente trabalho.

[89] NADAUD, Stéphane. *L'homoparentalité*: une nouvelle chance pour la famille? Paris: Fayard, 2002. p. 22.

[90] BEVILÁQUA, Clóvis. *Código Civil dos Estados Unidos do Brasil comentado*. 8. ed. Rio de Janeiro: Francisco Alves, 1950. v. 2. p. 41, 42, 67.

Em face do engessamento da formação da família, restou evidente sua função patrimonial, de perpetuação dos interesses materiais das gerações passadas que se sobrepunham às futuras[91].

Ocorre que a patrimonialização das relações familiares chegou ao fim com a promulgação da Constituição Federal de 1988, quando ingressamos na nova era de direitos, quando o indivíduo é posto como sujeito de direitos, sendo valorizado em sua essência e protegida a sua dignidade, assim posta como verdadeiro fundamento republicano, a dispor do contido no Artigo 1º, III, da Carta Magna.

Ressalte-se que a Convenção sobre os Direitos de Criança, acolhida pelo Brasil sob o Decreto nº 99.710/1990, identifica a família como um meio perseguido para um fim maior, que é a promoção de seus integrantes, em especial as crianças – diferentemente dos primórdios em que a proteção era dada à instituição e seus direitos subjetivos na sociedade.

Diante disso, de maneira diversa do conceito romano e daquele emprestado ao Código Civil de 1916, a família formada pelo Direito Moderno volta-se para os membros daquele núcleo que possuam relação natural ou legal, na qual, entre outras, se insere a afetividade.

Ocorre que, ainda no Direito Moderno, o legislador, talvez sabiamente, não conceituou a família, em especial porque a mais atualizada diretriz poderia resultar em entraves a direitos: preferiu entregar a questão ao alvitre da Doutrina.

A importância da família é inegável, muito embora não possua conceito definido por lei e seja de difícil consenso doutrinário, já que sofre variações de acordo com o tempo e espaço[92] – como bem aponta Sílvio Venosa, que a entende como "a expressão social e econômica mais importante que existe"[93], ainda que, na lição de José Gavião de Almeida, de

---

[91] Nesse sentido, Michelle Perrot assevera que "A família, como rede de pessoas e conjunto de bens, era um nome, um sangue, um patrimônio material e simbólico herdado e transmitido, um fluxo de propriedades que dependia, em 1º lugar, da lei". PERROT, Michele. *História da vida privada*: da Revolução Francesa à Primeira Guerra. São Paulo: Companhia das Letras, 1991. p. 104.
[92] CUNHA PEREIRA, Rodrigo da. *Princípios fundamentais norteadores para o direito de família*. Belo Horizonte: Del Rey, 2005. p. 152.
[93] VENOSA, Silvio de Salvo. *Direito civil*: direito de família. 11. ed. São Paulo: Atlas, 2011. p. 1; ALMEIDA, José Luiz Gavião de. *Direito civil*: família. Rio de Janeiro: Campus/Elsevier, 2008. p. 7.

3. FAMÍLIAS

"entidade altruísta" tenha se modificado para "união por motivos egoísticos" já que visa a proteção dos interesses próprios dos seus integrantes.

Em uma visão contemporânea, Adriana Caldas do Rego Freitas Dabus Maluf define a família como:

> [...] o organismo social a que pertence o homem pelo nascimento, casamento, filiação ou afinidade, que se encontra inserido em determinado momento histórico, observada a formação política do Estado, a influência dos costumes, da civilização, enfim, a que se encontra inserida.[94]

Em complemento, Giselda Maria Fernandes Novaes Hironaka afirma ser a família:

> [...] uma entidade histórica, ancestral como a história, interligada com os rumos e desvios da história, ela mesma, mutável na exata medida em que mudam as estruturas e a arquitetura da própria história através dos tempos, a história da família se confunde com a própria humanidade.[95]

Ressalte-se que a Doutrina apresenta sua relevante contribuição à sociedade quando acolhe todas as novas formas de família, sem preconceitos e restrições – e estas merecem a proteção da Lei, pois é realidade recente em nosso meio e continua produzindo efeitos jurídicos por toda a parte.

Zilda Maria Consalter defende, ainda, o "afeto como elemento agregador" da entidade familiar[96]. Assim, resta inegável a importância da família enquanto base de sustentação, amor e proteção mútuos entre seus membros – e não apenas para seus componentes, mas para a sociedade, para o Estado e para a História daquele povo. Por ser uma realidade viva, sua conceituação é de difícil atualização em face das constantes modificações buscadas pelo ser humano com o intuito de aprimoramento do melhor modelo que possa lhe trazer a tão procurada felicidade.

---

[94] MALUF, Adriana Caldas do Rego Freitas Dabus. *Novas modalidades de família na pós-modernidade*. São Paulo: Atlas, 2010. p. 6.
[95] HIRONAKA, Giselda Maria Fernandes Novaes. *Direito civil*: estudos. Belo Horizonte: Del Rey, 2000. p. 17-18.
[96] CONSALTER, Zilda Mara. O desamor e seus consectários jurídicos no âmbito do direito das famílias. In: PEREIRA, Dirce do Nascimento; CONSALTER, Zilda Mara (Org.). *Questões Controversas do Direito das Famílias na Contemporaneidade*. Belo Horizonte, 2015, p. 24-46.

Concluímos assim que a família deixou de se tornar o centro para ser um meio impulsionador do bem-estar e da promoção física, psicossocial e econômica de seus integrantes.

3.3 Breve Histórico das Entidades Familiares

Conforme estudado acima, por um longo tempo, a única forma de família protegida pelo Direito era aquela advinda das "justas núpcias" – entre homem e mulher –, restando à margem da lei, sem qualquer proteção do Estado, as outras entidades familiares que surgiam com a modificação de usos e costumes da sociedade.

Com a promulgação da Constituição Federal de 1988, o Estado passou a proteger a família como organismo capaz de promover o bem-estar e desenvolvimento do ser humano e de sua dignidade, reconhecendo também, em seu Artigo 226, § 3º e §4º, as famílias chamadas de *informal* e *monoparental* como entidade familiar.

A *Família monoparental* é aquela composta por um dos pais e seus filhos, independentemente de seu estado civil anterior (viúvos; separados; divorciados; solteiros).

Essa forma de família está se tornando cada vez mais comum em face da adoção por apenas uma pessoa e, ainda, pela evolução da Ciência quanto a técnicas de reprodução assistida, com o auxílio das quais a mulher pode gerar um filho com material genético de um doador[97].

Eduardo de Oliveira Leite[98] discorda da formação dessa espécie de família, pois entende que a função do pai é essencial para o desenvolvimento social daquela criança.

Muito embora seu entendimento esteja consubstanciado em alerta de profissionais da área de Psicologia[99], o fato é que o Direito deve proteger essa família, já que discriminá-la representa um retrocesso, sendo que vincula o estado de filiação à existência de relacionamento entre os pais, fato já superado pela sociedade e legislação.

---

[97] Também conhecida como *Família unilinear*, sendo formada por sua genitora e sua prole, oriunda de técnicas de reprodução assistida, em sua modalidade heteróloga.

[98] LEITE, Eduardo de Oliveira. *Famílias monoparentais*: a situação jurídica de pais e mães solteiros, de pais e mães separados e dos filhos na ruptura da vida conjugal. São Paulo: Revista dos Tribunais, 1977. p. 85.

[99] Vide o final da entrevista com a psicóloga, Dra. Flávia Moreno, que afirma a importância da figura paterna para o filho. Apêndice B.

3. FAMÍLIAS

Nesse sentido, Gustavo Tepedino reforça, dizendo que "merecerá tutela jurídica e especial proteção do Estado a entidade familiar que efetivamente promova a dignidade e a realização da personalidade de seus componentes"[100], sendo que o Estado busca tutelar, na lição de Paulo Lôbo, novos núcleos familiares que tenham presentes o afeto, a estabilidade e a ostensibilidade[101].

A *Família informal* decorre da união estável, na qual as pessoas optaram por não se casar, mas vivem como se fossem casadas.

O Código Civil de 2002 trata essa modalidade de família de forma diversa ao casamento, por vezes não atribuindo os mesmos efeitos – como o caso da inaplicação à presunção *pater is est*, conferência de direitos sucessórios específicos, entre outros. Mas há quem defenda que o próprio legislador constitucional tratou de forma diversa, quando se verifica que o artigo 226, §3º, facilita sua conversão em casamento[102].

Entretanto os Tribunais reagem à discriminação atribuída aos companheiros, divorciado dos preceitos constitucionais, rejeitando a hipótese de submissão pelo legislador à família matrimonial. A mais recente decisão foi prolatada pelos intérpretes constitucionais, que declararam a inconstitucionalidade do Artigo 1.790, do Código Civil e decidiram que a união estável e o casamento possuem o mesmo valor jurídico também em termos de Direito Sucessório, valorizando como verdadeiro preceito jurídico a *"busca pela realização do projeto existencial"*, determinando assim a aplicação aos companheiros das disposições do Artigo 1829.[103] A presunção *pater is est* também lhes é atribuída[104].

---

[100] TEPEDINO, Gustavo. *Temas de direito civil*. Rio de Janeiro: Renovar, 2004. p. 373.

[101] LÔBO, Paulo Luiz Netto. Entidades familiares constitucionalizadas: para além do numerus clausus. In: PEREIRA, Rodrigo da Cunha (Coord.). *Família e Cidadania – o novo CCB e a vacatio legis*. Belo Horizonte: Del Rey, 2002. p. 95.

[102] MADALENO, Rolf. *Direito de família*. 7. ed. revista, atualizada e ampliada. Rio de Janeiro: Forense, 2017. p. 8-9.

[103] BRASIL. Supremo Tribunal Federal. Recurso Extraordinário nº 646.721, do Tribunal de Justiça do Estado do Rio Grande do Sul. Relator: Ministro Roberto Barroso, Tribunal Pleno. Brasília, DF, 10 de maio de 2017. Disponível em: <http://stf.jus.br/portal/jurisprudencia/listarJurisprudencia.asp?s1=%28646721%29&base=baseAcordaos&url=http://tinyurl.com/y8jl6342>. Acesso em: 5 jan. 2018; BRASIL. Supremo Tribunal Federal. Recurso Extraordinário nº 878.694, do Tribunal de Justiça de Minas Gerais. Relator: Ministro Roberto Barroso, Tribunal Pleno. Brasília, DF, 16 de abril de 2015. Disponível em: <http://stf.jus.br/portal/jurisprudencia/listarJurisprudencia.asp?s1=%28878694%29&base=baseRepercussao&url=http://tinyurl.com/zmwnbwj>. Acesso em: 5 jan. 2018.

Denota-se que, para proteger as famílias, a interpretação constitucional se reinventa com as necessidades pré-existentes – como no caso em que há indicação, expressa no § 3º, Artigo 226, de que a família informal deve ser formada por *homem* e *mulher*. Mas tal restrição foi superada pela jurisprudência, que atendeu à necessidade social de regulamentar a união entre casais homossexuais, para fazer valer todos os reflexos jurídicos necessários à segurança patrimonial dessas uniões. Assim nasceu uma nova forma de família, denominada *Família homoafetiva*, formada por pessoas do mesmo sexo. Essa modalidade é conhecida como forma de família da Pós-Modernidade, sendo que alcançou seu reconhecimento próprio por meio de acórdãos, do Supremo Tribunal Federal, em uma ADI[105] e uma ADPF[106], que declarou a união homoafetiva como entidade familiar e a equiparou à união estável. No mesmo ano, o Superior Tribunal de Justiça autorizou o casamento de duas mulheres no Sul do país[107].

Com o entendimento constitucional de que a família é o meio para a proteção do indivíduo – *e não o contrário como outrora se interpretava* – a sociedade passou a contar com outras formas de família. Estas ganharam relevância social, e passaram a necessitar de proteção jurídica, conforme alerta de juristas brasileiros e reclames sociais.

Outro exemplo é o da *Família anaparental*, que apresenta relação familiar baseada no afeto e convivência mútua entre pessoas que repre-

---

[104] BRASIL. Superior Tribunal de Justiça. Recurso Especial nº 1.194.059, do Tribunal de Justiça do Estado de São Paulo. Relator: Ministro Massami Uyeda, Terceira Turma. Brasília, DF, 6 de novembro de 2012. Disponível em: <http://www.stj.jus.br/SCON/jurisprudencia/doc.jsp?livre=REsp+1194059&b=ACOR&p=true&l=10&i=2>. Acesso em: 5 jan. 2018.

[105] BRASIL. Supremo Tribunal Federal. Ação Direta de Inconstitucionalidade nº 4277, do Tribunal de Justiça do Distrito Federal. Relator: Ministro Ayres Britto, Tribunal Pleno. Brasília, DF, 5 de maio de 2011. Julgado em 4. maio 2011. Disponível em: <http://stf.jus.br/portal/jurisprudencia/listarJurisprudencia.asp?s1=%28ADI+4277%29&pagina=2&base=baseAcordaos&url=http://tinyurl.com/jw2reqn>. Acesso em: 5 jan. 2018.

[106] BRASIL. Supremo Tribunal Federal. Arguição de Descumprimento de Preceito Fundamental nº 132, do Tribunal de Justiça do Estado do Rio de Janeiro. Relator: Ministro Ayres Britto, Tribunal Pleno. Brasília, DF, 5 de maio de 2011. Disponível em: <http://stf.jus.br/portal/jurisprudencia/listarJurisprudencia.asp?s1=%28ADPF+132%29&pagina=3&base=baseAcordaos&url=http://tinyurl.com/yazqcmql>. Acesso em: 5 jan. 2018.

[107] BRASIL. Superior Tribunal de Justiça. Recurso Especial nº 1.183.378 do Tribunal do Estado do Rio Grande do Sul. Relator: Ministro Luis Felipe Salomão, Quarta Turma. Brasília, DF, 25 de outubro de 2011. Disponível em: <http://www.stj.jus.br/SCON/jurisprudencia/doc.jsp?livre=REsp+1183378+&b=ACOR&p=true&l=10&i=8>. Acesso em: 5 jan. 2018.

3. FAMÍLIAS

sentem ou não grau de parentesco. Um exemplo dessa modalidade é o caso de duas irmãs, solteiras e viúvas, que residam juntas e conquistem patrimônio em conjunto. Sérgio Resende de Barros[108] ensina que o prefixo de origem grega *"ana"* advém da ideia de privação, e, neste caso, a existência de família sem pais[109].

O avanço da ciência também influencia diretamente a formação da família brasileira e faz nascer, ainda, a *Família formada nos estados intersexuais*, composta por pessoa que alterou o sexo mediante cirurgia.

Com a mudança de paradigma do pátrio poder de *repressivo* para *protetivo* e com a elevação de filiação ao grau de proteção estatal, aqueles que criaram relação de afeto pelas nossas crianças e adolescentes também são elevados à condição de familiares. Essa modalidade é conhecida como *Família extensa* e foi trazida pela Lei 12010/2009, que alterou o Estatuto da Criança e do Adolescente e outras leis. A partir de então, aqueles adultos casados ou unidos a seus pais, com os quais a criança ou adolescente convivem, passaram a ser denominados *padrasto* e *madrasta*.

A sociedade impõe outra forma de família que, muito embora sofra reprovação social, realiza atos que refletem no Direito e merece destaque. Trata-se da *Família Paralela*, formada pelos impedidos de casar nos termos do Artigo 1.521, VI, do Código Civil[110], salvo os casados porém separados de fato. Não se admite que um dos integrantes coexista em outro relacionamento à margem do casamento, categorizando a lei como relação concubinária nos termos do Artigo 1.727, do Código Civil.

Adianta Adriana Caldas do Rego Freitas Dabus Maluf que esse tipo de família não é visto com bons olhos pela sociedade, porém, admite que negar sua existência é simplesmente não enxergar a realidade, já que essa reprovação social reflete em exclusão de direitos no âmbito

---

[108] BARROS, Sérgio Resende de. *Direitos humanos da família*: principiais e operacionais. 3 dez. 2003. Disponível em: <http://www.srbarros.com.br/pt/direitos-humanos-da-familia--principiais-e-operacionais.cont>. Acesso em: 30 set. 2017.

[109] Adriana Maluf entende que a família formada por uma só pessoa também se encaixa nesse modelo, a dispor da lei 8009/90 e Súmula 380 do STF. Isto porque ela complementa afirmando que, além da lei não determinar expressamente o número de pessoas que devem compor a unidade familiar, ainda assim, deve ser reconhecido o direito personalíssimo de uma pessoa em não querer se vincular afetivamente a outra pessoa, não podendo haver, portanto, comprometimento dos direitos reconhecidos àqueles que integram uma unidade familiar, e destaca, por exemplo, a proteção ao bem de família. Ibidem, p. 55.

[110] Código Civil. Artigo 1521. Não podem casar: VI – as pessoas casadas.

do Direito de Família e das sucessões. Mas afirma que a jurisprudência majoritária, ressaltando-se o STJ, não entende esse tipo de união como entidade familiar, mas no máximo como "sociedade de fato", partilhando-se os bens adquiridos no período, desde que comprovada a efetiva participação na aquisição[111].

Álvaro Villaça Azevedo assevera a intolerância dos tribunais em reconhecer efeitos jurídicos ao adultério[112], situação verificada pela inderrogabilidade das restrições ao concubinato impuro, corroborado pela Súmula 380 do STF, que não o considera como forma de família, muito embora o Superior Tribunal de Justiça tenha aberto precedente para o reconhecimento dos efeitos, quando em confronto com princípios constitucionais[113].

Outra forma de família é a denominada *Família de união poliafetiva*, que compreende a união amorosa, concomitante e sob o mesmo teto, de três ou mais pessoas. Esta modalidade está sendo levada a registro civil por alguns cartórios. O Conselho Nacional de Justiça foi provocado a se manifestar pela inconstitucionalidade do ato registral, quando a Ministra Nancy Andrighi, na condição de corregedora, sugeriu aos tabelionatos que suspendam a confecção dessas certidões, "como medida de prudência, até que se discuta com profundidade esse tema tão complexo que extrapola os interesses das pessoas envolvidas na relação afetiva"[114].

---

[111] MALUF, Carlos Alberto Dabus; MALUF, Adriana Caldas do Rego Freitas Dabus. *Curso de Direito de Família*. São Paulo: Saraiva, 2013. p. 57-58.

[112] AZEVEDO, Álvaro Villaça. *Estatuto da família de fato*: de acordo com o atual Código Civil, Lei nº 10.406, de 10-01-2002. 3. ed. São Paulo: Atlas, 2011. p. 217-220.

[113] Ementa: "Recurso Especial. Concubinato de longa duração. Condenação a alimentos. Negativa de vigência de lei federal. Caso peculiaríssimo. Preservação da família x dignidade e solidariedade humanas. Sustento da alimentanda pelo alimentante por quatro décadas. Decisão. Manutenção de situação fática preexistente. Inexistência de risco para a família em razão do decurso do tempo. Comprovado risco de deixar desassistida pessoa idosa. Incidência dos princípios da dignidade e solidariedade humanas. Dissídio jurisprudencial. Inexistência de similitude fático-jurídica." (BRASIL. Superior Tribunal de Justiça. Recurso Especial nº 1.185.337, do Tribunal de Justiça do Estado do Rio Grande do Sul. Relator: Ministro João Otávio de Noronha, Terceira Turma. Brasília, DF, 17 de março de 2015. Disponível em: <http://www.stj.jus.br/SCON/jurisprudencia/doc.jsp?livre=REsp+1185337&b=ACOR&p=true&l=10&i=1>. Acesso em: 5 jan. 2018.)

[114] NOVA Família: CNJ poderá fixar regras para registro civil de uniões poliafetivas. (site) Consultor Jurídico – Conjur. 4 maio 2016. Disponível em: <https://www.conjur.com.

De qualquer forma, assim como o concubinato impuro, a poliafetividade não pode ser considerada como forma de família, sendo que esbarra no primado da monogamia, aplicado às formas de família com base nos costumes sociais protegidos pelo Artigo 4º, da Lei de Introdução às Normas do Direito Brasileiro[115].

Qualquer que seja o desenvolvimento desse tema – a elevação ou não do status dessas uniões à condição de "família" e consequente proteção – o fato é que essa forma de convivência é capaz de gerar efeitos jurídicos, como o fenômeno a multiparentalidade, quando poderá haver a coexistência de mais de três pessoas exercendo a função parental, criando e educando o filho. Assim, ainda que a conduta dos casais seja reprovável socialmente, as questões que envolvem a múltipla filiação necessitam de resposta jurídica para a proteção dos menores havidos nesses lares.

Outra forma recente de família é aquela denominada *Família reconstituída*, que integra pessoas com filhos havidos de outros relacionamentos. Decidimos fazer um capítulo próprio para essa modalidade, em face de seus efeitos ainda experimentados e sua íntima repercussão na filiação, que enseja a multiparentalidade, objeto de nosso estudo.

Também podemos observar a existência da *Família eudemonista*, decorrente do envolvimento afetivo entre os componentes. Na lição de Giselda Maria Fernandes Novaes Hironaka[116], ela afirma que esse tipo de família decorre da convivência interpessoal marcada pela afetividade e pela solidariedade mútuas, sendo este o novo caráter da família contemporânea.

Podemos então concluir que, o eudemonismo pode ser tratado como um pressuposto de reconhecimento das novas formas de família, já que é um atributo inerente ao gênero do grupo denominado *Família Contemporânea*.

---

br/2016-mai-04/cnj-fixar-regras-registro-civil-unioes-poliafetivas?imprimir=1>. Acesso em 2 nov. 2017.

[115] PEREIRA, Rodrigo da Cunha. *Princípios fundamentais norteadores do Direito de Família*. Belo Horizonte: Del Rey, 2006. p. 24.

[116] Complementa que a família contemporânea é composta por esses dois fenômenos que, se unidos, nos mostrarão que a família se idealiza e se constrói por meio de uma entidade que se alicerça na afetividade e que tem, como causa final, a busca do projeto pessoal de felicidade de cada um de seus membros. HIRONAKA, Gisela Maria Fernandes Novaes. Famílias Paralelas. *Revista da Faculdade de Direito da Universidade de São Paulo*, São Paulo, v. 108, p. 199-219, jan./dez. 2013. (Separata). p. 201-202.

Ressalte-se que o princípio que norteia a família eudemonista é o da "busca pela felicidade", que possui elevação constitucional e é considerado pela Corte Maior como derivado do princípio da dignidade da pessoa humana, esculpido em nossa Carta Magna[117].

Em suma: verifica-se que, a partir de uma única forma de família – *advinda do casamento* – surgiram inúmeras outras, muitas delas já reconhecidas pela jurisprudência e merecendo, portanto, atenção especial para a garantia de seus direitos.

Mas o fato é que a Família Contemporânea, além do caráter eudemonista, também passou por transformações que contribuíram para a repersonalização das relações familiares – entre elas a *afetividade*, que ganhou foro de princípio jurídico no retrato da família. Entretanto, verifica-se na contemporaneidade o grande entrave na aceitação da almejada felicidade, que por vezes esbarra no primado da monogamia.

Percebe-se, portanto, o conservadorismo das Cortes Superiores ao impor o requisito da monogamia entre os casais[118] como proteção à família e seus membros. Giselda Maria Fernandes Novaes Hinoraka critica tal entendimento, afirmando que não se pode ignorar juridicamente tais relacionamentos, jogando-os "para debaixo dos tapetes"[119].

Entendemos que, por se tratar de critério subjetivo e abstrato, o fenômeno da felicidade encontrará sérios entraves junto aos tribunais. Ademais, a busca pelo reconhecimento de um relacionamento paralelo esbarrará em usurpação de direitos da outra parte – como, por exemplo, a meação de patrimônio e a dificuldade em individuar o autor que concorreu para sua aquisição. Assim, a análise desses casos poderá desaguar na incerteza jurídica.

---

[117] BRASIL. Supremo Tribunal Federal. Recurso Extraordinário nº 477.554, do Tribunal de Justiça do Estado de Minas Gerais. Relator: Ministro Celso de Mello, 2ª Turma. Brasília, DF, 16 de agosto de 2011. Disponível em: <http://portal.stf.jus.br/processos/detalhe.asp?incidente=2376061>. Acesso em: 6 jan. 2018.

[118] BRASIL. Superior Tribunal de Justiça. Recurso Especial nº 1.157.273, do Tribunal de Justiça do Estado do Rio Grande do Norte. Relatora: Ministra Relatora Nancy Andrighi, Terceira Turma. Brasília, DF, 18 de maio de 2010. Disponível em: <http://www.stj.jus.br/SCON/jurisprudencia/doc.jsp?livre=REsp+1157273 &b=ACOR&p=true&l=10&i=9>. Acesso em: 5 jan. 2018.

[119] HIRONAKA, Gisela Maria Fernandes Novaes. Famílias Paralelas. *Revista da Faculdade de Direito da Universidade de São Paulo*, São Paulo, v. 108, p. 199-219, jan./dez. 2013. (Separata). p. 204.

A visão romântica da família poderia ser aquela resultante de um verdadeiro ideal de vida e uma predisposição da pessoa em se vincular afetivamente a outrem de forma exclusiva e eterna. Entretanto, esse ideal pode não ser o único fenômeno impulsionador para a formação da família; e, se o for, não é inalterável, pois o ser humano poderá reinventá-lo no decorrer de sua existência.

Concluímos então que a família é um organismo social, formado por seus membros não apenas com base na afetividade, mas conforme suas crenças, interesses pessoais e condições psicossociais no momento de sua formação – entretanto, esses interesses e confissões podem alterar-se no decorrer do percurso. Porém, independentemente de sua constituição e extinção, a família sempre deverá encontrar proteção junto ao Estado.

3.3.1 Famílias Reconstituídas

Conforme supracitado, a *Família Reconstituída* é uma das espécies de constituição familiar existentes na atualidade – e, como já dissemos, o Direito não acompanhou seu surgimento. Assim, foram surgindo inúmeras questões legais, como aquelas atinentes ao reconhecimento do vínculo parental socioafetivo. Por ser o objeto de nosso estudo e por acreditarmos que essa forma apresentará grande expansão, ressaltando as questões de multiparentalidade, resolvemos tratá-la em apartado, com vistas ao Instituto da Filiação.

3.3.1.1 *Do Repúdio ao Reconhecimento*

Observamos que a reconstituição da família dissolvida foi hostilizada historicamente pela sociedade, e essa hostilidade refletiu-se no Direito.

Em Roma, a *Lex Papia Poppaea*, elaborada pelo imperador Augusto em IX d.C., determinava luto de 1 ano para que a viúva contraísse novas núpcias. Séculos depois, Justiniano não apenas manteve o luto anual, como impôs severas penas à viúva que tivesse filhos da união com o falecido e desobedecesse tal regra, determinando, entre outros, a perda dos bens obtidos no primeiro casamento[120].

Séculos se passaram e a conexão entre a reconstituição da família e os interesses dos filhos permaneceu no âmago de nossos legisladores.

---

[120] JUSTINIANO, Novella XXII, capítulos 22 e 23.

Assim previu o Artigo 94, do Decreto 181, de 24.01.1890, que retirava da administração dos bens dos filhos menores a viúva que se casasse novamente.

No mesmo ânimo seguiu o Código Civil de 1916, em seu Artigo 393, que penalizava a mulher que adquirisse novas núpcias, retirando o pátrio poder sobre seus filhos e o devolvendo apenas caso retornasse ao estado de viuvez.

Tal disposição foi alterada apenas em 1962, com a promulgação do Estatuto da Mulher Casada – Lei 4.121, que permitiu à mulher o pátrio poder sobre os filhos se realizadas novas núpcias, confirmando-se pelo art. 27, da Lei do Divórcio – 6.515/1977 e inserida no Artigo 1.579, do Código Civil de 2002, que determinou a inalterabilidade dos direitos e deveres dos pais sobre seus filhos, ainda que se casassem novamente.

Mas o fato é que, após a promulgação da Lei do Divórcio, a reconstituição das famílias deixou de valer apenas para as pessoas viúvas, alcançando os divorciados que, por vezes, passaram a se unir com pessoas na mesma condição, trazendo filhos das uniões passadas, disseminando o fenômeno das famílias reconstituídas. Posteriormente, esse núcleo familiar também alcançou os que viviam sob as regras da união estável e, no passado recente, os casais homossexuais entre si e aqueles unidos anteriormente a heterossexuais, gerando prole remanescente.

3.3.1.2 *Conceito e Reflexo na Filiação*

De denominação esparsa pela doutrina[121], a exemplo de *Famílias Recompostas*[122], a *Família Reconstituída* é assim identificada como a união entre

---

[121] *Famílias pluriparentais, refeitas, reconstituídas, reorganizadas* (WAGNER, Adriana. *Possibilidades e potencialidades da família:* a construção de novos arranjos a partir do recasamento. In: Wagner, A. (Coord.), Família em cena: tramas, dramas e transformações. Petrópolis: Vozes, 2002, p. 24-26); *patchwork, ensambladas, step-families* ou *recomposées* (FERREIRA, Jussara Suzi Assis Borges Nasser; RÖRHMANN, Konstanze. *As famílias pluriparentais ou mosaicos*. In. Pereira, R. da. C. (Org), Família e dignidade humana. São Paulo: IOB Thompson, 2006, p. 508)

[122] Na Itália, além dos dois termos, também se chama de "Segunda Família", porém essa denominação é criticada pela doutrina italiana porque abre a possibilidade de erroneamente entender-se como a coexistência entre duas famílias, como o socialmente reprovável concubinato. AULETA, Tomasso. La famiglia rinnovatta: problemi e prospettive. In: BIANCA, Cesare Massimo; TOGLIATTI, Marisa Malagoli; MICCI, Anna Lisa (Coord.). *Interventi di sostegno ala genitorialità nelle famiglie ricomposte:* giuristi e psicologi a confronto. MILÃO: Franco Angeli, 2016. p. 49. Sem prejuízo, a expressão *Família Recomposta* também recebe críticas por remessa

duas pessoas com o intuito de formar um núcleo familiar, no qual estão inseridos, além dos parceiros, os filhos trazidos de outro relacionamento, que passam a conviver entre si. Somam-se ainda os parentes da família consanguínea à nova família afetiva[123].

Para seus integrantes, essa modalidade representa mais que uma nova tendência social: denota a esperança de criação de um sistema familiar equilibrado e harmônico, no qual os novos parceiros depositam suas expectativas de comunhão e vida.

Como dito alhures, as novas condições culturais e econômicas – como o ingresso da mulher no mercado de trabalho e a tutela dos direitos individuais – desaguaram na mudança de paradigmas na formação da família, consubstanciada hoje na vontade explícita das pessoas de permanecerem unidas por razões de foro íntimo e no período desejado. Essa vontade muitas vezes culminou na reconstituição das famílias, o que desencadeou a coabitação entre pessoas pertencentes a núcleos familiares pretéritos, sendo que o sucesso da nova união passou a depender da aceitação mútua[124].

Waldyr Grisard Filho entende que esse modo de constituição familiar, por ter em sua base a circulação de filhos de relações anteriores, gera conflitos inerentes à nova realidade, já que cada qual ingressa com suas próprias expectativas e condições psicossociais, sendo aquelas dos filhos diversas dos adultos. Como na maioria das vezes essas expectativas são inalcançadas, geram frustração. Assim, o autor defende a edição de leis que regulamentem regras de convivência para o bom funcionamento dessa espécie de núcleo familiar e, ainda, estipulem direitos e

---

à possível recomposição de famílias originárias. MICCI, Anna Luisa. *La famiglia rinnovatta:* problemi e prospettive. In: BIANCA, Cesare Massimo; TOGLIATTI, Marisa Malagoli; MICCI, Anna Lisa (Coord.). *Interventi di sostegno ala genitorialità nelle famiglie ricomposte:* giuristi e psicologi a confronto. Milão: Franco Angeli, 2016. (Texto da contracapa).

[123] Diferentemente da *Família Mosaico*, que é composta por pessoas advindas de uniões anteriores, porém que podem ou não compor filhos advindos de uniões passadas.

[124] FERRANDO, Gilda. Famílias Recompostas e Novos Pais. In: TEIXEIRA, Ana Carolina Brochado; RIBEIRO, Gustavo Pereira Leite; COLTRO, Antônio Carlos Mathias; TELLES, Marília Campos Oliveira e (Org.). *Problemas da Família no Direito.* Belo Horizonte: Del Rey, 2012. p. 159-164.

obrigações dos pais biológicos e socioafetivos sobre as crianças que estão naquela nova forma de família[125].

Com todo o respeito ao entendimento acima exposto, pensamos que a interferência do Estado na família é inconstitucional, como dispõe o Artigo 226, §7º, o qual cita que *"o planejamento familiar é de livre decisão do casal"*. Ademais, ver o Estado ditando regras de convivência seria um retrocesso, uma verdadeira ditadura familiar, já que o Estado passa a ter o poder sob a forma de direcionamento daquele núcleo e de seus indivíduos enquanto pertencentes a ele.

Nesse sentido, José de Melo Alexandrino defende que a intervenção estatal nas famílias só poderá ser realizada no sentido de proteger as crianças de algum perigo[126]. Ao escrever sobre o fenômeno e reflexos na filiação, Gilda Ferrando defende ser da jurisprudência o ônus de regular essas questões, sempre com base em princípios gerais do Direito[127].

Assim, concluímos que a reconstituição familiar é um importante fenômeno social, visto hoje como nova forma de união da família contemporânea, que gera reflexos em outros ramos do Direito. Por essa razão, torna-se necessária a proteção integral de seus participantes, em especial os filhos, que devem encontrar regras de proteção de forma isonômica aos pertencentes ao mesmo núcleo familiar, com olhos ao estabelecimento da filiação e seus direitos e deveres, se o caso concreto assim o exigir.

---

[125] Complementa o autor que: "[...] Sendo imprecisas as interações, pois não se tem claro quais são os laços ou a autoridade, o novo grupo familiar (famílias reconstituídas) tem uma gigantesca tarefa a cumprir, qual seja a de construir sua própria identidade, pois os seus integrantes organizam-se sob condições individuais, sociais e culturais diferentes". GRISARD FILHO, Waldyr. *Famílias reconstituídas*: novas uniões depois da separação. 2. ed. rev. e atual. São Paulo: Editora Revista dos Tribunais, 2010. p. 89-108.

[126] ALEXANDRINO, José de Melo. Os direitos das crianças: linhas para uma construção unitária. In: TEIXEIRA, Ana Carolina Brochado; RIBEIRO, Gustavo Pereira Leite; COLTRO, Antônio Carlos Mathias; TELLES, Marília Campos Oliveira e (Org.). *Problemas da Família no Direito*. Belo Horizonte: Del Rey, 2012. p. 208.

[127] FERRANDO, op. cit., p. 172.

4. Parentalidade e Suas Espécies

O presente capítulo servirá para apresentar uma rápida abordagem sobre o parentesco, com classificação subdividida em natural e civil[128] e seus principais efeitos.

Em seguida, adentraremos o estudo pormenorizado de uma das espécies de parentesco: a filiação. E, logo após, alcançaremos o tema objeto do presente trabalho: a multiparentalidade, assim compreendida pela autora como uma filiação híbrida, espécie do gênero parental. Nesse ponto do relato, apresentaremos o estudo do novo fenômeno da Filiação, as principais questões controvertidas, com abordagem doutrinária e jurisprudencial.

Em se tratando do parentesco, destaca-se que o Código Civil de 2002[129] inovou sua formação em relação ao diploma revogado de 1916[130],

---

[128] Muito embora partilhemos da tese de que a afinidade não integra o parentesco, como se verá a seguir, incluímos um tópico para apresentar as principais questões controvertidas sobre o tema, já que não negamos a importância dada ao legislador para a afinidade, que possui efeitos jurídicos.

[129] Artigos 1.591 e seguintes do Código Civil de 2002. Cf. BRASIL. Lei nº 10.406, de 10 de janeiro de 2002 [Código Civil]. Diário Oficial da União, Brasília, DF, 11 jan. 2002. Disponível em: <http://www.planalto.gov.br/ccivil_03/leis/2002/L10406.htm>. Acesso em: 20 nov. 2017.

[130] Artigo 330 e seguintes do Código Civil de 1916. Cf. BRASIL. Lei nº 3.071, de 1º de janeiro de 1916 (Código Civil dos Estados Unidos do Brasil). Diário Oficial da União, Rio de Janeiro, RJ, 5 jan. 1916. Disponível em: <http://www.planalto.gov.br/ccivil_03/leis/L3071.htm#art1806>. Acesso em: 7 out. 2018.

diminuindo o grau de parentesco na linha colateral até o 4º grau e, ainda, criando a limitação do parentesco por afinidade aos parentes na linha reta e colateral até o 2º grau do cônjuge ou companheiro. Reformulou, ainda, o revogado Artigo 332, excluindo a preconceituosa categorização da filiação à margem do casamento e ampliou o conceito de parentesco civil, antes limitado à adoção. Hoje, o parentesco civil é compreendido como advindo de qualquer outra origem – por exemplo, nos dias atuais, representa a inclusão do parentesco por afetividade e das técnicas de reprodução assistida heteróloga.

Assim como se verificou em Roma, o sistema do parentesco no Brasil sofreu influências no transcorrer dos períodos, adaptando-se à sociedade e suas nuances, como será demonstrado a seguir.

4.1 Relações de Parentesco

O desafio dos juristas da atualidade inicia-se pelo conceito de parentesco, sendo que sua multiplicidade tornou-se de difícil exatidão. Cristiano Chaves Farias o define como um "vínculo, com diferentes origens, que atrela determinadas pessoas, implicando em efeitos jurídicos diversos entre as partes envolvidas"[131].

Assevera Rolf Madaleno que os Institutos do Parentesco e Família não se confundem, já que esta é originada dos vínculos afetivos entre pessoas que geram o estado da filiação e, com isso, formam um coletivo[132].

Maria Berenice Dias distancia o parentesco do conceito de família, fundamentando-se na existência de integrantes diversos, como: os *afins*, que não integram a família, mas são considerados parentes, ainda que com vínculo de "menor intensidade"; e os *cônjuges*, que não compõem o parentesco, mas formam a família[133].

Assim, caminhamos pela interessante análise de Maria Berenice Dias, que distingue a família por parentesco, baseada em sua formação. Pelos seus dizeres, o elo de divergência que não permite sua integração única é a afinidade e o casamento. Então, passamos o discorrer se o casa-

---

[131] FARIAS, Cristiano Chaves de. *A família parental*. In: PEREIRA, Rodrigo da Cunha (Coord.). *Tratado de Direito das Famílias*. Belo Horizonte: IBDFAM, 2015. p. 249.
[132] MADALENO, Rolf. *Direito de Família*. 7. ed. revista, atualizada e ampliada. Rio de Janeiro: Forense, 2017. p. 477.
[133] DIAS, Maria Berenice. *Manual de direito das famílias*. 4. ed. rev., atual. e ampl. São Paulo: Editora Revista dos Tribunais, 2007. p. 308, 315-316.

mento é suficiente para definir uma família ou se a afinidade compõe o parentesco.

Por um longo período histórico, a família era considerada patriarcal, a partir do poder do pai sobre os filhos, restando sedimentada a desigualdade entre marido e mulher e enraizada a discriminação de filhos, bem como o predomínio dos interesses patrimoniais em detrimento da valorização pessoal de seus integrantes. Até a Revolução Industrial, tudo era considerado de propriedade do homem. Assim, era de interesse do Estado regular ostensivamente essa família, pois era vista como "unidade produtiva e esteio econômico da nação". Apenas com a mudança da sociedade e a queda do poder patriarcal, começou-se a firmar um novo conceito de família, não baseada no casamento, mas "que valoriza o afeto, solidariedade e cooperação entre membros"[134].

Concluímos então que a união entre duas pessoas, seja por uma relação formal ou informal, não é elemento essencial para formação da família. Como exemplo, temos a *Família Anaparental*, formada por pessoas que têm laços de afetividade, mas não têm relação conjugal – como, por exemplo, duas irmãs. Neste caso específico, percebe-se que as relações se misturam, sendo que as irmãs formam uma família e, ao mesmo tempo, são parentes colaterais em 2º grau.

Assim, concluímos que a diversidade encontrada na formação das novas famílias não soluciona a questão. Logo, passamos a outro ponto importante, que pode diferi-las: sua indissolubilidade. A família pode ser dissolvida, mas o parentesco não, sendo que comungamos da tese de que o *afim* não é parente.

Nesse sentido, Álvaro Villaça Azevedo entende que os *afins* não integram o conceito de parentesco, observando a limitação legal aos ascendentes, descendentes e colaterais provenientes do mesmo tronco[135]. Washington de Barros Monteiro, adepto da mesma tese, defende a impropriedade da palavra "parente" para classificar o afim[136].

---

[134] CUNHA PEREIRA, Rodrigo da. *Princípios fundamentais norteadores para o direito de família*. Belo Horizonte: Del Rey, 2005. p. 154-156.
[135] AZEVEDO, Álvaro Villaça. *Curso de Direito Civil*: Direito de família. São Paulo: Atlas, 2013. p. 237-238.
[136] MONTEIRO, Washington de Barros. *Curso de direito civil*: Direito de família. São Paulo: Saraiva, 2001. v. 2. p. 240.

Em sentido contrário, Carlos Alberto Dabus Maluf e Adriana Caldas do Rego Freitas Dabus Maluf entendem que os *afins* estão incluídos no conceito de parentesco[137].

Como bem observa Giselda Maria Fernandes Novaes Hironaka, o legislador teve um *interesse indireto* em face dos impedimentos matrimoniais e até sua perpetuidade[138]; entretanto, parece-nos que por questões morais e de preservação do ambiente familiar.

Assim, com todo respeito aos demais posicionamentos, não compartilhamos da ideia de que o legislador almejou atribuir à afinidade um status de parentesco. Parece-nos, antes, um erro material, como dito.

Em nosso entendimento, o *caput*, do Artigo 1.595, atribui aos parentes do cônjuge ou companheiro uma "aliança", um "pacto" de boa convivência pela afinidade intrínseca que terão em comum em face do elo que os une, exatamente como estipulou o Artigo 335 do Código Civil de 1916. Ainda em cópia ao Artigo 335, do diploma revogado, o § 2º, do Artigo 1595, eterniza o vínculo com os parentes em linha reta. Esses dois Artigos nada mencionam sobre o vínculo de "parentesco". Entendemos que o grande problema foi a inovação trazida pelo legislador de 2002, no § 1º, que traz, em nosso entendimento, erroneamente, a palavra "parentesco". A mera aliança prevista no *caput* está em contrassenso com o parentesco previsto no § 1º, e, considerando que o parágrafo é um fragmento subordinado ao *caput* e, ainda, a inexistência dos afins no rol dos parentes citados nos Artigos 1.591 e 1.592, entendemos que o vínculo de afinidade não advém do parentesco, mas de um pacto que pode ser quebrado a qualquer momento, restando apenas os efeitos para o matrimônio com os parentes na linha reta, por uma questão moral já apresentada no diploma promulgado há 1 Século e mantida no código de 2002.

Ademais, muito embora identificado já no Direito Romano, parece-nos que o parentesco e a afinidade foram tratados como espécies de

---

[137] No mesmo sentido, conceituam: "Parentesco é a relação que vincula as pessoas umas às outras, em decorrência da consanguinidade, da afinidade que liga o cônjuge aos parentes do outro cônjuge e da adoção". MALUF, Carlos Alberto Dabus; MALUF, Adriana Caldas do Rego Freitas Dabus. *Curso de Direito de Família*. São Paulo: Saraiva, 2013. p. 453.

[138] HIRONAKA, Giselda Maria Fernandes Novaes. *Morrer e Suceder*: passado e presente da transmissão sucessória concorrente. São Paulo: Editora Revista dos Tribunais, 2014. p. 340-349.

gêneros distintos, sendo que identificamos tratamentos dissociados[139], reforçando a tese de limitação moral de impedimentos por preceitos religiosos e por questão de respeito e proteção ao lar conjugal.

Diante disso, concluímos que, muito embora estarem intimamente relacionados, os conceitos de *família* e *parentesco* diferem entre si, não por sua configuração nem tampouco pela afetividade, mas sim por sua capacidade de se dissolver e de se remanejar – capacidade que, nas famílias, é amplo; e, em relação aos parentes, é indissolúvel.

4.1.1 Classificação do Parentesco

O Código Civil de 2002 aduz que existem duas linhas de parentesco: reta e colateral, sendo a contagem indicada por graus e limitada no caso dos colaterais. O grau de parentesco determina a proximidade entre os indivíduos e a linha representa a comunhão de tronco ancestral comum[140].

Assim, o parentesco por linha reta decorre do vínculo consanguíneo ou civil, sendo que este compreende a adoção, afetividade e técnicas de reprodução assistida heteróloga – e estas duas últimas são derivadas de construção doutrinária[141].

O parentesco colateral decorre do vínculo até o 4º grau daqueles que advêm do mesmo tronco ancestral e, segundo parte da doutrina, conforme supracitado, vem ainda do vínculo de afinidade com os parentes do companheiro ou cônjuge na linha reta e colateral até 2º grau – sendo que o vínculo afim pelo "cunhadio" é temporal e se extingue com dissolução da causa que o gerou (casamento ou união estável).

Nos tópicos que seguirão, veremos as derivações do parentesco previstas nos Artigos 1.591 e seguintes.

---

[139] "O jurisconsulto deve conhecer os graus de parentesco e afinidade...". D.38.10.4, Comentário 10. (d'Ors, A.; Hernández-Tejero, F.; Fuenteseca, P.; Garcia-Garrido, M.; Burillo, J. *El Digesto de Justiniano*. Pamplona: Editorial Aranzadi, 1975. v. III, livros 37-50. p.114).
[140] Madaleno, Rolf. *Direito de Família*. 7. ed. revista, atualizada e ampliada. Rio de Janeiro: Forense, 2017. p. 486-487.
[141] BRASIL. Enunciado nº 103 da I Jornada de Direito Civil, em 2002. Brasília/DF. Disponível em: <http://www.cjf.jus.br/enunciados/enunciado/734>. Acesso em: 20 nov. 2017.

4.1.1.1 *Natural / Consanguíneo*

O parentesco pode ser gerado pelo vínculo que liga as pessoas pelo sangue, seja por linha reta ou colateral. Logo, os descendentes do mesmo ancestral, como os primos, por exemplo, também são considerados parentes naturais, pelo vínculo que os une.

Assim, o grau de parentesco consanguíneo dá-se em linha reta ou colateral. A linha reta é composta pelos ascendentes e descendentes, sem qualquer limitação, diferentemente do parentesco em linha colateral[142], que a lei determina existir apenas até o 4º grau, nos termos do Artigo 1.592, do Código Civil[143], visto que, após esse grau, a distância faz-se tão longa a ponto de inexistirem vínculos de afeto e solidariedade entre os membros, o que torna ineficaz qualquer aplicação de direitos e obrigações entre eles[144].

O fato é que há uma divergência legislativa quanto aos impedimentos dos colaterais. Isto porque o sistema codificado revogado e o atual preveem expressamente impedimentos ao casamento entre parentes colaterais de 3º grau. Entretanto, o Decreto-Lei nº 3.200 de 19 de abril de 1941, ainda em vigência, permite o casamento, desde que não comprovado impedimento genético entre eles, a fim de proteger a prole – o que já foi autorizado pelo Poder Judiciário[145].

---

[142] O grau de parentesco pela linha colateral ou *transversal* pode ser dúplice, assim compreendido quando irmãos se casam com duas irmãs de outra família. Neste tipo de união seus filhos serão duas vezes parentes pela linha reta colateral (MONTEIRO, Washington de Barros. *Curso de Direito Civil*: Direito de família. 37. ed. São Paulo: Saraiva, 2004. p. 233).

[143] Lei 3.071/1916: Denota-se que o Código Civil de 1916 previa o parentesco colateral até o sexto grau. Art. 331. São parentes, em linha colateral, ou transversal, até ao sexto grau, as pessoas que provêm de um só tronco, sem descenderem uma da outra. Cf. BRASIL. Lei nº 3.071, de 1º de janeiro de 1916 (Código Civil dos Estados Unidos do Brasil). Diário Oficial da União, Rio de Janeiro, RJ, 5 jan. 1916. Disponível em: <http://www.planalto.gov.br/ccivil_03/leis/L3071.htm#art1806>. Acesso em: 7 out. 2018.

[144] Gomes, Orlando. *Direito de família*. 3. ed. Rio de Janeiro: Forense, 1978. p. 332-333.

[145] BRASIL. Tribunal de Justiça do Estado de São Paulo. Apelação Cível nº 0013076-79.2010.8.26.0604. Apelantes: Djaci de Souza Marques e Maricelia Ramos da Silva. Apelado: Juízo da Comarca. Relator: Desembargador Silvério da Silva, 8ª Câmara de Direito Privado. São Paulo/SP, 12 de março de 2014. Disponível em: <https://esaj.tjsp.jus.br/cposg/search.do;jsessionid=73CE3253A44A94F1595FD9BAD94D DFB5.cposg7?conversationId=&paginaConsulta=1&localPesquisa.cdLocal=-1&cbPesquisa=NUMPROC&ti poNuProcesso=UNIFICADO&numeroDigitoAnoUnificado=0013076-79.2010&foroNumeroUnifica-

Assim, entendemos que a limitação ao casamento ou companheirismo entre certos graus de parentesco foram trazidos não apenas por uma questão moral, mas sim genética, pois a proximidade de parentesco entre o casal pode gerar anomalias na prole, fato este corroborado nos Artigos 1º, 2º e 3º, da Lei nº 5.891 de 12 de junho de 1973, ainda em vigência, que dispõe sobre as normas dos exames médicos na habilitação do casamento entre colaterais de terceiro grau.

Em se tratando do parentesco pela linha reta, a certeza do exame de DNA trazido pela década de 1980 fez nascer debates quanto à recusa do pai em realizar a prova do vínculo genético, que resulta em inúmeras obrigações, muitas vezes não almejadas.

A busca pela verdade genética, que se contrapõe aos aspectos patrimoniais resulta na expressão jurídica da proteção ao *Direito Pessoal de Família*, protegido pela Carta Magna que, em seu inciso III, Artigo 1º, nos prestigia com o princípio da dignidade da pessoa humana.

Silmara Juny de Abreu Chinelato de Almeida, com a prudência que lhe é peculiar, observa a dubiedade da investigação de paternidade, que ao mesmo tempo aponta para a proteção e para a invasão dos direitos da personalidade. Enquanto por um lado o filho tem o direito à sua identidade, o suposto pai tem direito à sua intimidade e a mãe, a manter segredo quanto à identidade do pai biológico. Entretanto, pondera que os direitos da personalidade não possuem efeito *erga omnes* quando em conflito entre si, concluindo que os reflexos alcançados pela filiação se sobrepõem aos demais, já que, em cotejo, a proteção à dignidade do investigando pode, em favor do filho, "invocar, ainda, o abuso de direito, e os deveres da proporcionalidade e razoabilidade"[146].

Diante disso, as técnicas científicas mais avançadas colocaram o parentesco consanguíneo em grau de prova robusta e incontroversa, sobre a qual não paira dúvida. Por essa razão, a respeito dele não é necessária qualquer autorização expressa[147] ou vontade: basta existir para ser.

---

do=0604 &dePesquisaNuUnificado=0013076-79.2010.8.26.0604&dePesquisa=&uuidCaptcha=>.Acesso em: 8 jan. 2018.

[146] CHINELATO E ALMEIDA, Silmara Juny de Abreu. Exame de DNA, filiação e direitos da personalidade. In: LEITE, Eduardo de Oliveira (Coord.). *Grandes temas da atualidade*: DNA como meio de prova da filiação. Rio de Janeiro: Forense, 2000. p. 331-332 e 342-361.

[147] Exceções previstas em lei, como em alguns casos envolvendo técnica de reprodução assistida.

O curioso é que o parentesco consanguíneo ganhou força já na Roma antiga, ao passo que, após séculos de integração em nosso sistema, perdeu seu lugar para o parentesco por afetividade. Porém, agora ele renasce novamente com as discussões jurídicas quanto à sua importância e necessidade, até mesmo em detrimento da prestigiada afetividade ou, no mínimo, paralela a ela. Denota-se que o vínculo natural não é uníssono com o conhecimento genético, se considerado decorrente de doadores. Entretanto, ele é essencial como reconhecimento parental e, por isso, cria verdadeira eclosão no Direito de Família, em especial com relação à filiação, gerando inúmeros efeitos complexos e debates intermináveis, que desfrutaremos ao longo de nosso estudo.

4.1.1.2 *Civil*

O Código Civil de 2002 inovou em seu Artigo 1.593, ao definir que o parentesco civil decorre de *outra origem*, podendo ser assim considerado como decorrente da adoção, das técnicas de reprodução assistida heteróloga ou da afetividade que resulta na posse de estado de filho[148].

As técnicas de reprodução assistida pela modalidade heteróloga foram muito bem-postas pela Doutrina, a fim de comprometer o cônjuge ou companheiro com o projeto parental previamente autorizado, não permitindo o desamparo à prole, que encontrará nesse pai sua presunção de paternidade.

O vínculo de parentesco socioafetivo ganha força com a elevação do afeto ao status de valor jurídico. Assim, o afeto ganha mais espaço e mais importância por parte da Doutrina[149], pela priorização dada às relações

---

[148] No mesmo sentido: BRASIL. Enunciado nº 103 da I Jornada de Direito Civil, em 2002. Brasília/DF. Disponível em: <http://www.cjf.jus.br/enunciados/enunciado/734>. Acesso em: 20 nov. 2017: "O Código Civil reconhece, no art. 1.593, outras espécies de parentesco civil além daquele decorrente da adoção, acolhendo, assim, a noção de que há também parentesco civil no vínculo parental proveniente quer das técnicas de reprodução assistida heteróloga relativamente ao pai (ou mãe) que não contribuiu com seu material fecundante, quer da paternidade socioafetiva, fundada na posse do estado de filho". Verifique-se 60também: BRASIL. Enunciado 256 da III Jornada de Direito Civil, em 2004. Brasília/DF. Disponível em: <http://www.cjf.jus.br/enunciados/enunciado/501>. Acesso em: 20 nov. 2017: "A posse do estado de filho (paternidade socioafetiva) constitui modalidade de parentesco civil".

[149] Nesse sentido, Washington de Barros Monteiro, ao fazer uma análise sobre o artigo 1.593 do Código Civil, afirma que agora há: "espaço ao reconhecimento da paternidade desbiologizada ou socioafetiva, em que, embora não existam elos de sangue, há laços de afetividade

4. PARENTALIDADE E SUAS ESPÉCIES

construídas sobre ele. Asseveramos sua importância porque ele é essencial para que a relação paterno-materno-filial se concretize em sua plenitude e cumpra seu papel no desenvolvimento daquele filho e na vida dos próprios pais que assim o aceitam.

A consubstanciação da socioafetividade na posse do estado de filho garante que a relação seja duradoura: os sentimentos e as responsabilidades recíprocas consolidam o bem-estar e mantêm-se sedimentados na vida e no cotidiano dos participantes. Ademais, não reconhecer o vínculo parental com a posse do estado de filho seria um retrocesso, considerando-se que já em 1951, o Decreto-Lei 3200/1941, em seu Artigo 37, dispunha sobre a organização e proteção da família, equiparando a *pai* aquele que mantinha o convívio e o sustento do menor.

Por fim há, ainda, o parentesco civil decorrente da adoção, repleta de nuances. Mais à frente estudaremos os conceitos envolvidos e sua sofrida trajetória histórica, passando por episódios distintos até chegarmos ao estágio atual, quando a sociedade, imbuída de espírito social, visa à proteção da criança e do adolescente e reflete sobre a prevalência da isonomia entre os filhos.

Assim, o parentesco civil, taxativamente apontado como exclusivo das marginalizadas relações de adoção, ressurge com nova roupagem: a de proteção aos filhos e liberdade social para acolher todas as demais formas de filiação que surgirem na sociedade do presente e do futuro.

4.1.1.3 *Afinidade*

A proibição de relacionamento com os parentes do cônjuge encontrou relevância jurídica já no Direito Romano, que os considerou como parentes por "afinidade", declarando ilícito contrair matrimônio entre si.[150]

A importância jurídica dada ao vínculo de afinidade venceu a barreira do tempo, da cultura e instalou-se no ordenamento jurídico, a ponto de permanecer vigente em nosso sistema até os dias atuais.

---

que a sociedade reconhece como mais importantes que o vínculo consanguíneo". MONTEIRO, Washington de Barros. *Curso de Direito Civil*: Direito de família. 37. ed. São Paulo: Saraiva, 2004. p. 294.

[150] GAIO. *Digesto*, livro 38, título 10, frag. 4, comentários 3 e 7. (D'ORS, A.; HERNÁNDEZ-TEJERO, F.; FUENTESECA, P.; GARCIA-GARRIDO, M.; BURILLO, J. *El Digesto de Justiniano*. Pamplona: Editorial Aranzadi, 1975. v. III, livros 37-50. p.112-114).

Assim, o vínculo da afinidade está previsto no Artigo 1.595, do Código Civil e há entendimentos de que ele resulta no parentesco entre os parentes do cônjuge ou companheiro, restritos aos ascendentes, descendentes e colaterais de 2º grau. Observamos que o Código Civil entrou em contrassenso ao omitir no Artigo 1.593 a "afinidade" como espécie de parentesco, o que gera discussão doutrinária sobre sua existência, conforme explanado no título 4.1. acima.

Em se tratando da indissolubilidade das relações de afinidade, prevista no Artigo 1.595, §2º, Paulo Luiz Netto Lobo externa sua crítica, apontando a inconstitucionalidade da norma, em face de esbarrar no Artigo 226, §6º, da Constituição Federal, que permite a liberdade de constituição da família e dissolução do casamento pelo divórcio[151].

Entendemos que a restrição envolve questões culturais de nossa sociedade, a qual se baseia em critérios subjetivos para formar seus parâmetros – como a moralidade de atos. Assim, mantêm-se as restrições atribuídas ao parente do cônjuge ou companheiro em linha reta, que constituem normas restritivas de direito que sobrevivem com um rigor que ultrapassa o vínculo que os gerou. Defendemos sua mantença em especial porque as relações de afinidade com os filhos do cônjuge ou companheiro podem culminar em uma relação paterno-materno-filial.

A exclusividade do Artigo 1.595 limita-se às relações formais e informais reconhecidas como entidade familiar, excluindo, portanto, o *concubinato impuro*, assim definido por Álvaro Villaça Azevedo como "adulterino quando paralelo ao casamento de direito, e quando existir concomitantemente com outro concubinato"[152].

Logo, ao analisarmos essa norma, verificamos que os concubinos não poderão encontrar a aplicação analógica à restrição que não lhes foi imposta, estando livres dos impedimentos legais previstos no Artigo 1.521, do Código Civil.

Ocorre que não haverá impedimento em uma pessoa contrair matrimônio com os parentes da(o) concubina(o) se vier a se tornar desimpedido – como por exemplo, em casar com a mãe de sua ex-concubina ou

---

[151] LÔBO, Paulo Luiz Netto. *Código Civil comentado*. São Paulo: Atlas, 2003. v. 16. p. 35.
[152] AZEVEDO, Álvaro Villaça. Estatuto dos Concubinos (originário). Anteprojeto de Lei. Criado por Álvaro Villaça Azevedo. In:_____. *Estatuto da família de fato*: de acordo com o atual Código Civil, Lei nº 10.406, de 10-01-2002. 3. ed. São Paulo: Atlas, 2011. p. 233.

até mesmo com os filhos desta. Entendemos que há uma brecha na lei capaz de gerar enormes conflitos, já que existem relações concubinárias que duram uma vida inteira, em especial em regiões mais humildes de nosso enorme País. Além disso, esse tipo de união acontece em iguais condições práticas àquelas uniões normatizadas. Por mais que causem repúdio social, essas formas de união causam efeitos jurídicos e, consequentemente, necessitam de regulamentação jurídica.

Por fim, entendemos que a "aliança" por afinidade foi muito bem posta pelo legislador para criar entraves a matrimônios não aceitos por nossa cultura social, que não admite a relação íntima entre pessoas que conviveram como parentes em linha reta – sendo que defendemos sua aplicação com fundamento no Artigo 4ª, da Lei de Introdução às Normas do Direito Brasileiro.

4.1.2 Efeitos do Parentesco

As relações de parentesco não geram apenas impedimentos para o casamento, mas também direitos e deveres que ultrapassam a esfera matrimonial e passam pela ordem pessoal, moral e econômica. Por isso, a Lei determina que cada qual se comprometa com a vida e a evolução de seu parente enquanto ser humano carecedor de uma vida digna.

Nesse ínterim, as relações de parentesco refletem em diversas áreas do Direito.

O Código de Processo Civil – Lei 13.105/2015 – traz sua contribuição ao apontar o dever moral de lealdade e respectiva mantença dos laços afetivos entre os parentes, visto que a Lei determina que eles não poderão testemunhar em favor ou desfavor do outro (Art. 447, §2º, I), sendo, ainda o parentesco, uma das causas de impedimentos do juiz no exercício de suas funções no processo (Art. 144, III e IV).

Já no Direito Eleitoral, o parentesco pode gerar inelegibilidades disposta no Artigo 14, §7º, da Constituição Federal do Brasil.

Observamos que a preocupação do Estado em preservar o convívio entre parentes é notória quando observamos o Direito Penal e esbarramos com excludentes de ilicitude em crimes contra o patrimônio praticados por parentes. Verifica-se, ainda, a proteção aos parentes quando da edição da Lei 13.142 de 2015, que alterou o Código Penal, prevendo nos Artigos 121 e 129 a qualificadora para alguns crimes cometidos em face de parentes de policiais e alterou, ainda, o Artigo 1º, da Lei de Crimes Hediondos, inserindo nesse rol o atentado contra seus parentes. Restou configurada ainda como agravada, no Decreto-Lei nº 2.848/1940 a pena em caso de crimes cometidos contra parentes em linha reta, irmãos e cônjuge.

Igualmente, acreditamos que o maior desafio encontrado seja no Direito de Família, que traz inúmeros deveres recíprocos entre os parentes, como guarda e sustento, gerando assim inúmeras lides no Poder Judiciário, permitindo ao Estado intervir naquela família, muitas vezes causando mais desalentos que alentos, porém de forma necessária quando os integrantes esquecem seu papel de contribuição no desenvolvimento moral, psíquico e financeiro de seus pares.

Muito embora comunguemos da tese de inexistência de relação de parentesco por afinidade, entendemos que o vínculo gera direitos e deveres, como por exemplo: (i) a proibição de casamento ou convivência entre genros e noras com ex-sogros e ex-sogras e enteados(as) e padrastos-madrastas, disposta no Artigo 1521, II, do Código Civil; (ii) a chamada "paternidade alimentar"[153][154], que poderá ser atribuída ao genitor afim; (iii) e até mesmo alguns efeitos sucessórios indiretos[155], como o caso da esposa casada em comunhão total de bens que adquire parte da herança recebida pelo marido por disposição do Artigo 1.667, devendo participar de eventual inventário, seja judicial ou extrajudicial.

Em se tratando da perda do poder familiar, também persistem alguns efeitos do parentesco, como o impedimento matrimonial[156].

Assim o vínculo de parentesco é capaz de gerar inúmeros efeitos. Muito embora o instituto esteja passando por diversas transformações – seja com o avanço da tecnologia, seja com as modificações sociais – con-

---

[153] MADALENO, Rolf Hanssen. Paternidade Alimentar. In: SOUZA, Ivone Maria Candido Coelho de (Coord.). *Direito de família, diversidade e multidisciplinariedade*. Porto Alegre: IBDFAM, 2007. p.195.

[154] No mesmo sentido: DIAS, Maria Berenice. *Manual de direito das famílias*. 4. ed. rev., atual. e ampl. São Paulo: Editora Revista dos Tribunais, 2007. p. 308, 315-316.

[155] Denota-se que inexistem direitos sucessórios entre os afins (CAHALI, Francisco José; HIRONAKA, Giselda Maria Fernandes Novaes. *Direito das Sucessões*. 4. ed. revisada, atualizada e ampliada. São Paulo: Revista dos Tribunais, 2012. p. 147).

[156] DIAS, Maria Berenice. *Manual de direito das famílias*. 4. ed. revisada, atualizada e ampliada. São Paulo: Editora Revista dos Tribunais, 2007. p. 311.

tinua a refletir em diversas áreas do Direito. Por essa razão, defendemos que é necessário compreender e normatizar todos os vínculos de parentesco, a fim de trazer segurança jurídica à sociedade.

4.2 Filiação e Outros Aspectos

Como dito alhures, adentraremos agora o estudo de uma das espécies de parentesco, assim denominada *filiação*, que "procede do latim *filiatio*, que significa procedência, laço de parentesco dos filhos com os pais, dependência, enlace"[157]. Vimos que, historicamente, há a mácula da desonra quanto ao tratamento desumano ao qual os filhos eram submetidos pela *patria potestas*[158].

No Brasil, foram permitidos atos discriminatórios em desfavor dos filhos, expressamente apontados em nosso sistema civil revogado, que os caracterizava como *legítimos* e *ilegítimos*, deixando sua sorte atrelada ao estado civil de seus pais. Também é importante ressaltar a secundariedade dos adotados em relação aos filhos do adotante, motivo pelo qual faremos breve apanhado histórico sobre sua cadeia evolutiva.

4.2.1 Sistema de Filiação no Brasil

Com o apossamento do território brasileiro pelos portugueses, inicialmente vigoraram em nosso País as principais legislações vigentes em Portugal, chamadas de Ordenações Afonsinas, Manuelinas e Filipinas. O Direito Romano era utilizado de forma subsidiária para os casos omissos, cujo limite estava aposto à Lei da Boa Razão de 1769[159].

Jorge Shiguemitsu Fujita, ao defender sua tese de doutorado sobre *"O afeto nas relações entre pais e filhos: filiações biológica, socioafetiva e homoafetiva"*, tratou da categorização imposta aos filhos. Seus estudos mostraram, com a assertividade que lhe é peculiar, a evolução histórica pela qual passou o Instituto da Filiação até chegarmos na igualdade hoje alcançada. O autor observou que a primeira Constituição de 1824 foi a precursora: aquela que, em seu Artigo 179, XIII, determinou a isonomia entre todos, ratificada a extensão da igualdade dos direitos suces-

---

[157] LÔBO, Paulo. *Famílias*. 2 ed. São Paulo: Saraiva, 2009. p. 195.
[158] Vide Capítulo 2 do presente trabalho, "Direito Romano".
[159] NASCIMENTO, Walter Vieira. *Lições de História do Direito*. 12. ed. rev. e aumentada. Rio de Janeiro: Forense, 2000. p. 193-194.

sórios entre os filhos naturais com a edição do Decreto-Lei n. 463 de 02.09.1847[160].

Por conseguinte, o governo imperial requereu a Augusto Teixeira de Freitas projeto de compilação das Leis Civis, nascendo em 1858 a obra "Consolidação das Leis Civis". Entretanto, nessa compilação há um retrocesso à Carta Magna de 1824, sendo que ela reacende a categorização dos filhos, ao diferenciá-los como *legítimos* e *ilegítimos* nos Artigos 208 a 210, e ao manter a limitação a certos direitos, como os sucessórios, impostos nos Artigos 961 e 964[161].

A segregação entre os filhos era tamanha que o regulamento nº 5.604 de 25.4.1874, em seu Artigo 51, nº 4, previa que o assento de nascimento deveria "conter a declaração de sêr legitimo, illegitimo, ou exposto"[162].

Seguindo o mesmo diapasão, a edição do Decreto nº 181, denominado "Estatuto do Casamento Civil" de 24.01.1890, vinculou a filiação legítima às "justas núpcias", nos moldes do Artigo 56, §1º. O condicionamento da formação da família ao casamento civil já havia sido criticado por Álvaro Villaça Azevedo, que asseverou que há mais de 30 Séculos a família já era constituída por outras formas, como, por exemplo, pelo casamento religioso[163]. Entretanto, parece-nos que a determinação se enraizou em nossa cultura.

---

[160] FUJITA, Jorge Shiguemitsu. 2008. 197 p. *O afeto nas relações entre pais e filhos*: filiações biológica, socioafetiva e homoafetiva. Tese (Doutorado). Faculdade de Direito, Universidade de São Paulo, São Paulo, 2008. Orientador: Prof. Titular Doutor Álvaro Villaça Azevedo. p. 19/20.

[161] FREITAS, Augusto Teixeira de. *Consolidação das Leis Civis*. Brasília: Senado Federal, Conselho Editorial, 2003 (1858). v. II. p. 170-171 e 561-565.

[162] Surgido na França no ano de 1188 e trazido por Portugal ao Brasil em 1734, o filho "exposto" era aquele abandonado pela mãe por falta de recursos para criá-lo ou por questões sociais, como aqueles nascidos à margem do casamento. Esses filhos eram expostos em um local denominado "Roda", instalada nas paredes de conventos ou igrejas. As mães os colocavam do lado de fora da Roda e os giravam para dentro dos estabelecimentos, onde receberiam os cuidados necessários até serem adotados. Cf. CAMPOS, Paulo Roberto. Ressurgimento na Europa da "Roda dos Expostos". Set. 2012. Disponível em: <http://catolicismo.com.br/materia/materia.cfm?IDmat=2993E1A3-057A-2744-2B80429CC4914449&mes=Setembro2012>. Acesso em: 9 jan. 2018.

[163] AZEVEDO, Álvaro Villaça. União Estável. *Revista do Advogado* (da Associação dos Advogados de São Paulo – AASP), São Paulo, n. 58, mar. 2000. p. 14-29. (Número sobre: Direito de Família: Homenagem a Sérgio Marquez da Cruz). p. 29.

Assim, em 1916, é promulgada a Lei 3.071, nosso Código Civil, que manteve a formalização civil do casamento e a legitimação do filho gerado à sua margem. O referido código impôs, ainda, a discriminação entre os filhos, tanto para o reconhecimento do estado de filiação quanto para a concorrência sucessória[164].

Clóvis Beviláqua explica que a legitimação apenas poderia ocorrer se os pais contraíssem matrimônio; caso contrário, os filhos deveriam ser castigados pelo comportamento reprovável dos pais e, por isso, seriam considerados *ilegítimos*[165].

Assim, esse sistema gerava duas arbitrariedades do Estado: ao invadir o direito íntimo do casal obrigando-o a realizar um matrimônio nos termos que a sociedade determinava; e, ainda, ao apenar seus filhos pelo descumprimento das regras de condução da vida privada do casal, arbitrariamente impostas. Isto revela claramente que a exclusão da categorização da filiação constituiu grata e necessária evolução: afinal, a filiação jamais pode ser compreendida como perturbação do lar, mas sim como um chamamento dos pais à responsabilidade inerente ao ofício parental.

O fato é que o Século XX foi marcado por um período de incertezas políticas e sociais que transcorreu por quase meio Século, refletindo-se no âmbito jurídico – o que culminou com a edição de inúmeras constituições.

No tratamento à filiação, tivemos a Constituição de 1937 que, em seu Artigo 126, equiparou filhos naturais e legítimos, oportunidade em que tivemos leis esparsas subsequentes, que passaram a dispor sobre proteção e equiparação dos filhos, observadas as limitações exigidas pelo contexto social. Jorge Shiguemitsu Fujita comenta que apenas com a Constituição de 1988 foi possível chegar à isonomia entre os filhos, consubstanciada no princípio da dignidade da pessoa humana e da paternidade responsável. E, já que o planejamento familiar foi considerado de

---

[164] Cf. Artigos 337, 353, 352, 357, 358-353 do Código Civil de 1916 (*links* para a consulta deste e de outros documentos de lei encontram-se nas Referências ao final do presente trabalho).
[165] BEVILÁQUA, Clóvis. *Código Civil dos Estados Unidos do Brasil comentado*. 8. ed. Rio de Janeiro: Francisco Alves, 1950. v. 2. p. 322-324.

livre decisão do casal, foram surgindo novas leis que seguiram o ditame constitucional[166].

Diante disso, apenas a partir do Século XX os filhos brasileiros alcançaram a proteção constitucional que sempre foi seu direito exclusivo. As novas leis apontavam em especial a isonomia e o importante controle do poder parental pelo Estado e deste pelo Direito. A responsabilidade pela criação e desenvolvimento é atribuída a todos – seja aos componentes da família a que pertence a criança e o adolescente, seja à sociedade.

Mas a luta pela isonomia não havia terminado. Os juristas que começavam a observar a existência de formas distintas de filiação e os males da discriminação a essas novas modalidades formaram uma corrente unitária para extirpar todo e qualquer preconceito.

Álvaro Villaça Azevedo sugeriu ao Relator da Constituinte de 1988, senador Bernardo Cabral, que fizesse constar um parágrafo no Artigo 227, da Constituição Federal – a cópia do Artigo 202, do Código Familiar do Estado do México de Hidalgo: "Os filhos não recebem qualificativo algum: são iguais ante a lei, a família, a sociedade e o Estado"[167]. Entretanto, foi inserido outro texto no §6º que, a nosso ver, pode ser interpretado como proteção limitativa aos discriminados filhos consanguíneos, extraconjugais e adotivos, em igualdade de condições aos conjugais.

Com o passar do tempo, a Doutrina e a jurisprudência ampliaram o conceito de "filiação", aplicando o § 6º, do Artigo 227 a todos os filhos, independentemente da origem. Assim, nessa esteira de respeito à dignidade da criança e o olhar atento a seu melhor interesse, o amor paternal e maternal passam a ter valor jurídico, na medida em que a filiação socioafetiva alcançou a devida proteção legal, conforme interpretação doutrinária e jurisprudencial do Artigo 1.593, do Código Civil de 2002.

Na verdade, o legislador não fez menos que atender ao clamor social, dando aos filhos a proteção estatal como seres de direitos e por tudo o

---

[166] Para relato histórico detalhado, consultar a obra de: FUJITA, Jorge Shiguemitsu. 2008. 197 p. *O afeto nas relações entre pais e filhos*: filiações biológica, socioafetiva e homoafetiva. Tese (Doutorado). Faculdade de Direito, Universidade de São Paulo, São Paulo, 2008. Orientador: Prof. Titular Doutor Álvaro Villaça Azevedo. p. 29 et seq.

[167] AZEVEDO, Álvaro Villaça. *Estatuto da família de fato*: de acordo com o atual Código Civil, Lei nº 10.406, de 10-01-2002. 3. ed. São Paulo: Atlas, 2011. p. 149-150.

que representam no núcleo familiar, já que "são a continuação da espécie humana, representando o elo que dá sequência à representação do homem, gerando novos seres, integrando passado e futuro e a história da humanidade"[168].

Aos poucos, a sociedade foi-se catequizando, humanizando-se e deixando o preconceito adormecer. A filiação passou por duros períodos, de severa opressão e repressão, mas sua proteção legal foi surgindo, primeiro com timidez e depois com robustez, até chegarmos ao tempo ideal de sua total proteção estatal – não como se ela fosse uma subespécie de um gênero denominado "família", mas como uma instituição independente e ímpar, merecedora de total proteção estatal. Finalmente, o que imperou foi a promoção de sua projeção na sociedade – fato que abriu caminhos para o desenvolvimento e para a felicidade, em detrimento de questões alheias a esse fim.

4.2.2 Conceito

O conceito de *filiação* encontra modificações conforme a mudança da cultura em cada sociedade. A exemplo disso, verifica-se aquele que foi trazido pelo jurisconsulto francês do Século XIX, Frédéric Mourlon, de que filiação "é a relação que o facto da procreação estabelece entre duas pessoas, das quaes uma é nascida da outra"[169].

Muito embora em desuso, Mourlon conceituou de forma pertinente à época, já que os filhos eram reconhecidos apenas se vinculados geneticamente e se advindos do casamento, chamados de "filhos legítimos".

Assim, a legitimidade da filiação seguia a sorte do casamento e, uma vez considerado nulo ou anulado, os filhos apenas permaneciam com status de *legítimos* se fossem oriundos de união advinda da boa-fé. Em caso de legitimidade ao tempo da concepção ou nascimento e posterior ilegitimidade, o filho poderia ser legitimado com novo matrimônio, retroagindo os efeitos ao tempo do nascimento.

---

[168] MADALENO, Rolf Hanssen. *Repensando direito de família*. Porto Alegre: Livraria do Advogado Editora, 2007. p. 129.
[169] MOURLON, Frédéric. Repet. Escrit. L. 1, T. 7, n. 858 *apud* PEREIRA, Lafayette Rodrigues. *Direitos de Família*: Anotações e Adaptações ao Código Civil por José Bonifácio de Andrada e Silva. Rio de Janeiro: Editores Virgílio Maia & Comp., 1918. p. 218.

Assim, a filiação era comprovada mediante apresentação de provas de matrimônio entre os pais[170] e de nascimento e identidade da criança[171]. Os requisitos eram concomitantes, sendo que a falta da prova do matrimônio era suficiente para obstar o reconhecimento do filho, diferentemente da certidão de nascimento que, se inexistente, poderia ser substituída pela prova da *posse de estado de filho*, que encontrou sua relevância já no Século XIX[172].

José Luiz Gavião de Almeida, atento à desvinculação dos Institutos *Filiação* e *Casamento*, conceituou, na década de 1990, a filiação como o vínculo que "une alguém ao fruto de sua reprodução"[173]. Essa conceituação era pertinente na época, quando já era permitido o divórcio – e foi assim que se extirpou a filiação ilegítima.

Entretanto, houve nova mudança de paradigma, já que nos dias atuais a filiação não se consolida apenas com o casamento, tampouco nasce apenas do vínculo biológico. Com a evolução da Medicina, nem mesmo o vínculo maternal precede da procriação, já que é possível a doação temporária de útero por uma mulher, a doação de óvulo por outra, sendo atribuída a parentalidade a uma terceira mulher, autora do projeto parental.

Luiz Edson Fachin já verificou, há quase duas décadas, a dicotomia quanto à nova verdade do vínculo paterno-materno-filial, observando que a "filiação, a seu turno, passando pela crise e superação na jurisprudência, venceu a moldura nupcialista, alcançou a definição biologista e, hoje, oscila entre os paradoxos, do da consanguinidade à afetividade"[174].

---

[170] Vide Código Civil de 1916. Art. 353. A legitimação resulta do casamento dos pais, estando concebido, ou depois de havido o filho (art. 229).

[171] Vide Código Civil de 1916. Art. Art. 347. A filiação legítima prova-se pela certidão do termo do nascimento, inscrito no registro civil. (Revogado pela Lei nº 8.560, de 1992).

[172] "A posse de estado de filho é principalmente constituída por tres factos: Nominatio: quando o filho tem o apellido do pae; Tractatus: quando é tratado de filho pelo pae e pela mãe e por elles educado; Reputatio: quando é tido e havido por filho na família e pelos visinhos. (MOURLON, L. 1º T. 7, n. 908 *apud* PEREIRA, op. cit., p. 227, notas de rodapé).

[173] ALMEIDA, José Luiz Gavião de. 1992. 190 p. *Da desconstituição do vínculo filial* (no direito brasileiro). Tese (Doutorado) – Faculdade de Direito, Universidade de São Paulo, São Paulo, 1992. p. 5.

[174] FACHIN, Luiz Edson. Paternidade e ascendência genética. In: LEITE, Eduardo de Oliveira (Coord.). *Grandes temas da atualidade*: DNA como meio de prova da filiação. Rio de Janeiro: Forense, 2000. p. 171.

4. PARENTALIDADE E SUAS ESPÉCIES

Logo, a filiação tornou-se possível de outras formas, uma vez elencada na contemporaneidade a valorização do afeto nas relações familiares, e a promoção do indivíduo enquanto sujeito de direitos.

Concluímos, então, que os conceitos de filiação vinculados à procriação e ao casamento são inaplicáveis nos tempos atuais, restando aos operadores do Direito o desafio de acompanhar as mudanças no passo acelerado do avanço da Medicina e das transformações sociais que deságuam no núcleo familiar e seus integrantes.

Nesse sentido, entendemos que é bastante atual o conceito criado por Jorge Shiguemitsu Fujita[175]:

> Filiação é, no nosso entender, o vínculo que se estabelece entre pais e filhos, decorrente da fecundação natural ou da técnica de reprodução assistida homóloga (sêmen do marido ou do companheiro; óvulo da mulher ou da companheira) ou heteróloga (sêmen de outro homem, porém com o consentimento do esposo ou companheiro; ou o óvulo de outra mulher, com a anuência da esposa ou companheira), assim como em virtude da adoção ou de uma relação socioafetiva resultante da posse do estado de filho.

Denota-se que o autor não inseriu em seu conceito o vínculo decorrente da procriação por empréstimo de útero, o que entendemos ser correto, sendo que a doadora temporária do útero deve abdicar do vínculo maternal em face da mãe biológica[176] ou da autora do projeto parental, quando esta não contribuir com o útero e tampouco com o óvulo.

Assim, entendemos que a filiação é identificada pelo vínculo de natureza civil ou natural. Os pré-requisitos do primeiro seriam a previsão legal e demais previsões que surgirem com a modificação social, desde que sedimentadas pela doutrina e consubstanciadas em entendimentos jurisprudenciais – como o afeto decorrente da posse do estado de filho e a inseminação artificial heteróloga. O segundo decorre do vínculo biológico, exceto aqueles havidos por doadores de material genético ou por cessão temporária de útero. Assim, a grande celeuma da atualidade será

---

[175] FUJITA, Jorge Shiguemitsu. *Filiação*. São Paulo: Atlas, 2009. p. 10.
[176] Muito embora não exista lei que trate do assunto, o Conselho Federal de Medicina editou a Resolução 2.168/2017 com regras básicas sobre o tema, como, por exemplo, a imediata indicação da mãe biológica na certidão de nascimento da criança e não daquela que cedeu o útero.

dispor se é possível a cumulação dos vínculos, já que as reorganizações familiares demonstram que, muitas vezes, nem todos os vínculos necessários ao pleno desenvolvimento do filho estão reunidos em um só pai e/ou mãe – e é precisamente esta questão que será o objeto de nosso estudo.

4.2.3 Natureza Jurídica

A natureza jurídica do estado de filiação é raramente tratada pelos juristas, o que entendemos como omissão justificável, já que constitui apenas curiosidade acadêmica sem grandes reflexos. Entretanto, considerando que o Código Civil de 2002 abriu o leque do parentesco jurídico para qualquer "outra origem" que possa a vir existir na contemporaneidade, entendemos interessante abordar o tema.

Assim, conforme já estudado, sob a égide do Código Civil de 1916, a filiação natural era definida pelo vínculo biológico e diretamente condicionada às justas núpcias dos pais, sem grandes debates a esse respeito.

Observamos que o estudo da natureza jurídica se fez presente nas doutrinas mais tradicionais quanto a uma das espécies de filiação civil: a adoção. Sobre ela, acreditamos que podemos retirar conclusões gerais com base no entendimento específico desses autores.

Nesse sentido, Eduardo Espínola diferiu o reconhecimento do parentesco filial por adoção, concluindo que esta possui natureza jurídica contratual, em face de não decorrer de um direito natural mas sim de um ato voluntário que possui forma própria, e que, à época, se fazia por escritura pública (artigo 134, I, e 375, do Código Civil de 1916), destacando que a ingratidão do adotado em face do adotante tornava o contrato sem efeito[177].

Entendemos que a distinção entre *reconhecimento* e *adoção* ocorria pelos efeitos distintos da parentalidade natural e a legal, posta a discriminação nas formas de filiação existentes. Denota-se ainda que defendeu essa posição em um parecer que protegeu a adoção feita pelo pai de seu filho ilegítimo, já que os incestuosos e adulterinos não poderiam ser reconhecidos por força do artigo 358, do Código Civil de 1916, encon-

---

[177] ESPINOLA, Eduardo. *Questões Jurídicas e Pareceres*: A Adopção dos filhos espúrios pelo próprio pae. São Paulo: Cia. Graphico-Editora Monteiro Lobato, 1925. p. 139-157.

4. PARENTALIDADE E SUAS ESPÉCIES

trando, portanto, na adoção, a saída ao amparo e proteção sucessória desses filhos[178].

Entretanto, Antônio Chaves rebate a tese que atribui a natureza contratual para a adoção, argumentando a inexistência de conteúdo econômico e de bilateralidade atinente aos contratos e, ainda, por se tratar a filiação de um vínculo "espiritual e moral". Assim, conclui tratar-se de um "instituto de ordem pública, cuja plena virtualidade jurídica, em cada caso particular, depende de um ato jurídico individual"[179].

Aplicando os entendimentos para todas as demais espécies de filiação jurídica hoje existentes, podemos concluir que Antônio Chaves tinha razão em sua defesa. Ainda que as novas espécies de filiação elevem o elemento "vontade" para a formação do vínculo, bem como a possibilidade do reconhecimento extrajudicial de inúmeras delas como a socioafetiva com a aquiescência do filho, não podemos concluir que possui natureza contratual pela irrevogabilidade do ato[180], que passa a ter proteção constitucional e gera efeitos de forma isonômica quanto aos demais filhos.

Denota-se que a filiação é um estado natural intrínseco ao ser humano, cuja consequência é o "estado de filho" na forma natural ou jurídica. Logo, esse "estado" existe em razão do biológico ou legal. São diversas espécies que pertencem ao mesmo gênero.

Nesse sentido, o Direito à Filiação é indisponível, imprescritível e está intimamente ligado ao direito de alguém ter, além de um prenome, o sobrenome de seus ascendentes. Assim, esse direito é aplicado a todos os filhos por determinação constitucional, sendo que o Ministério Público pode, inclusive, intervir para investigar a paternidade desconhecida[181].

Assim pela Teoria Tridimensional do Direito de Família, defendida por Belmiro Pedro Welter, o ser humano está inserido em uma única

---

[178] ESPINOLA, Eduardo. *Questões Jurídicas e Pareceres*: A Adopção dos filhos espúrios pelo próprio pae. São Paulo: Cia. Graphico-Editora Monteiro Lobato, 1925.

[179] CHAVES, Antônio. *Adoção, Adoção simples e adoção plena*. 3. ed. revista e ampliada. São Paulo: Editora Revista dos Tribunais, 1983. p. 11-13. No mesmo sentido: WALD, Arnoldo. *O novo direito de família*: com remissões ao novo código civil (lei 10.406, de 10-1-2002). 14. ed. São Paulo: Saraiva, 2002. p. 217.

[180] Exceto por erro ou falsidade no registro, nos termos do artigo 1.604 do Código Civil.

[181] Cf. Código Civil 2002, artigos 11 e 16. Artigo 226 §6º da CF. Artigo 2º, §4º da Lei 8.560/92.

realidade existencial. Ele conclui que a afetividade, a genética e, inclusive, a ontologia[182] "são episódios históricos hermenêuticos e estruturas de realização e formação do ser humano"[183].

Logo, concluímos que o filho necessita de todas as espécies de proteção, indistintamente. Essa relação possui um grau tão explícito de importância no Direito, que encontra viés constitucional pela proteção que lhe é imposta com fundamento na dignidade da pessoa humana, solidariedade, paternidade responsável e alicerçada na isonomia.

Pontes de Miranda já alertava que o fato de muitas vezes existirem regras de interesse público dispostas no Direito Privado, elas não modificam a sua natureza. Assim, uma vez havendo a constitucionalização de algumas regras do Direito Privado, as mesmas passam a ser de Direito Público (interesse social da coletividade). E, como a proteção da filiação é tratada mediante normas cogentes, resta configurada não apenas como de interesse público, mas também de ordem pública (para preservar *a origem pública* do Estado)[184].

Assim, concluímos que a filiação é instituto jurídico de ordem pública, protegido e regulamentado pelo ordenamento jurídico. E, por se tratar de um direito natural pertencente a todo ser humano, independe de sua constituição, sendo vedada qualquer distinção.

4.2.4 Classificação

Para efeito didático e, portanto, sem qualquer intenção de categorizar, tampouco de preterir filhos advindos de vínculos diversos, entendemos que é importante dividir as espécies da filiação, em face da multiplicidade de modalidades existentes[185]. Atualmente, é possível a subdivisão

---

[182] Ensina Belmiro Pedro Welter que, "Por ontologia, quer-se dizer que o ser humano é um ser que compartilha e convive, além dos mundos genético e afetivo, também em seu próprio mundo, seu mundo endógeno, as suas circunstâncias pessoais." WELTER, Belmiro Pedro. *Teoria Tridimensional do Direito de Família*. São Paulo: Livraria do Advogado Editora, 2009. p. 19.
[183] Ibid., p. 25.
[184] PONTES DE MIRANDA, Francisco Cavalcanti. *Tratado de direito de família*. 3. ed. refundida e aumentada. São Paulo: Max Limonad, 1947. v. 3. p. 62-69.
[185] Tratando do assunto, José Fernando Simão aponta que o artigo 1.593 do Código Civil, ao indicar que a paternidade decorre da "consanguinidade" ou "outra origem", entendeu que esta última compreende essas 3 espécies: adoção; técnica heteróloga de reprodução assistida ou socioafetividade. (SIMÃO, José Fernando. Pai, padrasto e ascendente genético: uma confusão categorial que custa caro ao sistema. (Parte 2 – Padrasto não é pai socioafetivo). *Jornal*

da filiação em: natural, presuntiva, adoção, técnicas de reprodução assistida e socioafetiva[186]. Abordaremos, ainda, algumas questões controvertidas sobre os institutos.

4.2.4.1 *Natural*

A filiação natural é gerada pelo liame genético, nos termos do Artigo 1.593, do Código Civil, independentemente da espécie de relação existente entre os pais. Como será estudado no próximo subtítulo, não importa se os pais são casados ou unidos em união estável: a paternidade ou maternidade será presumida. Porém, se ela ocorrer em situação diversa e alguma das partes resistir ao registro espontâneo, ela poderá ser determinada por um Juiz de Direito ao final da ação de reconhecimento de paternidade, após a prova que poderá ser realizada de diversas formas[187], sendo a mais comum o DNA (ácido desoxirribonucleico). Mas o inverso também é verdadeiro: caso haja o registro levado a erro, poderá ser desconstituído, nos termos do Artigo 1.604, do Código Civil.

4.2.4.2 *Presuntiva*

Em certos casos, o vínculo de filiação advém da Lei, quando ocorre (i) presunção legal da paternidade ou maternidade por vínculo biológico consubstanciada no casamento ou união estável; (ii) pela vontade exarada antes da concepção (inseminação artificial heteróloga ou homóloga[188]).

Entendemos que todas as presunções legais são relativas e, portanto, admitem prova em contrário[189]. Conforme dito alhures, o parentesco

---

Carta Forense, São Paulo, 3 jun. 2016. Disponível em: <http://www.cartaforense.com.br/conteudo/colunas/pai-padrasto-e-ascendente-genetico-uma-confusao-categorial-que-custa-caro-ao-sistema---parte-2-padrasto-nao-e-pai-socioafetivo/16622>. Acesso em: 9 jun. 2016).

[186] No sentido de subdividir as espécies de filiação: FACHIN, Luiz Edson. *Estabelecimento da filiação e paternidade presumida*. Porto Alegre: Sergio Antonio Fabris Editor, 1992. p.19-26.

[187] Lei 12.004/2009. Art. 2o-A. Parágrafo único. Lei 13.105/2015. Art. 369. (para dados bibliográficos das leis, conferir "Legislação Nacional em suporte eletrônico", nas Referências ao final desta dissertação).

[188] Muito embora concordemos que essa modalidade integre a formação do vínculo natural, por questões didáticas inserimos no capítulo da presunção legal no subtítulo que trata da "presunção pelas técnicas de reprodução assistida".

[189] Diferentemente do Direito Suíço, que proíbe a impugnação da paternidade presumida pelo casamento se a vida conjugal se encerrou após a maioridade do filho. Artigo 256, nº 1, alínea 2. Este fato é criticado pela doutrina portuguesa, que entende inadmissível a limi-

biológico pode ser demonstrado por todos os meios de prova em direito admitidos, sendo o exame de DNA a prova mais utilizada e considerada inequívoca por seu grau de precisão[190], utilizada portanto para extirpar a presunção nupcialista. Também poderá ser demonstrada pela inexistência do liame biológico e aquiescência do outro nos casos das técnicas de reprodução assistida heteróloga. Já a adoção poderá ser anulada, ainda que remota chance, se for demonstrada alguma falha no processo, ou até mesmo se os adotantes apresentarem documentos falsos e não comportarem a diferença mínima de idade com os adotados.

4.2.4.2.1 Presunção pelo Critério Nupcialista[191]

A presunção legal da paternidade pela gestação da mãe é atributo histórico que, muito embora norteado pela inconstância dos prazos[192], encon-

---

tação do direito de filiação à margem do casamento. OLIVEIRA, Guilherme de. *Critério Jurídico da Paternidade*. Coimbra: Almedina, 1998. p. 363-367.

[190] Rolf Madaleno critica a relativização da presunção da paternidade consubstanciada no enaltecimento exacerbado dos avanços tecnológicos, que configura proteção à parentalidade biológica em detrimento da afetiva. O autor aponta sua preocupação quanto a pesquisas, apontando possibilidade de falha do exame por falta de controle do Estado e, fundamentando seu entendimento em determinações legais que apoiam outros meios de prova, como o artigo 369 do Código de Processo Civil (MADALENO, Rolf Hanssen. *Direito de família*. 7. ed. revista, atualizada e ampliada. Rio de Janeiro: Forense, 2017. p. 555/567-573).

[191] A *contrário senso*, Jones Figueirêdo Alves categoriza o pai e entende que o *pai presuntivo* seria apenas aquele definido no artigo 1.598 do Código Civil (Art. 1.598. Salvo prova em contrário, se, antes de decorrido o prazo previsto no inciso II do art. 1.523, a mulher contrair novas núpcias e lhe nascer algum filho, este se presume do primeiro marido, se nascido dentro dos trezentos dias a contar da data do falecimento deste e, do segundo, se o nascimento ocorrer após esse período e já decorrido o prazo a que se refere o inciso I do art. 1597), sendo os demais divididos em *pai ficto* (aquele de filhos nascidos nos termos do inciso I e II do artigo 1.597), *pai póstumo* (aquele da fecundação homóloga *post mortem* nos termos do artigo 1.597 III); *pai protraído* (constituído pela manipulação genética com embriões excedentários nos termos do artog 1.597 IV) e o *pai subr-rogado* (advindo da técnica de reprodução assistida heteróloga). (ALVES, Jones Figueiredo. A família no contexto da globalização e a socioafetividade como seu valor jurídico fundamental. In: CASSETARI, Christiano (Coord.). *10 anos de vigência do Código Civil brasileiro de 2002:* estudos em homenagem ao professor Carlos Alberto Dabus Maluf. São Paulo: Saraiva, 2013. p. 548-550).

[192] Observam-se decisões extravagantes dos Tribunais Franceses do Século XIV e seguintes, como um que reconheceu uma gravidez de até 3 (três) anos. Dusi, B. *Della filiazione e della adozione*, Parte seconda de Fiore, Pasquale – Il diritto civile italiano, III, Napoli, Eugenio Jovene, 1911 apud OLIVEIRA, Guilherme de. *Critério Jurídico da Paternidade*. Coimbra: Almedina, 1998. p. 4-6.

4. PARENTALIDADE E SUAS ESPÉCIES

tra respaldo em diversos ordenamentos jurídicos para atribuição da filiação paterna.

Guilherme de Oliveira relata que, historicamente, a presunção de paternidade era determinada por um critério *nupcialista* e serviu para dificultar sua impugnação consubstanciada na proteção à legítima, à sucessão, ao nome e, ainda, à *verdade biológica da gestação*. Assim, o autor critica a relativização da regra *pater is est* à prova de que o filho não gozou da posse de estado de filho relativa a ambos os cônjuges, trazida no Artigo 1.832, do Código Civil Português: "não há razão para fazer concessões que promovam o afastamento da regra pater is est...com o risco de consagrar um erro grave, sendo certo que o actual sistema jurídico adoptou um regime liberal de impugnação da paternidade"[193].

No Brasil, como verdadeira homenagem ao Instituto do Casamento e à crença da fidelidade que deve nortear aquelas relações, resta mantida a tradição histórica dos ordenamentos jurídicos que previam a presunção *pater is est*.

Avançando nos períodos, o Artigo 1.597, do Código Civil de 2002 elenca os casos de presunção de paternidade aos filhos nascidos após 180 dias da convivência conjugal e até 300 dias de sua dissolução[194] e aos havidos por técnicas de reprodução assistida.

Logo, a presunção vem da máxima *"mater semper certa est et pater is est quem nuptiae demonstrant"*[195], presunção obsoleta na visão de Rui Camargo Viana[196], que assevera a evolução da Ciência e reflexo no instituto, merecendo substituição para *pater is est quem DNA demonstrat*. Em complemento, entendemos pela impossibilidade de haver a presunção da

---

[193] OLIVEIRA, Ibidem, p.11-12; 86-87; 192-197.
[194] Da mesma forma, a título de exemplo, o Código Civil Francês, artigo 312 e o Português artigo 101. Destaca-se que os períodos de 180 e 300 dias, segundo Lafayette Rodrigues, não têm qualquer fundamento jurídico, mas são considerados com base no período mínimo e máximo de uma gestação apresentado pela Medicina, já que, em sua opinião, a paternidade é de natureza "oculta e incerta", diferentemente da maternidade que se prova por procriação. PEREIRA, Lafayette Rodrigues. *Direitos de Família*: Anotações e Adaptações ao Código Civil por José Bonifácio de Andrada e Silva. Rio de Janeiro: Editores Virgílio Maia & Comp., 1918. p. 218 (notas de rodapé) e 219.
[195] Tradução livre: "A mãe é sempre certa e o pai é aquele que as núpcias demonstram".
[196] VIANA, Rui Geraldo Camargo. 1996. 200 p. *A família e a filiação*. Tese de Titularidade de Direito Civil – Faculdade de Direito, Universidade de São Paulo, São Paulo, 1996. p. 12.

maternidade pelo casamento ou pela gravidez. Portanto, poderíamos afirmar que *mater et pater is sunt quem DNA demonstrat*[197].

Dada a essência da presunção de paternidade, insta questionar a real necessidade de a Lei manter as presunções dos incisos I e II já que, no período atual, o avanço da Medicina nos mostra a possibilidade de, mediante exames simples, inclusive *post mortem*, detectar a paternidade biológica. Além do que se observa a crise pela qual passam as relações conjugais[198].

Entendemos a importância da mantença do instituto por dois motivos: há que se aplicar a presunção de fidelidade por se tratar de um dos deveres do casamento previstos em Lei, sob pena de inverter a lógica jurídica-constitucional sobre o ônus da prova e presunção de inocência, bem como, não menos importante, em zelar pela preservação do melhor interesse da criança.

A proteção da entidade familiar e sua isonomia, prevista na Constituição Federal e no Código Civil, também foi usada como fundamentação pelo Superior Tribunal de Justiça[199], que aplicou analogicamente ao

---

[197] De acordo com pesquisa da Agência Nacional de Vigilância Sanitária, entre 2011 e 2016 o total de fertilização in vitro aumentou em 159,92%, totalizando 33.790 em 2016. Cf. SUPERIOR TRIBUNAL DE JUSTIÇA. Notícias. *O sonho da maternidade às portas do Judiciário*. 10 dez. 2017. Disponível em: <http://www.stj.jus.br/sites/STJ/default/pt_BR/Comunica%C3%A7%C3%A3o/noticias/Not%C3%ADcias/O-sonho-da-maternidade--%C3%A0s-portas-do-Judici%C3%A1rio>. Acesso em: 9 jan. 2018.

[198] Maria Berenice Dias adota a tese de que o dever de fidelidade é inexequível e, portanto, não deve ser exigido legalmente dos pares. DIAS, Maria Berenice. O dever de fidelidade. DIAS, Maria Berenice. O dever de fidelidade. *Revista da AJURIS*, Associação dos Juízes do Rio Grande do Sul, t. I, n. 85, p. 477-479, mar. 2002. Entretanto, Lafayette Rodrigues destaca que, mesmo em face da prova do adultério da esposa, há que se aplicar a presunção de paternidade a favor da legitimidade da filiação. (PEREIRA, op. cit, p. 222). No mesmo sentido, o Superior Tribunal de Justiça dissocia por completo o Estado de Filiação do relacionamento entre os pais, declarando que: "Existem, pois, ex-cônjuges e ex-companheiros; não podem existir, contudo, ex-pais. [...] A fragilidade e a fluidez dos relacionamentos entre os adultos não devem perpassar as relações entre pais e filhos, as quais precisam ser perpetuadas e solidificadas. (BRASIL. Superior Tribunal de Justiça. Recurso Especial nº 1.003.628, do Tribunal de Justiça do Distrito Federal. Relatora: Ministra Nancy Andrighi, Terceira Turma. Brasília, DF, 14 de outubro de 2008. Disponível em: <http://www.stj.jus.br/SCON/jurisprudencia/doc.jsp?livre=REsp+1003628&b=ACOR&p=true&l=10&i=2>. Acesso em: 5 jan. 2018.

[199] BRASIL. Superior Tribunal de Justiça. Recurso Especial nº 1.194.059, do Tribunal de Justiça do Estado de São Paulo. Relator: Ministro Massami Uyeda, Terceira Turma. Brasília, DF,

filho da companheira a presunção legal quanto aos filhos nascidos em até 300 dias de sua dissolução.

Ad argumentandum tantum, Álvaro Villaça Azevedo entende que a regulamentação constitucional da união estável como entidade familiar torna aplicável todas as presunções previstas no Artigo 1.597 aos filhos daqueles que vivem sob os auspícios da união de fato[200].

Isto posto, a presunção de paternidade às pessoas que decidem se unir com o objetivo de formar família, ainda que adaptável às novas condições sociais, mantém presença em nosso ordenamento jurídico, como forma evidente de prestígio à família e proteção da prole.

4.2.4.2.2 Presunção pelas Técnicas de Reprodução Assistida

A presunção de paternidade é matéria prestigiada pelo legislador, que a estende aos filhos havidos por técnicas de reprodução assistida, assim denominadas fertilização homóloga e heteróloga. O Conselho Nacional de Justiça editou o Provimento 63/2017, que regulamenta o registro dos filhos havidos por essas técnicas, independentemente da formação das famílias.

A fertilização *homóloga* decorre da inseminação com material genético dos pais que não conseguem fecundar de forma natural. Assim, com a autorização legal para a fecundação *homóloga, post mortem*, verificam-se restrições à aplicação da presunção *pater is est post mortem*, conforme consta do Enunciado 106 da I Jornada de Direito Civil.

> 106 – Art. 1.597, inc. III: para que seja presumida a paternidade do marido falecido, será obrigatório que a mulher, ao se submeter a uma das técnicas de reprodução assistida com o material genético do falecido, esteja na condição de viúva, sendo obrigatório, ainda, que haja autorização escrita do marido para que se utilize seu material genético após sua morte.

A importância de a viúva não estar em outro relacionamento é compreensível porque poderá gerar dúvidas quanto à real paternidade. Já a necessidade de haver prévia autorização do marido acontece pela mani-

---

6 de novembro de 2012. Disponível em: <http://www.stj.jus.br/SCON/jurisprudencia/doc.jsp?livre=REsp+1194059&b=ACOR&p=true&l=10&i=2>. Acesso em: 5 jan. 2018.
[200] AZEVEDO, Álvaro Villaça. *Curso de Direito Civil*: Direito de Família. São Paulo: Atlas, 2013. p. 251.

festação da vontade de participar daquele projeto parental, já que este possui diversos efeitos, sendo um deles a legitimação à sucessão[201], como prevê o Enunciado 267 da III Jornada de Direito Civil:

> 267 – Art. 1.798: A regra do art. 1.798 do Código Civil deve ser estendida aos embriões formados mediante o uso de técnicas de reprodução assistida, abrangendo, assim, a vocação hereditária da pessoa humana a nascer cujos efeitos patrimoniais se submetem às regras previstas para a petição da herança.

O fato é que a ciência evolui e esbarra em inúmeras questões legais e, quando reflete no Direito, traz acalorados debates, como no caso dos *embriões excedentários*. Essa espécie de fertilização poderá contribuir para a Ciência, já que, muito embora alvo de uma das grandes batalhas judiciais junto ao Supremo Tribunal Federal[202], a lei 11.105/2005 autoriza, em seu Artigo 5º, o uso das células-tronco embrionárias provenientes de embriões congelados para uso posterior – "*in vitro*" – para fins de pesquisas e terapias, desde que preenchidos alguns requisitos como a autorização dos pais e a inviabilidade dos embriões para fecundação ou armazenamento superior a 3 anos.

Mas a questão poderá ser controversa no caso de prévio congelamento e posterior dissolução do vínculo conjugal entre o casal. Nesse sentido, o Enunciado 107 da I Jornada de Direito Civil condiciona o caso à autorização expressa do cônjuge varão, em caso de dissolução da sociedade conjugal:

---

[201] Interpretando o disposto no Enunciado, Cristiano Chaves Farias defende a concessão de direitos sucessórios às situações previstas no inciso III do artigo 1.597 desde que já tenha havido a concepção laboratorial, já que a lei não distingue esta da uterina. Entretanto, entende que não deve ser aplicada aos casos em que há apenas o sêmen congelado, pelo princípio da isonomia entre os filhos, já que sêmen não é sinônimo de filho concebido (FARIAS, Cristiano Chaves de. A família parental. In: PEREIRA, Rodrigo da Cunha (Coord.). *Tratado de Direito das Famílias*. Belo Horizonte: IBDFAM, 2015. p. 264-265.

[202] BRASIL. Supremo Tribunal Federal. Ação Direta de Inconstitucionalidade nº 3.510, do Tribunal de Justiça do Distrito Federal. Relator: Ministro Ayres Britto, Tribunal Pleno. Brasília, DF, 29 de maio de 2008. Disponível em: <http://stf.jus.br/portal/jurisprudencia/listar-Jurisprudencia.asp?s1=%28ADI+3510%29&base=baseAcordaos&url=http://tinyurl.com/z8lohet>. Acesso em: 5 jan. 2018.

4. PARENTALIDADE E SUAS ESPÉCIES

107 – Art. 1.597, IV: finda a sociedade conjugal, na forma do art. 1.571, a regra do inc. IV somente poderá ser aplicada se houver autorização prévia, por escrito, dos ex-cônjuges para a utilização dos embriões excedentários, só podendo ser revogada até o início do procedimento de implantação desses embriões.

Destaca-se que, muito embora haja omissão legal, a autorização prévia do marido também se tornou condição *sine qua non* para os casos de fecundação *homóloga post mortem* ou decorrentes de *embriões excedentários*. Por isso, entendemos que a autorização se dá pelos efeitos pessoais e patrimoniais dos vínculos que decorrem da filiação.

Contudo, muito embora ratificarmos a importante função dos Enunciados para os operadores do Direito e concordarmos que sejam orientações pertinentes, entendemos que não podem criar direitos, já que sua função é apenas de informação e explicação, oportunidade em que discordamos das exigências elencadas nos Enunciados 106 I e 107 supracitados, sendo que exorbitam de suas funções.

Entendemos, assim, que as regras restritivas de direitos devem constar expressas no texto legal e não podem ser aplicadas em analogia. Da mesma forma, defendemos que o legislador desejou exigir a outorga marital apenas nos casos de inseminações artificiais heterólogas, como preservação da instituição familiar, já que essa técnica utilizaria material genético de um terceiro para a fecundação – e o marido tem o direito de decidir se deseja ou não um filho com a genética de outrem.

O fato é que o Código Civil não trata o tema com maiores detalhes e isso gera insegurança. Ocorre que o Conselho Nacional de Justiça editou, em 20 de novembro de 2017, o Provimento nº 63, que condicionou o registro e emissão da certidão de nascimento dos filhos havidos por técnicas de reprodução assistida homóloga *post mortem* ao consentimento prévio do falecido ou falecida, nos termos do Artigo 17, §2º.

No mesmo sentido, o Conselho Federal de Medicina, ao dispor sobre Normas éticas para utilização das técnicas de reprodução assistida, manteve a instrução já disposta na Resolução Revogada nº 2.121/2015, asseverando na de nº 2.168/2017 ser "permitida a reprodução assistida post-mortem desde que haja autorização prévia específica do(a) falecido(a) para o uso do material biológico criopreservado, de acordo com a legislação vigente".

Conclui-se pela inaplicação do brocardo *derogat legi generali*[203], sendo que a Resolução nº 2.168/2017 do Conselho Federal de Medicina é hierarquicamente inferior à Lei Ordinária Federal 10.406/2002. Logo, entendemos que ainda que de natureza especial, não é capaz de derrogá-la, ficando dispensada a outorga, nos termos previstos no Código Civil Brasileiro.

Observa-se que a fecundação artificial homóloga *post mortem* é um caso visível de semente de multiparentalidade – isto porque o pai presumido e pré-morto jamais poderá dar o afeto e cuidados que o filho necessitará, mas a criança poderá encontrá-los em um pai socioafetivo havido de futura união da genitora.

Por outro lado, a Lei também protege aqueles que não possuem o mesmo material genético. É o caso da reprodução assistida decorrente da modalidade *heteróloga*, na qual é utilizado material genético de terceiro para a realização da inseminação artificial na esposa/companheira.

Ad argumentandum tantum, muito embora essa paternidade se consagre na prática pelo afeto[204], considerando-se que no ato da outorga o pretenso pai não tem a posse de estado de filho – muito embora já tenha deveres em face do nascituro – assim entendemos por bem classificá-lo na espécie da parentalidade decorrente de presunção legal, pois assim se expressou o legislador.

Assim, uma vez expressamente autorizado o procedimento pelo marido ou companheiro[205], a paternidade lhe é presumida, sendo vedado o estabelecimento de vínculo de parentesco entre a criança e o doador, nos termos do Enunciado 111 da I Jornada de Direito Civil e Artigo 17, §3º, do Provimento CNJ 63/2017. Observa-se, ainda, o caráter de irrevogabilidade da outorga e, por consequência, a impossibilidade de negar a paternidade, em prestígio ao princípio *venire contra factum proprium*[206].

---

[203] Tradução livre: "Derroga-se a lei geral".
[204] AZEVEDO, Álvaro Villaça. *Curso de Direito Civil*: Direito de Família. São Paulo: Atlas, 2013. p. 240.
[205] Artigo 1.597, V, do Código Civil.
[206] Na Alemanha, em caso de negação da paternidade pelo pai que autorizou o procedimento, a paternidade é atribuída ao doador, em proteção ao melhor interesse da criança. AGUIAR, Mônica. *Direito à filiação e bioética*. Rio de Janeiro: Forense, 2005. p. 95-97 e 126. O brocardo ensina que é vedado realizar comportamento contrário ao já exarado.

4. PARENTALIDADE E SUAS ESPÉCIES

Rolf Madaleno defende que a inexistência da outorga marital só poderá gerar a negatória de paternidade se proposta em tempo de não restar consolidada a paternidade socioafetiva[207]. Com todo o respeito ao posicionamento, tal assertiva deverá ser analisada conforme o caso concreto, sob pena de retirarmos do marido ou companheiro enganado o direito de impugnar o registro feito por erro, conforme lhe é de direito segundo o Artigo 1.604, do Código Civil, hipótese que não se aplicaria se o marido soubesse de sua infertilidade.

Ademais, grande polêmica gerada quanto à outorga marital é defendida por Cristiano Chaves Farias[208], como a necessidade de o pai participar do período gestacional. E completamos: há, ainda, o compromisso do legislador para com a verdade biológica.

Já a outorga marital é considerada como presunção absoluta, que gera o vínculo indissolúvel da filiação, nos termos do Enunciado 258 da III Jornada de Direito Civil[209].

Nesse sentido, concordamos com o Enunciado 258, III, que interpreta a Lei e aplica a analogia prevista no Artigo 1.609 quanto à irrevogabilidade do reconhecimento dos filhos, já que, sendo realizada a outorga marital na fecundação heteróloga, o estado de filiação foi aceito, gerando o dever constitucional da paternidade responsável.

Mas concordamos com a afirmação de Guilherme de Oliveira quando trata da inseminação artificial heteróloga como "um procedimento técnico moderno e simples (que) perturba os regimes clássicos do direito de filiação, agredindo princípios consolidados da descendência biológica e do estabelecimento da paternidade"[210].

Entretanto, acreditamos que a falta de regulamentação detalhada sobre a matéria é o maior vilão que encontramos, pois causa enorme insegurança jurídica para um instituto que só vem a crescer.

---

[207] MADALENO, Rolf Hanssen. *Direito de família*. 7. ed. revista, atualizada e ampliada. Rio de Janeiro: Forense, 2017. p. 548.

[208] FARIAS, Cristiano Chaves de. A família parental. In: PEREIRA, Rodrigo da Cunha (Coord.). *Tratado de Direito das Famílias*. Belo Horizonte: IBDFAM, 2015.

[209] Referente aos artigos 1.597 e 1.601 do Código Civil: "Não cabe a ação prevista no art. 1.601 do Código Civil se a filiação tiver origem em procriação assistida heteróloga, autorizada pelo marido nos termos do inc. V do art. 1.597, cuja paternidade configura presunção absoluta." BRASIL. Enunciado nº 258 da III Jornada de Direito Civil, em 2004. Brasília/DF. Disponível em: <http://www.cjf.jus.br/enunciados/enunciado/506>. Acesso em: 9 jan. 2018.

[210] OLIVEIRA, Guilherme de. *Critério jurídico da paternidade*. Coimbra: Almedina, 1998. p. 337.

Concluímos que a presunção *pater is est* mantida pelo Sistema Civil Codificado de 2002 é a prova do enraizamento cultural da vinculação da filiação ao núcleo familiar. Entretanto, concordamos com sua permanência em face da real compreensão da grandeza do Instituto da Filiação, pois resulta em mais uma forma de proteção do filho, mesmo antes de sua concepção, com o chamamento dos autores do projeto parental à responsabilidade.

4.2.4.3 *Técnicas de Reprodução Assistida e Principais Aspectos*

As técnicas de reprodução assistida são as formas de vínculos de parentesco compreendidas na denominação "por outra origem", prevista no Artigo 1.593, do Código Civil.

Nem sempre a prova do vínculo biológico é capaz de gerar o vínculo parental. Assim, apontamos as outras espécies de filiação havidas por técnicas de reprodução assistida, causadoras de muitas polêmicas e incertezas, por depender de dois fatores que não caminham no mesmo passo: os avanços da Medicina e a regulamentação jurídica.

Não trataremos aqui das reproduções homólogas e heterólogas, porque estas já foram tratadas acima como fonte do parentesco presuntivo.

Iniciemos pelo registro dos filhos. O Poder Judiciário identifica a necessidade de facilitar o registro dos filhos havidos por técnicas de reprodução assistida e cria procedimentos que permitem a formação do núcleo familiar de forma clara, objetiva e independente[211].

Mas a regulamentação do Instituto da Filiação não é o único motivo de celeuma: a própria distinção entre pessoa e coisa, estagnada até parte do Século XX, torna-se objeto de reflexões em face do avanço da Medicina, que permite a manipulação dos embriões fora do corpo humano, criando com sua Ciência subversões quanto à real utilidade da filiação pelas técnicas de reprodução assistida: afastamento da esterilidade a fim de permitir a procriação e evitar a "coisificação" do homem[212].

Observa-se que a filiação ganhou novos contornos em face da proteção aos direitos da personalidade e dignidade da pessoa humana. Afinal, muito se discutia quanto ao direito à verdade genética do indivíduo em face do pai que se furtou de seu dever de reconhecê-lo. Ora, a permissão

---

[211] Cf. Provimento nº 63 de 14 nov. 2017, do Conselho Nacional de Justiça.
[212] AGUIAR, Mônica. *Direito à filiação e bioética*. Rio de Janeiro: Forense, 2005. p. 56-57 e 85.

4. PARENTALIDADE E SUAS ESPÉCIES

legal para a busca judicial cumulada com a exatidão trazida pelo exame de DNA, na década de 80, fez com que a personalidade dos filhos fosse protegida com o desvendamento da sua ascendência – o que resultou na proteção de inúmeros direitos da personalidade, como seu nome, integridade física, moral e psíquica, e proteção de sua dignidade enquanto sujeito de direitos.

Mas o fato é que a evolução da Medicina trouxe questões alheias ao Direito: a formação do vínculo biológico com aquele que, previamente, não deseja possuir qualquer vínculo parental e, a *contrário sensu*, procura apenas colaborar socialmente para a evolução da Medicina e o projeto parental de uma família.

Nas técnicas de reprodução assistida, entendemos que acontece a proteção do direito à constituição familiar daquele que fez seu projeto parental, em face da proteção prevista no Artigo 226, §7º, da Constituição Federal. Ainda fica resguardado o direito do doador em se manter nessa qualidade, sem estabelecer qualquer vínculo parental, fato corroborado pelo Provimento 63/2017 do Conselho Nacional de Justiça.

Assim, faremos um breve relato sobre os procedimentos científicos mais polêmicos que continuam dissociados da filiação, sendo que são estranhos ao real significado da paternidade e maternidade, temas muito debatidos pelos acadêmicos de Direito e pelos profissionais da área da Saúde, sendo: cessão temporária de útero, doação de material genético, multiplicidade de parentes genéticos e clonagem humana. Como consequência da possibilidade da manipulação genética, abordaremos também os aspectos discriminatórios.

O fato é que todos esses temas são desafiadores não apenas para os operadores do Direito, mas também para os profissionais da área da Saúde, que lidarão com questões éticas e legislações omissas.

4.2.4.3.1 Cessão Temporária de Útero

Com a evolução da Ciência, a máxima *"mater semper certa est et pater is est quem iustae nuptiae demonstrant"*[213] não é uma verdade absoluta. Isto porque o vínculo do parentesco materno não advém apenas da gravidez e

---

[213] Tradução livre: "A mãe é sempre certa e o pai é aquele que as núpcias demonstram".

parto[214], e hoje já se permite que o material genético daquele casal seja inseminado em uma terceira pessoa, chamada popularmente de "barriga de aluguel"[215].

Este é um assunto polêmico, que encontra fortes opositores, em especial a Igreja Católica[216]. Porém, com os novos contornos sociais, vai-se tornando cada vez mais enraizado em nossa cultura do que era esperado pelos preceitos religiosos – ainda mais pelo ingresso da mulher ao mercado de trabalho, fato que projetou a maternidade para um futuro longínquo por questões profissionais e psicossociais, o que por vezes inviabiliza a gestação por questões físicas/biológicas.

Encontramos, ainda, obstáculos em nossa Doutrina. Nesse sentido, Mônica Aguiar entende que as técnicas de reprodução assistida devem ser exclusivas dos casais inférteis e, ainda, dos que podem propiciar ambiente para que a criança possa conviver com a figura materna e paterna. Em se tratando da cessão temporária de útero, refuta a licitude do ato sob o argumento de que a estipulação contratual de entrega de uma criança fere a indisponibilidade e inviolabilidade da vida prevista no Artigo 5º, da Constituição Federal[217].

Com todo o respeito, divergimos *ipsis litteris*, sendo que essa limitação à reprodução assistida não encontra amparo constitucional, já que a família monoparental é protegida por nossa Carta Magna. Adiciona-se ao argumento o fato informal da união entre casais homossexuais – que, na época da pesquisa da autora supracitada ainda não tinha suporte legal. E mais: a cessão temporária de útero com vistas à geração da criança

---

[214] Art. 17 § 1º. Na hipótese de gestação por substituição, não constará do registro o nome da parturiente, informado na declaração de nascido vivo, devendo ser apresentado termo de compromisso firmado pela doadora temporária do útero, esclarecendo a questão da filiação.

[215] Ressaltamos a imperfeição técnica do termo, visto vedação expressa quanto ao recebimento de qualquer provento financeiro.

[216] O Papa João Paulo II, em 22 de fevereiro de 1987, aprovou em Roma a instrução *Donum Vitae* (O dom da vida), na qual tratou da procriação por métodos de reprodução assistida e, em suma, condenou qualquer espécie de reprodução que não seja entre homem e mulher e proveniente do matrimônio. (PAULO II, Papa João. *Instrução sobre o respeito à vida humana nascente e a dignidade da procriação*: resposta a algumas questões atuais. Roma, 22 fev. 1987. Disponível em: <http://www.vatican.va/roman_curia/congregations/cfaith/documents/rc_con_cfaith_doc_19870222_respect-for-human-life_po.html>. Acesso em: 27 mai. 2016).

[217] AGUIAR, Mônica. *Direito à filiação e bioética*. Rio de Janeiro: Forense, 2005. p. 90-112.

de um casal homossexual masculino e a utilização de técnicas de reprodução assistida para aumento de famílias já formadas.

Nesse sentido, a Medicina já avança e prevê a possibilidade de criação de embriões apenas com a carga genética contida em dois espermatozoides, dispensando assim a metade da carga genética do óvulo pertencente à mulher, restando a esta apenas o encargo gestacional[218].

Quanto à procriação, com pertinência às perguntas: Trata-se de um direito ou de uma faculdade? A inapropriação do corpo de gerar uma criança será suficiente para criar obstáculos para o crescimento da família e para a geração de uma criança com a carga genética daquela mãe, ainda que a Medicina já tenha solucionado a questão? Assim defende Rui Camargo Viana:

> Resulta claro que a vontade e disposição do indivíduo de procriar, ainda que recorra ele aos meios artificiais postos pela tecnologia, não poderá sofrer restrição, surgindo daí o ônus do Estado em garantir acesso à procriação (Artigos 196 e 227 da Constituição Federal), observando entre o livre planejamento familiar e os princípios da dignidade da pessoa humana e da paternidade responsável que estribam o direito à procriação pelos meios lícitos à disposição dos interessados.[219]

Muito embora não positivado em nosso sistema jurídico como um direito subjetivo, concordamos que o direito à procriação continua sendo importante para que a dignidade da pessoa humana se concretize em sua plenitude, consubstanciada na liberdade constitucional da formação da família, conforme prevê o §7º, Artigo 226, da Carta Magna – Artigo este que chama o Estado para proporcionar os recursos científicos para o exercício desse direito.

Entretanto, concordamos que o Estado precisa regulamentar essas relações, cada vez mais presentes em nosso meio, a fim de orientar aos que dele se socorrem, já que tais relações geram grandes polêmicas sendo

---

[218] BAIMA, Cesar. *Cientistas abrem caminho para criação de filhos com dois pais (e sem mãe)*. Rio de Janeiro, 14 set. 2016. Disponível em: <https://oglobo.globo.com/sociedade/ciencia/cientistas-abrem-caminho-para-criacao-de-filhos-com-dois-pais-sem-mae-20106106>. Acesso em: 24 set. 2017.

[219] VIANA, Rui Geraldo Camargo. 1996. 200 p. *A família e a filiação*. Tese de Titularidade de Direito Civil – Faculdade de Direito, Universidade de São Paulo, São Paulo, 1996. p. 163.

que a Constituição Federal prevê institutos que podem ser interpretados como proteção à mulher enquanto ser humano digno de direitos.

Nesse sentido, o Conselho Federal de Medicina prevê, na Resolução 2.168, de 10 de novembro de 2.017, regras básicas para que possa ser utilizado o útero de uma terceira para gerar um filho. Entre elas destacamos algumas: (i) existência de relação de parentesco consanguíneo até o quarto grau com um dos parceiros, incluindo colaterais; (ii) doação temporária do útero não poderá ter proventos financeiros de nenhuma espécie; (iii) documentos como termo de consentimento das partes e avaliações psicológicas; (iv) contrato entre as partes estabelecendo claramente a questão da filiação da criança; (v) garantia de registro civil da criança pelos pais genéticos; (vi) outorga do marido ou companheiro, caso a doadora estiver em uma dessas condições.

Registra-se que o próprio médico que fez o procedimento de reprodução assistida poderá indicar o nome da mãe biológica[220]. Entretanto, caso o parto seja feito por médico diferente e este indicar o nome da doadora temporária, neste caso os pais biológicos podem "suscitar dúvida"[221] junto ao juiz da Vara de Registros Público e, com o exame de "DNA" e a oitiva do Ministério Público, será feita a retificação da certidão de nascimento para que nela passe a constar o nome da mãe biológica.

Pode-se perguntar sobre eventuais responsabilizações por inadimplemento contratual por parte da doadora, já que é feito um contrato de natureza civil entre as partes. Acreditamos que, nesse caso, tal fato poderá resultar na condenação quanto a danos morais, se causar sofrimento aos pais biológicos (como, por exemplo, dificultar a entrega do bebê) ou até mesmo quanto a danos materiais, se por dolo ou culpa vir a causar doença ao feto que culmine em tratamento médico.

Em se tratando do dever de indenizar diretamente a criança pelos danos causados pela doadora – como, por exemplo, anomalia no desenvolvimento por uso de drogas durante a gestação, nesse caso acreditamos que a própria criança deve estar no polo ativo da demanda, já que

---

[220] O Provimento do CNJ 63/2017 exige, para registro e emissão de nascimento da criança, entre outras coisas: "Art. 17. II – declaração, com firma reconhecida, do direito técnico da clínica, centro ou serviço de reprodução humana em que foi realizada a reprodução assistida, indicando que a criança foi gerada por reprodução assistida heteróloga, assim como o nome dos beneficiários".

[221] Vide artigos 296 c/c, arts. 198 a 204 da Lei n. 6.015/73.

não foi "parte" daquela relação jurídica contratual, pois é vedado buscar direito alheio em nome próprio.

Assim, ser doadora é uma grande responsabilidade e abdicação, se considerado o vínculo entre doadora e criança no período gestacional. Logo, o direito deve não apenas regular essa situação como também criar mecanismos de responsabilização pelos danos causados, sempre visando à maior proteção possível da vida.

4.2.4.3.2 Doador de Material Genético

Inicialmente, há que se destacar uma série de responsabilidades dos doadores quanto à qualidade do material genético disponibilizado e, no caso de este gerar anomalias, o doador poderá responder por crime de transmissão dolosa de enfermidade[222], apenado no Artigo 129, §2º, II, do Código Penal como "lesão corporal grave".

Além disso, a evolução da Ciência traz uma discussão que se fez presente na sociedade quanto ao anonimato dos doadores de material genético.

Mônica Aguiar entende que, muito embora seja a verdade "um valor jurídico e bem de direito, como objeto incorpóreo de natureza moral" bem como a revelação da origem reflete intimamente no filho a "manifestação de sua personalidade", defende o anonimato quanto à identidade do doador, por entender que a verdade, nesse caso, não possui valor jurídico pela ineficácia junto ao caso concreto, sendo que a filiação pelo vínculo biológico não se consolidará pela falta de *animus* do doador[223].

Guilherme de Oliveira, muito embora reconheça a tendência em proteger o vínculo genético dos adotados e havidos por material genético de doador, defende a importância do conhecimento da verdade biológica pela proteção contra o incesto e expelir "a crise de identidade por ignorância da raiz genética e, sobretudo, a necessidade vital e crescente de obter dados acerca da história genética para fins de diagnóstico e correção de anomalias hereditárias". Assim, defende o anonimato do doador e, quanto ao adotivo, apenas até idade suficiente a não preju-

---

[222] SANTOS, Maria Celeste Cordeiro Leite. Quem são os Pais? O DNA e a filiação, proposta de solução ou início dos dilemas? In: LEITE, Eduardo de Oliveira (Coord.). *Grandes temas da atualidade*: DNA como meio de prova da filiação. Rio de Janeiro, Forense, 2000. p. 213.
[223] AGUIAR, Mônica. *Direito à filiação e bioética*. Rio de Janeiro: Forense, 2005. p. 68-71.

dicar seu desenvolvimento psicossocial, já que o vínculo paterno-filial poderá aqui ser sedimentado[224].

Reinaldo Pereira da Silva observa que o anonimato preservado pela Resolução do CFM nº 2.168/2017[225] não é capaz de sobrepor a verdade biológica protegida pela Constituição Federal, por entender tratar-se de direito fundamental, observando a tendência em se exterminar o anonimato do doador como já aplicado em países desenvolvidos, como: Suécia, Alemanha e Áustria[226].

O anonimato do doador é matéria que encontra divergência, porque pode esbarrar no primado constitucional da isonomia. Isso porque, se a verdade genética do adotado está intimamente ligada à proteção de seus direitos de personalidade e, sendo estes universais, vemos com dificuldade a limitação aos havidos por técnicas de reprodução assistida, ainda que sem reflexos jurídicos, como o estabelecimento do vínculo parental. Aqui não se busca proteção à filiação, mas sim à personalidade do indivíduo, o conhecimento de sua ancestralidade genética, atributo que lhe é inerente e resguardado pelo ordenamento jurídico, mesmo antes de seu nascimento.

4.2.4.3.3 Multiplicidade de Parentes Genéticos

Destaca-se que a Ciência possui como principal característica a ilimitada inovação – por isso, traz à área do Direito de Família muitos dos mais fascinantes desafios que os operadores do Direito possam prever.

Assim, perguntamo-nos se o avanço da Medicina poderá alcançar a multiparentalidade pela mistura da carga genética para a formação de um único embrião. Nesse sentido, já se verificou em 2011, no Reino Unido, a fusão de dois óvulos para a construção de apenas um único[227].

---

[224] OLIVEIRA, Guilherme de. *Critério jurídico da paternidade*. Coimbra: Almedina, 1998. p. 498-501.
[225] BRASIL. Resolução CFM nº 2.168/2017, do Conselho Federal de Medicina, de 21 set. 2017. Diário Oficial da União, Brasília, DF, 10 nov. 2017. Disponível em: <https://sistemas.cfm.org.br/normas/visualizar/resolucoes/BR/2017/2168>. Acesso em: 20 nov. 2017.
[226] SILVA, Reinaldo Pereira e. Acertos e desacertos em torno da verdade biológica. In: LEITE, Eduardo de Oliveira (Coord.). *Grandes temas da atualidade*: DNA como meio de prova da filiação. Rio de Janeiro: Forense, 2000. p. 250-251.
[227] Sobre o procedimento: "[...] o óvulo da doadora é fertilizado, e seu núcleo, retirado. O óvulo da mãe também é fertilizado para ter só o núcleo fundido ao óvulo da doadora. Desse modo, as mitocôndrias do óvulo da mãe não passam para o embrião. Mitocôndrias são partes da célula que produzem energia e carregam genes que podem causar doenças

4. PARENTALIDADE E SUAS ESPÉCIES

Outrossim, já se constatou nos Estados Unidos a manipulação genética de um casal e uma doadora, no final de 2016. Neste caso também houve a transferência da carga genética de todos os envolvidos. Retirou-se apenas o gene defeituoso do núcleo do óvulo da mãe, preservando-se os demais. Após, esse núcleo foi inserido no óvulo de uma doadora saudável, resultando em um óvulo híbrido e, somados ao material genético do pai, o resultado foram três pais biológicos. O procedimento recebeu críticas pelas incertezas que se criariam em longo prazo, uma vez comprovado que a criança carregou entre 2.36 e 9,23% do DNA potencialmente defeituoso e, ainda, pela falta de regulamentação, muito embora profissionais daquele país se interessem em continuar desenvolvendo essa técnica com base nos experimentos já realizados no Reino Unido[228].

No Brasil, temos ciência da prática de manipulação genética. A técnica utilizada consistiu em retirar parte do citoplasma do óvulo da mulher mais jovem e injetar no óvulo da paciente mais velha, deixando este mais forte para a fertilização, muito embora a "turbinagem de óvulos" seja ato *"contra legem"*[229], com questionamentos científicos quanto à sua eficácia[230].

---

como cardiopatias e distúrbios cerebrais. O embrião resultante vai herdar a maioria as características genéticas da mãe, mas não os genes defeituosos". (PASTORE, Mariana. Fertilização com duas mães e um pai é avaliada no Reino Unido. *Folha de São Paulo*, São Paulo, 14. mar. 2011. Caderno Equilíbrio e Saúde. Disponível em: <http://noticias.bol.uol.com.br/ciencia/2011/03/14/fertilizacao-com-duas-maes-e-um-pai-e-avaliada-no-reino-unido.jhtm>. Acesso em: 24 nov. 2017).

[228] NEIMARK, Jill. *A baby with 3 genetic parents seems healthy, but questions Remain* [Um bebê com 3 parentes genéticos parece saudável, mas permanecem questionamentos]. Site: National Public Radio (NPR). New York, 8 abr. 2017. Disponível em: <https://www.npr.org/sections/health-shots/2017/04/08/523020895/a-baby-with-3-genetic-parents-seems-healthy-but-questions-remain>. Acesso em: 24 dez. 2017.

[229] A turbinagem de citoplasma é proibida no Brasil, EUA, China, entre outros países. PEREIRA JÚNIOR, Álvaro. Reportagem realizada em São Paulo e exibida nacionalmente no programa de televisão da Rede Globo, *Fantástico*, em 3 jul. 2016.

[230] "Isso não é um mecanismo que é feito e que é aceito na medicina reprodutiva [...]. Esse mecanismo de transferência de citoplasma não melhora o potencial genético; o potencial reprodutivo dos óvulos de mulheres com mais idade", explicação de Artur Dzik, Especialista em Ginecologia, Membro da Sociedade Brasileira de Reprodução Humana, dada em PEREIRA JÚNIOR, ibidem.

O responsável pela técnica no Brasil teve sua licença médica cassada e foi condenado a 181 anos de prisão por praticar, entre outros crimes como estupro de suas pacientes, experiências genéticas por 16 anos de forma ilegal[231], não se sabendo os reflexos para o mundo jurídico, já que foram omitidas diversas informações aos casais que buscaram o procedimento, como: em que condições essas experiências foram realizadas e, ainda, se houve a real aquiescência de eventuais doadores.

Mas o fato é que a falta de legislação e controle ético aponta a insegurança jurídica desses procedimentos, sendo que poderão gerar inúmeros atos de ilegalidade e, no campo da filiação, a disputa de várias pessoas por uma única criança.

Ressaltamos, então, que há notícias de evoluções na Medicina que permitem realizar a fusão da carga genética de doadores do mesmo gênero, viabilizando assim a multiparentalidade por vínculos biológicos. Porém, alertamos que a falta de legislação federal e controle ético sobre os procedimentos já disponíveis poderá gerar danos às partes, além de inúmeros conflitos.

4.2.4.3.4 Clonagem Reprodutiva

É do conhecimento de todos que cientistas obtiveram sucesso na clonagem animal, que originou a ovelha "Dolly". Entretanto, o mundo vem acompanhando a tentativa da Ciência de desenvolver a clonagem humana: já foi divulgado o nascimento de inúmeros bebês clonados pela cientista inglesa Brigitte Boisselier[232].

Mônica Aguiar reprova a clonagem humana reprodutiva. Ela apela para o direito de proteção à dignidade da pessoa que iniciará a vida como uma cópia; levanta ainda a problemática em face dos reflexos jurídicos ao Instituto da Filiação, onde não se saberá atribuir o parentesco, já que o vínculo genético poderá ser atribuído a um bebê[233].

---

[231] Pereira Júnior, Álvaro. Reportagem realizada em São Paulo e exibida nacionalmente no programa de televisão da Rede Globo, *Fantástico*, em 3 jul. 2016.

[232] BBC Brasil.com. *Cientista anuncia nascimento de outro bebê clonado*. 4 jan. 2003. Disponível em: <http://www.bbc.com/portuguese/ciencia/030104_clonedtl.shtml>. Acesso em: 23. set. 2017. E também: BBC Brasil.com. *Três bebês clonados nascerão no mês que vem, diz cientista*. 5 jan. 2003. Disponível em: <http://www.bbc.com/portuguese/ciencia/030105_cloneml. shtml>. Acesso em: 23 set. 2017.

[233] Aguiar, Mônica. *Direito à filiação e bioética*. Rio de Janeiro: Forense, 2005. p.119-121.

4. PARENTALIDADE E SUAS ESPÉCIES

Concordamos que a Ciência deve encontrar seus limites na Ética e no respeito à espécie humana. Portanto, ela deve ser utilizada como um meio para evitar sofrimentos e dor, porém jamais com o fim a substituir o ser humano nem tampouco perpetuá-lo até a imortalidade, ferindo inteiramente a dignidade e a personalidade de um ser humano criado à margem de um original.

4.2.4.3.5 Discriminação Genética

Em nosso entendimento, o domínio da Ciência deve basear-se em preceitos jurídicos fundamentais de respeito ao ser humano como sujeito de direitos e protegido contra qualquer espécie de discriminação.

Assim o ser humano, com seu incansável desejo de superação, deve utilizar suas habilidades a partir de preceitos éticos, e não confundir o uso auxiliar da evolução científica para formação da família mediante técnicas de reprodução assistida com a escolha autônoma, pela Ciência, dos componentes de manipulação genética.

Nesse sentido, há edição do Projeto de Lei 149/1997, o qual pretende coibir a discriminação genética para formação das famílias, que estabelece: Art. 7º. Impedir ou obstar, por qualquer meio ou forma, casamento ou convivência familiar e social de pessoas, com base em informação genética das mesmas. Pena: detenção, de um a seis meses, e multa".

> Ora, verifica-se aqui uma tentativa de evitar que se inaugure na sociedade o que poderíamos chamar de *apartheid genético*, que se caracterizaria por uma política segregacionista, que separaria os geneticamente bem dotados dos titulares de genes imperfeitos; a norma proposta, portanto, busca garantir que pessoas de composição genética diferentes possam constituir uma família, contrapondo-se a teses eugenistas que ainda defendem programas de "purificação" de raças e constroem tipos ideais de seres humanos superiores aos outros; o Artigo, assim, confronta com firmeza ensaios que poderiam levar à fundação de uma *Ku Klux Klan da Era Genômica* e os planos de um *Super Homem Genético* frutos do cientismo [...].[234]

Atentos a esse problema – que não se encontra mais no futuro distante – o Poder Legislativo defende que o uso da informação genética

---

[234] LIMA NETO, Francisco Vieira. *O direito de não sofrer discriminação genética:* uma nova expressão dos direitos da personalidade. Rio de Janeiro: Lumen Juris, 2008. p. 123.

para formação das famílias não apenas é reprovável como também é visto como ilícito penal, conforme disposto no Projeto de Lei 149/1997 supracitado.

Assim, a formação das famílias é um evento que não será discutido apenas com base em pesquisas sobre Direito Consuetudinário, mas sim fundamentado na evolução científica, que poderá ser minimizada com a atuação do Estado para coibir práticas abusivas e antiéticas. Afinal, essas práticas sem controle serão passíveis de gerar questões e exigir soluções que fugirão ao controle do operador do Direito, pois geram polêmicas quanto aos princípios fundamentais do Direito.

4.2.4.4 Adoção

O conceito de adoção trazido por Lafayette Rodrigues Pereira[235] como "o acto civil pelo qual uma pessoa acceita um extranho na qualidade de filho", pode nos fazer entender que o vínculo parental dos filhos adotivos advém da lei.

Entretanto, os estudos demonstrarão que não se trata de verdade absoluta, já que, por vezes, o vínculo de afetividade precede a formalização legal, como o caso da adoção por guarda, tratado no capítulo 4.2.4.5.3.

Ao estudarmos o instituto, ainda verificaremos que nem sempre sua natureza se destinou à proteção dos menores, mas "à sua inspiração de caráter religioso, na preocupação fundamental de assegurar a perpetuidade do culto doméstico, como recurso extremo para eximir a família da temível desgraça de sua extinção"[236].

No Brasil, há registros de que os primeiros regramentos sobre a adoção vieram do Direito Português, que instituiu o "perfilhamento", assim considerado como o reconhecimento de filho ilegítimo. Assim, a atribuição dos efeitos eram gerados conforme requisição do pai adotante e autorização do Príncipe, sendo que em 1828 as questões de adoção passaram a ser entregues a juízes de primeira instância, para que pudessem solucioná-las[237].

---

[235] PEREIRA, Lafayette Rodrigues. *Direitos de Família*: Anotações e Adaptações ao Código Civil por José Bonifácio de Andrada e Silva. Rio de Janeiro: Editores Virgílio Maia & Comp., 1918. p. 269.

[236] CHAVES, Antônio. *Adoção, Adoção Simples e Adoção Plena*. 3. ed. rev. e ampl. São Paulo: Editora Revista dos Tribunais, 1983. p. 27.

[237] BUENO, Antônio Dino da Costa. *Adoção, que efeitos produz entre nós atualmente?*. Tip. Gazeta: São Paulo, 1882 apud CHAVES, op. cit., p. 36-38.

Mas a adoção não era vista pelo legislador nacional como um ato com finalidade social, mas tão somente um interesse em perpetuação da espécie considerada "legítima", sendo vedada em caso de existência de netos dessa "categoria"[238].

Desse modo, foi instituído o Código Civil de 1916, que tratou da adoção, mantendo a permanência do parentesco em face do pai biológico, salvo o pátrio poder, transmitido ao pai adotivo.

Quase meio Século após a edição do Código Civil, entrou em vigor a Lei 3.133 de 8.5.1957, que alterou algumas regras da adoção, entre elas sua dissolução por acordo entre as partes ou no caso de deserdação e condicionamento da sucessão hereditária, se inexistente prole legítima ou legitimada do adotante. A referida Lei ainda inovou ao dispor que os apelidos de família seriam tratados no ato da adoção, podendo o adotado somar o dos pais biológicos aos adotivos, ou até mesmo excluir aqueles em detrimento destes.

A Lei 3.133 recebe críticas de Antônio Chaves, em face da ausência de disposição sobre a adoção plena, visto haver necessidade de rompimento dos vínculos com a família de origem para que houvesse a completa integração naquele novo lar[239].

Tal evolução só aconteceu com o advento da Lei 4.655 de 2.6.1965, que igualou os filhos adotivos aos legítimos, salvo em caso de concorrência sucessória com filho legítimo superveniente à adoção. Também houve a dissolução da relação de parentesco com a família biológica do adotado, que passou a poder, inclusive, alterar seu nome. Entretanto, a Lei foi revogada pelo chamado "Código de Menores", representado pela Lei 6.697 de 10.10.1979, que realizou o desdobramento da adoção em *simples* (Artigos 27 e 28) e *plena* (Artigos 29 a 37).

Assim, o Código de Menores de 1979 resultou na coexistência de três espécies de adoção: (i) a adoção chamada de *tradicional*, prevista pelo Código Civil, segundo a qual qualquer pessoa poderia ser adotada; (ii) a adoção *simples* destinada exclusivamente ao menor "em situação irregular", e que deveria passar sob autorização do Poder Judiciário[240]; e (iii) a

---

[238] BEVILÁQUA, Clóvis. *Código Civil dos Estados Unidos do Brasil comentado*. 8. ed. Rio de Janeiro: Francisco Alves, 1950. v. 2. p. 338.
[239] CHAVES, op. cit., p. 44-45.
[240] Cf. artigos 20, 27, 28, 82, 83, III, 96, I e 107-109, do Código de Menores de 1979.

adoção plena, nos termos da chamada "legitimação adotiva"[241], que dissolvia por completo os vínculos de filiação e parentesco com os pais biológicos, salvo para os impedimentos matrimoniais.

Essas espécies de adoção inseriam os filhos na demonizada desigualdade. Entretanto, o instituto era importante para a formação da família. Assim os adotantes desejaram trazer para seu núcleo familiar um novo integrante, como filho, com todos os direitos e obrigações, garantindo assim sua permanência sem qualquer interferência ou reclamação dos pais biológicos. Portanto, a sociedade passou a sedimentar a importância da adoção plena.

Diante disso, tivemos a promulgação da nossa "Constituição Cidadã" de 1.988, que humanizou o Instituto da Filiação, trazendo a isonomia entre os filhos e, portanto, a vedação ao tratamento desigual entre aqueles havidos por adoção, nos termos do Artigo 227, *caput* e §5º e §6º, da Constituição Federal, norma corroborada pelo Artigo 20, do Estatuto da Criança e do Adolescente e Artigo 1.596, do Código Civil de 2002.

Destaca-se que o vínculo parental por intermédio da adoção é regulado pelo Código Civil de 2002, mas também pelo Estatuto da Criança e do Adolescente, agora de forma equânime. Hoje, o objetivo da adoção visa à educação e desenvolvimento integral da criança e do adolescente, ainda que por intermédio de família substituta.

Isto posto verifica-se a evolução da adoção e sua mudança de conceitos. A legislação deixa de atender aos anseios de caráter religioso, passando a observar o aspecto social quanto à proteção do adotado, que passa a integrar o núcleo familiar sem qualquer espécie de preconceito legal ou categorização. Portanto, as leis começam a fazer valer a dignidade da pessoa do adotado, protegida pela Constituição Federal.

Entretanto, a sociedade vai-se modificando passo a passo e a adoção começa a ficar ineficaz em muitos aspectos. Assim, foi editada a Lei 13.509, de 22.11.2017, que modifica algumas regras, a fim de encorajar a adoção de crianças ou adolescentes com remota possibilidade de reinserção familiar ou colocação em família adotiva. A respectiva Lei altera regras previstas na CLT, ECA e Código Civil, como: a criação de estabilidade provisória de 120 dias aos adotantes; a preferência às pessoas interessadas em adotar crianças ou adolescentes com deficiência, problemas

---

[241] Cf. artigos 29-37 e 107-109 do Código de Menores de 1979.

de saúde e grupos de irmãos; nova possibilidade de destituição do poder familiar, como a entrega irregular de filho a terceiros para adoção, já que a nova Lei permite a entrega voluntária e sigilosa.

Entretanto, sabemos que as regras lá expostas são importantes, mas não foram suficientes para resolver as contradições previstas hoje na Lei, como por exemplo o direito irrenunciável e imprescritível ao reconhecimento da filiação, que esbarra na dissolução do vínculo com a família natural.

Reinaldo Pereira e Silva reitera que "negar ao adotado a sua origem justifica a negação de um direito que, além de estribado no princípio constitucional da proteção integral, é de índole personalíssima: o direito ao conhecimento da ascendência biológica"[242].

Ocorre que, a maior controvérsia está no restabelecimento do vínculo de filiação entre adotado e família natural, o que hoje é vedado pelo Estatuto da Criança e do Adolescente. Entretanto, ao tratarmos do tema com foco na relação multiparental formada, ficará demonstrado o debate acalorado e que está longe de terminar, com decisão do STJ estabelecendo a filiação entre o adotado e seu pai biológico[243].

Concluímos que, muito embora de inegável contribuição social por seu caráter de acolhimento a menores e adolescentes que não podem ficar sob os cuidados de sua família natural, entendemos que o sistema jurídico da adoção necessita ser revisto. Mais que isso: é necessário que ele se adapte às mudanças constantes pelas quais passa o Instituto da Filiação. Nesse sentido, o ECA, que ainda por vezes se contradiz e contraria os novos conceitos atribuídos à filiação, merece passar por mudanças para proteger aqueles que dele se socorrem.

4.2.4.5 Socioafetiva

O legislador passa a prestigiar os novos núcleos familiares vinculados pelo afeto – oportunidade em que inova ao elencar, no Artigo 1.593,

---

[242] SILVA, Reinaldo Pereira e. Acertos e desacertos em torno da verdade biológica. In: LEITE, Eduardo de Oliveira (Coord.). *Grandes temas da atualidade*: DNA como meio de prova da filiação. Rio de Janeiro: Forense, 2000. p. 248-249.
[243] BRASIL. Superior Tribunal de Justiça. Recurso Especial nº 813.604, do Tribunal de Justiça do Estado de Santa Catarina. Relatora: Ministra Nancy Andrighi, Terceira Turma. Brasília, DF, 16 de agosto de 2007. Disponível em: <http://www.stj.jus.br/SCON/jurisprudencia/doc.jsp?livre=REsp+813604&b=ACOR&p=true&l=10&i=6>. Acesso em: 5 jan. 2018.

do Código Civil de 2002, afirmando que o parentesco poder resultar de *outra origem*, expressão compreendida pela Doutrina como "laços de afetividade"[244]. Nesse sentido, o Conselho Nacional de Justiça edita os Provimentos 63 de 20 de novembro de 2017 e 83 de 14 de agosto de 2019, permitindo o reconhecimento extrajudicial desses laços. Assim, passamos a discorrer sobre a importância da filiação socioafetiva e as formas sob as quais ela pode apresentar-se nas famílias.

4.2.4.5.1 *Afetividade e sua Relevância Jurídica*

Guilherme de Oliveira, após anos de direcionamentos de estudos quanto à prova da origem da filiação pelo vínculo genético, concluiu ao final do trabalho ter "encontrado fundamento bastante para defender a tese de que a paternidade jurídica não foi, nem é, forçosamente determinada pela verdade biológica do parentesco"[245]. Entretanto, a *posse de estado de filho* é utilizada no Direito Português para provar a verdade biológica, gerando a presunção *pater is est* por força do Artigo 1.831[246].

No Brasil, diferentemente do Código Civil de 1916, no qual o parentesco da filiação formava-se à margem do casamento e, ainda, limitado ao vínculo biológico e adotivo, a Doutrina, por sua vez, demonstrou que a afetividade era mais que um mero substantivo: passava a ser um preceito de valor jurídico integrante do Instituto da Filiação, sob o qual não se poderia mais negar proteção.

> Priorizando o biológico, fazendo depender a "paternidade" de um mero exame de DNA, o legislador confundiu e nivelou duas noções, a de genitor e de pai que não são, necessariamente, concludentes, mas que podem se apresentar distintas, porque genitor, qualquer homem potente pode ser, basta manifestar capacidade instrumental para gerar; pai, ao contrário, é

---

[244] Em sentido contrário, Rolf Madaleno critica o legislador, pois entende que o Código Civil se prestou como mero reprodutor das disposições constitucionais, sem reconhecer "oficialmente a filiação socioafetiva". MADALENO, Rolf Hanssen. *Direito de família*. 7. ed. revista, atualizada e ampliada. Rio de Janeiro: Forense, 2017. p. 497.

[245] OLIVEIRA, Guilherme de. *Critério Jurídico da Paternidade*. Coimbra: Almedina, 1998. p. XIX-XXIII – Apresentação.

[246] Recebe críticas da doutrina porque, muito embora bem-intencionado, o possível adultério da esposa poderia "esconder uma adoção imprópria, o que negaria frontalmente o princípio do respeito pela verdade biológica". Ibidem, p. 225-229.

mais que mero genitor, pode até se confundir com o genitor, mas vai além da mera noção de reprodução.

[...] há duas verdades em matéria de filiação: a biológica – a dos laços de sangue – e a verdade do coração, dos sentimentos – a que corresponde à filiação, querida, desejada, vivenciada no dia-a-dia de uma existência.[247]

É nesse ambiente que nasce o Artigo 1.593, do Código Civil de 2002 que, interpretado pelos Enunciados 103 da I e 519 da V Jornada de Direito Civil, aponta a paternidade socioafetiva como sendo aquela fundada na "posse do estado de filho".

O conceito de "posse do estado de filho" reinventa-se para amoldar-se aos anseios culturais. Por exemplo: Pontes de Miranda entendeu que resultava na "qualidade de filho legítimo (havido da relação do casamento) e das prerrogativas dela derivadas"[248]. Em uma visão alinhada à família contemporânea, Giselda Maria Fernandes Novaes Hironaka entende que a "posse de estado de filho" corresponde a longa e estável convivência[249].

Assim, segundo juristas tradicionais e contemporâneos, entende-se que a posse do estado de filho configura-se mediante três requisitos: *nominatio; tractatus; reputatio*[250], que não precisam ser concomitantes, pela aplicação do *in dubio pro filiatio*[251], sendo que Paulo Lôbo acrescenta

---

[247] LEITE, Eduardo de Oliveira. Exame de DNA, ou, o limite entre o genitor e pai. In: _____. (Coord.). *Grandes temas da atualidade*: DNA como meio de prova da filiação. Rio de Janeiro, Forense, 2000. p. 77-79.

[248] PONTES DE MIRANDA, Francisco Cavalcanti. *Tratado de direito de família*. 3. ed. refundida e aumentada. São Paulo: Max Limonad, 1947. v. 3. p. 59.

[249] HIRONAKA, Giselda Maria Fernandes Novaes. *O valor e conteúdo jurídico do afeto na relação paterno-filial*: socioafetividade e multiparentalidade. 2015. Texto não publicado e enviado, anexo a e-mail, por uma gentileza da autora. p. 28.

[250] PEREIRA, Lafayette Rodrigues. *Direitos de Família*: Anotações e Adaptações ao Código Civil por José Bonifácio de Andrada e Silva. Rio de Janeiro: Editores Virgílio Maia & Comp., 1918. p. 227; CHINELATO E ALMEIDA, Silmara Juny de Abreu. Exame de DNA, filiação e direitos da personalidade. In: LEITE, Eduardo de Oliveira (Coord.). *Grandes temas da atualidade*: DNA como meio de prova da filiação. Rio de Janeiro: Forense, 2000. p. 333.

[251] LÔBO, Paulo Luiz Netto. Quais os limites e a extensão da tese de repercussão geral do STF sobre socioafetividade e multiparentalidade? *Revista IBDFAM: Família e Sucessões*, Belo Horizonte, v. 22, p. 11-27, jul./ago. 2017. No mesmo sentido, Luiz Edson Fachin, Voto no julgamento do RE 898.060/STF.

como requisitos adicionais a convivência familiar duradoura e a relação de afetividade[252].

Mas o fato é que a Lei não prevê expressamente que a filiação deva ser constituída mediante prova da posse do estado de filho. Portanto, trata-se de construção doutrinária e jurisprudencial que, se provada, pode gerar o vínculo *post mortem*[253].

Ressalta-se que o prestígio à posse do estado de filho já foi demonstrado pelo legislador no período da vinculação da filiação ao casamento, quando era atribuída a legitimidade ao filho sem registro, desde que comprovada a posse do estado de filho e o casamento entre os pais.

A revolução vista na História da Filiação, com seu desrespeito aos direitos fundamentais, demonstra a importância do prestígio dado ao critério do afeto nas relações paterno-materno-filial. Como bem relata Jorge Shiguemitsu Fujita, "o direito à filiação é um direito da personalidade inerente a todo ser humano"[254].

Álvaro Villaça Azevedo ensina-nos a importância do vínculo afetivo, entendendo que "a paternidade biológica exerce papel secundário no Direito de Família, especialmente quando confronta com os princípios da afetividade, da igualdade entre os filhos e da dignidade da pessoa humana, que imperam na convivência familiar"[255].

Portanto, é inegável que o afeto é considerado pela Doutrina como um valor jurídico fundamental à proteção e desenvolvimento físico e psicossocial do filho, bem como sua projeção naquele lar e na sociedade. No mesmo sentido segue a jurisprudência, que eleva a afetividade à categoria de princípio norteador do conceito de família[256].

---

[252] Ibidem.
[253] BRASIL. Superior Tribunal de Justiça. Recurso Especial nº 1.500.999, do Tribunal de Justiça do Estado do Rio de Janeiro. Relator: Ministro Ricardo Villas Bôas Cueva, Terceira Turma. Brasília, DF, 12 de abril de 2016. Disponível em: <http://www.stj.jus.br/SCON/jurisprudencia/doc.jsp?livre=REsp+1500999&b=ACOR&p=true&l=10&i=3>. Acesso em: 21 nov. 2017.
[254] FUJITA, Jorge Shiguemitsu. *Filiação*. São Paulo: Atlas, 2009. p. 119.
[255] AZEVEDO, Álvaro Villaça. Afeto na relação familiar. In: CASSETARI, Christiano (Coord.). *10 anos de vigência do Código Civil Brasileiro de 2002*: estudos em homenagem ao professor Carlos Alberto Dabus Maluf. São Paulo: Saraiva, 2013. p. 575.
[256] BRASIL. Superior Tribunal de Justiça. Recurso Especial nº 945.283, do Tribunal de Justiça do Estado do Rio Grande do Norte. Relator: Ministro Luis Felipe Salomão, Quarta Turma. Brasília, DF, 15 de setembro de 2009. Disponível em: <http://www.stj.jus.br/SCON/

4. PARENTALIDADE E SUAS ESPÉCIES

Christiano Cassetari alerta para a importância da filiação socioafetiva e sua dissociação de preconceitos e estigmas, de forma a compreendermos a extensão social, com vistas à possibilidade do surgimento a qualquer tempo, inclusive na fase adulta[257].

Entretanto, os tribunais julgam a questão com parcimônia, por vezes em favor do tradicionalismo, asseverando que o vínculo consanguíneo não é inferior ao vínculo afetivo, mas apenas uma necessidade social pré-existente em face da formação dos novos núcleos familiares[258].

Rosana Fachin ressalta a importância da "verdade de sangue", muito embora trate com o devido respeito a "verdade do coração", que dá origem à relação de parentesco criada pelo vínculo socioafetivo, destacando a importância do equilíbrio de ambas para a construção da "nova família"[259].

Entendemos que os defensores da parentalidade socioafetiva não se referem de forma negativa ao vínculo biológico nem tampouco hierarquizam as espécies de vínculos parentais preterindo o biológico ao afetivo, mas apenas defendem que a prova da genética não demonstra o melhor interesse para o filho, diferente da prova do amor de um pai e de uma mãe, estes sim incontestáveis e infinitos[260]. Pensamos que

---

jurisprudencia/doc.jsp?livre=REsp+945283&b=ACOR&p=true&l=10&i=7>. Acesso em: 5 jan. 2018.

[257] CASSETARI, Christiano. *Multiparentalidade e Parentalidade Socioafetiva*: efeitos jurídicos. 2. ed. São Paulo: Atlas, 2015.

[258] Em julgado, o Tribunal de Justiça do Rio Grande do Sul defere o pedido de declaração de paternidade, reconhecendo o filho de criação como filho adotivo informal, através do vínculo afetivo, com todos os efeitos legais. (BRASIL. Tribunal de Justiça do Estado do Rio Grande do Sul. Apelação Cível nº 70008795775. Apelante: J. R. S. Apelada: M. L. M. Relator: Desembargador José Carlos Teixeira Giorgis, Sétima Câmara Cível. Porto Alegre/RS, 23 de junho de 2004. Disponível em: <http://www.tjrs.jus.br/busca/search?q=70008795775&proxystylesheet=tjrs_index&client=tjrs_index&filter=0&getfields=*&aba=juris&entsp=a__politica-site&wc=200&wc_mc=1&oe=UTF-8&ie=UTF-8&ud=1&sort=date%3AD%3AS%3Ad1&as_qj=&site=ementario&as_epq=&as_oq=&as_eq=&as_q=+#main_res_juris>. Acesso em: 6 jan. 2018).

[259] FACHIN, Rosana. Em busca da Família do Novo Milênio. In: PEREIRA, Rodrigo da Cunha (Coord.). *Família e Cidadania*: o novo CCB e a *vacatio legis*. Belo Horizonte: IBDFAM, 2002. p. 63.

[260] Nesse sentido, a Ministra Nancy Andrighi relata, no famoso julgado em que proferiu a frase "Amar é faculdade; cuidar é dever", asseverou [...] "E acrescento, também, quanto aos filhos na paternidade e na maternidade afetiva, em que o dever paterno e materno nasce do

assim também entendeu o legislador, sendo que dispôs, no Artigo 1.614, do Código Civil de 2002, a possibilidade de o filho rejeitar o reconhecimento tardio.

Mas o fato é que o reconhecimento à filiação é direito da personalidade e, considerando que estamos na *"era do afeto"*,[261] o Estado é chamado a regulamentar a vida das pessoas ligadas por esse vínculo parental.

Observamos que o respeito aos direitos da personalidade são valores bastante ressaltados, em especial após a 2ª Guerra Mundial, quando adentramos a "Terceira Era dos Direitos" – não apenas aqueles direitos restritos à categoria de cidadão como parte de um Estado, mas sim a todos os homens, de modo que a universalidade desses direitos garantiu a proteção e a tutela do filho de forma isonômica e harmônica, a fim de atribuir-lhe uma vida digna no seio da família que o acolheu sob o manto mais sublime e perene: o afeto.

Nesse sentido, citando a obra alemã *Familienrecht*, Lamartine e Francisco Muniz reproduzem o entendimento que "o amor entre pais e filhos conduz a um profundo enriquecimento da vida do adulto e é irrenunciável pressuposto do desenvolvimento do filho"[262].

Nessa esteira, o julgamento que deu ensejo à Repercussão Geral 622 do STF pôs fim à controvérsia e pacificou a isonomia entre as parentalidades afetiva e biológica[263]. Assim, o CNJ reconheceu a necessidade de regulamentação da paternidade socioafetiva extrajudicialmente, por escritura pública e desde que preenchidos alguns requisitos formais,

---

amor e do respeito à pessoa, que não pode ser abandonada e esquecida". BRASIL. Superior Tribunal de Justiça. Recurso Especial nº 1.159.242, do Tribunal de Justiça do Estado de São Paulo. Relatora: Ministra Nancy Andrighi, Terceira Turma. Brasília, DF, 24 de abril de 2012. Disponível em: <http://www.stj.jus.br/SCON/jurisprudencia/doc.jsp?livre=REsp+1159242&b=ACOR&p=true&l=10&i=4>. Acesso em: 5 jan. 2018.
[261] Expressão usada por Álvaro Villaça Azevedo, que complementa: "[...] estamos na era do afeto, tudo é afetivo. A Justiça decide agora sobre uma série de problemas que antigamente não se consideravam". AZEVEDO, Álvaro Villaça. Afeto na relação familiar. In: CASSETARI, Christiano (Coord.). *10 anos de vigência do Código Civil Brasileiro de 2002*: estudos em homenagem ao professor Carlos Alberto Dabus Maluf. São Paulo: Saraiva, 2013. p. 587.
[262] MUNIZ, Francisco José Ferreira; OLIVEIRA, José Lamartine Corrêa de. *Direito de Família*. Porto Alegre: Sergio Antonio Fabris, 1990. p. 31.
[263] CALDERÓN, Ricardo. *Princípio da Afetividade no Direito de Família*. 2. ed. revista, atualizada e ampliada. Rio de Janeiro: Forense, 2017. p. 224-227.

como a comprovação de estado de posse de filho e vontade livre e desimpedida de ser pai ou mãe[264].

Desse modo, o CNJ editou o Provimento 63/2017, que reconhece o parentesco socioafetivo, por considerar que a afetividade é um dos fundamentos da filiação. Em relação ao pedido de providências citado no item acima e que originou o presente regulamento, restaram algumas diferenças. Por exemplo: ele extirpou a ideia inicial da necessidade de comprovação do vínculo de afetividade e da prova da posse de estado de filho. Apenas autorizou o cartorário a não realizar o registro em caso de suspeita da inexistência da posse de estado de filho.

Ademais, como resultado intrínseco à regulamentação procedimental, o CNJ criou algumas regras, como a vinculação à aceitação do reconhecimento pelo filho acima de 12 (doze) anos de idade. Entretanto, entendemos que essa regra pode gerar discussões onde poderá conflitar com normas expressas em nosso ordenamento, como a permanência ou não do direito de o filho impugnar essa paternidade em sua maioridade, conforme previsão do Artigo 1.614 e, até mesmo, a legalidade da exigência ou a validade jurídica do próprio consentimento em face da sua incapacidade civil expressa no Artigo 3º, I, do sistema civil codificado.

O fato é que o Provimento CNJ 63/2017 foi editado para atender aos anseios sociais. Entretanto, por ser recente, passará pelo normal amadurecimento decorrente das discussões doutrinárias e enfrentamentos jurisdicionais que advirão a esse respeito.

Nesse sentido, o Conselho Nacional de Justiça edita o Provimento 83 de 14 de agosto de 2019, que altera e complementa algumas disposições do Provimento 63/2017. Assim, as novas regras para concessão da maternidade e paternidade socioafetiva extrajudicial (i) dispõe de idade mínima de 12 anos para o reconhecimento; (ii) sugere documentos que podem ser usados como meio de prova à demonstrar a afetividade, como por exemplo a inscrição como dependente em entidades associativas; (iii) restringe a exigência da outorga ao filho menor de 18 anos; (iv) condicionam a concessão à parecer favorável do Ministério Público.

[264] BRASIL. Conselho Nacional de Justiça. Corregedoria. Pedido de Providências nº 0002653-77.2015.2.00.0000. Requerente: IBDFAM. Requerido: CNJ. Ministro Corregedor Nacional de Justiça João Otávio de Noronha, Corregedoria. Brasília, DF, 14 de março de 2017. Disponível em: <http://ibdfam.org.br/assets/img/upload/files/Decisao%20socioafetividade.pdf>. Acesso em: 20 nov. 2017.

Em se tratando da multiparentalidade extrajudicial, o CNJ manteve seu posicionamento inicial e proibiu no Provimento 63/2017 a coexistência de ascendentes no mesmo grau e linha (mais de dois pais e duas mães) na certidão de nascimento – impedindo, inclusive, os casais homossexuais de realizar o registro da paternidade socioafetiva[265], mantendo a vedação no Provimento 83/2019, que impede o reconhecimento de mais de um ascendente socioafetivo, salvo pela via judicial.

O que importa é que, superada a discussão da nova forma de filiação, o reconhecimento da parentalidade pelo vínculo afetivo não é um direito apenas do filho, mas também daquele pai ou daquela mãe que deseja estar presente no desenvolvimento da criança, tornando-se peça-chave na evolução do ser humano e seu convívio na sociedade, já que "quem educa se autoeduca"[266].

4.2.4.5.2 Filhos de Criação

Destacam-se ainda os filhos de criação – aqueles criados como se filhos fossem, porém que permanecem sob a filiação formal dos pais registrais.

Jorge Shiguemitsu Fujita entende que a posse do estado de filho é o elemento caracterizador do reconhecimento dos filhos de criação, decorrente da filiação socioafetiva e, portanto, deverá existir afetividade, durabilidade e divulgação da relação materno-paterno-filial perante a sociedade. Entretanto, ressalta com indignação a falta de amparo pela jurisprudência a esses filhos[267], à revelia aos princípios da afetividade, isonomia e dignidade da pessoa humana[268].

---

[265] A exceção foi apenas considerada para o registro de filhos havidos por técnicas de reprodução assistida (artigo 16 §2º, Provimento 63/2017).

[266] Expressão usada por Luiz Edson Fachin (FACHIN, Luiz Edson. As relações paterno-filiais à luz do direito civil contemporâneo: reflexões sobre o poder familiar e autoridade parental. In: CASSETARI, Christiano. (Coord.). 10 anos de vigência do Código Civil Brasileiro de 2002: estudos em homenagem ao professor Carlos Alberto Dabus Maluf. São Paulo: Saraiva, 2013. p. 562).

[267] Destacam-se raras exceções nas quais é concedido o reconhecimento da filiação de criação. Decisão por maioria de votos. "Ementa: Ação declaratória. Adoção informal. Pretensão ao reconhecimento. Paternidade afetiva. Posse do estado de filho. Princípio da aparência. Estado de filho afetivo. Investigação de paternidade socioafetiva. Princípios da solidariedade humana e dignidade da pessoa humana. Ativismo judicial. Juiz de família. Declaração de paternidade. Registro." (BRASIL. Tribunal de Justiça do Estado do Rio Grande do Sul. Apelação Cível nº 70008795775. Apelante: J. R. S. Apelada: M. L. M. Relator: Desembargador José Carlos Teixeira Giorgis, Sétima Câmara Cível. Porto Alegre/RS, 23 de junho de

O inconformismo supracitado tem sua razão de existir, já que não se pode brincar com aquele ser humano, dando um lar, uma família, uma história, um padrão de vida, uma interação em determinado meio social no qual ele nutriu sentimentos e sonhos para depois, geralmente por questões patrimoniais, excluí-lo como se objeto fosse.

Assim, concordamos que o Estado não pode desamparar esses filhos pela simples inexistência do formalismo jurídico. Quando este existir efetivamente, a verdade real demonstrará que estes são tão filhos como aqueles reconhecidos pelo vínculo consanguíneo ou socioafetivo – protegidos, portanto, pela isonomia constitucional da Filiação.

4.2.4.5.3 Adoção à Brasileira

Muito comum em regiões mais carentes do país, a adoção à brasileira resulta no registro de filho alheio como próprio – seja pelo atual companheiro ou marido da mãe biológica, seja por um parente próximo dos pais biológicos ou, ainda, pela adoção irregular por casal que recebe a criança e a registra como sua.

Os tribunais não desconstituem a parentalidade porque seu reconhecimento é ato irrevogável, nos termos do Artigo 1º, da Lei nº 8.560/92, cumulado com o Artigo 1.609, do Código Civil.

Mas o fato é que, com força de princípio e imbuída de valor jurídico, a afetividade é acolhida e fundamentada com o objetivo de consolidar o vínculo parental, pois, como ensina Álvaro Villaça Azevedo, "os laços de afeto não podem ser olvidados para se anular a titulada 'adoção à brasileira', em prol da gênese biológica"[269].

2004. Disponível em: <http://www.tjrs.jus.br/busca/search?q=70008795775&proxystylesheet=tjrs_index&client=tjrs_index&filter=0&getfields=*&aba=juris&entsp=a__politica--site&wc=200&wc_mc=1&oe=UTF-8&ie=UTF-8&ud=1&sort=date%3AD%3AS%3AD1&as_qj=&site=ementario&as_epq=&as_oq=&as_eq=&as_q=+#main_res_juris>. Acesso em: 21 nov. 2017).

[268] FUJITA, Jorge Shiguemitsu. Filhos de criação: e os seus direitos? In: CASSETARI, Christiano (Coord.). *10 anos de vigência do Código Civil Brasileiro de 2002*: estudos em homenagem ao professor Carlos Alberto Dabus Maluf. São Paulo: Saraiva, 2013. p. 563-574.

[269] Trecho de um acórdão referente o julgamento de um caso de 'adoção à brasileira' no Tribunal de Justiça do Ceará, em segredo de justiça, motivado pelo do parecer de Álvaro Villaça Azevedo. AZEVEDO, Álvaro Villaça. *Direito de Família*: curso de direito civil. São Paulo: Atlas, 2013. p.245-246.

Diante disso, resta configurado o vínculo parental afetivo, como verdadeira homenagem aos princípios constitucionais da dignidade da pessoa humana, proteção à família e o respeito aos valores mais puros que brotam do ser humano, a partir de um sentimento capaz de transformar a humanidade: o amor.

E diferente não poderia ser, sendo que "são os fatos que constituem e mudam o Direito, e não o contrário".[270] Logo, a normatização das relações afetivas está em perfeita harmonia com a noção de Direito segundo a estrutura da Teoria Tridimensional ensinada por Miguel Reale[271], que apresenta em seu conteúdo a "integração normativa de fatos segundo valores".

Concluímos que, atualmente, a adoção à brasileira é intrínseca à sociedade brasileira e, por essa razão, deve ser protegida pela Lei, seja pelo princípio da afetividade que envolve as partes seja pelo melhor interesse da prole. Assim, não pode ser "desfiliada" como algo a ser negligenciado e dispensado ao bel prazer de adultos errantes.

Uma das questões polêmicas que estudaremos mais à frente, difundida nos tribunais, é aquela que acontece por ocasião da busca do filho pelo reconhecimento do vínculo biológico após a descoberta, geralmente em fase adulta, da diversidade entre o registro e a verdade.

Rui Portanova destaca a força atribuída pelo STJ ao elemento "vontade" do filho, que por vezes deixa em segundo plano a análise concreta de eventual estabelecimento de vínculo parental entre as partes e desconstitui a paternidade socioafetiva nos casos de adoção à brasileira, dispensando o vínculo de afeto para a retificação do registro[272] – fato criticado por tratar "a paternidade socioafetiva como um argumento marginal e secundário"[273]. O inverso não é verdadeiro, sendo que

---

[270] HIRONAKA, Giselda Maria Fernandes Novaes. *O valor e conteúdo jurídico do afeto na relação paterno-filial:* socioafetividade e multiparentalidade. 2015. Texto não publicado e enviado, anexo a e-mail, por uma gentileza da autora. p. 9.

[271] REALE, Miguel. *Lições preliminares de Direito.* São Paulo: Saraiva, 2002. p.67.

[272] BRASIL. Superior Tribunal de Justiça. Recurso Especial nº 1.352.529, do Tribunal de Justiça do Estado de São Paulo. Relator: Ministro Luis Felipe Salomão, Quarta Turma. Brasília, DF, 24 de fevereiro de 2015. Disponível em: <http://www.stj.jus.br/SCON/jurisprudencia/doc.jsp?livre=REsp+1352529&b=ACOR&p=true&l=10&i=5>. Acesso em: 5 jan. 2018.

[273] PORTANOVA, Rui. *Ações de filiação e paternidade socioafetiva*: com notas sobre direito belga e Corte Europeia dos Direitos Humanos. Porto Alegre: Livraria do Advogado, 2016. p. 93.

aquele Tribunal não desconstitui o vínculo parental se requerido pelo pai registral[274].

Assim repugna essa postura do filho que viveu uma filiação socioafetiva, chamando de "ação investigatória abusiva" já que o afeto não pode ser descartado pela busca de interesses registrais e patrimoniais, em patente quebra do dever de cuidado recíproco entre pais e filhos previsto no Artigo 229, da Constituição Federal[275].

Tal tema é altamente polêmico, apresentando fortes argumentações e fundamentações, tanto para a permanência da paternidade socioafetiva quanto para o prestígio à filiação biológica perseguida arduamente pelo filho em processo judicial, motivo pelo qual o estudaremos mais à frente para entendermos que, para esses casos, a multiparentalidade poderá se apresentar como melhor solução para todos os envolvidos.

4.2.4.5.4 Famílias Reconstituídas

A multiparentalidade é uma realidade social pulsante nas famílias reconstituídas, na qual a relação dos padrastos e madrastas se verticalizou a ponto de se transformar em pais e mães socioafetivos.

Assim, essa relação afetiva formada entre as partes também poderá continuar sedimentada com filhos afetivos que já tenham não apenas o reconhecimento registral, mas também o convívio com o pai biológico. Portanto, tal relação também deve ser reconhecida e protegida pelo Direito, com todos os direitos e deveres que advêm de uma relação materno-paterno-filial.

---

[274] BRASIL. Superior Tribunal de Justiça. Recurso Especial nº 1.244.957, do Estado de Santa Catarina. Relatora: Ministra Nancy Andrighi, Terceira Turma. Brasília, DF, 7 de agosto de 2012. Disponível em: <http://www.stj.jus.br/SCON/jurisprudencia/doc.jsp?livre=REsp+1244957&b=ACOR&p=true&l=10&i=4>. Acesso em: 5 jan. 2018.
[275] PORTANOVA, op. cit., p. 95-102.

5. Multiparentalidade

É sabido que a filiação tem sido objeto de escárnio no passado, quando os filhos eram submetidos à vontade e à sorte da *potestas* do *pater familias*, que exercia o poder sobre sua vida e morte, seu patrimônio, seu presente e futuro – como, por exemplo, a escolha de com quem se uniria em matrimônio. Os filhos eram meros figurantes em suas próprias vidas e anseios psicossociais.

Mas, com a evolução da sociedade, o filho passa a possuir direitos. Então, o ofício do *pater* passa de repressivo a protetor, para a contribuição de seu desenvolvimento.

Entretanto as mudanças não pararam por aí. A filiação é direcionada a reestruturar-se, sendo que está ligada umbilicalmente à formação da família, que vem se transformando rapidamente em nossa sociedade atual. E, como essas transformações refletem diretamente no Direito, merecem a atenção de juristas e legisladores.

Assim, como a mudança de paradigma da família na sociedade dissemina a formação dos núcleos e a consequente proteção legal de seus integrantes em seu mais íntimo direito à dignidade, solidariedade, isonomia e individualidade, observamos que a atenção à filiação se elevou, merecendo proteção constitucional. E, desse modo, a proteção a todas as suas formas resta integral – e então adentramos uma nova realidade de filiação, chamada *multiparentalidade*.

O fato é que, por se tratar de novo instituto, ainda que o legislador tenha inovado ao admitir novas formas de parentesco, não dispôs expressamente sobre sua concomitância, o que pode gerar resistência do

Poder Judiciário em aplicá-la, como já se verificou mesmo após a edição da Repercussão Geral 622 do STF.[276]

Diante disso, se partimos do entendimento de Lafayette Rodrigues[277] e Miguel Reale[278], considerando a lacuna legislativa que se fez presente apesar da atual necessidade da sociedade, devemos remontar aos períodos históricos de Roma a fim de solucionarmos a questão.

Restam-nos os ensinamentos do Direito Romano, no qual o parentesco era concedido aos *agnados*, transmitido pelo lado masculino daqueles que pertenciam à mesma família ou que estivessem sob o poder do mesmo *pater familias*. Logo, o parentesco pelo vínculo consanguíneo criou novos contornos apenas na Época Imperial, em que foi dada mais importância ao parentesco *cognaticio*.

Assim, nas Novelas CXVIII e CXXVIII – 543 e 548 d.C., Justiniano acabou com a distinção entre o parentesco *agnaticio* e *cognaticio*, reconhecendo ambos como forma de transmissão de parentesco.

Mas o fato é que a multiplicidade das espécies de parentesco já havia sido identificada no Período Clássico por Modestino, que alertou, no caso de concorrência entre o parentesco civil e o natural, que se contrairiam ambos de uma só vez[279].

---

[276] BRASIL. Tribunal de Justiça do Distrito Federal e dos Territórios. Apelação nº 0008418-53.2013.807.0016. Apelante: A.S.A. Apelado: F.C.S.C. E OUTRO(S). Relator: Desembargador Gilberto Pereira de Oliveira, 3ª Turma Cível. Brasília/DF, 14 de setembro de 2016. Disponível em: <http://cacheinternet.tjdft.jus.br/cgibin/tjcgi1?NXTPGM=plhtml06&ORIGEM=INTER&CDNUPROC=20130110330594APC>. Acesso em: 7 jan. 2018.

[277] Nesse sentido, ensina que "Acerca dos *Direitos de família* particularmente, não temos lei que regulasse a materia sob um plano systematico e completo. No esboçar de cada assumpto deparam-se a todo o momento lacunas, que deixam em claro pontos da maior importância. Essas lacunas é mister preenche-las com o Direito consuetudinário e com o Romano, corrigido segundo as declarações legaes". A esse entendimento, Lafayette faz remissão à Lei de 18 de Agosto de 1769, §§ 9 e 14; Estatutos da Universidade de Coimbra, L. 2, T. 5, cap. 2 e 3. (PEREIRA, Lafayette Rodrigues. *Direitos de Família*: Anotações e Adaptações ao Código Civil por José Bonifácio de Andrada e Silva. Rio de Janeiro: Editores Virgílio Maia & Comp., 1918. p. 10 e 227).

[278] No mesmo sentido, Miguel Reale assevera a importância em se analisar a "perspectiva social e histórica" alertando que "sem esta, as criações do Direito deixam de ser formas de vida para se reduzirem a figuras convencionais e frias". REALE, Miguel. *Lições preliminares de Direito*. 27. ed. São Paulo: Saraiva, 2002. p. XVI – Prefácio à Primeira Edição (escrita pelo autor em 1973).

[279] MODESTINO. *Digesto*, livro 38, título 10, frag. 4, comentário 2.

Outrossim, a evolução da Ciência também não deve ser ignorada na interpretação atual, sendo que encontra seus reflexos no Instituto da Filiação, que deságuam na multiparentalidade formada pelo vínculo natural.

Assim, as normas jurídicas devem ser observadas com atenção, já que produzidas conforme as concepções e organizações sociais de cada época. No passado, a sociedade visava manter os integrantes no seio da família para a proteção e perpetuação daquele grupo naquele contexto social. Já no presente, os integrantes não são um meio para que a sociedade alcance seus fins – *proteção do núcleo, da instituição a que pertencem*. Hoje, a verdadeira prevalência é a proteção aos integrantes da família: seus componentes são valorizados como seres individuais de direitos. E, o mais importante: as normas são interpretadas com base na vida contemporânea com todos os seus matizes.

Diante disso, o dinamismo da família contemporânea faz nascer uma espécie de filiação híbrida, a qual gera efeitos jurídicos que a legislação ainda não foi capaz de regulamentar, estando ao arbítrio da Doutrina e jurisprudência o fazer – e elas não se furtam de fazê-lo com a coragem, sensatez e sensibilidade exigidas pelo tema, como será demonstrado nos próximos tópicos.

5.1 Considerações Sobre o Fenômeno

A *multiparentalidade* da atualidade[280] é um fenômeno que ganha força com a reorganização dos núcleos familiares nos quais os pais reconstituem suas vidas amorosas, por vezes trazendo filhos de outros relacionamentos e gerando vínculo afetivo entre todos os componentes daquela família.

---

[280] Tratamos essa modalidade como "multiparentalidade da atualidade" porque, em passado muito próximo, a multiparentalidade acontecia quando a genitora ocultava o pai biológico, por vezes casado, desvendando a verdade ao filho adulto após anos de convivência com o pretenso pai, que às vezes o registrava como filho, por erro ou não. A adoção à brasileira também passa a gerar demandas multiparentais, quando o filho busca junto ao Poder Judiciário o reconhecimento da filiação biológica. Esses fatos, portanto, vão-se tornando cada vez mais raros em vista da nova realidade enfrentada pelas famílias reconstituídas: a convivência simultânea com os pais biológicos e socioafetivos e o exercício da paternidade/maternidade em igualdade de condições afetivas e com responsabilidades patrimoniais.

Entretanto, entendemos que a filiação híbrida nasceu com a existência fática da múltipla parentalidade nos lares, de forma não concomitante, gerando precedentes judiciais que a unificasse como direito integrado do filho.

Embora a origem da multiparentalidade seja controversa[281], nossa pesquisa mostra que o deferimento judicial do fenômeno aconteceu pela primeira vez em 2012, em um caso de sedimentação da paternidade socioafetiva, no qual o genitor biológico, para ocultar seu relacionamento extraconjugal, não reconheceu o filho, que o buscou na fase adulta[282].

Assim, esse assunto ganhou relevância quando do enfrentamento do tema pelos juristas, que se viram diante da escolha entre filiação afetiva e biológica.

Em muitos casos o Poder Judiciário passou a preterir a filiação biológica à afetiva nos casos de "adoção à brasileira", fundamentado no melhor interesse da criança. Assim, o Poder Judiciário optou por atribuir a paternidade àquele que mantinha a posse de estado de filho e relações de afeto com a criança[283], fazendo-se valer da máxima "pai é quem cria".

Nesse sentido, observa-se claramente que o vínculo biológico não possui a relevância exclusiva dos primórdios, e que agora é por vezes preterido quando se contrapõe ao liame afetivo sedimentado.

Ocorre que deparamos com outra realidade: aquela na qual um dos pais biológicos é falecido e, em sua homenagem, a família não deseja excluir seu nome da certidão de nascimento do filho. Porém, com a mesma intensidade, a mesma família busca reconhecer o vínculo parental do pai/mãe socioafetivo, por todo amor e afeto despendidos àquele filho

---

[281] Rolf Madaleno entende que a origem se deu com a existência de possibilidade de adoção por casal do mesmo sexo. MADALENO, Rolf Hanssen. *Direito de família*. 7. ed. revista, atualizada e ampliada. Rio de Janeiro: Forense, 2017. p. 490.

[282] BRASIL. Justiça de Primeiro Grau do Estado de Rondônia. Comarca de Ariquemes. Ação de investigação de paternidade cumulada com anulação de registro civil nº 0012530-95.2010.8.22.0002. Autora: A.A.B. Réu: M.S.B. e E.S.S. , Primeira Vara Cível. Juíza de Direito: Deisy Cristhian Lorena de Oliveira Ferraz. 13 de março de 2012. Disponível em: <https://www.tjro.jus.br/appg/pages/index.xhtml>. Acesso em: 19 nov. 2017.

[283] BRASIL. Superior Tribunal de Justiça. Recurso Especial nº 878.941, do Tribunal de Justiça do Distrito Federal. Relatora: Ministra Nancy Andrighi, Terceira Turma. Brasília, DF, 21 de agosto de 2007. Disponível em: <http://www.stj.jus.br/SCON/jurisprudencia/doc.jsp?livre=REsp+878941&b=ACOR&p=true&l=10&i=12>. Acesso em: 5 jan. 2018.

5. MULTIPARENTALIDADE

por uma vida inteira. Nesses casos, permite-se judicialmente a multiplicidade de registros parentais[284].

Pela extensão do Brasil e pela dinâmica do instituto, não sabemos ao certo se isto ocorreu após ou concomitantemente ao caso supracitado, mas passamos a enfrentar outro questionamento social: a necessidade sentida pelo filho, já em fase adulta, de saber a identidade de seu pai biológico, por ver-se furtado por toda uma vida da convivência com seu ascendente genético, muitas vezes por ocultação da verdade por sua genitora. Portanto, ao invés de buscar o reconhecimento socioafetivo, esse filho buscou o reconhecimento pelo vínculo genético.

Os tribunais e a Doutrina encontraram nesse tema um grande desafio, pois muito já se havia discutido e produzido sobre a relevância da paternidade afetiva no desenvolvimento e criação do filho, entretanto, o filho estava diante de todos afirmando que, para seu melhor interesse, ainda que amasse seu pai afetivo, o reconhecimento de seu pai biológico e resgate de suas raízes genéticas era fundamental para o desenvolvimento completo de sua personalidade e projeção social[285].

---

[284] BRASIL. Tribunal de Justiça do Estado de São Paulo. Apelação Cível nº 0006422-26.2011.8.26.0286. Apelante: V. M. G. e A. B. Apelado: Juízo da Comarca. Itú/SP. Relator: Desembargador Alcides Leopoldo e Silva Júnior, Primeira Câmara de Direito Privado. 15 de agosto de 2012. Disponível em: <https://esaj.tjsp.jus.br/cposg/search.do?conversationId=&paginaConsulta=1&localPesquisa.cdLocal=-1&cbPesquisa=NUMPROC&tipoNuProcesso=UNIFICADO&numeroDigitoAnoUnificado=0006422-26.2011&foroNumeroUnificado=0286&dePesquisaNuUnificado=0006422-26.2011.8.26.0286&dePesquisa=&uuidCaptcha=&pbEnviar=Pesquisar>. Acesso em: 5 jan. 2018.

[285] Depoimento da filha biológica, em Ação de Reconhecimento de Paternidade c/c Anulação/Retificação de Registro: "[...] resolveu propor a ação, não para cortar os vínculos com I (*pai socioafetivo*), mas por entender que como filha biológica possui os mesmos direitos dos outros filhos registrados por A. (*pai biológico*) [...] que considera e vai sempre considerar I. (*pai socioafetivo*) efetivamente como seu pai, que o chama dessa forma. Que na espera da audiência, quando se encontraram, se abraçaram e se beijaram", fls. 590/591 em BRASIL. Tribunal de Justiça do Estado de Santa Catarina. Agravo de instrumento nº 2011.024143-5 e Apelação cível nº 2011.027498-4. "Partes preservadas". 4ª Câmara de Direito Civil, Relator: Desembargador Luiz Fernando Boller. Florianópolis, SC, 22 de setembro de 2011. Disponível em: <http://www.google.com.br/url?sa=t&rct=j&q=&esrc=s&source=web&cd=3&ved=0ahUKEwiEzfu-iszYAhWEDJAKHRCQBGwQFggvMAI&url=http%3A%2F%2Fwww.mpsp.mp.br%2Fportal%2Fpage%2Fportal%2Ffinanciahome_c%2Fadocao%2FJurisprudencia_adocao%2Fdireito_a_informacao_adocao%2FAcordao%2520TJSC%2520AgI%2520n.%25202011.24143-5%2520%2520e%2520Apel%2520-%2520n.%25202011.027498-4.doc&usg=AOvVaw3y8pMgCPxw14Cn61u7LynC>. Acesso em: 9 jan. 2018.

Assim, esse caso trouxe ao Direito o dever de regulamentar essas novas múltiplas relações paterno-materno-filiais, sendo que, no Estado Democrático de Direito, a família e seus integrantes passaram a ter proteção constitucional, com observância à "paternidade responsável e à dignidade da pessoa humana".

Como dito alhures, além dos emblemáticos casos em que alguém errou no passado (erro que repercutiu em drama posterior enfrentado pelos filhos e levado ao Poder Judiciário) – "quer a genitora por ocultar a paternidade biológica, quer o pai biológico por ter negado a paternidade ou ambos por ter 'dado' o filho a adoção irregular" – o fato é que, na atualidade, o fenômeno da multiparentalidade não nasce maculado, e prevê, ainda que a longo prazo, uma atuação parental concomitante na vida dos filhos. Apenas o transcurso do tempo e o clima psicossocial e financeiro de cada núcleo familiar demonstrará se essa atuação parental será positiva ou negativa.

Denota-se a opinião de Nancy E. Dowd, que defende o benefício da multiparentalidade se estigmas e preconceitos dos adultos em ter o filho apenas para si abrirem espaço à parentalidade colaborativa, resultando apenas no "reconhecimento formal de situações informais que já existem"[286].

Nesse sentido, as famílias reconstituídas são precursoras dessa nova realidade, pois vivenciam o compartilhamento das funções parentais do novo companheiro da mãe com o pai biológico, e vice-versa, gerando vínculos de afeto e responsabilidades parentais entre os mesmos – e tudo isso reflete-se no Direito.

Assim, a sociedade busca junto ao Poder Judiciário soluções para suas questões que envolvem a sedimentação da multiplicidade de filiação, levando o tema à pauta da Suprema Corte. Entretanto, entendemos que o modelo hoje apresentado pelo STF[287] ensejará novos questionamentos,

---

[286] DOWD, Nancy E. Multiple Parents/Multiple Fathers. *Revista de Direito e Estudos Familiares da Universidade da Flórida*, FL, v. 9, n. 231, p. 231-263, 2007. p. 252-253.

[287] A RG 622/STF tratou apenas da multiplicidade de duas formas de filiação: biológica e afetiva. Cf. BRASIL. Supremo Tribunal Federal. Repercussão Geral nº 622. Ministro Relator Luiz Fux, Tribunal Pleno. Brasília, DF, 21 de setembro de 2016. Disponível em: <http://www.stf.jus.br/portal/jurisprudenciarepercussao/verAndamentoProcesso.asp?incidente=4252676&numeroProcesso=692186&classeProcesso=ARE&numeroTema=622#>. Acesso em: 20 nov. 2017.

5. MULTIPARENTALIDADE

o que se faz natural, já que toda colheita se torna eficaz apenas com o amadurecimento ideal advindo do tempo.

5.1.1 Reações Doutrinárias

O fato é que, independentemente da forma em que a múltipla parentalidade surge na vida do filho, percebe-se a parcimônia da Doutrina, preocupada quanto a seus efeitos. Isto porque, uma vez existente a filiação afetiva, a busca pela filiação biológica é vista com preocupação em face do rechace da patrimonialização da filiação, já que o filho pode buscar apenas o reconhecimento do vínculo para concorrer na linha sucessória do pai biológico[288], conduta compreendida como abuso do direito e violação à boa-fé objetiva[289].

Rolf Madaleno complementa que *"a parentalidade científica só pode ter sentido, como relação de filiação, quando coincidir com a vinculação afetiva, jamais invertendo estes valores, muito menos se a intenção se traduz em gerar dinheiro no lugar do amor"*[290].

Carlos Alberto Dabus Maluf e Adriana Caldas do Rego Freitas Dabus Maluf são favoráveis à permanência de apenas um dos vínculos, sugerindo como critério de escolha o melhor interesse da criança, muito embora reconheçam que a evolução social caminha para a potencialização do fenômeno, sugerindo que os pleitos devam ser analisados conforme o caso em concreto e com a devida parcimônia, visto que, na prática, a cumulação da paternidade/maternidade possui inúmeros efeitos, como as obrigações alimentares, guarda e direitos sucessórios, dos quais se desconhece a possibilidade de o Estado tutelar, na medida em que for provocado[291].

Na opinião de Daniela Paiano, os efeitos patrimoniais não podem ser causa de supressão do direito ao reconhecimento do estado de filiação

---

[288] MALUF, Carlos Alberto Dabus; MALUF, Adriana Caldas do Rego Freitas Dabus. *Curso de Direito de Família*. São Paulo: Saraiva, 2013. p. 527 et seq.

[289] SCHREIBER, Anderson. *STF, Repercussão Geral 622*: Multiparentalidade e seus efeitos. Set. 2009. Disponível em: <https://flaviotartuce.jusbrasil.com.br/artigos/388310176/stf-repercussao-geral-622-multiparentalidade-e-seus-efeitos>. Acesso em: 8. set. 2017.

[290] MADALENO, Rolf Hanssen. Filiação Sucessória. *Revista Brasileira de Direito das Famílias e Sucessões*, Belo Horizonte, v. 9, n. 1, p. 25–41, dez/jan 2008. p. 31.

[291] MALUF; MALUF, op. cit., p. 19-43.

biológico ou socioafetivo, sendo que se trata de "consequência lógica de igualdade jurídica entre os filhos"[292].

Mas o fato é que a biparentalidade culmina na dura decisão do filho em escolher entre os vínculos parentais sedimentados – o que pode ocasionar abalos familiares irreversíveis.

Assim, sem a alternativa da multiparentalidade disseminada no Poder Judiciário, os filhos eram obrigados a fazer "a escolha de Sofia", com relação à qual os tribunais têm se posicionado no sentido de prestigiar a vontade do filho em desconstituir a paternidade socioafetiva e reconhecer a paternidade biológica[293]. Giselda Maria Fernandes Novaes Hironaka, em compasso com suas convicções e argumentos, reage a essa tendência criticando a relativização que se dá ao inexorável vínculo parental:

> Os deveres jurídicos de respeito, cuidado e consideração, que representam o conteúdo jurídico do princípio da afetividade, não estão sujeitos à inconstância da vontade humana, sob pena de coisificarmos as pessoas e entendermos que o mero e frugal desejo seria capaz de criar ou desfazer vínculos jurídicos parentais. Não o é.[294]

Em sentido contrário, Guilherme de Oliveira parte em defesa do melhor interesse do filho quando em conflito com a verdade biológica, afirmando que a "omissão do reconhecimento jurídico não deve, segu-

---

[292] PAIANO, Daniela Braga. *O direito de filiação nas famílias contemporâneas.* 2016. 291 p. Tese (Doutorado). Faculdade de Direito, Universidade de São Paulo, São Paulo, 2016. Orientador: Prof. Álvaro Villaça Azevedo. p. 211.

[293] BRASIL. Superior Tribunal de Justiça. Recurso Especial nº 833.712, do Tribunal de Justiça do Estado do Rio Grande do Sul. Relatora: Ministra Nancy Andrighi, Terceira Turma. Brasília, DF, 17 de maio de 2007. Disponível em: <http://www.stj.jus.br/SCON/jurisprudencia/doc.jsp?livre=REsp+833712&b=ACOR&p=true&l=10&i=16>. Acesso em: 5 jan. 2018; BRASIL. Superior Tribunal de Justiça. Recurso Especial nº 1.401.719, do Tribunal de Justiça do Estado de Minas Gerais. Relatora: Ministra Nancy Andrighi, Terceira Turma. Brasília, DF, 8 de outubro de 2013. Disponível em: <http://www.stj.jus.br/SCON/jurisprudencia/doc.jsp?livre=REsp+1401719&b=ACOR&p=true&l=10&i=12>Acesso em: 5 jan. 2018; BRASIL. Superior Tribunal de Justiça. Recurso Especial nº 1.167.993, do Tribunal de Justiça do Estado do Rio Grande do Sul. Relator: Ministro Luis Felipe Salomão, Quarta Turma. Brasília, DF, 18 de dezembro de 2012. Disponível em: <http://www.stj.jus.br/SCON/jurisprudencia/doc.jsp?livre=REsp+1167993&b=ACOR&p=true&l=10&i=15>Acesso em: 5 jan. 2018.

[294] HIRONAKA, Giselda Maria Fernandes Novaes. *O valor e conteúdo jurídico do afeto na relação paterno-filial:* socioafetividade e multiparentalidade. 2015. Texto não publicado e enviado, anexo a e-mail, por uma gentileza da autora. p. 32.

ramente, operar como um castigo sobre o pai, como um 'esbulho'; mas talvez possa servir como defesa da personalidade do filho"[295].

Entendemos que o princípio da dignidade da pessoa humana – o qual é utilizado, entre outros, pelos maciços julgados como fonte a auferir o estado de filiação –, trata de norma constitucional de caráter geral. Portanto, é aplicável aos pais, que não podem ser simplesmente descartados de uma relação de amor, dedicação, sacrifícios, angústias e alegrias, vividos com toda intensidade e unicidade exclusivas de uma relação afetiva parental, por uma questão íntima do filho, que deseja ter para si o reconhecimento de outra paternidade/maternidade. Concluímos então, que um direito não exclui o outro. Assim acreditamos na multiparentalidade como fortalecimento das relações familiares e proteção de seus integrantes.

5.1.2 Característica Híbrida do Instituto

Desse modo, a família contemporânea desafia os operadores do Direito, levando-os a uma nova reflexão: a dicotomia da filiação natural e civil, já que são o resultado de duas espécies distintas de parentesco, porém pertencentes à filiação, que demonstrou não ser um instituto estático, evoluindo e necessitando de regulamentação e proteção nos termos perquiridos pela sociedade.

Nesse sentido, nasce a Teoria Tridimensional do Direito, que aponta para a proteção da filiação quanto aos aspectos biológicos, socioafetivos e ontológicos[296], sem a existência de hierarquia entre os mesmos, onde prima pela coexistência simultânea a fim de alcançar o desenvolvimento do ser humano em sua plenitude.

Portanto, a multiparentalidade é uma realidade social à qual o Direito não poderia se furtar por muito tempo. Lembramos que, com a elevação do afeto a valor jurídico, a filiação socioafetiva sempre estará em conflito com outras formas de filiação já sedimentadas[297]. O caso

---

[295] OLIVEIRA, Guilherme de. *Critério Jurídico da Paternidade*. Coimbra: Almedina, 1998. p. 413.
[296] WELTER, Belmiro. Teoria tridimensional do Direito de Família. *Revista Jurídica*: órgão nacional de doutrina, jurisprudência, legislação e crítica jurídica, Sapucaia do Sul – RS, ano 58, n. 390, p. 11-34, abr. 2010. (Editora Notadez).
[297] Também defendemos que o avanço da Ciência poderá resultar na cumulação de vínculos da mesma espécie, conforme dito alhures (item 4.2.4.3.3), muito embora tal procedimento seja proibido no Brasil pela Lei de Biossegurança, artigo 6º, III.

mais comum será a reconstituição de suas famílias com novos parceiros, como supracitado.

Em nosso entendimento, há comoção a amparar legalmente a multiparentalidade. Ganham relevância os precedentes judiciais que se pautam na construção doutrinária[298] baseada em princípios constitucionais, como a dignidade da pessoa humana (art. 1º, III), a isonomia entre os filhos (226, §6º) e a solidariedade entre os membros da família (arts. 229 e 230).

Mas a Repercussão Geral nº 622 do Supremo Tribunal Federal de setembro de 2016 ratificou a característica híbrida da filiação e permitiu sua concomitância quanto às modalidades afetiva e biológica, porém não trata dos demais vínculos, como a adoção e os filhos havidos por técnicas de reprodução assistida, motivo pelo qual ainda defendemos que ainda há um terreno a ser desvendado para compreensão e limites desse instituto.

5.1.3 Fundamentação

A multiparentalidade é considerada um catalisador isonômico das parentalidades socioafetiva e biológica[299].

A isonomia é prestigiada por Marcos Catalan, que assevera a inexistência de hierarquia entre os vínculos parentais e a existência de relações multiparentais, devendo haver sua normatização "valorizando o real em vez do imaginário e disseminando, se necessário, a sobreposição de funções, sem desprezar, nem privilegiar, nenhum ator social"[300].

---

[298] Cf. "A multiparentalidade gera efeitos jurídicos." – BRASIL. Enunciado 9 aprovado no X Congresso de Direito de Família do Instituto Brasileiro de Direito de Família – IBDFAM, em 2015. Belo Horizonte/MG. Disponível em: <http://www.ibdfam.org.br/noticias/5819/IBDFAM+aprova+Enunciados>. Acesso em: 20 nov. 2017. "No fato jurídico do nascimento, mencionado no art. 1603, compreende-se à luz do disposto no art. 1593, a filiação consanguínea e também socioafetiva" – BRASIL. Enunciado nº 108 da I Jornada de Direito Civil, em 2002. Brasília/DF. Disponível em: Disponível em: <http://www.cjf.jus.br/enunciados/enunciado/740>. Acesso em: 8 set. 2017.

[299] CASSETARI, Christiano. *Multiparentalidade e Parentalidade Socioafetiva*: efeitos jurídicos. 2. ed. São Paulo: Atlas, 2015. p. 235.

[300] E complementa o doutrinador, defensor da legalização da multiparentalidade: "E que não se levante – sem provas convincentes e argumentos válidos – que tudo isso provocará desvios e distúrbios na personalidade dos infantes e dos adolescentes que vivenciam cada uma dessas histórias. Antígona era neta da mãe e irmã do próprio pai e, nem por isso, mos-

5. MULTIPARENTALIDADE

Entretanto, nossa pesquisa exige adicionarmos como fundamentação principal a proteção ao melhor interesse do filho.

Nesse sentido, Zeno Veloso, ao analisar a coexistência da parentalidade biológica e afetiva, sugere que se opte por aquela "que seja mais útil para a criança, para o seu equilíbrio psicológico, sua paz, tranquilidade – enfim, o que seja melhor para o seu bem, para a sua felicidade"[301].

Entendemos que o melhor interesse da criança é prestigiado não apenas pela melhor doutrina, mas também pela lei, a exemplo do Artigo 7º, da Lei 8.560/1.992 que permite – "mesmo com vedação expressa pelo julgamento processual vigente" – o julgamento *extra petita* nos casos de provimento em ações de reconhecimento de paternidade em que não haja pedido da parte para alimentos provisionais, autorizando a fixação de ofício pelo Juiz de Direito.

Mas o fato é que, por vezes, a interpretação dos fundamentos da multiparentalidade chocam-se, gerando controvérsias que podem culminar em destemperamentos e injustiças.

Nesse sentido, Eduardo de Oliveira Leite entende que o melhor interesse da criança é aquele identificado pelo vínculo afetivo, citando o exemplo da França, que o privilegia em face do fator biológico, homenageando a "vontade" do pai[302]. Acreditamos que o entendimento do autor em não considerar as duas paternidades é devido ao período em que foi escrito o Artigo, quando ainda não havia discussões sobre o tema. Ademais, entendemos inaplicável a comparação do Brasil a um

---

trou qualquer maldade em seu coração. Ao contrário, esteve ao lado de Édipo enquanto esse vivia na escuridão e morreu defendendo o direito de o irmão ser sepultado". Catalan, Marcos. Um ensaio sobre a multiparentalidade: prospectando, no ontem, pegadas que levarão ao amanhã. *Revista Facultad de Derecho Y Ciencias Políticas*, Medellín – Colombia, v. 42, n. 117, p. 621-649, Julio-Diciembre de 2012. (ISSN 0120-3886).

[301] Leia-se a paternidade estabelecida pela regra *pater is est* ou pelo vínculo biológico. (VELOSO, Zeno. *Direito brasileiro da filiação e paternidade*. São Paulo: Malheiros, 1997. p. 214-221).

[302] Muito embora o autor tenha inserido exemplo de métodos de inseminação artificial heteróloga, que em nosso entendimento deve ser aplicado de forma diversa em face da existência de doador que realmente não teve qualquer relação com a criança, o fato é que ele usa esse exemplo para concluir sua ideia de prevalência da paternidade afetiva em face da biológica. LEITE, Eduardo de Oliveira. Exame de DNA, ou, o limite entre o genitor e pai. In: _____. (Coord.). *Grandes temas da atualidade:* DNA como meio de prova da filiação. Rio de Janeiro, Forense, 2000. p. 77-79. p. 78 (notas de rodapé) e 79.

país Europeu onde o Estado tem sua responsabilidade de proteção aos cidadãos em geral e a exerce com maestria.

No Brasil, vivemos com enorme desigualdade social e sem política pública suficiente para proteger e cuidar dos vulneráveis. Aqui, o filho que não é cuidado pelos pais pode passar fome, não estudar, comprometer seu desenvolvimento psicossocial e ter grandes possibilidades de enveredar-se para o mundo do crime. Logo, ao indicar dois pais, o biológico e o afetivo, para exercer junto à criança a paternidade responsável, a lei está atendendo ao interesse do menor.

Ademais, a responsabilidade objetiva dos pais está prevista no Artigo 932, I, do Código Civil[303]. Portanto, é prejudicial ao interesse do filho que a posse de estado seja consumada por um terceiro, que estará isento de qualquer responsabilidade nos termos do Artigo 928, do mesmo diploma legal, ferindo, assim, a isonomia entre os filhos.

Com todo o respeito ao entendimento daqueles que aduzem ser a paternidade forçada prejudicial à criança por não se concretizar o vínculo paterno-filial[304], entendemos que assegurar a prevalência da vontade do pai é uma visão romântica dos deveres inerentes à filiação[305].

Nesse sentido, apontamos mais uma das importantes fundamentações apontadas por Silmara Juny de Abreu Chinelato e Almeida, que indica a importância da descoberta genética como valor intrínseco à identidade pessoal de cada ser humano, ponderando que "a idolatria

---

[303] No mesmo sentido, Enunciado nº 450 do Conselho de Justiça Federal (BRASIL. Enunciado nº 450 da V Jornada de Direito Civil, em 2012. Brasília/DF. Disponível em: <http://www.cjf.jus.br/enunciados/enunciado/381>. Acesso em: 20 nov. 2017).

[304] Nesse sentido: LEITE, Eduardo de Oliveira. Exame de DNA, ou, o limite entre o genitor e pai. In: _____. (Coord.). *Grandes temas da atualidade*: DNA como meio de prova da filiação. Rio de Janeiro, Forense, 2000. p. 77-79. p. 81; VERUCCI, Florisa. O direito de ter pai. In: LEITE, Eduardo de Oliveira (Coord.). *Grandes temas da atualidade*: DNA como meio de prova da filiação. Rio de Janeiro, Forense, 2000. p. 98.

[305] A exemplo, o primeiro caso de concessão de multiparentalidade em que o pai socioafetivo, muito embora amasse sua filha, não tinha condições de auxiliá-la no básico, sendo que seu pai biológico fora acionado judicialmente e, na sentença, condenado a pagar pensão alimentícia. Da sentença não houve recurso. Cf. BRASIL. Justiça de Primeiro Grau do Estado de Rondônia. Comarca de Ariquemes. Ação de investigação de paternidade cumulada com anulação de registro civil nº 0012530-95.2010.8.22.0002. Autora: A.A.B. Réu: M.S.B. e E.S.S., Primeira Vara Cível. Juíza de Direito: Deisy Cristhian Lorena de Oliveira Ferraz. 13 de março de 2012. Disponível em: <https://www.tjro.jus.br/appg/pages/index.xhtml>. Acesso em: 19 nov. 2017.

5. MULTIPARENTALIDADE

à desbiologização da paternidade possa não ser levada ao extremo, de modo que aniquile os direitos de personalidade do filho"[306].

Portanto, entendemos que a isonomia entre os filhos e seu melhor interesse são alguns dos grandes pilares norteadores da concessão da multiparentalidade. Entendemos também que não podemos legalizar a disparidade de condições ofertadas aos filhos por seus pais, independentemente da remoção desses adultos para outro núcleo familiar.

Mas o fato é que a fundamentação para a multiparentalidade está fundamentada em princípios e consubstanciada no reconhecimento de todas as espécies de filiação aqui tratadas, na forma do parentesco natural ou *outra origem*.

Entretanto, a *contrario sensu*, há entendimento da legalização da múltipla parentalidade mediante a edição da Lei nº 11.924/2009, que acresceu o §8º, ao Artigo 57, da Lei de Registros Públicos, permitindo o uso do nome de família do padrasto e da madrasta, desde que existente qualquer motivo ponderável e que este tenha sido entendido como a "socioafetividade subjacente"[307].

José Fernando Simão critica a confusão feita pelas pessoas que entendem que a condição de padrasto, por apenas viver sob o mesmo teto que a criança, o faz automaticamente um pai socioafetivo, relembrando que essa condição lhe é dada apenas se evidenciada a existência do afeto, exercício do poder familiar, funções parentais e, ainda, a publicidade da filiação, ou restará configurada a *condição de padrasto*, e essa condição poderá conceder-lhe apenas a mera atribuição de guardião[308].

---

[306] Complementa que divide o direito à identidade em 2 categorias: lato e estrito, sendo este subdivido em pessoal, familiar, social e profissional e aquele em direito ao nome. CHINELATO E ALMEIDA, Silmara Juny de Abreu. Exame de DNA, filiação e direitos da personalidade. In: LEITE, Eduardo de Oliveira (Coord.). *Grandes temas da atualidade*: DNA como meio de prova da filiação. Rio de Janeiro: Forense, 2000. p. 347-357.

[307] ALVES, Jones Figueiredo. A família no contexto da globalização e a socioafetividade como seu valor jurídico fundamental. In: CASSETARI, Christiano (Coord.). *10 anos de vigência do Código Civil brasileiro de 2002*: estudos em homenagem ao professor Carlos Alberto Dabus Maluf. São Paulo: Saraiva, 2013. p. 549.

[308] SIMÃO, José Fernando. Pai, padrasto e ascendente genético: uma confusão categorial que custa caro ao sistema. (Parte 2 – Padrasto não é pai socioafetivo). *Jornal Carta Forense*, São Paulo, 3 jun. 2016. Disponível em: <http://www.cartaforense.com.br/conteudo/colunas/pai-padrasto-e-ascendente-genetico-uma-confusao-categorial-que-custa-caro-ao-sistema---parte-2-padrasto-nao-e-pai-socioafetivo/16622>. Acesso em: 9 jun. 2016.

Com todo o respeito e acatamento ao entendimento da legalização da multiparentalidade, acreditamos que esse não foi o princípio da norma supracitada. Isto porque a Lei de Registros Públicos também autoriza, em seu Artigo 57, § 2º, que a companheira averbe o patronímico de seu companheiro – o que não significa que se tornará sua esposa com todos os direitos e deveres previstos em lei, nem mesmo alcançar extrajudicialmente a presunção *pater is est*.

Entretanto, concordamos com Christiano Cassetari quando diz que a relação de *padrastio* e *madrastio*, se consubstanciadas na afetividade, podem gerar a multiparentalidade, com todos os seus efeitos jurídicos pertinentes a filiação[309], muito embora Paulo Lôbo entenda inviável, já que a paternidade socioafetiva apenas poderá ser configurada se houver a perda do poder familiar pelo pai biológico[310].

Observa-se a complexidade do instituto, que encontra barreiras na hermenêutica em face da necessidade da proteção da filiação em toda a sua extensão. Mas a Corte Suprema já se pronunciou sobre o assunto e aclarou um pouco seus fundamentos, trazendo-nos um norte de como tratar o assunto, como será demonstrado a seguir.

5.1.3.1 *Repercussão Geral nº 622/STF*

O Supremo Tribunal Federal, em decisão inédita, atendeu aos reclames sociais e, a partir do paradigma RE 898.060/SC, fixou tese para utilização em casos semelhantes:

> A paternidade socioafetiva, declarada ou não em registro público, não impede o reconhecimento do vínculo de filiação concomitante baseado na origem biológica, com os efeitos jurídicos próprios.

Essa tese é uma vitória para a sociedade brasileira, sendo que representa a sedimentação de inúmeros conceitos já trazidos pela Doutrina, mas que ainda encontravam divergências nos tribunais que, por

---

[309] CASSETARI, Christiano. *Multiparentalidade e Parentalidade Socioafetiva:* efeitos jurídicos. 2. ed. São Paulo: Atlas, 2015. p. 56.
[310] LÔBO, Paulo Luiz Netto. Quais os limites e a extensão da tese de repercussão geral do STF sobre socioafetividade e multiparentalidade? *Revista IBDFAM*: Família e Sucessões, Belo Horizonte, v. 22, p. 11-27, jul./ago. 2017.

vezes, contavam com provimentos próprios[311], gerando grande insegurança jurídica.

A ementa do paradigma fundamenta a multiparentalidade consubstanciada nos vínculos socioafetivos e biológicos, com base nos princípios constitucionais da dignidade da pessoa humana (art. 1º, III), isonomia entre todas as espécies de filiação (art. 227, §6º) e paternidade responsável (art. 226, §7º)[312].

Ademais, ao ler a ementa do julgado, podemos identificar que o Supremo Tribunal também destacou o direito à busca pela felicidade, entendendo que se trata de princípio esculpido no Artigo 1º, III, da Carta Magna, destacando a prevalência do interesse do indivíduo como protagonista do eixo-familiar. Foram ainda objeto de fundamentação o respeito ao melhor interesse do filho.

5.2 Dicotomia entre "Estado de Filiação" e "Ascendência Genética"

O estado de filiação é muito bem dissociado da ascendência genética, considerando-se que existem hipóteses nas quais não há o vínculo paterno-materno-filial, como no caso dos filhos havidos por técnicas de

---

[311] A exemplo do TJSP, o Provimento CG nº 36/2014, que regula o reconhecimento da paternidade socioafetiva, dispõe em seu artigo 4º, inciso II, que para as crianças menores de 2 anos de idade, deve ser realizado o procedimento de adoção previsto no Estatuto da Criança e do Adolescente e, para as maiores de 2 anos, o rito previsto na Lei 8560/1992 – que regula a investigação de paternidade para filhos havidos fora do casamento (BRASIL. Provimento da Corregedoria Geral da Justiça do Estado de São Paulo nº 36/2014: Regulamenta o apadrinhamento afetivo, apadrinhamento financeiro e reconhecimento da paternidade socioafetiva. Diário da Justiça Eletrônico, São Paulo, SP, 12 dez. 2014. Disponível em: <http://www.arpensp.org.br/?pG=X19leGliZV9ub3RpY2lhcw==&in=MjE3OTc=> Acesso em: 20 nov. 2017). Já o TJMA, através do Provimento 21/2013, autoriza o reconhecimento da paternidade socioafetiva aos maiores de 18 anos de idade junto ao Cartório de Registro Civil, desde que não exista nenhuma paternidade estabelecida. (BRASIL. Provimento da Corregedoria Geral da Justiça do Estado do Maranhão nº 21/2013. Dispõe sobre o reconhecimento voluntário de paternidade socioafetiva perante os Ofícios de Registro Civil das Pessoas Naturais do Estado do Maranhão, e dá outras providências. Diário da Justiça Eletrônico, São Luís, MA, 19 dez. 2013. Disponível em: <http://www.tjma.jus.br/cgj/visualiza/sessao/1586/publicacao/404284>. Acesso em: 20 nov. 2017).

[312] BRASIL. Supremo Tribunal Federal. Recurso Extraordinário nº 898.060, do Tribunal de Justiça do Estado de Santa Catarina. Relator: Ministro Luiz Fux, Tribunal Pleno. Brasília, DF, 21 de setembro de 2016. Disponível em: <http://stf.jus.br/portal/jurisprudencia/listarJurisprudencia.asp?s1=%28898060%29&base=baseAcordaos&url=http://tinyurl.com/htbwlaj>. Acesso em: 5 jan. 2018.

produção assistida. Nesse caso, os doadores não são autores de um projeto parental, mas por altruísmo e solidariedade decidiram ajudar aqueles que não têm capacidade biológica de reprodução. Essas pessoas não apenas abdicam como não podem ver sedimentada qualquer responsabilidade parental. Afinal, se diferente fosse, ficaria ameaçada a mantença da técnica, já que desencorajaria os doadores, que não almejam qualquer responsabilidade parental.

Existem, ainda, os casos dos adotados, sobre os quais o próprio legislador trouxe à baila a diferenciação, onde autoriza, no Artigo 48, do Estatuto da Criança e do Adolescente o direito do adotado de saber de sua origem genética, sem o restabelecimento do vínculo parental, por força do Artigo 41.

Mas o fato é que deparamos com outra situação, que exige análise mais crítica quanto à distribuição desses termos. Isto porque, com os novos contornos trazidos pela sociedade ao Instituto da Filiação e com a elevação da parentalidade socioafetiva a valor jurídico, deparamos com casos nos quais os filhos buscam o reconhecimento da paternidade biológica e, com relação a estes, a Doutrina reage no sentido de criar mecanismos para coibir a extirpação do vínculo do coração.

Entretanto, o Direito de Família demonstra que não se pode criar regra geral, já que dispõe de um conjunto de normas que regem as circunstâncias, não sendo capaz de revogar fatos, mas apenas de regulamentá-los. É uma vida humana intersubjetiva!

Assim entendemos que a tese possui caráter restritivo, ainda que imbuída de um sentimento nobre de proteção à verdade do coração, com o intuito de também coibir o desvirtuamento do Instituto da Filiação. Este, por sua vez, possui em seu fundamento garantias constitucionais, como a dignidade da pessoa humana e a proteção que lhe é inerente, mediante o exercício da paternidade responsável.

Nesse sentido, o Poder Judiciário encontra constante desafio em solucionar demandas com esse complexo e delicado tema, em especial porque o sistema jurídico nos apresenta regras em contrassenso, que obrigam o julgador ao ativismo constante. Por exemplo: temos o Estatuto da Criança e do Adolescente, que dá aos adotados o direito de saber de sua ascendência genética sem importar o restabelecimento do vínculo com a família natural. Entretanto, também permite a todos os filhos o direito ao reconhecimento do estado de filiação.

5. MULTIPARENTALIDADE

Mas as normas devem ser interpretadas conforme as condições socioculturais da época em que foram dispostas. Nesse sentido, o Estatuto da Criança e Adolescente (ECA) protegeu o direito ao reconhecimento ao Estado de Filiação de forma irrestrita porque desejou proteger os filhos que eram discriminados anteriormente. A outro turno, determinou a dissolução do vínculo com a família natural do adotado para proteger a próxima família de eventuais incômodos e permitir a sedimentação do vínculo paterno-materno-filial sem quaisquer interferências. Ademais, não deixava ainda de ser uma proteção do filho a extirpação do vínculo com o pai ou a mãe indignos que tiveram seu poder familiar extinto. Entretanto, como o legislador não cria o fato natural, mas apenas regulamenta seus efeitos, determinou a possibilidade da descoberta da ascendência genética, sem demais efeitos.

Em nosso sentir, a grande preocupação em diferenciar o estado de filiação da ascendência genética (para os casos que não incorram em técnicas de reprodução assistida) decorre da proteção à filiação socioafetiva, pois os operadores entendem ser esta a resposta mais adequada para o melhor interesse da criança, em detrimento do reconhecimento pelo ascendente biológico, com o qual o filho jamais teve qualquer contato. Assim, a Doutrina se preocupa em extirpar pela raiz a temida patrimonialização da filiação.

Nesse sentido, Rolf Madaleno, que eleva o amor e afeto como requisito da filiação, entende que, no caso de existência da paternidade socioafetiva, há que se buscar apenas a ascendência genética como *direito da personalidade*, sem o reconhecimento do estado de filiação[313].

Luiz Edson Fachin eleva a posse de estado de filho a "critério constitutivo da paternidade", reduzindo o vínculo biológico à mera ascendência genética, onde, sozinho, apresenta-se inapto ao reconhecimento do estado de filiação.[314]

---

[313] MADALENO, Rolf Hanssen. *Direito de família*. 7. ed. revista, atualizada e ampliada. Rio de Janeiro: Forense, 2017. p. 506-519.
[314] Voto no RE 898.060/SC (BRASIL. Supremo Tribunal Federal. Recurso Extraordinário nº 898.060, do Tribunal de Justiça do Estado de Santa Catarina. Relator: Ministro Luiz Fux, Tribunal Pleno. Brasília, DF, 21 de setembro de 2016. Disponível em: <http://stf.jus.br/portal/jurisprudencia/listarJurisprudencia.asp?s1=%28898060%29&base=baseAcordaos&url= http://tinyurl.com/htbwlaj>. Acesso em: 5 jan. 2018. (p. 47).

O direito à ascendência genética está fundamentado no Direito da Personalidade, intrínseco a todo ser humano em busca de sua verdade biológica, por inúmeras questões – entre elas, cuidados com saúde em face de eventuais doenças hereditárias.

Paulo Lôbo defende a distinção por se tratar de direitos fundamentados de forma distinta: a investigação de paternidade com natureza no Direito de Família e a ação pela busca da ancestralidade com base no direito constitucional da personalidade:

> Uma coisa é vindicar a filiação (e, consequentemente, a paternidade ou a maternidade), outra coisa é exercer o direito ao conhecimento de sua origem biológica. A primeira é relação de direito de família, a segunda é relação de direito da personalidade, direito inato ao próprio indivíduo, independentemente de ser ou não membro de grupo familiar.[315]

Para os adeptos dessa teoria, o ascendente genético não pode ser considerado como pai, já que não exerceu a paternidade em sua plenitude, com todo o ofício que lhe é inerente.

José Fernando Simão, da forma sucinta e prática que lhe é peculiar, critica a posição da Corte Maior no julgamento que gerou a Repercussão Geral 622, ao elevar à categoria de pai o ascendente genético, condicionando o reconhecimento dessa espécie de paternidade a mera realização do exame de DNA, sugerindo o erro em face da amplitude dada ao sentido da paternidade[316].

Ressalte-se que a distinção entre *genitor e pai* e entre *pai biológico* e *pai jurídico* foi reconhecida por Guilherme de Oliveira quando tratou da imperfiliabilidade dos adulterinos e incestuosos dos Séculos XVIII e XIX, sendo que *"a paternidade natural nem sempre era juridicamente reconhecida"*[317].

---

[315] LÔBO, Paulo Luiz Netto. Código Civil comentado: direito de família, relações de parentesco, direito patrimonial. Artigos 1.591 a 1.693. In: AZEVEDO, Álvaro Villaça (Coord.). *Código Civil comentado*. São Paulo: Atlas, 2003. v. XVI. p.131.

[316] SIMÃO, José Fernando. A multiparentalidade está admitida e com repercussão geral. Vitória ou derrota do afeto? *Jornal Carta Forense*, São Paulo, 3 jan. 2017. Disponível em: <http://www.cartaforense.com.br/conteudo/colunas/a-multiparentalidade-esta-admitida-e-com-repercussao-geral-vitoria-ou-derrota-do-afeto/17235>. Acesso em: 9 nov. 2017.

[317] OLIVEIRA, Guilherme de. *Critério Jurídico da Paternidade*. Coimbra: Almedina, 1998. p.86.

5. MULTIPARENTALIDADE

Os Estados Unidos também enfrentaram questões nas quais a distinção da palavra "pai" foi elevada a solucionar a questão, quando acionada pelo marido da mãe, que consentiu com a inseminação artificial heteróloga e contestou a paternidade biológica. Assim, aquele tribunal defendeu a amplitude da palavra "pai", consubstanciada no biológico e legal/jurídico[318].

Para Nancy E. Dowd da Universidade da Flórida, a designação da palavra "pai" é o gênero composto por várias espécies: a biológica (salvo questões envoltas as técnicas de reprodução assistida), presuntiva e socioafetiva, reiterando a necessidade de se considerar a nova espécie de parentesco pela linha paterna: a multiparental[319].

O assunto é polêmico e está longe de encontrar solução pacificada na Doutrina, justamente pela multiplicidade das formas de filiação, que exigem análises distintas.

É óbvio que estaríamos no melhor dos mundos se atribuíssemos a paternidade ou maternidade apenas àqueles que têm a oportunidade de desenvolver uma relação paterno-materno-filial de afeto e cuidados; porém, o princípio constitucional da isonomia não nos permite tratar os filhos de forma desigual, tampouco prestigiar a "paternidade irresponsável"[320] defendida por muitos pais que abandonam seus filhos aos cuidados de terceiros.

Belmiro Pedro Welter, ao tratar do *afeto*, também aborda como seu par indissociável o *desafeto*, sentimento presente nas famílias, o qual o Direito não pode ignorar[321]. Ora, exigir como pressuposto da filiação a afetividade é o mesmo que normatizar de forma dissociada dos anseios

---

[318] Ibidem, p. 345.
[319] DOWD, Nancy E. Multiple Parents/Multiple Fathers. *Revista de Direito e Estudos Familiares da Universidade da Flórida*, FL, v. 9, n. 231, p. 231-263, 2007. p. 236.
[320] Termo utilizado pelo Ministro Gilmar Mendes em seu voto no RG 622/STF (BRASIL. Supremo Tribunal Federal. Repercussão Geral nº 622. Ministro Relator Luiz Fux, Tribunal Pleno. Brasília, DF, 21 de setembro de 2016. Disponível em: <http://www.stf.jus.br/portal/jurisprudenciarepercussao/verAndamentoProcesso.asp?incidente=4252676&numeroProcesso=692186&classeProcesso=ARE&numeroTema=622#>. Acesso em: 20 nov. 2017.
[321] WELTER, Belmiro. *Teoria tridimensional do Direito de Família*. *Revista Jurídica*: órgão nacional de doutrina, jurisprudência, legislação e crítica jurídica, Sapucaia do Sul – RS, ano 58, n. 390, p. 11-34, abr. 2010. (Editora Notadez).

sociais e "onde a fórmula legislativa não traduz outra cousa que a convenção dos homens, a vontade do legislador impera sem contraste"[322].

Por outro lado, a diferenciação entre pai afetivo e biológico não encontra mais guarida em nosso País, com a promulgação da Constituição Federal de 1988, editada sob a influência da 3ª Era dos Direitos, na qual são privilegiadas a isonomia, a fraternidade, a proteção ao indivíduo e à sua personalidade, e até mesmo a solidariedade social, que garante consideração e respeito mútuos nos relacionamentos pessoais.

Assim, por ser o direito à filiação inerente ao filho, que pode inclusive negar o reconhecimento da paternidade, nos termos do Artigo 1.614, do Código Civil, entendemos que a paternidade e a ascendência genética são compostos de um único sujeito à disposição dos filhos, salvo se for decorrente de material genético de doadores.

5.2.1 Efeito relativista axiológico entre a Isonomia e os Direitos da Personalidade

Feitas as considerações supracitadas, passamos a indagar quanto aos valores dos fundamentos que se contrapõem: a isonomia ao estado de filiação *versus* o direito da personalidade à ascendência genética.

A isonomia é matéria de Direito Constitucional prevista no Artigo 5º, *caput*, da Carta Magna, sendo que os direitos da personalidade estão previstos em nosso ordenamento de forma esparsa, como se verifica no Ordenamento Civil, no Capítulo II, e na Constituição Federal, Artigo 5º, X[323].

Observa Francisco Vieira Lima Neto que os Direitos da Personalidade apontados na Lei e na Doutrina são meramente exemplificativos pela própria eficácia do direito perseguido: a proteção aos direitos da pessoa humana, que se modificam conforme as alterações socioculturais. De forma interessante e esclarecedora, conclui que os Direitos da Personalidade estão ligados com a isonomia constitucional:

---

[322] PEREIRA, Virgilio de Sá. *Direito de família*: lições do professor catedrático de direito civil. 3. ed. atual. legislativamente. Rio de Janeiro: Forense, 2008. p. 51-56.
[323] Como bem observa Rolf Madaleno, o *princípio da igualdade da filiação* está previsto nos artigos 227 §6º da Constituição Federal de 1988, Artigo 20 do Estatuto da Criança e do Adolescente e Artigo 1.596 do Código Civil. MADALENO, Rolf Hanssen. *Direito de família*. 7. ed. revista, atualizada e ampliada. Rio de Janeiro: Forense, 2017. p. 495.

5. MULTIPARENTALIDADE

Do exposto, parece-nos lícito concluir que a doutrina jurídica, a partir da interpretação da legislação civil e da Carta Política, considera o direito à igualdade como inerente e necessário ao pleno desenvolvimento da personalidade humana, e, se nem todos os juristas o integram ao rol específico dos direitos da personalidade, é seguro que o reputam incluído em um direito geral de personalidade.[324]

Assim, a fundamentação para o estado de filiação e para a ascendência genética demonstra que estes são direitos indivisíveis, equânimes, merecendo tratamento isonômico, não havendo que se dividir a paternidade como Direito de Família e a ascendência genética como Direito da Personalidade.

Isto porque, como foi exposto acima, os direitos da personalidade, além de ditados pela Constituição Federal, são estipulados na Parte Geral do Código Civil, sendo, portanto, aplicáveis como regras que regem todo o ordenamento especial.

Para corroborar o alegado, Pontes de Miranda ramifica os direitos da personalidade, entre outros, no *direito à verdade*, ao *nome* e à *isonomia*[325].

Resta-nos a interessante conclusão de que a *verdade* genética é atributo da ascendência genética e, o direito ao *nome* é intrínseco ao estado de filiação; porém, ambos são fundamentados no Direito da Personalidade. E a *isonomia* é premissa constitucional que não me permite limitar a aplicação desse direito.

Assim, quanto a esses conceitos, especificamente utilizados para fundamentar a proteção dos interesses do indivíduo enquanto sujeito de direitos, concluímos que, no campo da filiação, os princípios se entrelaçam a ponto de serem usados para as duas situações. Nesse sentido, a Ministra Nancy Andrighi, em julgado, entendeu que a filiação encontra amparo no Direito à Personalidade, sendo que é um "elemento

---

[324] LIMA NETO, Francisco Vieira. *O direito de não sofrer discriminação genética*: uma nova expressão dos direitos da personalidade. Rio de Janeiro: Lumen Juris, 2008. p. 92-93.
[325] PONTES DE MIRANDA, Francisco Cavalcanti. *Tratado de direito privado*: parte especial. Atualizado por Rosa Maria de Andrade Nery. São Paulo: Editora Revista dos Tribunais, 2012. Tomo VII: Direito de Personalidade e Direito de Família. Direito matrimonial (existência e validade do casamento). p. 94-151.

fundamental na formação da identidade e definição da personalidade da criança"[326].

Portanto, concluímos que o Direito da Personalidade é fundamento para justificar a ascendência genética e o estado de filiação – direitos interligados e inerentes ao ser humano antes mesmo de seu nascimento. O Direito da Personalidade homenageia e protege o gênero composto por suas espécies. Atuando em conjunto com a isonomia, ao extirpar o tratamento desigual, forma um sincronismo difícil de ser dissociado.

5.3 Melhor Interesse do Filho

Chamamos o capítulo de "melhor interesse do filho" porque, nos casos de filiação, muitas vezes é o maior quem procura seus direitos e também a eles devem ser aplicadas as normas protetivas do estabelecimento do vínculo parental já que, em um passado não remoto, eram impostas questões de ordem socioculturais[327] em sacrifício dos seus interesses.

Entretanto, reconhecemos que nasce com o intuito de proteção do vulnerável, sendo portanto "melhor interesse da criança" princípio de ordem internacional, originado da Convenção sobre Direitos da Criança de Nova Iorque e acolhido pelo Brasil na década de 90[328]. A partir de então, a proteção integral ao menor e adolescente foi corroborada pela nossa Constituição Federal em seus Artigos 5º, §2º e 227 e na forma do Estatuto da Criança e do Adolescente.

Já era possível observar a presença da sensibilidade ao princípio antes mesmo de sua normatização, pois sua redação já apontava para o interesse do menor à felicidade, para o desenvolvimento de sua psique e até mesmo citava a necessidade de convívio familiar de uma forma que ultrapassava o repúdio social da relação concubinária pura[329].

---

[326] BRASIL. Superior Tribunal de Justiça. Recurso Especial nº 450.566, do Tribunal de Justiça do Estado do Rio Grande do Sul. Relatora: Ministra Nancy Andrighi, Terceira Turma. Brasília, DF, 3 de maio de 2011. Disponível em: <http://www.stj.jus.br/SCON/jurisprudencia/doc.jsp?livre=Resp+450566&b=ACOR&p=true&l=10&i=9>. Acesso em: 5 jan. 2018.

[327] Como a submissão da filiação ao casamento e a indigestão ao nascido pelo adultério.

[328] Artigo 3. 1. Todas as ações relativas às crianças, levadas a efeito por instituições públicas ou privadas de bem estar social, tribunais, autoridades administrativas ou órgãos legislativos, devem considerar, primordialmente, o interesse maior da criança. Decreto Legislativo nº 99.710 de 21.nov.1990.

[329] BITTENCOURT, Edgard de Moura. *O concubinato no direito*. São Paulo: Alba, 1961. v. 2. p. 341-343.

5. MULTIPARENTALIDADE

Rui Portanova aponta que o princípio está inserido no Artigo 22, da Constituição Belga[330], o que não afasta a polêmica doutrinária daquele país em aceitar a sua aplicação às relações de filiação. Há críticas pelo excesso de poder atribuído aos juízes pela subjetividade da norma[331], bem como pela relativização vista nos casos de contestação de paternidade[332].

No Brasil, para o Superior Tribunal de Justiça, o *melhor interesse da criança* não é posto acima dos preconceitos da sociedade quanto à intolerância à traição nos casos de Ação Negatória de Paternidade, permitindo a desconstituição do vínculo parental pela inexistência de vínculo biológico, justificando a Corte ser o melhor à criança buscar a verdade real da sua ascendência[333].

Essa complexa situação enseja grande desafio aos julgadores. De um lado, encontra-se o cidadão enganado durante toda uma vida, acreditando na fidelidade da esposa/companheira e em sua paternidade real; porém, de outro, há o interesse da criança e os abalos psicológicos decorrentes da perda daquela paternidade com a qual já estabeleceu o vínculo de afeto. Ressalte-se que a criança em nada contribuiu para o ato faltoso, mas sofre o impacto maior de toda essa situação. Resta analisar se é cabível, após toda a evolução do Instituto da Filiação, permitir sua vinculação a devaneios de relacionamentos amorosos.

Entretanto, tal entendimento não é pacífico naquela Corte que já preferiu a origem biológica, ainda que sedimentada a paternidade socioafetiva e já falecido o pai genético, e que se fundamentou no "melhor interesse do filho", demonstrado por seu interesse no ingresso da demanda judicial[334].

---

[330] PORTANOVA, Rui. *Ações de filiação e paternidade socioafetiva*: com notas sobre direito belga e Corte Europeia dos Direitos Humanos. Porto Alegre: Livraria do Advogado, 2016. p.52.

[331] VAN GYSEL, Alain-Charles. *Précis de droit des personnes et de la famille*, apud PORTANOVA, Ibidem, p. 53.

[332] MASSAGER, Nathalie. *Droit familiar de l'enfance*. apud PORTANOVA, Ibidem, p. 53.

[333] PORTANOVA, Ibidem, p. 59-65. E: BRASIL. Superior Tribunal de Justiça. Recurso Especial nº 878.954, do Tribunal de Justiça do Estado do Rio Grande do Sul. Relatora: Ministra Nancy Andrighi, Terceira Turma. Brasília, DF, 7 de maio de 2007. Disponível em: <http://www.stj.jus.br/SCON/jurisprudencia/doc.jsp?livre=REsp+878954&b=ACOR&p=true&l=10&i=6>. Acesso em: 5 jan. 2018.

[334] BRASIL. Superior Tribunal de Justiça. Recurso Especial nº 1.274.240, do Tribunal de Justiça do Estado de Santa Catarina. Relatora: Ministra Nancy Andrighi, Terceira Turma.

O fato é que, muito embora de natureza subjetiva, o princípio do *melhor interesse da criança* deve ser aplicado às demandas judiciais por força legal e, prevendo as multifacetas da sociedade brasileira, o legislador determinou a aplicação conforme as condições de cada criança e adolescente, nos termos do Artigo 6º, do ECA.

Já adentrando nosso tema, podemos nos questionar se a atribuição das paternidades ou maternidades de forma cumulativa resultará no melhor interesse do filho – e concluímos que não há óbice. Segundo a psicóloga Flávia Cristina Costa Moreno, a multiparentalidade não afeta as crianças, já que são seres adaptáveis e afetuosos por natureza. A dificuldade maior será dos adultos em compartilhar os cuidados com o filho, que exigirá atenção especial em face da peculiaridade inerente à situação – como, por exemplo, um sincronismo entre as orientações[335].

No mesmo sentido, a Ministra Rosa Weber defende a multiparentalidade, concluindo que esta atende ao melhor interesse da criança, já que aumenta a probabilidade de acerto nas decisões em relação aos menores em face da multiplicidade de agentes voltados para a mesma questão[336]. Ressalte-se que a Ministra apresentou interessante pesquisa realizada por Cass Sunstein, da Universidade de Oxford, nos Estados Unidos, sobre a majoração do acerto em decisões tomadas por grupos maiores, denominada "Teorema do Júri de Condorcet"[337].

Diante disso, a fim de prestigiar o melhor interesse do filho, o Supremo Tribunal Federal concedeu a multiparentalidade fundamentada no princípio da paternidade responsável, em face do pai biológico; e na paternidade socioafetiva, em face do pai registral. Nesse caso, o amor, a ascendência genética e os cuidados financeiros para o desenvolvimento do filho não advinham de uma única pessoa. Como são fatores indispen-

---

Brasília, DF, 8 de outubro de 2013. Disponível em: <http://www.stj.jus.br/SCON/jurisprudencia/doc.jsp?livre=REsp+1274240&b=ACOR&p=true&l=10&i=3>. Acesso em: 5 jan. 2018.
[335] Vide Apêndice A.
[336] BRASIL. Supremo Tribunal Federal. Recurso Extraordinário nº 898.060, do Tribunal de Justiça do Estado de Santa Catarina. Relator: Ministro Luiz Fux, Tribunal Pleno. Brasília, DF, 21 de setembro de 2016. Disponível em: <http://stf.jus.br/portal/jurisprudencia/listarJurisprudencia.asp?s1=%28898060%29&base=baseAcordaos&url=http://tinyurl.com/htbwlaj>. Acesso em: 5 jan. 2018. p. 90-92.
[337] SUNSTEIN, Cass. The (Ocasional) Power of Numbers. In: Infotopia: How Many Minds Produce Knowledge. New York: Oxford University Press, 2006, p. 25-32, *apud* Voto da Ministra Rosa Weber no RE 898.060/SC, p. 90-92.

sáveis ao desenvolvimento psicossocial do filho, o STF avança e os reconhece como Direito do Filho, em igualdade de condições com outros.

5.4 Função Social da Parentalidade

As polêmicas quanto à definição da parentalidade e eventuais inclusões e exclusões nos fazem pensar se podemos tratar de sua função social, prevista no Artigo 5º, da Lei de Introdução às Normas do Direito Brasileiro, que determina que o Juiz, na aplicação da lei, atenda os fins sociais para os quais ela se dirige.

Denota-se que o princípio da socialidade prevê a harmonia entre a liberdade individual (autonomia de vontade) com os interesses da coletividade (função social), o que pode ser verificado no tema da parentalidade.

Na atualidade em que vivemos, a formação da filiação pode ser precedida de autonomia de vontade – como por exemplo as técnicas de reprodução assistida, que legitimam a parentalidade aos autores do projeto parental – e, ainda, a possibilidade do reconhecimento extrajudicial da paternidade socioafetiva. Mas a "vontade dos filhos" também é considerada para constituir ou negar a filiação, já que o reconhecimento do Estado de Filiação passa pelo seu crivo.

Em se tratando dos interesses da coletividade, a parentalidade resta demonstrada em face dos reflexos em toda a sociedade, já que as crianças são o futuro de toda nação e necessitam de proteção especial por sua vulnerabilidade.

É igualmente necessário apontar que a parentalidade social também se faz juridicamente relevante quando a Carta Magna determina que, não apenas os pais, mas também o Estado e toda a sociedade são responsáveis pelas crianças e adolescentes, nos termos do Artigo 227, *caput*.

Ademais, a parentalidade também está intimamente ligada à proteção da família, como no caso das técnicas de reprodução assistida, que permitem ao casal realizar o sonho de aumentá-la. O Estado é chamado não apenas para proteger esse planejamento familiar, mas também para propiciar recursos que o tornem real, nos termos do Artigo 226, §7º, da Constituição Federal.

Assim, a proteção à maternidade, à infância, à adolescência e à família é considerada um direito social, que deve encontrar políticas públicas que garantam sua implementação, a serem custeadas pela sociedade mediante a paga de tributos, com provisionamento mínimo determinado pela Constituição – provisionamento mínimo que nem sempre é cumprido em face da escassez de recursos financeiros[338].

Mas o fato é que a jurisprudência italiana demonstra tendência em determinar o vínculo parental com base no binômio: *melhor interesse do filho* e *função social da paternidade*[339].

É legítima a preocupação dos tribunais de Milão de vincular o interesse da criança à efetividade social do estabelecimento daquele vínculo paterno-materno-filial. Entretanto, nas relações familiares, isso nem sempre será possível, em face da *irresponsabilidade parental* apresentada por muitos pais e mães desidiosos, que não desejam a formalização do vínculo para se isentar do ofício que lhe é inerente.

Diante disso, concluímos que a função social da parentalidade é um preceito existente em nosso ordenamento jurídico, que pode ser observado e fundamentado quando da concessão da biparentalidade ou multiparentalidade. Porém entendemos que ela não pode ser requisito essencial para o estabelecimento do Estado de Filiação, já que os princípios que o alicerçam – como o "melhor interesse do filho" e da "dignidade da pessoa humana" –, se sobrepõem à função social.

5.5 Aspectos Pessoais e Sociais

San Tiago Dantas já afirmava que "o estudo do direito de família deve começar por algumas noções de caráter sociológico, pois neste ramo do direito civil, sente-se o quanto as normas jurídicas são moldadas e determinadas pelos conteúdos sociais"[340].

A História nos ensina que, no Direito de Família, os aspectos sociais e pessoais se entrelaçam, formando uma realidade única, dependente e indivisível.

---

[338] SCAFF, Fernando Facury. A efetivação dos direitos sociais no Brasil. In: SCAFF, Fernando Facury; ROMBOLI, Roberto; REVENGA, Miguel (Coord.). *A Eficácia dos direitos sociais*: I Jornada Internacional de Direito Constitucional Brasil/Espanha/Itália. São Paulo: Quartier Latin, 2010. p. 22-42.

[339] OLIVEIRA, Guilherme de. *Critério Jurídico da Paternidade*. Coimbra: Almedina, 1998. p. 402.

[340] SAN TIAGO DANTAS, Francisco Clementino de. *Direito de família e das sucessões*. 2. ed. revisada e atualizada por José Gomes Bezerra Câmara e Jair Barros. Rio de Janeiro: Forense, 1991. p. 3.

5. MULTIPARENTALIDADE

A família contemporânea, que gera a multiplicidade de vínculos parentais, é um fato social e não podemos mais fechar os olhos para seus efeitos. Essas famílias – que se formaram com base em novos valores político-sociais ocorridos na década de 60/70 com o declínio da família nuclear burguesa – trouxeram problemas psicológicos para seus filhos, por vezes reduzidos à subsidiariedade dos anseios pessoais de seus pais.

O psiquiatra e psicoterapeuta brasileiro Joel Birman[341], que exerce suas atividades profissionais no Brasil e na França, ao tratar das questões sociais que envolvem a família contemporânea, explica a importância política atribuída aos filhos após a Revolução Francesa, quando o mundo passa a compreender que a maior riqueza está na qualidade de vida de seus povos e não na conquista geográfica. As crianças passam a ser consideradas "o futuro das nações", e são muito bem representadas por Sigmund Freud como "Sua Majestade, o bebê".

Nessa época, as crianças eram totalmente protegidas pela mãe. Entretanto, a saída da mãe desse papel exclusivo de cuidado e educação da prole para a luta por seus direitos, nas décadas de 60/70, gera efeitos políticos importantes, como a terceirização da "socialização primária" nas escolas, culminando na chamada "maternagem problemática", geradora de patologias psíquicas. Então, deu-se o retrocesso da proteção à criança e sua vulnerabilidade e, no cenário atual, assiste-se à expansão do *bullying* e da pedofilia:

> A maternagem (pai ou mãe) insuficiente afeta a constituição subjetiva das crianças [...] porque aquilo que encontramos nas descrições dos psicanalistas contemporâneos [...] chamadas de [...] psicoses ordinárias, são formadas de sofrimento caracterizado por uma espécie de desinvestimento narcísico [...] traduzindo [...] um desinvestimento na auto-estima [...]. A construção subjetiva das crianças na contemporaneidade há uma espécie de problema em torno da maternagem que há como consequência uma espécie de investimento narcísico diminuído (resultando em) crianças mais fragilizadas, adultos mais fragilizados de forma que o psicanalista francês André [...] dá o nome de narcisismo negativo [...] distante do bebê de Freud [...][342].

---

[341] BIRMAN, Joel. *A evolução da família*. Aula dada no programa televisivo "Café Filosófico" em 7 out. 2012, e publicado no Youtube em 4 maio 2017. Disponível em: <https://www.youtube.com/watch?v=IbQCWd-M_cw>. Acesso em: 30 set. 2017.
[342] Ibidem.

Muito embora o cenário seja de desânimo e tristeza, somos chamados à realidade: a família contemporânea existe e não podemos nos olvidar dela. Cabe a nós realizar a adaptação, e a observância da proteção máxima às nossas crianças, não apenas enquanto futuro da nossa ação, mas como seres humanos, sujeitos de direitos e merecedores de proteção integral: à sua vida, à sua dignidade, à sua personalidade, à sua educação. Mais do que tudo, devemos sempre promover sua integração familiar e social – especialmente pela vulnerabilidade inerente a seu estado.

A proteção à psique e à integração social do filho, além de contribuir intrinsecamente para seu pleno desenvolvimento possui valor jurídico previsto em nosso ordenamento[343]. Assim, acreditamos que o Instituto da Multiparentalidade poderá solucionar a crise em que vive a filiação e extinguir sua desproteção, já que mais pessoas irão se responsabilizar pelo direito material e imaterial dessas crianças e adolescentes.

No mesmo sentido, Nancy Dowd aponta que nossas atenções devem estar voltadas para o problema enfrentado pelas crianças que não têm pai e não para aquelas que possuem mais de um, onde restarão multiplamente protegidas. Entretanto, aponta para a importância da postura "colaborativa" entre todos os pais envolvidos na relação multiparental. Assim, para evitar conflitos, defende a eleição de um dos pais para a tomada de decisões simples sobre o cotidiano do menor.[344]

Outra questão positiva trazida pela família contemporânea também nos leva a uma mudança de paradigma: o fim do padrão autoritário dos pais e a elevação do ofício parental a uma nova forma de criação dos filhos, com base na orientação e não mais na punição, como nos primórdios. Hoje, torna-se necessário que aqueles que assumem a paternidade somem as atribuições parentais à promoção psicossocial de seus filhos.

> É verdade, todavia, que a função educativa se exerça com modalidades diferentes em correlação ao grau de maturidade psicofísica do filho, da sua capacidade de discernimento. As livres e conscientes manifestações do ser do menor, assim sendo, serão expressas não somente no interior, mas, sobretudo no exterior da comunidade familiar; porém, como cada uma das manifestações da pessoa, elas serão dignas de mérito já que agem como

---

[343] Constituição Federal. Art. 227. Estatuto da Criança e do Adolescente: Lei 8.069/90, art. 15.
[344] Dowd, Nancy E. Multiple Parents/Multiple Fathers. *Revista de Direito e Estudos Familiares da Universidade da Flórida*, FL, v. 9, n. 231, p. 231-263, 2007. p. 242-250.

5. MULTIPARENTALIDADE

instrumentos ao desenvolvimento e à realização da própria personalidade. Nessa perspectiva, não se tutela o arbítrio do menor – fruto geralmente do capricho e da leviandade – mas uma liberdade entendida na sua íntima essência de tensão dirigida a algo, de adesão a um projeto de vida e, em obséquio ao dever de solidariedade, de compartilhamento: é justamente onde se realiza a personalidade num compartilhar solidário de vida.[345]

Dito isso, é imperioso que haja acompanhamento dessa situação por profissionais habilitados, a fim de resguardar os direitos dos filhos, em especial os menores.

Lembremos, porém, que a cada passo, nessa seara, sempre deverá ser levado em conta o aspecto afetivo, qual seja, a paternidade emocional, denominada socioafetiva pela doutrina, que em muitas oportunidades, como nos demonstra a experiência de tantos casos vividos ou conhecidos por todos nós, sobrepuja a paternidade biológica ou genética. A matéria é muito mais sociológica e psicológica do que jurídica. Por essas razões, o juiz de família deve sempre estar atento a esses fatores, valendo-se, sempre que possível, dos profissionais auxiliares, especialistas nessas áreas.[346]

Denota-se que as situações que envolvem a multiparentalidade exigem especial atenção – mais especialmente aquelas vividas por filhos ainda menores, que podem ensejar problemas de adaptação no novo ambiente, seja pela perda da referência da autoridade por excesso de tutores ou até mesmo por conflito com os novos irmãos ou pais afins[347]. Tais situações poderão necessitar de acompanhamento de um profissional tanto para orientar os filhos quanto os próprios pais, objetivando a melhor condução dessa nova realidade.

Nesse sentido, as experiências culturais precedentes podem gerar enormes conflitos diários para todos os integrantes desse novo núcleo,

---

[345] RUSCELLO, Francesco. Poder Parental, Informação e Tutela do Menor. In: TEIXEIRA, Ana Carolina Brochado; RIBEIRO, Gustavo Pereira Leite; COLTRO, Antônio Carlos Mathias; TELLES, Marília Campos Oliveira e (Org.). *Problemas da Família no Direito*. Belo Horizonte: Del Rey, 2012. p. 226-227.

[346] VENOSA, Silvio de Salvo. *Direito civil*: direito de família. 11. ed. São Paulo: Atlas, 2011. p. 230-231.

[347] GRISARD FILHO, Waldyr. *Famílias reconstituídas*: novas uniões depois da separação. 2. ed. rev. e atual. São Paulo: Editora Revista dos Tribunais, 2010. p. 89-101.

em especial quando se apresentam duas autoridades paternas/maternas na condução das questões relativas à mesma criança. Por isso, os profissionais da área de Psicologia dedicam-se a estudos que envolvem tratamento clínico específico para as famílias reconstituídas[348].

Mas o fato é que proteção e orientação diante de eventuais problemas não significam o abandono do instituto, que incidirá na usurpação de direitos essenciais à vida da criança, afetando seu desenvolvimento – como os que são ligados à sua personalidade.

Assim, além da opinião do profissional, entendemos ser primordial a opinião do menor quanto ao interesse em ter ou não para si o reconhecimento à multiparentalidade. A formação do núcleo familiar nunca deve servir como um fim em si mesmo, mas como agente facilitador para o desenvolvimento de todos os seus integrantes.

Logo, defendemos a concessão da autonomia ao menor para fazer suas escolhas, ainda que de maneira restritiva, como aquelas ligadas à sua personalidade. Isto porque entendemos que a capacidade de direito está dissociada da capacidade de agir, em especial na atualidade, quando os menores vivenciam a evolução tecnológica e estão mergulhados nesse enxame de informações de livre e fácil acesso. Nesse contexto, eles se vêm em uma realidade que os colocam em situação de amadurecimento[349].

Nesse sentido, a psicóloga Maria Rita Kehl trata do que chama de "família tentacular", ressaltando a positividade da exogamia peculiar desse núcleo, que apresenta os filhos à fraternidade pela convivência

---

[348] MAZZONI, Silvia. Interventi di sostegno ala genitorialità. In: BIANCA, Cesare Massimo; TOGLIATTI, Marisa Malagoli; MICCI, Anna Lisa (Coord.). *Interventi di sostegno ala genitorialità nelle famiglie ricomposte*: giuristi e psicologi a confronto. Milão: Franco Angeli, 2016. p. 49.

[349] A doutrina italiana entende que "conceder a titularidade de um direito sem o seu exercício, significa excluir injustamente um determinado sujeito da formação da própria personalidade, e, por sua vez, excluí-lo *tout court* da subjetividade, subjetividade esta que também lhe é reconhecida incontestavelmente pela Carta constitucional. STANZIONE, Pasquale. Personalidade, Capacidade e Situações Jurídicas do Menor. In: TEIXEIRA, Ana Carolina Brochado; RIBEIRO, Gustavo Pereira Leite; COLTRO, Antônio Carlos Mathias; TELLES, Marília Campos Oliveira e (Org.). *Problemas da Família no Direito*. Belo Horizonte: Del Rey, 2011. p. 223. No mesmo sentido, ainda adverte Francesco Ruscello que a globalização se mostra no presente cenário como um "risco" na educação dos filhos, dificultando a tarefa de educar inerente aos pais (RUSCELLO, Francesco. Poder Parental, Informação e Tutela do Menor. In: TEIXEIRA, Ana Carolina Brochado; RIBEIRO, Gustavo Pereira Leite; COLTRO, Antônio Carlos Mathias; TELLES, Marília Campos Oliveira e (Org.). *Problemas da Família no Direito*. Belo Horizonte: Del Rey, 2012. p. 225).

5. MULTIPARENTALIDADE

com outras crianças e reduz a opressão trazida pelas verdades pétreas apontadas por um dos pais da "família extensa"[350].

Entretanto a autora aponta, com preocupação, a necessidade contemporânea da "busca pela felicidade" que, em sendo posta pelos pais em igualdade de prioridade ao ofício de ser pai e mãe, pode gerar uma família desestruturada do ponto de vista psicossocial, pela circulação dos filhos nesses núcleos sem referência de proteção e autoridade, gerando "curto-circuito" nessa forma de família. Conclui, assim, que essa espécie de família é uma realidade cultural, porém os adultos devem estar cientes das suas responsabilidades, cabendo a algum deles assumir a autoridade perante a criança, seja autoridade havida por vínculo biológico ou afetividade, aqui compreendidos avós, tios, entre outros próximos à criança[351].

O filósofo Immanuel Kant trata da oposição ética entre pessoas e coisas, ressaltando a mácula de sobrepormos a própria felicidade ao direito do próximo:

> A escravidão acabou sendo universalmente abolida, como instituto jurídico, somente no século XX. Mas a concepção kantiana da dignidade da pessoa como um fim em si leva à condenação de muitas práticas de aviltamento da pessoa à condição de coisa, além da clássica escravidão: tais como o engano de outrem mediante falsas promessas, ou os atentados cometidos contra os bens alheios. Ademais, disse o filósofo, se o fim natural de todos os homens é a realização de sua própria felicidade, não basta agir de modo a não prejudicar ninguém. Isto seria uma máxima meramente negativa. Tratar a humanidade como um fim em si implica o dever de favorecer, tanto quanto possível, o fim de outrem. Pois sendo o sujeito um fim em si mesmo, é preciso que os fins de outrem sejam por mim considerados também como meus.[352]

Verifica-se que os pais, ao optar por desconstituir a família existente, também devem estar comprometidos com a felicidade dos filhos, de

---

[350] Assim denominada pela autora como sendo a família que possuía "pirâmide muito bem construída: as conjugalidades eram bem estruturadas". KEHL, Maria Rita. *A família tentacular*. Palestra proferida no Colégio Oswald de Andrade no ano de 2011. Disponível em: <https://www.youtube.com/watch?v=Kt-jSi32nL0>. Acesso em: 20 set. 2017.
[351] Ibidem.
[352] KANT, Emmanuel. Fundamentos para a metafísica dos Costumes. p. 52-53 *apud* COMPARATO, Fábio Konder. *A afirmação histórica dos direitos humanos*. São Paulo, Saraiva, 2003. p. 22-23.

forma a se solidarizarem com todas as questões que envolvam as crianças e adolescentes. Lembramos que é obrigação dos adultos fazer da transição um episódio menos penoso para os filhos que, em seu âmago, necessitam de cuidados e aceitação.

Em se tratando da *figura paterna*, observa-se que o homem era relacionado a ela a partir da amarga cultura patriarcal experimentada pela sociedade, restando à mulher o papel de controladora dos filhos, sempre submissa aos maridos. Assim, muito embora a família tenha ganhado outros contornos, a essência da autoridade sobre os filhos e sua importância permanece inalterada, independentemente de quem seja o protagonista, já que se busca uma referência para sua projeção psíquica e que possa apresentar e aplicar a "LEI"[353].

Portanto, fica bem esclarecido que a autoridade é condição essencial para o desenvolvimento psicossocial da criança e mantença da família reconstituída. Além disso, a felicidade é uma verdade buscada pelos adultos do novo movimento sociocultural e deve estar dissociada do ofício parental. Explica-se: essa busca pela felicidade pode tanto causar grandes avanços para os filhos, por viverem em um lar mais harmonioso, como também pode gerar neles confusão de identidade, pela falta de referência e desvirtuamentos, especialmente quando a autoridade é diluída ou inexistente.

Diante disso, concluímos que a multiparentalidade provoca reflexos sociais próprios à interdisciplinaridade do Instituto da Filiação e, ainda, traz consigo efeitos pessoais para os integrantes do núcleo familiar. Esse novo núcleo necessita que nele sejam inseridos amor, compreensão, solidariedade e ordem, como condicionantes norteadores do lar e da educação dos filhos, e para gerar e manter a saúde física e psicossocial de todos. Nesse sentido, os adultos jamais deverão se esquecer do ofício que lhes é inerente.

---

[353] Para a psicanálise, LEI tem significado de "barrar todos os excessos de gozo da criança: adultos devem saber dizer não e barrar os excessos...". KEHL, Maria Rita. *A família tentacular*. Palestra proferida no Colégio Oswald de Andrade no ano de 2011. Disponível em: <https://www.youtube.com/watch?v=Kt-jSi32nL0>. Acesso em: 20 set. 2017.

5.6 Critérios para Reconhecimento da Multiparentalidade

O reconhecimento do vínculo parental a qualquer momento só é possível porque, diferentemente do Ordenamento Jurídico Belga[354], nosso sistema legislativo prevê a imprescritibilidade da investigação de paternidade, limitando-a apenas ao filho vivo[355] ou seus herdeiros, no caso de este morrer menor, incapaz ou no curso do processo.

Assim, o reconhecimento a multiparentalidade se torna um direito imprescritível, ainda que em muitos casos já exista um vínculo parental e busca-se a declaração de outro não formalizado, porém já existente e sedimentado. Entretanto, entendemos que não se deva aplicar o instituto de forma indiscriminada, exigindo a observação de alguns critérios, distintos entre si pela natureza híbrida daquele.

Destaca-se que um dos critérios já apontados em nosso ordenamento jurídico para a declaração do estado de filiação multiparental é a *vontade*. Em nosso entendimento, o sistema jurídico já prevê a intervenção da vontade como pressuposto da formação do vínculo de filiação – nesse caso, verificamos a questão da inseminação artificial heteróloga, que se sobrepõe à filiação biológica. Entretanto, aqui tratamos da *vontade do filho*, como sujeito de direitos e titular exclusivo do objeto tutelado: o vínculo parental.

A ideia de reciprocidade – que poderemos qualificar de reciprocidade do direito de constituir família – não é tão valiosa quanto parece. Se ela teve algum sentido, perdeu-o quando, em quase duas centenas de anos, se des-

---

[354] Rui Portanova, em excelente pesquisa realizada em face do Direito Belga e jurisprudência nacional, indica que a ação de investigação de paternidade naquela legislação possui prazo prescricional máximo de 30 anos, podendo a lei prescrever prazo inferior. PORTANOVA, Rui. *Ações de filiação e paternidade socioafetiva*: com notas sobre direito belga e Corte Europeia dos Direitos Humanos. Porto Alegre: Livraria do Advogado, 2016. p. 17.

[355] Em sentido contrário, Guilherme de Oliveira critica os ordenamentos que limitem o reconhecimento da paternidade à vida do filho, pois entende que "a circunstância de não poder desenvolver-se uma relação afectiva, ou sequer alimentar, entre o progenitor e o filho, não deve tornar dispensável o esforço de lhe garantir a localização a que lhe cabe no sistema de parentesco, de fazer coincidir a realidade jurídica com a verdade biológica, de obter oficiosamente a verdade do registro civil – afinal, de promover o chamado interesse público do respeito pela verdade biológica". OLIVEIRA, Guilherme de. *Critério Jurídico da Paternidade*. Coimbra: Almedina, 1998. p. 457-458.

locou a atenção da figura do progenitor para a figura do filho; este é hoje o fulcro da ordenação, o beneficiado preferencial.[356]

Nesse sentido, o Ministro da Suprema Corte, Luiz Fux, concede proteção constitucional à liberdade de escolha do indivíduo sobre cada aspecto de sua vida:

> A dignidade humana compreende o ser humano como um ser intelectual e moral, capaz de determinar-se e desenvolver-se em liberdade, de modo que a eleição individual dos próprios objetivos de vida tem preferência absoluta em relação a eventuais formulações legais definidoras de modelos preconcebidos, destinados a resultados eleitos *a priori* pelo legislador. Jurisprudência do Tribunal Constitucional alemão (BVerfGE 45, 187).
> O direito à busca da felicidade, implícito ao art. 1º, III, da Constituição, ao tempo que eleva o indivíduo à centralidade do ordenamento jurídico-político, reconhece as suas capacidades de autodeterminação, autossuficiência e liberdade de escolha dos próprios objetivos, proibindo que o governo se imiscua nos meios eleitos pelos cidadãos para a persecução das vontades particulares.[357]

A intervenção da vontade exprime um juízo de conveniência do filho, capaz de se sobrepor a qualquer espécie de filiação, nos termos do Artigo 1.614, do Código Civil. Isto porque a responsabilidade verticaliza-se ao passo que o vínculo parental exige deveres por via reflexa, onde os pais desidiosos[358] poderão ingressar com eventual demanda para receberem auxílio financeiro dos filhos, o que não pode ser permitido.

O elemento *vontade do filho* também é prestigiado em ordenamentos jurídicos estrangeiros, como se verifica no Artigo 1.857, do Código Civil

---

[356] Ibidem, p. 412.
[357] BRASIL. Supremo Tribunal Federal. Recurso Extraordinário nº 898.060, do Tribunal de Justiça do Estado de Santa Catarina. Relator: Ministro Luiz Fux, Tribunal Pleno. Brasília, DF, 21 de setembro de 2016. Disponível em: <http://stf.jus.br/portal/jurisprudencia/listarJurisprudencia.asp?s1=%28898060%29&base=baseAcordaos&url=http://tinyurl.com/htbwlaj>. Acesso em: 5 jan. 2018.
[358] Por exemplo, a desconstituição do vínculo biológico para a adoção poderá ocorrer quando presente as atitudes previstas no artigo 1.638 do Código Civil, ocasionando a perda do poder familiar nos termos da Lei.

de Portugal e no Artigo 250, do Código Civil Italiano, sendo que neste último é exigido, ainda, o consentimento materno.

A vontade fica evidente quando o filho maior de idade busca o reconhecimento do vínculo parental, não deixando ao Juiz qualquer resquício de dúvida de sua real aquiescência. O mesmo acontece no caso dos filhos menores de idade, que também integram demandas judiciais dessa natureza e são alvo de estudo social pelo magistrado.

Muito embora extirpada a possibilidade do reconhecimento multiparental, o fato é que a *vontade da criança* foi exaltada pelo Provimento 63/2017 do Conselho Nacional de Justiça, que vinculou o reconhecimento da paternidade ou maternidade socioafetiva extrajudicial à aceitação pelo filho acima de 12 (doze) anos de idade. Entendemos a assertividade da condicionante, já que o direito é assegurado pelo Artigo 12, da Convenção sobre os Direitos das Crianças[359], dos quais o Brasil é signatário.[360] Portanto, concluímos que a *vontade* é a mais concreta expressão daquilo que representa *o melhor interesse* para aquele filho.

Diante disso, além do requisito universal da *vontade do filho* para o reconhecimento de mais um vínculo parental, passaremos a dispor das espécies de filiação às quais o instituto pode ser aplicado, assim como os critérios que devem ser observados – como será demonstrado a seguir.

5.6.1 Ascendência Biológica Natural

A busca pelo reconhecimento de um segundo vínculo pela espécie biológica é matéria enfrentada pelos tribunais, ensejando inclusive a RG 622/STF, que determinou a inexistência de hierarquia entre o socioafetivo e consanguíneo.

---

[359] BRASIL. Decreto nº 99.710 de 1990. Artigo 12. 1. Os Estados Partes assegurarão à criança que estiver capacitada a formular seus próprios juízos o direito de expressar suas opiniões livremente sobre todos os assuntos relacionados com a criança, levando-se devidamente em consideração essas opiniões, em função da idade e maturidade da criança. 2. Com tal propósito, se proporcionará à criança, em particular, a oportunidade de ser ouvida em todo processo judicial ou administrativo que afete a mesma, quer diretamente quer por intermédio de um representante ou órgão apropriado, em conformidade com as regras processuais da legislação nacional.

[360] Resta, apenas, a edição de regras processuais que regulamentem o ato, já que, como dito alhures, o Código Civil o declara absolutamente incapaz para os atos da vida civil nos termos do artigo 3º I.

Pensamos que a Corte Maior decidiu com acerto, já que o direito ao critério biologista não pode resultar na indiferença à relação paterno--materno-filial sedimentada através da convivência que serviu de base para a constituição de relações sociais e afetivas, não se compactuando com a injustiça de encerrar aquele vínculo que poderá causar enormes transtornos ao filho, demonstrando verdadeira desatenção com relação a seu interesse.

Isso porque quando em conflito, a tendência do Superior Tribunal de Justiça preferiu a biológica, ainda que sedimentada a paternidade socioafetiva e já falecido o pai genético, fundamentando-se no princípio do "melhor interesse do filho", demonstrado por seu interesse no ingresso da demanda judicial[361].

Essa regra que alcança verdadeira força de princípio, muito embora de natureza subjetiva, permite ao julgador analisar o caso concreto a fim de permitir o desenvolvimento psicossocial do filho e integrá-lo ao meio social a que deseja, concedendo seu direito ao nome e à sua ancestralidade, e as questões patrimoniais que lhes são de direito.

Guilherme de Oliveira defende a liberdade do reconhecimento da paternidade biológica e critica qualquer espécie de condicionamento adicional à prova do vínculo, em face da isonomia assegurada aos filhos[362]. Já Rolf Madaleno entende que a paternidade biológica não deve ser reconhecida se não existir o vínculo afetivo sedimentado naquela relação materna/paterna-filial[363].

Com todo o respeito àqueles que pretendem limitar ou desqualificar o vínculo parental já sedimentado pela socioafetividade com o intuito de reprimir eventuais abusos patrimoniais, entendemos que a busca pelo reconhecimento biológico é direito adquirido do filho, consubstanciado no Direito à Personalidade – e, assim, não pode sofrer qualquer limitação.

---

[361] BRASIL. Superior Tribunal de Justiça. Recurso Especial nº 1.274.240, do Tribunal de Justiça do Estado de Santa Catarina. Relatora: Ministra Nancy Andrighi, Terceira Turma. Brasília, DF, 8 de outubro de 2013. Disponível em: <http://www.stj.jus.br/SCON/jurisprudencia/doc.jsp?livre=REsp+1274240&b=ACOR&p=true&l=10&i=3>. Acesso em: 5 jan. 2018.
[362] OLIVEIRA, Guilherme de. *Critério Jurídico da Paternidade*. Coimbra: Almedina, 1998. p. 292.
[363] MADALENO, Rolf Hanssen. *Direito de família*. 7. ed. revista, atualizada e ampliada. Rio de Janeiro: Forense, 2017. p. 499.

Isto posto, entendemos que a parentalidade biológica, provada em juízo, não poderá ser reconhecida apenas em duas hipóteses: (i) se existente vínculo biológico com doador de material genético condicionada a prova da abdicação prévia do vínculo; (ii) nos casos em que o filho foi deixado à adoção cujo processo resultou na dissolução do vínculo com o ascendente na linha em que se deseja a múltipla filiação. Exemplo: se apenas a mãe deixou o filho em adoção com desconstituição do vínculo e posteriormente o filho requer reconhecimento com o pai que nem mesmo chegou a registrar a criança e tampouco participou do processo, nesses casos seguimos o entendimento do STJ de que o vínculo biológico poderá ser estabelecido, uma vez nunca foi dissolvido.

5.6.2 Socioafetividade

A multiparentalidade fora concedida, pela primeira vez no Tribunal Paulista, consubstanciada na posse de estado de filho, através de "longa e estável convivência, aliado ao afeto e consideração mútuos, e sua manifestação pública"[364].

Rolf Madaleno entende como elemento intrínseco à posse do estado de filho a *vontade* de ser genitor[365]. Entendemos que exigir a *vontade* com relação à filiação socioafetiva poderia gerar um perigoso precedente de irresponsabilidade parental aos que não desejam se responsabilizar formalmente pelo filho, para se eximir eventualmente da paga de alimentos e até deveres sucessórios, gerando desigualdade entre os filhos.

---

[364] BRASIL. Tribunal de Justiça do Estado de São Paulo. Apelação Cível nº 0006422-26.2011.8.26.0286. Apelante: V. M. G. e A. B. Apelado: Juízo da Comarca. Itú/SP. Relator: Desembargador Alcides Leopoldo e Silva Júnior, Primeira Câmara de Direito Privado. 15 de agosto de 2012. Disponível em: <https://esaj.tjsp.jus.br/cposg/search.do?conversationId=&paginaConsulta=1&localPesquisa.cdLocal=1&cbPesquisa=NUMPROC&tipoNuProcesso=UNIFICADO&numeroDigitoAnoUnificado=000642226.2011&foroNumeroUnificado=0286&dePesquisaNuUnificado=000642226.2011.8.26.0286&dePesquisa=&uuidCaptcha=&pbEnviar=Pesquisar>. Acesso em: 5 jan. 2018.Tribunal de Justiça do Estado de São Paulo.

[365] Cita que o Superior Tribunal de Justiça já exigiu o requisito *vontade* em conjunto com a posse de estado de filho. Cf. BRASIL. Superior Tribunal de Justiça. Recurso Especial nº 1.328.380, do Tribunal de Justiça do Estado do Mato Grosso do Sul. Relator: Ministro Marco Aurélio Belizze, Terceira Turma. Brasília, DF, 21 de outubro de 2014. Disponível em: <http://www.stj.jus.br/SCON/jurisprudencia/doc.jsp?livre=REsp+1328380&b=ACOR&p=true&l=10&i=7>. Acesso em: 5 jan. 2018. Vide também: Madaleno, Rolf Hanssen. *Direito de família*. 7. ed. revista, atualizada e ampliada. Rio de Janeiro: Forense, 2017. p. 498-501.

Entretanto já se verificam ensinamentos de Lafayette Rodrigues consolidados há mais de meio Século nos quais a posse do estado de filho é reconhecida por *nominatio; tractatio* e *reputatio*[366] – sendo que esta última se caracteriza quando uma pessoa "usa o nome do pretenso pai; quando este a tratava como filho, provendo-lhe a subsistência e a educação; quando constantemente era assim reconhecida pela família e na sociedade"[367].

Entretanto, observamos que, o Direito de Família, não consegue editar regras de natureza geral, sendo que sua interpretação é mais principiológica que restritivamente legal. Assim, entendemos pela relativização dos requisitos, em face do diálogo que os torna complementares e não dissociados entre si.

Nesse sentido, o Superior Tribunal de Justiça asseverou que "A falta de um desses elementos, por si só, não sustenta a conclusão de que não exista a posse do estado de filho, pois a fragilidade ou ausência de comprovação de um, pode ser complementada pela robustez dos outros"[368].

Denota-se que a "Posse do Estado de Filho" nasce no Direito Francês, como forma de justificar tecnicamente a restrição ao direito de impugnar a paternidade reconhecida de forma viciada "para mostrar onde se encontra a família sociológica cuja paz se quer defender pelo seu valor social e pelo interesse do filho", modelo aplaudido e seguido por outras legislações, como a espanhola [369].

Entretanto, como bem observa Jorge Shiguemitsu Fujita, há omissão legislativa do Código Civil Brasileiro quanto a sua proteção. Por isso, o autor sugere alteração do Artigo 1.605, para "disciplinar a posse do estado de filho em dispositivos próprios, não apenas objetivando indicá-lo

---

[366] PEREIRA, Lafayette Rodrigues. *Direitos de Família*: Anotações e Adaptações ao Código Civil por José Bonifácio de Andrada e Silva. Rio de Janeiro: Editores Virgílio Maia & Comp., 1918. p. 227.

[367] BITTENCOURT, Edgard de Moura. *O concubinato no direito*. São Paulo: Alba, 1961. v. 2. p. 165.

[368] BRASIL. Superior Tribunal de Justiça. Recurso Especial nº 1.189.663, do Tribunal de Justiça do Estado do Rio Grande do Sul. Relatora: Ministra Nancy Andrighi, Terceira Turma. Brasília, DF, 6 de setembro de 2011. Disponível em: <http://www.stj.jus.br/SCON/jurisprudencia/doc.jsp?livre=REsp+1189663&b=ACOR &p=true&l=10&i=1>. Acesso em: 5 jan. 2018.

[369] OLIVEIRA, Guilherme de. *Critério Jurídico da Paternidade*. Coimbra: Almedina, 1998. p. 417-424.

como um importante meio de prova, como também e principalmente como elemento declaratório de filiação"[370].

Ressalta-se que o Supremo Tribunal Federal já decidiu que a afetividade é medida pela demonstração da *nominatio, tractatio e reputatio*[371]. Assim, o índice intrínseco que mede a existência da paternidade ou maternidade social é a posse do estado de filho, que se reveste como elemento caracterizador da parentalidade.

No mesmo sentido, o Provimento 63/2017 do Conselho Nacional de Justiça autoriza o reconhecimento extrajudicial da parentalidade socioafetiva, condicionando a existência da posse de estado de filho, em verdadeira homenagem ao seu melhor interesse, critério que deve ser seguido nos processos judiciais que requeiram a coexistência com outra espécie de filiação.

5.6.3 Técnicas de Reprodução Assistida

A *vontade* de estabelecer a filiação é fator decisivo para a constituição da parentalidade por meio de técnicas de reprodução assistida, sob pena de gerar uma involução científica em face dos doadores, que desejam apenas contribuir para que aquele casal gere seus filhos, sem formação de vínculo parental.

Rolf Madaleno destaca para a submissão a "expressão de vontade" do marido nos casos de reprodução assistida homóloga[372], restando claro que o elemento *vontade* é utilizado pela Lei quando se trata de constituição de vínculo de filiação por essas vias.

Assim, o critério soluciona inúmeros problemas já abordados acima nos casos de autorização do marido à inseminação heteróloga, homóloga e cessão temporária de útero. Explica-se: nesses casos, inexiste

---

[370] FUJITA, Jorge Shiguemitsu. 2008. 197 p. *O afeto nas relações entre pais e filhos*: filiações biológica, socioafetiva e homoafetiva. Tese (Doutorado). Faculdade de Direito, Universidade de São Paulo, São Paulo, 2008. Orientador: Prof. Titular Doutor Álvaro Villaça Azevedo. p. 34-35.
[371] BRASIL. Supremo Tribunal Federal. Repercussão Geral nº 622. Ministro Relator Luiz Fux, Tribunal Pleno. Brasília, DF, 21 de setembro de 2016. Disponível em: <http://www.stf. jus.br/portal/jurisprudenciarepercussao/verAndamentoProcesso.asp?incidente=4252676& numeroProcesso=692186&classeProcesso=ARE&numeroTema=622#>. Acesso em: 20 nov. 2017.
[372] MADALENO, Rolf Hanssen. *Direito de família*. 7. ed. revista, atualizada e ampliada. Rio de Janeiro: Forense, 2017. p. 542.

filiação socioafetiva porque não houve a posse de estado de filho – e a vontade registrada pelo projeto parental é suficiente para atribuir a parentalidade com o nascituro. O fundamento legal é o Artigo, 226, §7º, da Constituição Federal, lei 9.263/1995 e proteção dada as técnicas de reprodução assistida verificadas na Resolução 2.168/2017 do Conselho Federal de Medicina.

Em pesquisa jurisprudencial sobre a inseminação artificial consentida e posterior contestação da paternidade pelo marido, Guilherme de Oliveira conclui que "a orientação anglo-saxónica prevalecente vê no consentimento do marido para a i.a.d. uma adesão a um projeto familiar comum, à investidura no estatuto jurídico-social da paternidade", sob pena de configurar abuso de direito[373].

Considerando-se que a preservação do projeto parental ocorre aos pais antes da concepção do nascituro, aqui o direito resguardado é o do pai e da mãe que, desejando aquele filho, o receberão com amor e lhe dispensarão cuidados, ficando configurada a paternidade socioafetiva, que resulta em seu melhor interesse.

Assim, entendemos que o filho havido por essas técnicas não poderá requerer o vínculo biológico porque, nesse caso, sua vontade é insuficiente para estabelecer a filiação. Porém, se houve a prova da prévia aquiescência, os pais não podem desconstituí-la. Por mais preterido que ele possa parecer, entendemos que uma visão romântica dessa espécie de filiação poderá coibir a prática pelas partes envolvidas e, com isso, estagnar a evolução científica no tema. Portanto, é necessário proteger tanto quem procura o procedimento quanto aquele que doa seu material genético, sem que isso envolva qualquer discriminação dos filhos havidos por essa técnica, que serão tratados de forma totalmente isonômica – sem vínculo parental com o doador.

Entendemos, portanto, que o elemento *vontade* deve ser aplicado às filiações originadas por técnicas de reprodução assistida, para: constituir o vínculo com os autores do projeto parental e, ainda, desvincular o doador de qualquer relação paterno-materno-filial, trazendo segurança jurídica a todos os envolvidos.

---

[373] Complementa ainda o autor que "no âmbito do direito de família, a solidez dos vínculos e a função social dos poderes individuais dependem estritamente da boa-fé e do respeito". OLIVEIRA, Guilherme de. *Critério Jurídico da Paternidade*. Coimbra: Almedina, 1998. p. 347 e 358-359.

5.6.4 Adoção

A multiparentalidade desafia os operadores do Direito quando se coloca em discussão sua coexistência com a adoção, que possui regras próprias e dissolve o vínculo parental com a família biológica, salvo para o levantamento de impedimentos matrimoniais.

Entendemos que a legislação sobre a adoção se mostra totalmente anacrônica, e, por isso, faz-se necessária sua reformulação. Remetemo-nos ao Artigo 50, §13º, III, da Lei 8.069/1990, que permite a adoção advinda do vínculo afetivo – o que, a nosso ver, já não se coaduna com a nova realidade, onde a relação socioafetiva tomou seu protagonismo próprio e não está mais à margem dessa espécie de paternidade ou maternidade jurídica.

Espera-se que a adoção proteja os autores do projeto parental e trate com neutralidade os pais biológicos que não desejaram o filho. Da mesma forma, espera-se que seja tratado com neutralidade o doador do material genético no processo de inseminação artificial. Assim, os institutos não correriam riscos e os autores seriam motivados a se valerem deles, sem receio de compartilhar o ofício parental com estranhos.

Muito embora juristas especializados no Direito de Família sejam contrários à descortinação do instituto em face da RG 622/STF[374], o fato é que podemos nos arriscar a visualizar um futuro que caminha para sua fundamentação na isonomia constitucional atribuída a todas as formas de filiação.

Entretanto, os Ministros Dias Toffoli, Luiz Fux, Luiz Edson Fachin, Marco Aurélio de Melo, Teori Zavascki adiantaram o seu entendimento de que a RG 622/STF não alcança aos adotados, permanecendo dissolvido o vínculo com a família natural, o que não significa a solução da questão, já que não foi debatida diretamente pela Corte Constitucional, como bem observado pelo Ministro Relator que asseverou que "não

---

[374] Ricardo Calderón se atém a *"ratio decidendi"* do caso concreto, que no caso dispôs sobre os vínculos biológico e afetivo, em nada dispondo sobre a adoção. Defendendo ainda que o adotado tem direito à ascendência genética e não ao reconhecimento ao estado de filiação por essa via. CALDERÓN, Ricardo. *Multiparentalidade*: Efeitos Existenciais e Patrimoniais, no 3º Encontro sobre Direito Civil da Faculdade de São Bernardo do Campo. São Bernardo do Campo/São Paulo, 21 out. 2017.

estamos numa repercussão geral de inseminação, não estamos numa repercussão geral de adoção".[375]

O reconhecimento do vínculo biológico dos adotados não é matéria recente. Ao interpretar o Artigo 27, do Estatuto da Criança e do Adolescente (ECA), o Superior Tribunal de Justiça concluiu que a exclusão dos adotados do reconhecimento do estado de filiação feriria o princípio constitucional da isonomia entre os filhos. Portanto, recomenda que o ECA seja interpretado a partir da perspectiva do interesse do filho[376]. Observamos que a Ministra Relatora não entendeu a questão considerando apenas o *conhecimento da ascendência genética*, mas também o *reconhecimento do estado de filiação*, com todos os seus efeitos legais.

No mesmo sentido, Guilherme de Oliveira reconhece a injustiça aplicada aos adotados quando se proíbe *"a revogação de um vínculo que se constituiu sem suporte biológico e à sua revelia, por mais inconveniente que ele se torne"*, muito embora admita a tendência na lei e jurisprudência estrangeira na consolidação da família adotiva[377], opinião defendida por juristas brasileiros como Rolf Madaleno[378].

Ressalte-se que a sociedade bate ao Poder Judiciário clamando por soluções a esses casos de multiparentalidade envolvendo adoção. O Poder Judiciário de Minas Gerais decidiu pela procedência em face

---

[375] BRASIL. Supremo Tribunal Federal. Recurso Extraordinário nº 898.060, do Tribunal de Justiça do Estado de Santa Catarina. Relator: Ministro Luiz Fux, Tribunal Pleno. Brasília, DF, 21 de setembro de 2016. Disponível em: <http://stf.jus.br/portal/jurisprudencia/listarJurisprudencia.asp?s1=%28898060%29&base=ba seAcordaos&url=http://tinyurl.com/htbwlaj>. Acesso em: 5 jan. 2018. (p. 68).

[376] BRASIL. Superior Tribunal de Justiça. Recurso Especial nº 813.604, do Tribunal de Justiça do Estado de Santa Catarina. Relatora: Ministra Nancy Andrighi, Terceira Turma. Brasília, DF, 16 de agosto de 2007. Disponível em: <http://www.stj.jus.br/SCON/jurisprudencia/doc.jsp?livre=REsp+813604&b=ACOR&p=true &l=10&i=6>. Acesso em: 5 jan. 2018.

[377] Complementa o Autor que em Portugal se proíbe o estabelecimento do vínculo de filiação com a família biológica após a adoção nos termos do artigo 1987 do Código Civil, onde entende correta a norma com base na proteção constitucional ao direito de constituir uma família – art. 36 nº 1 primeira parte – reiterando que há a perda desse direito constitucional pela família biológica tendo em vista que a adoção é feita apenas pelo consentimento dos parentes do adotado, concluindo pela defesa de registro especial que declare apenas a ascendência biológica em respeito aos direitos da personalidade. OLIVEIRA, Guilherme de. *Critério Jurídico da Paternidade*. Coimbra: Almedina, 1998. p. 356/479-480/492.

[378] MADALENO, Rolf Hanssen. *Direito de família*. 7. ed. revista, atualizada e ampliada. Rio de Janeiro: Forense, 2017. p. 516.

5. MULTIPARENTALIDADE

do *"melhor interesse e proteção integral"* do menor. Entretanto, no caso em apreço, a mãe biológica não havia abandonado o adotado, motivo pelo qual o juiz não aplicou a pena de desconstituição do poder familiar. Consequentemente, aplicou-se a multiparentalidade:

> Desta feita, o menor será o mais privilegiado com a situação, eis que, além de possuir em seu registro todas aquelas pessoas que contribuíram na sua formação e história de vida, fará jus a alimentos, benefícios previdenciários e sucessórios de todos eles. [...] a manutenção do nome da mãe no registro protege não só a memória da falecida, que trouxe em seu ventre o menor e certamente o amou, mas também o melhor interesse da criança, que terá conhecimento de seu passado, não passando pelos traumas advindos pela suposição de que foi rejeitado pela mãe[379].

Em se tratando do julgamento que culminou na edição da Repercussão Geral 622, bem observou José Fernando Simão o prestígio atribuído pela Corte Maior ao princípio da *vontade do filho* na formação do vínculo parental, temendo pela patrimonialização, que poderá deturpar o Instituto da Filiação, especialmente nos casos de adoção[380].

Assim, o legislador e a jurisprudência encontram enorme desafio para solucionar essas questões, porque, como bem observa Álvaro Villaça Azevedo: "qualquer lei que discrimine os filhos estabelecendo restrições quanto a seus direitos é inconstitucional e afronta o princípio de Direito Natural da preservação da dignidade da pessoa humana"[381].

Também nos colocamos na difícil – se não impossível – tarefa de colecionar critérios para o reconhecimento da multiparentalidade. Ocorre-nos sugerir esses critérios quando a questão envolver pedidos para adoção ou por vínculo consanguíneo.

---

[379] CRIANÇA terá duas mães e um pai em seu registro de nascimento. Site: Consultor Jurídico – Conjur. 20 set. 2014. Disponível em: <https://googleweblight.com/?lite_url=https://www.conjur.com.br/2014set20/ criancaduasmaespairegistronascimento&ei=wKv4n54k&lc =ptBR&s=1&m=674&host=www.google.com.br&ts=1508602843&sig=ANTY_ L3X4ZMcvNvYxmN93iqDxjlhj8kcVg>. Acesso em: 22 out. 2017.

[380] SIMÃO, José Fernando. A multiparentalidade está admitida e com repercussão geral. Vitória ou derrota do afeto? *Jornal Carta Forense*, São Paulo, 3 jan. 2017. Disponível em: <http://www.cartaforense.com.br/conteudo/colunas/a-multiparentalidade-esta-admitida-e-com--repercussao-geral-vitoria-ou-derrota-doafeto/ 17235>. Acesso em: 9 nov. 2017.

[381] AZEVEDO, Álvaro Villaça. *Curso de Direito Civil*: Direito de família. São Paulo: Atlas, 2013. p. 276.

No caso de pedido para constituição da parentalidade jurídica, porém já existente a biológica, entendemos que deve haver a existência de vínculo socioafetivo sedimentado entre adotante e adotado na posse de estado de filho. Citamos como exemplo o caso dos filhos de criação, quando a adoção pode ser deferida postumamente, conforme decidiu recentemente o STF[382]. Para que coexistam os vínculos, entendemos que não pode haver a destituição do poder familiar da família natural. Desse modo, o que era anteriormente uma adoção passaria a ser, de fato, uma filiação socioafetiva cumulada com a filiação biológica.

A questão mais complexa e que ensejará grandes debates, será a do pedido de reconhecimento de parentalidade pelo vínculo biológico com adoção constituída. *A priori*, o STJ trouxe a solução de um caso concreto que nos pareceu pertinente: a partir dele, entendemos possível a multiparentalidade, desde que o vínculo biológico perseguido pelo filho não tenha sido reconhecido anteriormente – portanto, quando não fere a regra de dissolução do vínculo, sendo que inexistente[383].

Mas o fato é que o ECA possui normas protetivas que, analisadas no atual contexto social, ensejará grandes entraves. Isto porque, ao mesmo tempo em que determina que a adoção é capaz de dissolver o vínculo com a família natural, também aponta que o reconhecimento do estado de filiação é direito do filho, sem distinção[384]. Como regra maior, a Constituição Federal também determina a isonomia entre os filhos; logo, não vemos como proteger o instituto sem ferir os direitos dos filhos – motivo pelo qual pensamos que deve haver uma reforma para solucionar essa questão.

---

[382] BRASIL. Supremo Tribunal Federal. Agravo Regimental no Recurso Extraordinário com Agravo nº 933.945, do Tribunal de Justiça do Estado do Goiás. Relator: Ministro Edson Fachin, Segunda Turma. Brasília, DF, 29 de setembro de 2017. Disponível em: <http://stf.jus.br/portal/jurisprudencia/listarJurisprudencia.asp?s1=%28933945%29&base=baseAcordaos&url=http://tinyurl.com/ybfwl6hy>. Acesso em: 5 jan. 2018.
[383] BRASIL. Superior Tribunal de Justiça. Recurso Especial nº 813.604, do Tribunal de Justiça do Estado de Santa Catarina. Relatora: Ministra Nancy Andrighi, Terceira Turma. Brasília, DF, 16 de agosto de 2007. Disponível em: <http://www.stj.jus.br/SCON/jurisprudencia/doc.jsp?livre=REsp+813604&b=ACOR&p=true&l=10&i=6>. Acesso em: 5 jan. 2018.
[384] Artigos 27 e 41.

5.7 Decisão Do STF e os Aspectos Centrais da Concessão da Multiparentalidade

O caso que originou a RE 622/STF fora consubstanciado no paradigma RE 898.060, originado em Santa Catarina, onde a filha, que já possuía um pai registral, ao descobrir aos 19 anos que era filha biológica de outro, ajuizou demanda para o reconhecimento da paternidade. O pai biológico resistiu à pretensão, alegando o prestígio à paternidade socioafetiva da filha com seu pai registral e, ainda, ventilando demanda ajuizada com intuito meramente patrimonial. Em primeira instância, houve procedência do pedido da requerente, com o reconhecimento da paternidade biológica e a retificação do registro, excluindo a filiação socioafetiva. Em segunda instância, foi revertido o julgamento, por entender a 4ª Câmara de Direito Civil do Tribunal que dever-se-ia homenagear o vínculo socioafetivo, demonstrado não apenas nos autos, mas ainda existente entre a filha e o pai registral. Entretanto, a votação não foi unânime e, após a interposição de Embargos Infringentes, o julgado foi modificado para manter a decisão de primeira instância, em sinal de prevalência da paternidade biológica sobre a socioafetiva. O pai registral recorreu ao Supremo Tribunal Federal e a Corte Maior manteve o acórdão recorrido, rechaçando o comportamento do pai biológico, que desejava se imiscuir de sua responsabilidade parental, reconhecendo o Estado da Filiação pelo vínculo biológico.

O Supremo Tribunal Federal, ainda, fixou tese extensiva ao paradigma[385], autorizando a coexistência entre as paternidades socioafetiva e biológica. Assim, entendemos importante destacar os principais aspectos do julgado para então compreendermos sua dimensão e a aplicabilidade da Multiparentalidade no Instituto da Filiação.

5.7.1 Limitação do Julgado

Ao analisar a ementa do julgado, fica configurada a valoração entre as paternidades socioafetiva e biológica. Consequentemente, observa-se a inexistência de hierarquia entre as duas modalidades – o que determina a possibilidade de cumulação entre elas, conforme se verifica:

---

[385] STF. RG 622.

[...] 15. Os arranjos familiares alheios à regulação estatal, por omissão, não podem restar ao desabrigo da proteção a situações de pluriparentalidade, por isso que *merecem tutela jurídica concomitante, para todos os fins de direito, os vínculos parentais de origem afetiva e biológica*, a fim de prover a mais completa e adequada tutela aos sujeitos envolvidos. [...]. *(Grifo nosso).*

Rui Portanova[386] e Ricardo Calderón[387] entendem que a decisão da Suprema Corte se limitou apenas às espécies socioafetiva e biológica, não atingindo por via reflexa as demais formas de filiação – como, por exemplo, a adoção. Já Ricardo Calderón defende que, por uma *"consequência lógica"* a tese inversa poderá ser aplicada (ou seja, há concomitância entre a biológica e socioafetiva). Essa tese encontra oposição de Paulo Lôbo, que entende pela omissão no julgado quanto à proteção ao vínculo biológico, sendo que "o Tribunal teria considerado apenas a tutela jurídica da filiação socioafetiva, que não poderia ser desfeita, mas teria de conviver com a filiação biológica". O autor é de opinião que a aplicação extensiva poderá ser feita pela concomitância de paternidades socioafetivas e maternidades socioafetivas, prestigiando a isonomia das "situações equivalentes do mundo da vida"[388].

Preliminarmente, com todo o respeito, não entendemos que o STF privilegiou a paternidade socioafetiva. Se assim o fosse, teria julgado procedente o recurso do pai biológico e reestabelecido o acórdão de apelação que determinou a prevalência desta.

Ao lermos o acórdão, fica claro e evidente para nós que a Suprema Corte, como guardiã da Constituição Federal, encontrou essa solução a fim de proteger a isonomia das espécies de filiação tratadas no paradigma, já que são protegidas em igualdade de condições pela Carta Magna. Diante disso, com todo o respeito aos juristas opositores, entendemos que o voto dos Ministros no julgado deixa claro e evidente inexistir espaço para interpretação que categorize ou tampouco privilegie

---

[386] PORTANOVA, Rui. *Ações de filiação e paternidade socioafetiva*: com notas sobre direito belga e Corte Europeia dos Direitos Humanos. Porto Alegre: Livraria do Advogado, 2016. p. 188-192.
[387] CALDERÓN, Ricardo. *Princípio da Afetividade no Direito de Família.* 2. ed. revista, atualizada e ampliada. Rio de Janeiro: Forense, 2017. p. 229-237.
[388] LÔBO, Paulo Luiz Netto. Quais os limites e a extensão da tese de repercussão geral do STF sobre socioafetividade e multiparentalidade? *Revista IBDFAM: Família e Sucessões*, Belo Horizonte, v. 22, p. 11-27, jul./ago. 2017.

5. MULTIPARENTALIDADE

uma espécie de filiação em detrimento da outra – motivo pelo qual entendemos que *a multiparentalidade poderá ser cumulada*, independente do vínculo a que se busca de forma subsequente. Em se tratando da maternidade, concordamos que poderá ser estendida às mulheres pela igualdade constitucional ao exercício do poder parental.

Em se tratando das outras espécies de filiação omitidas na tese RG 622/STF, como adoção e as havidas por técnicas de reprodução assistida, entendemos que não encontram amparo na referida tese por disposição expressa dos Ministros nos debates em plenário e nos votos que, pela complexidade do instituto gerado pelas multifacetas que se apresentam e se alteram velozmente nos lares, decidiram por elaborar uma tese "minimalista".

Além disso, em nosso entendimento, resta especialmente excluída a aplicação extensiva à adoção. Isto porque se verificou, no julgado, a dificuldade de alguns Ministros em apoiar a tese de multiparentalidade, como Dias Toffoli e Teori Zavascki, fundamentados na dissolução do vínculo com a família natural do adotado por força de Lei, o que parece-nos que ficou incontroverso pelos demais Ministros quanto à sua exclusão dos debates. Observa-se ainda que o Ministro Relator Luiz Fux, em seu voto, fundamenta sua tese na necessidade de estender aos filhos a mesma proteção constitucional alcançada pela família contemporânea – motivo adicional que entendemos inaplicável à adoção, instituto secular e vigente há décadas em nosso ordenamento jurídico.

Em esclarecimentos, o Ministro Luiz Fux relatou que o legislador decidiu extirpar o vínculo biológico do adotado com sua família natural, e dos havidos por técnicas de reprodução assistida em face do doador, pelo *melhor interesse da criança*.

Logo, a delimitação da tese ficou firmemente demonstrada quanto aos vínculos tratados no paradigma e reiterou-se em um dos esclarecimentos em plenário pelo Ministro Relator: "A tese não é de multiparentalidade; a tese é que a existência da paternidade socioafetiva não inibe a busca da identidade genética com todos os seus consectuários"[389].

---

[389] BRASIL. Supremo Tribunal Federal. Recurso Extraordinário nº 898.060, do Tribunal de Justiça do Estado de Santa Catarina. Relator: Ministro Luiz Fux, Tribunal Pleno. Brasília, DF, 21 de setembro de 2016. Disponível em: <http://stf.jus.br/portal/jurisprudencia/listarJurisprudencia.asp?s1=%28898060%29&base=baseAcordaos&url=http://tinyurl.com/htbwlaj>. Acesso em: 5 jan. 2018. (p. 41).

Entretanto, entendemos que o STF abriu um grande precedente, pois o Poder Judiciário será procurado a solucionar casos de multiparentalidade envolvendo outras espécies de filiação, como já vem sendo feito no caso da adoção[390].

A celeuma sobre os novos contornos da filiação nos remonta a outros vínculos que se formam sem influência da paternidade afetiva ou biológica, os quais devem ser considerados para todos os efeitos da Lei, de forma isonômica entre si, como ensina Rui Geraldo Camargo Viana:

> Em nosso direito, a regra estampada no art. 227, parágrafo 6º da Constituição Federal sacramentou o compromisso da sociedade brasileira com a tese igualitária e da plena integração, pondo por terra toda a longa e secular disputa a respeito da condição e direitos dos filhos, abriu novo capítulo da matéria, traçando-lhe os rumos indesviáveis: "os filhos, havidos ou não da relação de casamento, ou por adoção, terão os mesmos direitos e qualificações, proibidas quaisquer designações discriminatórias relativas à filiação"[391].

Assim, concluímos que o julgado promoveu a proteção integral ao Estado de Filiação pelos vínculos biológico e socioafetivo de todos os indivíduos, com base em princípios constitucionais. Resta-nos enfrentar um desafio quanto à fundamentação para a exclusão dos adotados e

---

[390] Os Tribunais já foram acionados e reconheceram o direito do adotado de buscar o reconhecimento do estado de filiação junto ao pai biológico, com todos os efeitos (BRASIL. Superior Tribunal de Justiça. Recurso Especial nº 813.604, do Tribunal de Justiça do Estado de Santa Catarina. Relatora: Ministra Nancy Andrighi, Terceira Turma. Brasília, DF, 16 de agosto de 2007. Disponível em: <http://www.stj.jus.br/SCON/jurisprudencia/doc.jsp?livre=REsp+813604&b=ACOR&p=true&l=10&i=6>. Acesso em: 5 jan. 2018; BRASIL. Superior Tribunal de Justiça. Recurso Especial nº 220.623, do Tribunal de Justiça do Estado de São Paulo. Relator: Ministro Fernando Gonçalves, Quarta Turma. Brasília, DF, 3 de setembro de 2009. Disponível em: <http://www.stj.jus.br/SCON/jurisprudencia/doc.jsp?livre=REsp+220623&b=ACOR&p=true&l=10&i=4>. Acesso em: 5 jan. 2018; e a concomitância entre os vínculos afetivo e jurídico (BRASIL. Justiça de Primeiro Grau do Estado do Paraná. Vara da Infância e da Juventude. Ação de adoção cumulada com pedido de mantença da paternidade registral nº 0038958-54.2012.8.16.0021. "Partes Preservadas". Juiz de Direito: Sérgio Luiz Kreuz. 20 de fevereiro de 2013. Disponível em: <http://www.direitodascriancas.com.br/jurisprudencia/index/1>. Acesso em: 9 nov. 2017).

[391] VIANA, Rui Geraldo Camargo. 1996. 200 p. *A família e a filiação*. Tese de Titularidade de Direito Civil – Faculdade de Direito, Universidade de São Paulo, São Paulo, 1996. p.12.

5. MULTIPARENTALIDADE

doadores, baseados em leis infraconstitucionais. É quase profética a provocação da Corte Maior para se pronunciar quanto à constitucionalidade dessas normas, em especial, o Artigo 41, *caput*, do Estatuto da Criança e do Adolescente (ECA).

5.7.2 Principais Efeitos

O Instituto Brasileiro do Direito de Família participou como *amicus curiae* do paradigma, defendendo a permanência da paternidade socioafetiva sobre a biológica. Com a decisão da Corte Maior, o presidente do órgão, Rodrigo da Cunha Pereira, comemorou a vitória da tese do instituto – ainda que parcial – e sua contribuição para a família brasileira, asseverando a excepcionalidade da regra apenas quando identificada a igualdade entre as mesmas[392].

Com todo o respeito ao entendimento supracitado, não vemos como limitar a concessão da multiparentalidade à igualdade entre os vínculos. Afinal, estes são diferentes por seu próprio elemento formador e pelos personagens que, por vezes, atuarão de forma distinta na vida do filho e que deverão ser prestigiados de forma isonômica exatamente pela diferença que complementa o elo que forma e projeta o filho na sociedade.

O advogado e membro do IBDFAM Ricardo Calderón, ao atuar no caso concreto, destacou quatro principais efeitos da presente tese firmada pela Suprema Corte: "o reconhecimento jurídico da afetividade; o vínculo socioafetivo e biológico em igual grau de hierarquia jurídica; a possibilidade jurídica da Multiparentalidade; o princípio da parentalidade responsável"[393], sendo este último condicionado ao exercício em vida dos integrantes[394].

---

[392] IBDFAM (Instituto Brasileiro de Direito de Família). Assessoria de Comunicação Social (com informações do STF). Tese anunciada pela ministra Cármen Lúcia reconhece multiparentalidade. Belo Horizonte, 22 set. 2016. Disponível em: <http://www.ibdfam.org.br/noticias/6119/Tese+anunciada+pela+ministra+C%C3%A1rmen+L%C3%BAcia+reconhece+multiparentalidade>. Acesso em: 5 set. 2017.

[393] CALDERÓN, Ricardo. *Princípio da Afetividade no Direito de Família*. 2. ed. revista, atualizada e ampliada. Rio de Janeiro: Forense, 2017. p. 224-227.

[394] Entende que o STF muito bem o fez em descartar do RE 841.528/PB como paradigma da Repercussão Geral 622, já que naquele caso a filha requereu a investigação após o falecimento do pai biológico, tendo ela também falecido no decorrer do processo, asseverando que "nesse caso não se pode prover a paternidade porque a base seria a responsabilidade paternal, que não poderá ser exercida após a morte". CALDERÓN, Ricardo. *Multiparentalidade*:

José Fernando Simão identifica, ainda, o prestígio concedido pela Corte Maior ao princípio da *vontade do filho* na formação do vínculo parental[395]. Concordamos com a sua análise, porém observamos que a Suprema Corte não considerou a *vontade* para sua desconstituição, já que a Repercussão Geral determinou a concomitância[396].

Apresentamos vênia para adicionar outros efeitos emanados no julgado dos quais deparamos, quais sejam: (i) a analogia da proteção de todas as formas de família a todas as formas de filiação, em face de sua relação direta; (ii) a constituição da posse do estado de filho fundada no nome, tratativa e reputação; (iii) a determinação de requisitos vinculativos da parentalidade conforme sua espécie, sendo a biológica pela comprovação da consanguinidade e a afetiva pela posse do estado de filho.

5.7.3 Teses Contrárias

O Ministro Marco Aurélio foi vencido na aprovação da tese RG 622/STF, que orientava a prevalência da filiação biológica à socioafetiva, quando votou pela não coexistência:

> [...] Permaneço com a convicção de que pai é pai: é pai biológico, de início, a menos que se trate de adoção, quando se tem regência toda própria. Como no caso houve um erro quanto ao consignado no registro de nascimento da

---

Efeitos Existenciais e Patrimoniais. 3º Encontro sobre Direito Civil da Faculdade de São Bernardo do Campo, São Bernardo/S.Paulo, 21 out. 2017.

[395] SIMÃO, José Fernando. A multiparentalidade está admitida e com repercussão geral. Vitória ou derrota do afeto? *Jornal Carta Forense*, São Paulo, 3 jan. 2017. Disponível em: <http://www.cartaforense.com.br/conteudo/colunas/a-multiparentalidade-esta-admitida-e-com-repercussao-geral-vitoria-ou-derrota-do-afeto/17235>. Acesso em: 9 nov. 2017.

[396] Em face da divergência entre o pedido do paradigma e a tese da Repercussão Geral, a sentença de liquidação determinou a multiparentalidade, resultando em recurso da Autora, que requereu a desconstituição da filiação socioafetiva. BRASIL. Tribunal de Justiça do Estado de Santa Catarina. Agravo de instrumento nº 2011.024143-5 e Apelação cível nº 2011.027498-4. "Partes preservadas". 4ª Câmara de Direito Civil, Relator: Desembargador Luiz Fernando Boller. Florianópolis, SC, 22 de setembro de 2011. Disponível em: <http://www.google.com.br/url?sa=t&rct=j&q=&esrc=s&source=web&cd=3&ved=0ah UKEwiEzfu iszYAhWEDJAKHRCQBGwQFggvMAI&url=http%3A%2F%2Fwww.mpsp. mp.br%2Fportal%2Fpage%2Fportal%2Ffinanciahome_c%2Fadocao%2FJurisprudencia_ adocao%2Fdireito_a_informacao_adocao%2FAcordao%2520TJSC%2520AgI%2520n.%252 02011.241435%2520%2520e%2520Apel%2520%2520n.%25202011.027498-4.doc&usg=A OvVaw3y8pMgCPxw14Cn6lu7LynC>. Acesso em: 9 jan. 2018.

autora, o qual deve ser afastado, lançando-se o nome do pai biológico. Por isso, retiro da tese [...] o vocábulo "concomitante".

Com todo o respeito e acatamento, o voto retrocede aos anseios sociais, princípios legais e à própria jurisprudência sedimentada, permitindo a desconstituição da filiação socioafetiva, atribuindo à mesma "estado de erro", motivo pelo qual o Ministro foi vencido em seu voto.

O Ministro Luiz Edson Fachin também foi vencido em seu voto ao paradigma RE 898.060/SC, porque entendeu que nesse caso foi buscada apenas a ascendência genética, já que o Estado de Filiação já estava consubstanciado pela posse de estado de filho. Entretanto, entendemos que tal elemento caracteriza a paternidade socioafetiva, pois o biológico é caracterizado pela prova da genética. O Ministro também foi vencido em sua tese.

Também figurou na ação, na condição de *amicus curiae*, a Associação de Direito de Família e das Sucessões, vencida em sua tese fundamentada na ilegalidade do instituto, banalização da família moderna e insegurança jurídica em face dos reflexos jurídicos advindos do reconhecimento da filiação. A Associação ressaltou que seu reconhecimento geraria o "incentivo ao desafeto", já que muitos homens não desejariam se unir a mulher com filhos havidos de outra união com receio de gerar obrigações jurídicas, como o direito a alimentos[397].

Com todo o respeito ao posicionamento da ADFAS, passamos a discordar do seu entendimento. Muito embora a multiparentalidade não seja matéria expressamente legislada – o que concordamos que dificultava a fundamentação do instituto até a decisão do STF – o fato é que ela está sendo concedida com base em preceitos legais autorizados pelo sistema legislativo, seja por meio de nossa Lei Maior, que norteia a base da proteção individual e convivência social, ou pelos sistemas infralegais, como a Lei de Introdução às Normas do Direito Brasileiro, que prevê,

---

[397] Razões apresentadas pela Sra. Presidente da Associação de Direito de Família e das Sucessões – ADFAS, para ingresso da entidade como *amicus curiae*. 6 jun. 2016. BRASIL. Supremo Tribunal Federal. Recurso Extraordinário nº 898.060, do Tribunal de Justiça do Estado de Santa Catarina. Relator: Ministro Luiz Fux, Tribunal Pleno. Brasília, DF, 21 de setembro de 2016. Disponível em: <http://stf.jus.br/portal/jurisprudencia/listarJurisprudencia.asp?s1=%28898060%29&base=baseAcordaos&url=http://tinyurl.com/htbwlaj>. Acesso em: 5 jan. 2018.

em seu Artigo 4º, mecanismos para que o Poder Judiciário não se olvide de seu ofício, em caso de omissão legislativa; e, ainda, o Artigo 6º, do ECA, que prestigia o melhor interesse da criança e adolescente.

Concordamos que a questão patrimonial pode gerar um impacto amargo para alguns, muito embora o liberalismo ainda esteja intrínseco em nossa cultura, em especial da sociedade capitalista em que vivemos. Assim, entendemos que o argumento por si só é insuficiente para coibir a proteção perquirida pelo *filius*.

Mas o fato é que a proteção ao filho deve ser perseguida a fim de exterminar qualquer chance de retomada das arbitrariedades do passado – como sua categorização e diferenciação de direitos.

Nesse sentido, em estudo sobre a suficiência ou não da legislação portuguesa para proteção às crianças, José de Melo Alexandrino concluiu que a lei é subsidiária ao poder parental, que possui a responsabilidade prática e objetiva na proteção dos menores[398].

Observamos que muito se tratou da *paternidade responsável*, tema de ordem constitucional que ganhou grandes debates no enfrentamento do tema em nossos tribunais. Os Ministros Gilmar Mendes e Marco Aurélio reiteram que ela não pode ser confundida com a *paternidade irresponsável*[399].

Assim, com todo o respeito à legítima preocupação da ADFAS, parece-nos que a patrimonialização da parentalidade está mais diretamente ligada ao pai que deseja se furtar da sua responsabilidade material ou ao herdeiro que não deseja mear sua herança do que com o filho que deseja usurpar valores dos quais nem mesmo sabe o real montante.

Entendemos, ainda, que é muito mais reprovável socialmente ao pai furtar-se da responsabilidade material do que o filho almejar desfrutar de uma vida mais confortável, em igualdade com outros irmãos unila-

---

[398] ALEXANDRINO, José de Melo. Os direitos das crianças: linhas para uma construção unitária. In: TEIXEIRA, Ana Carolina Brochado; Ribeiro, Gustavo Pereira Leite; COLTRO, Antônio Carlos Mathias; TELLES, Marília Campos Oliveira e (Org.). *Problemas da Família no Direito*. Belo Horizonte: Del Rey, 2012. p. 192/193.

[399] Voto sobre a tese, lançada pelo Ministro Marco Aurélio. BRASIL. Supremo Tribunal Federal. Recurso Extraordinário nº 898.060, do Tribunal de Justiça do Estado de Santa Catarina. Relator: Ministro Luiz Fux, Tribunal Pleno. Brasília, DF, 21 de setembro de 2016. Disponível em: <http://stf.jus.br/portal/jurisprudencia/listarJurisprudencia.asp?s1=%28898060%29&base=baseAcordaos&url=http://tinyurl.com/htbwlaj>. Acesso em: 5 jan. 2018.

terais, com garantia de melhores condições para seu pleno desenvolvimento.

Mas o fato é que, a existência ou inexistência da busca patrimonial não é questão que se possa afirmar nem negar, sem atenção aos fatos. Nesse sentido, o Ministério Público Federal lançou nos autos sua opinião quanto à patrimonialização, acreditando na eficácia dos meios legais existentes para coibi-la, demonstrando a excepcionalidade da ilicitude nos lares e o prejuízo de sua aplicabilidade indiscriminada enquanto regra:

> De todo modo, os riscos de indolência e excesso nas questões alimentícias são controlados pelo binômio necessidade-possibilidade, que obsta o enriquecimento ilícito dos envolvidos na multiparentalidade. [...] Eventuais abusos podem e devem ser controlados no caso concreto. Porém, esperar que a realidade familiar se amolde aos desejos de um ideário familiar não é só ingênuo, é inconstitucional.[400]

Outrossim, a proteção da *irresponsabilidade patrimonial* do pai socioafetivo desencadeia um abismo que por vezes não permite que a socioafetividade se desenvolva em sua plenitude. Desse modo, mantém o pai socioafetivo na simples condição de *padrasto*, em total desinteresse aos anseios e desenvolvimento da criança.

Já a *irresponsabilidade patrimonial* do pai biológico é especialmente reprovável por diversas razões: pelo castigo que já atribuiu ao filho pela privação de seu convívio, promoção de sentimento de rejeição, escuridão de suas raízes genéticas e privação do orgulho de se assemelhar aos ascendentes como parte de determinada linhagem, cuja ancestralidade lhe pertence de forma inderrogável e irretratável.

Diante disso, o mínimo que o pai ou a mãe pode fazer por esse filho é tentar reverter todo o mal causado e assumir o ofício parental, ainda que tardio, buscar sedimentar uma relação de convívio afetivo e a promoção desse filho na sociedade. Quanto a isso, a contribuição financeira é um dos fatores básicos para que o filho tenha uma vida mais confortável e o

---

[400] Ministério Público Federal. Citado por CALDERÓN, Ricardo. *Reflexos da decisão do STF de acolher socioafetividade e multiparentalidade*. Disponível em: <http://www.conjur.com.br/2016--set-25/processo-familiar-reflexos-decisao-stf-acolher-socioafetividade-multiparentalidade>. Acesso em: 5 set. 2017.

investimento nos estudos com certeza representará a chance de um futuro melhor.

Destaca-se que o sistema atual vigente não permite ao filho exigir financeiramente mais que o pai ou mãe possam lhe proporcionar, sendo certo que tal preocupação é desproporcional em face da possibilidade de não se reconhecer o Estado de Filiação.

Conclui-se, portanto, que a Multiparentalidade é um instrumento encontrado pelo Estado para regulamentar a multiplicidade de relações paterno-materno-filiais já existentes, independentemente do vínculo que as formou, e avocar àqueles que se furtam de seu dever constitucional da *paternidade responsável*, com o intuito de proteger o filho para que alcance seu pleno desenvolvimento físico e psicossocial.

5.8 Decisões Judiciais

A atividade jurisdicional compõe uma estrutura normativa que resulta na manifestação do Direito[401], comprovada sua especial importância na área da família, onde o legislador se torna incapaz de prever as alterações sociais de modo a regulamentá-las previamente.

A jurisprudência desempenhou importante papel como personagem de relevo, estabelecendo autêntica revolução e verdadeiro prenúncio, com ampliação dos contornos legislativos dados à filiação, servindo de base para a legislação póstera.[402]

Enquanto a jurisprudência representa um marco precursor da normatização social, o fato é que a divergência de entendimentos nos tribunais brasileiros pode gerar a temerosa insegurança jurídica, em especial no que tange à filiação, que se renova a cada instante.

Miguel Reale defende a liberdade do juiz em julgar, concluindo, portanto, que eventuais divergências no julgamento para os mesmos fatos não maculam a jurisprudência, mas apenas a fortalecem em face da possibilidade de se inovar a matéria[403].

---

[401] REALE, Miguel. *Lições preliminares de direito.* São Paulo: Saraiva, 2002. p. 140.
[402] VIANA, Rui Geraldo Camargo. 1996. 200 p. *A família e a filiação.* Tese de Titularidade de Direito Civil – Faculdade de Direito, Universidade de São Paulo, São Paulo, 1996. p. 142.
[403] REALE, op. cit., p. 168.

5. MULTIPARENTALIDADE

Ainda que na esfera da família seja impossível ao julgador aplicar apenas a legislação diante da especificidade de cada caso concreto, o fato é que temos observado decisões inovadoras, mas que podem gerar precedentes que ferem direitos – como no caso do Rio Grande do Sul[404], no qual, em um julgado bastante controverso, criou-se a tese de que o reconhecimento ao Estado de Filiação não gera consequências pessoais e patrimoniais, semeando não apenas a injustiça da decisão para esse caso, uma vez julgado *contra lege*, mas também gerando precedentes que podem resultar na insegurança jurídica quanto ao Instituto da Filiação.

Nesse sentido, perguntamo-nos se há ativismo judicial, em especial nas decisões que envolvem o Direito de Família e Sucessões, já que seguimos o sistema *civil law*, restando para a jurisprudência o papel secundário de aplicação do Direito.

Hans Kelsen assevera que a jurisprudência não cria normas de caráter geral, como faz o legislador; tão somente regulamenta uma situação específica entre particulares[405], motivo pelo qual não pode ser compreendida como ativismo judicial. Já Elival da Silva Ramos defende a possibilidade de interferência do Legislativo, caso o exercício juris-

---

[404] O recurso almejava a reforma da sentença que julgou a decadência no direito do autor em ingressar com ação de investigação de paternidade. O Desembargador Relator Sérgio Fernando de Vasconcellos Chaves fora vencido no julgado por entender que houve carência da ação investigatória pelo filho em face da sedimentação da paternidade socioafetiva. Já a Desembargadora Revisora Maria Berenice discordou, entendendo que a imprescritibilidade da ação investigatória deverá ser aplicada aos adultos sob pena de quebra da isonomia constitucional atribuída aos filhos, argumento que seguiu o voto do Desembargador Luiz Felipe Brasil Santos. Entretanto, a Desembargadora Relatora inovou em seu voto declarando inexistir efeitos patrimoniais ao reconhecimento do Estado de filiação, o que foi impugnado pelo Desembargador Luiz Felipe Brasil Santos. (BRASIL. Tribunal de Justiça do Estado do Rio Grande do Sul. Apelação Cível 70004131520. Apelante: J.A.F.S. Apelado: I.T. Relator: Desembargador Sérgio Fernando de Vasconcellos Chaves, Sétima Câmara Cível. Porto Alegre/RS, 22 de maio de 2002. Disponível em: <http://www.tjrs.jus.br/busca/search?q=7000 4131520&proxystylesheet=tjrs_index&client=tjrs_index&filter=0&getfields=*&aba=juris &entsp=a__politica-site&wc=200&wc_mc=1&oe=UTF-8&ie=UTF-8&ud=1&sort=date% 3AD%3AS%3Ad1&as_qj=70008795775&site=ementario&as_epq=&as_oq=&as_eq=&as_ q=+#main_res_juris>. Acesso em: 6 jan. 2018).
[405] KELSEN, Hans. *Teoria pura do direito*: introdução à problemática científica do direito. Tradução de J. Cretella Jr. e Agnes Cretella. 7. ed. revisada e atualizada. São Paulo: Editora Revista dos Tribunais, 2011. p. 71-72.

dicional exorbite de suas atribuições e produza decisões "excessivamente criativas"[406].

A hermenêutica é uma das belezas do Direito: gera grandes debates saudáveis e proporciona o amadurecimento dos institutos jurídicos, a fim de atender às mudanças socioculturais em face da omissão legislativa. Por isso, entendemos que a divergência de decisões para os mesmos fatos prejudica a socialização do Direito e sua confiança e aderência pela sociedade a ela subordinada, que clama pela isonomia. Mais que isso: em se tratando do Direito de Família, essa divergência pode trazer prejuízos irreparáveis, não apenas as partes, mas para todos os que as cercam.

Isto posto, selecionamos algumas decisões que envolvem a multiparentalidade por entendermos que são emblemáticas, pois elas demonstram a existência do tema nas famílias brasileiras. Para complementar, trazemos apontamentos quanto à disparidade de decisões e fundamentações, muito embora caminhemos para sua unificação, em especial após a Repercussão Geral nº 622 do Supremo Tribunal Federal.

5.8.1 Supremo Tribunal Federal

O Supremo Tribunal Federal reconheceu a repercussão geral quanto à prevalência ou não da paternidade socioafetiva em face da paternidade biológica e, ao final, decidiu pela *cumulação dos vínculos*.

Destaca-se que o paradigma inicial da RG 622 foi um caso de "adoção à brasileira" originado no Estado da Paraíba, no qual os avós paternos registraram, como se pais fossem, o filho que, judicialmente, pleiteou a retificação do registro de nascimento e a investigação da paternidade em face do pai biológico. Em primeira instância, houve provimento da ação, que foi mantido pela segunda instância e, posteriormente, pelo Superior Tribunal de Justiça. Ao chegar ao Supremo Tribunal Federal, a Egrégia Corte entendeu pela Repercussão Geral em face da relevância do tema pelos reflexos na sociedade, conforme voto do Ministro Relator Luiz Fux:

> MANIFESTAÇÃO DE EXISTÊNCIA DE REPERCUSSÃO GERAL. PLENÁRIO VIRTUAL. RECURSO EXTRAORDINÁRIO COM AGRAVO. CIVIL. AÇÃO DE ANULAÇÃO DE ASSENTO DE NASCIMENTO.

---

[406] RAMOS, Elival da Silva. *Ativismo judicial*. São Paulo: Saraiva, 2010. p. 128-129.

5. MULTIPARENTALIDADE

INVESTIGAÇÃO DE PATERNIDADE. IMPRESCRITIBILIDADE. RETIFICAÇÃO DE REGISTRO. PATERNIDADE BIOLÓGICA. PATERNIDADE SOCIOAFETIVA. PREVALÊNCIA DA PATERNIDADE SOCIOAFETIVA EM DETRIMENTO DA PATERNIDADE BIOLÓGICA. ART. 226, *CAPUT*, DA CONSTITUIÇÃO FEDERAL.
1. A prevalência da paternidade socioafetiva em detrimento da paternidade biológica é relevante sob os pontos de vista econômico, jurídico e social, configurando, destarte, a existência do requisito da repercussão geral.[407]

Explica-se: o fato de preterir a família biológica à afetiva viola a Constituição Federal, como muito bem defendido no presente Recurso pelo Recorrente, já que a proteção à família está prevista em seu Artigo 226, *caput* que aduz: *"A família, base da sociedade, tem especial proteção do Estado"*.

Tal recurso está pendente de julgamento, sendo que o STF determinou a substituição do RE 841.528/PB, para constar o RE 898.060 originado no Estado de Santa Catarina como paradigma do Tema nº 622 da Repercussão Geral. Entendemos que a substituição ocorreu porque o caso original tratava de pessoas já falecidas e não havia possibilidade de consolidação do vínculo filial – e esta discussão poderia resultar no debate sobre a patrimonialização, já que foi demonstrada a ciência da paternidade biológica pelo investigante enquanto os investigados eram vivos, e requerido o reconhecimento apenas após a morte.

Assim, a atuação do Supremo Tribunal Federal ocorreu na resposta ao RE 898.060/SC, referente ao recurso proposto pelo pai biológico a fim de reverter o acórdão regional que reconheceu a filiação biológica com todos os vínculos relativos ao nome, alimentos e herança. A maioria negou o provimento de recurso[408].

RECURSO EXTRAORDINÁRIO. REPERCUSSÃO GERAL RECONHECIDA. DIREITO CIVIL E CONSTITUCIONAL. CONFLITO ENTRE PATERNIDADES SOCIOAFETIVA E BIOLÓGICA. PARADIGMA DO

---

[407] BRASIL. Supremo Tribunal Federal. Repercussão Geral no Recurso Extraordinário com Agravo nº 841.528, do Tribunal de Justiça do Estado da Paraíba. Relator: Ministro Luiz Fux, Tribunal Pleno. Brasília, DF, 29 de novembro de 2012. Disponível em: <stf.jus.br/portal/jurisprudencia/listarJurisprudencia.asp?s1=(898060)&base=baseRepercussao&url=http://tinyurl.com/htbwlaj>. Acesso em: 5 jan. 2018.
[408] Vencidos Ministros Edson Fachin e Teori Zavascki.

CASAMENTO. SUPERAÇÃO PELA CONSTITUIÇÃO DE 1988. EIXO CENTRAL DO DIREITO DE FAMÍLIA. DESLOCAMENTO PARA O PLANO CONSTITUCIONAL. SOBREPRINCÍPIO DA DIGNIDADE HUMANA (ART. 1º, III, DA CRFB. SUPERAÇÃO DE ÓBICES LEGAIS AO PLENO DESENVOLVIMENTO DAS FAMÍLIAS. DIREITO À BUSCA DA FELICIDADE. PRINCÍPIO CONSTITUCIONAL IMPLÍCITO. INDIVÍDUO COMO CENTRO DO ORDENAMENTO JURÍDICO-POLÍTICO. IMPOSSIBILIDADE DE REDUÇÃO DAS REALIDADES FAMILIARES A MODELOS PRÉ-CONCEBIDOS. ATIPICIDADE CONSTITUCIONAL DO CONCEITO DE ENTIDADES FAMILIARES. UNIÃO ESTÁVEL (ART. 226, §3º, CRFB) E FAMÍLIA MONOPARENTAL (ART. 226, §4º, CRFB). VEDAÇÃO À DISCRIMINAÇÃO E HIERARQUIZAÇÃO ENTRE ESPÉCIES DE FILIAÇÃO (ART. 227, §6º, CRFB). PARENTALIDADE PRESUNTIVA. BIOLÓGICA OU AFETIVA. NECESSIDADE DE TUTELA JURÍDICA AMPLA. *MULTIPLICIDADE DE VÍNCULOS PARENTAIS. RECONHECIMENTO CONCOMITANTE. POSSIBILIDADE. PLURIPARENTALIDADE. PRINCÍPIO DA PATERNIDADE RESPONSÁVEL (ART. 226, §7º, CRFB). RECURSO A QUE SE NEGA PROVIMENTO. FIXAÇÃO DE TESE PARA APLICAÇÃO A CASOS SEMELHANTES.* [409]

Além disso, o Supremo Tribunal Federal, atacando o âmago das controvérsias a respeito da multiparentalidade, em decisão inédita, cria tese e reconhece, por maioria[410], a possibilidade da pluralidade de reconhecimentos de vínculos de filiação.

Em nosso entendimento, a tese da Colenda Corte representa um marco para a proteção à filiação, que passa de um patamar de total

---

[409] BRASIL. Supremo Tribunal Federal. Recurso Extraordinário nº 898.060, do Tribunal de Justiça do Estado de Santa Catarina. Relator: Ministro Luiz Fux, Tribunal Pleno. Brasília, DF, 21 de setembro de 2016. Disponível em: <http://stf.jus.br/portal/jurisprudencia/listarJurisprudencia.asp?s1=%28898060%29&base=baseAcordaos&url=http://tinyurl.com/htbwlaj>. Acesso em: 5 jan. 2018. (Destaque nosso).

[410] Vencidos parcialmente os Ministros Dias Toffoli e Marco Aurélio. Votos proferidos no RE 898060/SC . BRASIL. Supremo Tribunal Federal. Recurso Extraordinário nº 898.060, do Tribunal de Justiça do Estado de Santa Catarina. Relator: Ministro Luiz Fux, Tribunal Pleno. Brasília, DF, 21 de setembro de 2016. Disponível em: <http://stf.jus.br/portal/jurisprudencia/listarJurisprudencia.asp?s1=%28898060%29&base=baseAcordaos&url=http://tinyurl.com/htbwlaj>. Acesso em: 5 jan. 2018.

5. MULTIPARENTALIDADE

escárnio no passado para apreço no presente: baseada na paternidade responsável[411], regrada pela Constituição Federal (Artigo 226, §7º), com real proteção aos direitos individuais daquele que está na condição de filho.

A filiação que, em um passado não muito remoto, deixou de ser subsidiária das relações conjugais dos pais biológicos, alcança seu mais alto protagonismo ao primordialmente ter reconhecido os direitos que resultem no melhor interesse do filho[412].

A título de registro, entendemos que não houve a concessão da multiparentalidade no paradigma, pois negou-se provimento ao recurso do pai biológico e assim prevaleceu o acórdão recorrido, que determinou a retificação do registro civil com anulação da paternidade socioafetiva.

Nesse sentido, o Ministro Marco Aurélio se irresignou contra a tese porque entendeu que a Corte estava vinculada ao caso-paradigma, que não requereu a concomitância dos vínculos, mas sim a prevalência do biológico sobre o afetivo. Entretanto, o Ministro Luiz Fux entendeu fazer parte da "nova metodologia de objetivação do recurso extraordinário. Há uma parte objetiva e uma parte subjetiva. Todos os acórdãos mencionam isso; há uma tese, que é a tese que tinha de ser enfrentada, e a solução do caso concreto".[413] Entretanto, o pai biológico apresentou Embargos de Declaração argumentando que o presente caso não se

---

[411] O Ministro Marco Aurélio, em repressão à luta do pai biológico, aduz em seu voto de fixação de tese de que: "[...] O recorrente reconhece ser o pai biológico. **Apenas busca** – foi quando disse que a parte mais sensível do corpo humano não é o cérebro nem o coração, mas o bolso – **fugir das consequências jurídicas do reconhecimento dessa paternidade, como se** – e ressaltou o ministro Gilmar Mendes – **a paternidade pudesse ser irresponsável. O Texto Constitucional refere-se à paternidade responsável.**" (Destaques nossos). Ibidem.

[412] Em seu voto, o Relator Ministro Luiz Fux asseverou que: "[...] não cabe à lei agir como o Rei Salomão, na conhecida história em que propôs dividir a criança ao meio pela impossibilidade de reconhecer a parentalidade entre ela e duas pessoas ao mesmo tempo. Da mesma forma, nos tempos atuais, descabe pretender decidir entre a filiação afetiva e a biológica quando o melhor interesse do descendente é o reconhecimento jurídico de ambos os vínculos. Do contrário, estar-se-ia transformando o ser humano em mero instrumento de aplicação dos esquadros determinados pelos legisladores. É o direito que deve servir à pessoa, não o contrário [...]". STF – RE 898.060/SC (Ibidem).

[413] Esclarecimento do Ministro Relator Luiz Fux. Ibidem, p. 139.

amolda à tese fixada[414], estando concluso ao relator até o final do presente trabalho.

Mas o fato é que a multiparentalidade é uma realidade posta à filiação. O Supremo Tribunal Federal já aplicou a tese da Repercussão Geral nº 622, reconhecendo a maternidade socioafetiva de uma adoção póstuma perseguida pela madrasta com base no vínculo desenvolvido com os enteados[415].

Assim, considerada um marco inicial da possibilidade jurídica da multiparentalidade, a decisão do STF resulta na aplicação imediata a casos análogos, por vezes exigindo dos tribunais a revisão de seus entendimentos, a fim de se amoldarem à determinação da Corte Maior e fortalecerem os preceitos que vinculam a nova espécie de filiação: híbrida.

5.8.2 Superior Tribunal de Justiça

Por diversas vezes, o Superior Tribunal de Justiça enfrentou questões sobre filiação e a dicotomia entre o vínculo biológico e afetivo.

Em litígio envolvendo a descoberta de filha, aos 50 anos de idade, de que seus pais registrais não eram os biológicos, o Superior Tribunal de Justiça reconheceu a preferência do vínculo biológico sobre o afetivo com base na dignidade da pessoa humana, que encontra em sua composição o direito à identidade biológica e pessoal. Ressalte-se que, ao final do processo, ambos os pais biológicos já eram falecidos – o que retira qualquer possibilidade de sedimentação afetiva dessa relação[416].

Enfrentando novamente o tema, o Superior Tribunal de Justiça manteve o posicionamento, dando prevalência à *vontade do filho* ao reconhecimento da verdade biológica. Ao tratar do argumento do investigado quanto a interesses patrimoniais do investigante, a relatoria do julgado

---

[414] Informação cedida gentilmente pelo advogado do embargante, Dr. Rodrigo Fernandes Pereira, em 14 set. 2017, por e-mail.

[415] BRASIL. Supremo Tribunal Federal. Agravo Regimental no Recurso Extraordinário com Agravo nº 933.945, do Tribunal de Justiça do Estado do Goiás. Relator: Ministro Edson Fachin, Segunda Turma. Brasília, DF, 29 de setembro de 2017. Disponível em: <http://stf.jus.br/portal/jurisprudencia/listarJurisprudencia.asp?s1=%28933945%29&base=baseAcordaos&url=http://tinyurl.com/ybfwl6hy>. Acesso em: 5 jan. 2018.

[416] BRASIL. Superior Tribunal de Justiça. Recurso Especial nº 833.712, do Tribunal de Justiça do Estado do Rio Grande do Sul. Relatora: Ministra Nancy Andrighi, Terceira Turma. Brasília, DF, 17 de maio de 2007. Disponível em: <http://www.stj.jus.br/SCON/jurisprudencia/doc.jsp?livre=REsp+833712&b=ACOR&p=true&l=10&i=16>. Acesso em: 5 jan. 2018.

5. MULTIPARENTALIDADE

o rechaçou, fundamentando-se na proteção à dignidade da pessoa humana e no direito ao reconhecimento da ancestralidade genética[417].

Ainda que não tenha sido enfrentada a coexistência entre as paternidades, o fato é que o STJ julgou um caso que resultou em multiparentalidade, por entender que era possível a busca do reconhecimento do vínculo biológico, ainda que existente o vínculo afetivo, sedimentado com o pai registral. No final, ocorreu a cumulação de ambas as paternidades, já que não foi desconstituído o primeiro vínculo. A Corte relatou que o Poder Judiciário não poderia compactuar com a punição do filho pelo ato irregular praticado pelos pais registrais e biológicos, homenageando sua busca pela ancestralidade[418].

Mas a Ministra Relatora já julgou de forma diversa, preterindo o vínculo biológico ao socioafetivo, em homenagem ao afeto construído em uma relação paterno-filial já sedimentada[419].

Portanto, verificamos que a Superior Corte julga as disputas envolvendo vínculos biológico e afetivo de forma diversa, e tende a aplicar o Direito ao caso concreto, como devem ser as questões de família, sobre as quais não se pode ter uma visão romântica do engessamento do instituto por regras gerais.

Em estudo sobre as decisões do Superior Tribunal de Justiça a respeito do tema, Rui Portanova conclui que prevalece naquela Corte a verdade biológica à afetiva, assim como na Corte Constitucional Belga[420].

Acreditamos que essa escolha ocorre pelo fato de que poucos casos requerendo a coexistência dos vínculos chegaram à Corte Superior – o

---

[417] BRASIL. Superior Tribunal de Justiça. Recurso Especial nº 1.401.719, do Tribunal de Justiça do Estado de Minas Gerais. Relatora: Ministra Nancy Andrighi, Terceira Turma. Brasília, DF, 8 de outubro de 2013. Disponível em: <http://www.stj.jus.br/SCON/jurisprudencia/doc.jsp?livre=REsp+1401719&b=ACOR&p=true&l=10&i=12>. Acesso em: 5 jan. 2018.

[418] BRASIL. Superior Tribunal de Justiça. Recurso Especial nº 1.458.696, do Tribunal de Justiça do Estado de São Paulo. Relator: Ministro Moura Ribeiro, Terceira Turma. Brasília, DF, 16 de dezembro de 2014. Disponível em: <http://www.stj.jus.br/SCON/jurisprudencia/doc.jsp?livre=REsp+1458696&b=ACOR&p=true&l=10&i=6>. Acesso em: 5 jan. 2018.

[419] BRASIL. Superior Tribunal de Justiça. Recurso Especial nº 878.941, do Tribunal de Justiça do Distrito Federal. Relatora: Ministra Nancy Andrighi, Terceira Turma. Brasília, DF, 21 de agosto de 2007. Disponível em: <http://www.stj.jus.br/SCON/jurisprudencia/doc.jsp?livre=REsp+878941&b=ACOR&p=true&l=10&i=12>. Acesso em: 5 jan. 2018.

[420] PORTANOVA, Rui. *Ações de filiação e paternidade socioafetiva*: com notas sobre direito belga e Corte Europeia dos Direitos Humanos. Porto Alegre: Livraria do Advogado, 2016. p. 22-28.

que desafiou os ministros a decidirem sobre qual vínculo representa a melhor escolha no caso concreto. Prova se faz que o STJ, ao decidir um caso envolvendo multiparentalidade havida por "adoção à brasileira", aplicou a RE 622/STF e reconheceu a paternidade biológica, que coexistiu com a socioafetiva[421].

Assim, a multiparentalidade está à mostra para os operadores do Direito. Por isso, acreditamos que os tribunais serão incitados a tratar do tema, o que resultará no seu amadurecimento e concessão conforme o caso concreto.

5.8.3 Tribunais de Justiça de Segundo Grau

Há quase duas décadas a sociedade já registrava sua busca pela proteção à multiparentalidade, uma vez sedimentada nos lares brasileiros, porém negada pelos tribunais, em face da inexistência de previsão legal[422].

Mas, com a elevação do afeto a valor jurídico, os tribunais de justiça passaram a reconhecer a parentalidade socioafetiva como nova forma de constituição da filiação, por vezes coexistindo com o prestigiado vínculo biológico. Desse modo, foi reconhecida sua ambivalência, o que gerou uma onda de proteção integral.

Assim, o Tribunal de Justiça do Rio Grande do Sul reconheceu a inexistência de hierarquia entre as formas de filiação, com base na Teoria Tridimensional, segundo a qual o indivíduo, para tornar-se completo, deve reconhecer os vínculos biológico, ontológico e afetivo que, por vezes, se encontram em pessoas distintas[423].

---

[421] BRASIL. Superior Tribunal de Justiça. Recurso Especial nº 1.618.230, do Tribunal de Justiça do Estado do Rio Grande do Sul. Relator: Ministro Ricardo Villas Bôas Cueva, Terceira Turma. Brasília, DF, 28 de março de 2017. Disponível em: <http://www.stj.jus.br/SCON/jurisprudencia/toc.jsp?livre=REsp+1618230&&tipo_visualizacao=RESUMO&b=ACOR>. Acesso em: 5 jan. 2018.

[422] BRASIL. Tribunal de Justiça do Estado de Rondônia. Apelação Cível nº 0005041-07.2010.8.22.0002. Apelante: Ministério Público do Estado de Rondônia. Apelado: R. R. de M. Relator: Desembargador Sansão Saldanha, Primeira Câmara Cível. Ariquemes/RO, 19 de julho de 2011. Disponível em: <http://webapp.tjro.jus.br/juris/consulta/detalhesJuris.jsf?cid=3>. Acesso em: 5 nov. 2017.

[423] BRASIL. Tribunal de Justiça do Estado do Rio Grande do Sul. Apelação Cível nº 70029363918. Apelante: M. P. Apelado: N. L. C. A. Relator: Desembargador Claudir Fidelis Faccenda, Oitava Câmara Cível. Santa Maria/RS, 7 de maio de 2009. Disponível em: <http://www.tjrs.jus.br/busca/search?q=70029363918&proxystylesheet=tjrs_index&client

5. MULTIPARENTALIDADE

Em São Paulo, também foi deferida a maternidade socioafetiva àquela que tinha laços consagrados de afetividade devidos à convivência com o menor desde os 2 anos de idade, porém o tribunal sensibilizou-se e manteve a maternidade biológica em respeito à genitora, falecida em decorrência do parto[424]. A fundamentação jurídica da multiparentalidade ocorreu com base no Artigo 1.593, do Código Civil e princípios constitucionais da dignidade da pessoa humana e solidariedade.

Verifica-se ainda que algumas decisões concessivas de multiparentalidade foram fundamentadas no Artigo 4º, da Lei de Introdução às Normas do Direito Brasileiro, que prevê a aplicação de analogia, costumes e princípios gerais do Direito em caso de omissão legislativa[425].

Em se tratando do pedido de dupla filiação envolvendo vínculo pretérito de adoção, o Tribunal de Justiça do Rio Grande do Sul julgou pela impossibilidade jurídica do pedido[426]. Mas permitiu, em outro julgado,

=tjrs_index&filter=0&getfields=*&aba=juris&entsp=a__politicasite&wc=200&wc_mc=1&oe=UTF8&ie=UTF8&ud=1&sort=date%3AD%3AS%3Ad1&as_qj=70008795775&site=ementario&as_epq=&as_oq=&as_eq=&as_q=+#main_res_juris>. Acesso em: 5 jan. 2018.

[424] BRASIL. Tribunal de Justiça do Estado de São Paulo. Apelação Cível nº 0006422-26.2011.8.26.0286. Apelante: V. M. G. e A. B. Apelado: Juízo da Comarca. Itú/SP. Relator: Desembargador Alcides Leopoldo e Silva Júnior, Primeira Câmara de Direito Privado. 15 de agosto de 2012. Disponível em: <https://esaj.tjsp.jus.br/cposg/search.do?conversationId=&paginaConsulta=1&localPesquisa.cdLocal=1&cbPesquisa=NUMPROC&tipoNuProcesso=UNIFICADO&numeroDigitoAnoUnificado=000642226.2011&foroNumeroUnificado=0286&dePesquisaNuUnificado=000642226.2011.8.26.0286&dePesquisa=&uuidCaptcha=&pbEnviar=Pesquisar>. Acesso em: 5 jan. 2018.

[425] BRASIL. Tribunal de Justiça do Rio Grande do Sul. Apelação Cível nº 70062692876. Apelante: L. P. R. e outros. Apelado: Juízo da Comarca. Relator: Desembargador José Pedro de Oliveira Eckert, Oitava Câmara Cível. Porto Alegre/RS, 12 de fevereiro de 2015. Disponível em: <http://www.tjrs.jus.br/busca/search?q=70062692876&proxystylesheet=tjrs_index&client=tjrs_index&filter=0&getfields=*&aba=juris&entsp=a__politica-site&wc=200&wc_mc=1&oe=UTF-8&ie=UTF-8&ud=1&sort=date%3AD%3AS%3Ad1&as_qj=70029363918&site=ementario&as_epq=&as_oq=&as_eq=&as_q=+#main_res_juris>. Acesso em: 5 jan. 2018.

[426] BRASIL. Tribunal de Justiça do Estado do Rio Grande do Sul. Embargos Infringentes nº 70011846680. Embargante: A. D. L. Embargado: S. A. J. B. Desembargador Luiz Felipe Brasil Santos, Quarto Grupo de Câmaras Cíveis. Passo Fundo/RS, 12 de agosto de 2005. Relator:. Disponível em: <http://www.tjrs.jus.br/busca/search?q=70011846680&proxystylesheet=tjrs_index&client=tjrs_index&filter=0&getfields=*&aba=juris&entsp=a__politica--site&wc=200&wc_mc=1&oe=UTF-8&ie=UTF-8&ud=1&sort=date%3AD%3AS%3Ad1&as_qj=70062692876&site=ementario&as_epq=&as_oq=&as_eq=&as_q=+#main_res_juris>. Acesso em: 5 jan. 2018.

a investigação da origem genética, por não entender haver impossibilidade jurídica do pedido, por se tratar de direito personalíssimo, indisponível e imprescritível, fundamentado ainda no princípio constitucional de dignidade da pessoa humana[427].

Muito embora denominada "adoção", também houve o reconhecimento judicial da multiparentalidade pela formação do vínculo socioafetivo iniciada por relação entre padrasto e enteado. Nesse sentido, o Tribunal de Justiça de Rio Grande do Sul reconheceu a paternidade socioafetiva, sem excluir da relação parental o pai biológico, já falecido[428].

Verifica-se, portanto, que o tema faz parte da família contemporânea brasileira, encontrando as mais diversas situações, decisões e fundamentações, motivo pelo qual a inexistência de regras gerais faz com que os magistrados possam levar a justiça da decisão conforme o caso concreto. Mas reiteramos que o lançamento de alguns critérios basilares para sua concessão poderia fortalecer o Instituto da Filiação e suas espécies, além de uniformizar a jurisprudência com relação aos casos análogos.

5.8.4 Decisões de Juízos de Primeiro Grau

Considerando os julgados colecionados acima, vemos que o tema tem sido enfrentado pelos juízes de primeira instância em larga escala. Assim, decidimos separar dois casos, sendo o primeiro deles destacado por muitos como o precursor de concessão judicial da multiparentalidade no País: sua sentença transitou em julgado em primeira instância há mais de 5 anos, sem a provocação das instâncias superiores.

---

[427] BRASIL. Tribunal de Justiça do Estado do Rio Grande do Sul. Apelação Cível nº 70014442743. Apelante: F.O.J. Apelado: S.J.L.M. Relatora: Desembargadora Maria Berenice Dias, Sétima Câmara Cível.Tramandaí/RS, 26 de abril de 2006, Disponível em: <http://www.tjrs.jus.br/busca/search?q=70014442743&proxystylesheet=tjrs_index&client=tjrs_index&filter=0&getfields=*&aba=juris&entsp=a__politica-site&wc=200&wc_mc=1&oe=UTF-8&ie=UTF-8&ud=1&sort=date%3AD%3AS%3Ad1&as_qj=70011846680&site=ementario&as_epq=&as_oq=&as_eq=&as_q=+#main_res_juris>. Acesso em: 5 jan. 2018.

[428] BRASIL. Tribunal de Justiça do Estado do Rio Grande do Sul. Apelação nº 70065388175. Apelante: J.A.M.S. Apelado: A.J. Relator: Desembargador Alzir Felippe Schmitz, Oitava Câmara Cível. Porto Alegre/RS, 17 de setembro de 2015. Disponível em: <http://www.tjrs.jus.br/busca/search?q=70065388175&proxystylesheet=tjrs_index&client=tjrs_index&filter=0&getfields=*&aba=juris&entsp=a__politica-site&wc=200&wc_mc=1&oe=UTF--8&ie=UTF-8&ud=1&sort=date%3AD%3AS%3Ad1&as_qj=70014442743&site=ementario&as_epq=&as_oq=&as_eq=&as_q=+#main_res_juris>. Acesso em: 5 jan. 2018.

5. MULTIPARENTALIDADE

A decisão foi proferida no ano de 2012, originada da 1ª Vara Cível da Comarca de Ariquemes, Estado de Rondônia, onde a multiparentalidade paterna foi decretada em sentença, ainda que a mãe biológica estivesse separada do pai socioafetivo, que conviveu na mesma casa com a menor por apenas 4 anos – isto porque, verificada a permanência do vínculo de afeto entre os mesmos, a responsabilidade material de auxílio da filha (que vivia em regime de união estável) foi compartilhada em sentença pelos genitores:

A.A.B., qualificada e representada por sua genitora J.A.G., propôs ação de investigação de paternidade cumulada com anulação de registro civil em desfavor de E.S.S. e M.S.B., igualmente qualificados, alegando que sua genitora tornou-se companheira do primeiro requerido ainda na adolescência, cuja união perdurou por 4 anos (1996 a 2000), tempo de sua concepção havida em dezembro/1999. Sustentou que antes de tomar conhecimento da gestação sua mãe separou-se do primeiro requerido e passou a conviver com o segundo requerido, que ciente da situação, decidiu reconhecer juridicamente sua paternidade, convivendo juntos até seus 4 meses de vida. Ao tomar conhecimento da possibilidade de alterar seu registro de nascimento, sua genitora decidiu ajuizar a presente demanda para lançar o nome do pai biológico em seu assento de nascimento em substituição ao nome do segundo requerido. Pediu a procedência da ação. [...]

E assim o fez na hipótese dos autos. Nascendo a autora, o requerido M. registrou-a como se sua filha fosse e com ela estabeleceu forte vínculo afetivo, e mesmo sabendo da inexistência de laços consangüíneos em comum, se considera como pai dela. E a recíproca é verdadeira. O estudo social e psicológico revelou que a autora nutre fortes laços de amor pelo pai registral, bem assim com sua família, reconhecendo no requerido M. e na avó paterna D. sua família de fato. É dos autos que o requerido M., mesmo após a separação com a genitora da autora, nunca abandonou a autora, tanto que em diversos momentos de adversidade enfrentados por esta, acolheu a filha registral na residência da genitora e avó paterna registral D., período relevante de aproximação e estreitamento dos laços de afetividade entre eles. Registre-se que esta avó registral foi quem cuidou da autora nos longos períodos de ausência da genitora, conforme relato do estudo social. [...

Posto isso, *JULGO PARCIALMENTE PROCEDENTE* o pedido inicial formulado por **A.A.B.** em desfavor de **M.S.B.** e **E.S.S.**, e o faço para manter a declaração de paternidade de M.S.B. em relação à autora perante o registro civil, e também declarar E.S.S. o pai biológico da autora. Ainda, homologo o acordo de fl. 25, em que ficou convencionado que *o requerido E. pagará pensão alimentícia a favor da autora no importe de 30% (trinta por cento) do salário mínimo, que deverá ser paga todo dia 10 de cada mês, mediante depósito na conta poupança n. 9943-0, via 023, agência 1831 da Caixa Econômica Federal, com início a partir de abril/2012. O requerido E. arcará, ainda, com 50% das despesas médicas hospitalares, mediante apresentação de receita médica, bem como com 50% das despesas com material e uniforme escolar, sempre que se fizer necessário. As visitas serão livres.* O requerido E. deverá reembolsar a genitora da autora em 50% das despesas com a prova pericial (R$ 140,00), conforme acordado à fl. 25. Por conseguinte, declaro extinto o feito, com resolução do mérito e fundamento no art. 269, I do Código de Processo Civil. Ante a sucumbência recíproca, as custas serão *pro rata* e cada parte arcará com os honorários de seus patronos.

Serve a presente de mandado de averbação ao Cartório de Registro Civil de Pessoais Naturais de Jaru/RO, para *acrescentar* no assento de nascimento n. 45.767, fl. 184 do Livro A-097, o nome de **E.S.S.** na condição de genitor, e de seus pais na qualidade de avós paternos, sem prejuízo da paternidade já reconhecida por M.S.B., passando a autora a chamar-se: **A.A.B.S.** [429-430] (*Destaque nosso*).

Portanto, não houve recurso da sentença. Conclui-se que os pais aceitaram o ofício que lhes foi imposto pelo Poder Judiciário e decidiram pacificar aquela relação, aceitando o compartilhamento da filiação como prova da *paternidade responsável*.

Outro caso de grande relevância, em especial pela falta de paradigmas, foi o caso julgado no Paraná, envolvendo uma "família reconstituída". No presente caso, a situação foi inversa à do caso de Rondônia: aqui, a busca era pela sedimentação da paternidade socioafetiva.

---

[429] BRASIL. Justiça de Primeiro Grau do Estado de Rondônia. Comarca de Ariquemes. Ação de investigação de paternidade cumulada com anulação de registro civil nº 0012530-95.2010.8.22.0002. Autora: A.A.B. Réu: M.S.B. e E.S.S. , Primeira Vara Cível. Juíza de Direito: Deisy Cristhian Lorena de Oliveira Ferraz. 13 de março de 2012. Disponível em: <https://www.tjro.jus.br/appg/pages/index.xhtml>. Acesso em: 19 nov. 2017.

[430] Muito embora a sentença esteja no site do Tribunal de Justiça de Rondônia, disponível a todos, preferimos preservar o nome das Partes.

5. MULTIPARENTALIDADE

Os pais biológicos divorciaram-se quando o filho tinha 2 anos de idade, vindo a mãe a ficar com a guarda do menor e casar-se quando ele tinha 3 anos. O presente caso era de adoção cumulada com pedido de mantença da paternidade registral. O filho tinha fortes laços de afeto e convivência com seu pai biológico, que não se opôs ao pedido, por declarar claramente que, embora amasse seu filho, não tinha condições financeiras de prover seu sustento, ao contrário do padrasto. O *parquet* constatou, nesse caso, que a afetividade estava sedimentada junto aos dois "pais", sendo que o adotado, já com 15 anos de idade, chamava ambos de "pai". Ao final, o juiz concedeu a adoção requerida pelo padrasto, porém não decretou o rompimento do vínculo com o pai biológico, muito embora exigido pelo Artigo 41, do ECA, fundamentando na inexistência de absolutismo da norma[431].

Diante disso, vemos que a multiparentalidade é um fato social vivenciado pela família brasileira, sendo que sua concessão muitas vezes resultará no *melhor interesse do filho* e, desse modo, ela será a solução para muitas famílias que poderão conviver harmoniosamente com a nova realidade.

5.8.5 Breves Relatos Sobre a Relevância Processual Junto ao STJ

Rui Portanova realizou interessante estudo sobre as decisões do Superior Tribunal de Justiça quanto à constituição ou desconstituição da filiação, relacionando os resultados às espécies de ações propostas, dividindo-as em "ação de investigação de paternidade"; "ação negatória de paternidade" e "ação anulatória de paternidade"[432].

Assim, apontaremos a importância desses estudos para a aplicação da multiparentalidade, já que a paternidade socioafetiva nem sempre é levada em consideração por questões técnico-processuais, o que provoca a desconstituição de uma relação paterno-materno-filial sedimentada no amor e afeto.

---

[431] BRASIL. Justiça de Primeiro Grau do Estado do Paraná. Vara da Infância e da Juventude. Ação de adoção cumulada com pedido de mantença da paternidade registral nº 0038958-54.2012.8.16.0021. "Partes Preservadas". Juiz de Direito: Sérgio Luiz Kreuz. 20 de fevereiro de 2013. Disponível em: <http://www.direitodascriancas.com.br/jurisprudencia/index/1>. Acesso em: 9 nov. 2017.

[432] PORTANOVA, Rui. *Ações de filiação e paternidade socioafetiva*: com notas sobre direito belga e Corte Europeia dos Direitos Humanos. Porto Alegre: Livraria do Advogado, 2016.

5.8.5.1 *Ação de Investigação de Paternidade*

A Súmula 149 do Supremo Tribunal Federal primou pela imprescritibilidade da ação de investigação de paternidade, reproduzida pelo Artigo 27, do ECA e 1.606, do Código Civil, que legitimaram os herdeiros no caso de o filho falecer menor, incapaz ou no curso do processo.

De natureza declaratória, a Ação de Investigação de Paternidade também pode ser intentada para que o filho possa reconhecer o estado de filiação havido pelo vínculo socioafetivo[433].

Rui Portanova concluiu que, nessas espécies de ações, o Superior Tribunal de Justiça tem dado prevalência ao vínculo biológico, no qual a jurisprudência basicamente convida a sociedade a proteger (i) o direito à identidade biológica e pessoal que integra o princípio da Dignidade da pessoa humana, como decidido pelo RE nº 248.869/SP de 7.ag.2003; (ii) o imprescritível, indisponível e personalíssimo direito ao reconhecimento do estado de filiação previsto no ECA, Artigo 27; (iii) o direito ao nome e a sua ancestralidade como reconhecimento da família, que é base da sociedade brasileira; (iv) a tutela à personalidade do indivíduo enquanto sujeito de direitos; e, por fim, (v) a extirpação do erro ou falsidade registral, sendo que seus efeitos recaem sobre o nome e o patrimônio[434].

Diante disso, aquela Corte tem prestigiado o embate travado pelo filho em busca do reconhecimento daquele pai desidioso que se furtou da sua responsabilidade, deixando a cargo de outrem seu ofício parental, gerando por vezes marcas psicológicas e existenciais com relação aquele que se sentiu "rejeitado", dando a ele o direito perseguido para acalmar seu coração, arejar sua alma e extirpar sua infinita crise existencial.

5.8.5.2 *Ação Negatória de Paternidade*

Rui Portanova entende que a Ação Negatória de Paternidade é destinada exclusivamente a relativizar a presunção *pater is est*, sendo persona-

---

[433] BRASIL. Superior Tribunal de Justiça. Recurso Especial nº 1.189.663, do Tribunal de Justiça do Estado do Rio Grande do Sul. Relatora: Ministra Nancy Andrighi, Terceira Turma. Brasília, DF, 6 de setembro de 2011. Disponível em: <http://www.stj.jus.br/SCON/jurisprudencia/doc.jsp?livre=REsp+1189663&b=ACOR&p=true&l=10&i=1>. Acesso em: 5 jan. 2018.

[434] PORTANOVA, Rui. *Ações de filiação e paternidade socioafetiva*: com notas sobre direito belga e Corte Europeia dos Direitos Humanos. Porto Alegre: Livraria do Advogado, 2016. p. 28-32.

líssima em relação aos cônjuges ou companheiros. Diferentemente do ordenamento civil revogado (art.178, §3º), ela é imprescritível nos termos do Artigo 1.601, do Código Civil[435], dificultando ao STJ reconhecer a paternidade socioafetiva, já que o decurso do tempo – necessário para o estabelecimento da relação paterno-materno-filial – não interfere nas negatórias[436] e porque a Súmula 7 daquela Corte não permite o reanalisar de provas[437]. O autor entende que há, ainda, a dificuldade da Corte de proteger o ato jurídico realizado com vício de consentimento, determinando a anulação do registro[438].

Aqui, deparamos claramente com a prevalência da honra do marido traído em face do interesse do filho, que também foi enganado e só teve, até aquele momento, uma referência paterna, podendo sofrer abalos pela desconstituição do vínculo. Entretanto, entendemos que esta é uma questão cultural de nossa sociedade monogâmica, que entende o ato como uma desonra familiar.

5.8.5.3 *Ação Anulatória de Paternidade*

A ação anulatória é aquela interposta com fundamento no Artigo 1.604, do código Civil pelo pai registral ou terceiro interessado[439] que deseja desconstituir a filiação mediante a anulação do registro de nascimento,

---

[435] *Ad argumentandum*, o artigo 1.601 do Código Civil também apresenta a legitimidade ativa exclusiva do marido para propor a ação. Logo, se o pai presuntivo e o filho não desejarem desfazer o registro feito por erro e existir outra espécie de vínculo parental sedimentado, seja biológico ou socioafetivo, podemos estar diante de uma situação multiparental.

[436] BRASIL. Superior Tribunal de Justiça. Recurso Especial nº 878.954, do Tribunal de Justiça do Estado do Rio Grande do Sul. Relatora: Ministra Nancy Andrighi, Terceira Turma. Brasília, DF, 7 de maio de 2007. Disponível em: <http://www.stj.jus.br/SCON/jurisprudencia/doc.jsp?livre=REsp+878954&b=ACOR&p=true&l=10&i=6>. Acesso em: 5 jan. 2018.

[437] BRASIL. Superior Tribunal de Justiça. Agravo Regimental no Agravo de Instrumento nº 1.049.257, do Tribunal de Justiça do Estado do Rio de Janeiro. Relator: Ministro Massami Uyeda, Terceira Turma. Brasília, DF, 4 de novembro de 2008. Disponível em: <http://www.stj.jus.br/SCON/jurisprudencia/doc.jsp?livre=AgRG+1049257&b=ACOR&p=true&l=10&i=2>. Acesso em: 5 jan. 2018.

[438] PORTANOVA, Rui. *Ações de filiação e paternidade socioafetiva*: com notas sobre direito belga e Corte Europeia dos Direitos Humanos. Porto Alegre: Livraria do Advogado, 2016. p. 36-40 e 60-65.

[439] BRASIL. Superior Tribunal de Justiça. Agravo Regimental no Recurso Especial nº 939.657, do Tribunal de Justiça do Estado do Rio Grande do Sul. Relatora: Ministra Nancy Andrighi, Terceira Turma. Brasília, DF, 1 de dezembro de 2009. Disponível em: <http://

em face da inexistência de vínculo biológico. Esses casos envolvem tanto a "adoção à brasileira" (na qual não houve vício de consentimento na emissão da vontade de registrar) quanto os relacionamentos informais, nos quais o pai registral aduz que seu consentimento foi viciado, já que registrou com base na afirmação da mãe biológica mas que, depois do registro, resolve contestar a paternidade, que não se confirma por exame de DNA.

Em sua pesquisa de jurisprudência, Rui Portanova reafirma a força registral protegida pela Corte Superior. A fundamentação ocorre na tutela da personalidade humana para proteção da identidade e personalidade do filho, interesse da prole, força do registro e, por vezes, filiação socioafetiva, sendo esta última dispensável, conforme verificado no REsp 1.352.529/SP, de relatoria do Ministro Luis Felipe Salomão. O Superior Tribunal também argumenta que a sociedade deve conceder prestígio aos princípios da boa-fé objetiva, traduzidos no caso concreto do *"venire contra factum proprium"*[440] conforme se verifica o julgado REsp 1.259.460/SP, de relatoria da Ministra Nancy Andrighi. O tribunal alerta ainda que não se pode alegar a própria torpeza em seu benefício.[441]

Concordamos com o Superior Tribunal de Justiça quando cria mecanismos para manter a verdade registral, ainda que não consubstanciada em valores importantes da filiação, como a socioafetividade – principalmente porque as questões de registro podem causar prejuízos de ordem psicossocial ao filho que em nada colaborou com essa problemática criada pelos adultos.

5.9 Legislação Nacional

Conforme exposto nos capítulos precedentes, a multiparentalidade, reconhecida pelo Poder Judiciário como Direito do Filho, possui amparo com base na conexão principiológica e de alguns dispositivos de origem infralegal e constitucional, sendo ainda possível, em face da permissão

---

www.stj.jus.br/SCON/jurisprudencia/doc.jsp?livre=AgRG+no+REsp+939657&b=ACOR&p=true&l=10&i=7>. Acesso em: 5 jan. 2018.

[440] Como já se viu na presente dissertação, o brocardo ensina que é vedado realizar comportamento contrário ao já exarado.

[441] PORTANOVA, Rui. *Ações de filiação e paternidade socioafetiva*: com notas sobre direito belga e Corte Europeia dos Direitos Humanos. Porto Alegre: Livraria do Advogado, 2016. p. 66-86.

5. MULTIPARENTALIDADE

expressa no artigo 1.593, quando passa a reconhecer todas as formas de parentesco.

Em se tratado dos princípios, entendemos que o maior deles é o *princípio da dignidade da pessoa humana* esculpido em nossa Carta Magna[442] como fundamento republicano de nosso Estado Democrático de Direito. E é nesse clima de respeito e proteção ao ser humano como sujeito de direitos que o princípio é aplicado à filiação e ao desejo íntimo dos filhos de terem seu devido reconhecimento.

A Constituição Federal apresenta outras fontes de fundamentação para a multiparentalidade – em especial quando vista como fonte do Instituto da Filiação, inserido no ambiente familiar, que encontra proteção do Estado. Ela aponta, ainda, para o exercício da *paternidade responsável* na condução da família pelos pais, considerando cada qual como sujeito de direitos. Indica que a responsabilidade de proteção e promoção físico e psicossocial da criança e adolescente deve estar a cargo da família, do Estado e da própria sociedade, elevando a filiação socioafetiva ao patamar da biológica, para garantir sua "dignidade, liberdade e o direito à convivência familiar"[443].

Em se tratando das legislações infraconstitucionais, entendemos, ainda, que o Código Civil destina um capítulo exclusivo ao reconhecimento da filiação, bem como à sua irrevogabilidade. Portanto, concluímos que o vínculo socioafetivo, após fundamentado, não poderá ser desfeito, ainda que fundado em erro, já que outra origem de parentalidade foi sedimentada e gerou efeito jurídico – e, assim, o resultado será a multiparentalidade, desde que tenham sido encontrados vínculos distintos com diversas pessoas[444]. Em nosso entendimento, sua cumulação passa a ser interpretada com base no Artigo 1.593, que reconhece o parentesco natural e decorrente de "outra origem" assim como a isonomia constitucional, que não permite o tratamento desigual entre as formas de filiação.

O Estatuto da Criança e do Adolescente, norma especial de proteção integral ao menor, reitera o mandamento constitucional, chamando

---

[442] Constituição Federal. Art. 1º III.
[443] Constituição Federal. Art. 226 *"caput"* e §§4º e 7º e Art. 227 *"caput"* e §6º.
[444] Código Civil. Art. 1.593 c/c Artigos 1.607 a 1.617 e Art. 1º da Lei 8.560/92.

a família, o Estado e a sociedade à responsabilidade pela proteção, respeito, promoção e desenvolvimento[445].

A Convenção Internacional dos Direitos da Criança, aprovada pelo Congresso Nacional, determina ao Poder Judiciário observar o melhor interesse da criança[446], chamando os pais à responsabilidade inerente ao ofício parental quanto à educação e desenvolvimento dos filhos. Portanto, se as providências cabíveis resultarem no melhor interesse do filho, pode ocorrer a aplicação da multiparentalidade, com todos os efeitos, inclusive patrimoniais, em face do dever cuidado[447].

Também verificamos que a posse do estado de filho entre padrastos/madrastas e seus enteados, com o dever de guarda e dispêndio recíproco, cumulada ao vínculo afetivo sedimentado pela convivência, há muito tempo é respeitada e considerada pela legislação de forma análoga à dos pais registrais. O Estatuto do Servidor Público, por exemplo, já prevê o direito à licença em caso de moléstia ou falecimento de padrasto/madrasta ou enteados, equiparando o enteado aos filhos como dependentes para fins de percepção do salário-família e, ainda, os mantém como beneficiários de eventual pensão por morte[448]. Em se tratando da Lei da Previdência Social, os enteados também encontram sua proteção em igualdade de condições aos filhos, sendo considerados como dependentes do segurado[449]. Até mesmo o respeito ao enteado poder se identificar como filho do padrasto ou madrasta foi atribuído pela Lei de Registros Públicos[450], que permitiu a inclusão de seu patronímico, ainda que fora do prazo legal[451].

---

[445] Estatuto da Criança e do Adolescente. Lei nº 8.069/1990. Arts. 4º e 6º.
[446] Analisando a aplicação das normas protetivas aos menores, relativas a Portugal, José de Melo Alexandrino aponta para a caracterização de princípio-jurídico ao fenômeno "interesse superior da criança", a fim de que seja utilizado como agente facilitador para a solução de casos concretos, em nada se assemelhando com o rigorismo de eventual princípio *in dubio pro puero*. ALEXANDRINO, José de Melo. Os direitos das crianças: linhas para uma construção unitária. In: TEIXEIRA, Ana Carolina Brochado; RIBEIRO, Gustavo Pereira Leite; COLTRO, Antônio Carlos Mathias; TELLES, Marília Campos Oliveira e (Org.). *Problemas da Família no Direito*. Belo Horizonte: Del Rey, 2012. p. 209-210.
[447] Convenção sobre os Direitos da Criança. Decreto-lei 99.710/1990. Arts. 3.1 e 18.
[448] Lei 8.112/1990. Arts. 83, 97, 197 e 217.
[449] Lei 8.213/1991. Art. 16 § 2º.
[450] Lei 11.924/2009. Art. 2º.
[451] BRASIL. Superior Tribunal de Justiça. Recurso Especial nº 220.059, do Tribunal de Justiça do Estado de São Paulo. Relator: Ministro Ruy Rosado de Aguiar, Segunda Seção. Bra-

5. MULTIPARENTALIDADE

Há ainda o entendimento de que a paternidade plural também se verifica no instituto da guarda em família substituta, previsto no Artigo 28, do Estatuto da Criança e do Adolescente, com o intuito de proteção e solidariedade[452].

Além disso, temos a Repercussão Geral 622, editada pelo Supremo Tribunal Federal, que reconhece o direito do filho em ter para si os vínculos biológico e afetivo, resultando na cumulação dessas formas de filiação, ainda que existentes em pessoas distintas.

Isto posto, a jurisprudência retalha as legislações esparsas e os princípios correlatos a fim de proteger os filhos havidos por vínculos distintos, sem qualquer hierarquização, caminhando a sociedade para a disseminação da multiparentalidade, que já comprovou ter presença enraizada em nossa sociedade.

5.10 Legislações e Decisões Judiciais Estrangeiras

Esse capítulo intenta demonstrar ao leitor que a multiparentalidade é um fenômeno social não apenas vivido na cultura das famílias brasileiras, mas também na de outros países, e que ainda está buscando seu amadurecimento no caminho percorrido por justiças e injustiças, proteção e violação de direitos, até mesmo em ordenamentos jurídicos os mais flexíveis, como o americano, que segue o sistema *"Common Law"*[453].

Assim, o fenômeno da multiparentalidade se espalha e impulsiona o operador de Direito a enfrentar o tema, desafiando leis incompatíveis e encontrando seu amparo inicial e prematuro na jurisprudência, ainda

---

sília, DF, 22 de novembro de 2000. Disponível em: <http://www.stj.jus.br/SCON/jurisprudencia/doc.jsp?livre=REsp+220059&b=ACOR&p=true&l=10&i=8>. Acesso em: 5 jan. 2018.

[452] FACHIN, Luiz Edson. Paternidade e ascendência genética. In: LEITE, Eduardo de Oliveira (Coord.). *Grandes temas da atualidade*: DNA como meio de prova da filiação. Rio de Janeiro: Forense, 2000. p. 168.

[453] Muito embora o Brasil siga do sistema *Civil Law* assim como na Holanda, a autora escolheu trazer estudos sobre o tema enfrentado pelos Estados Unidos e Canadá, que seguem o sistema *Common Law*, pelo fato da decisão RG 622/STF que concedeu a multiparentalidade ter se baseado nestes sistemas para a concessão da multiplicidade de vínculos e, como o foco daquela decisão se baseou especificamente em decisões de Cortes Americanas, trouxemos mais detalhes do fenômeno nos Estados Unidos para que o leitor possa entender como os Tribunais estão lidando com essa realidade e com isso entender a evolução do instituto naquele país e realizar a sua análise crítica quanto a pertinência ou não do Brasil se espelhar naqueles julgados.

em sistemas ordenados pelo *"Civil Law"* como no Brasil. Desse modo, a multiparentalidade segue em seu caminho de evolução servindo-se da edição de leis para proteger os filhos inseridos nessa nova realidade social.

Com base na legislação estrangeira estudada, observamos que a regulamentação da multiparentalidade tem sido introduzida sob condições divergentes, uma vez apresentada em distintos contextos sociais. Entretanto, verificamos uma questão em comum que percebemos ser um movimento unânime e impulsionador para sua proteção: "o melhor interesse da criança".

Assim, concluímos que a multiparentalidade não é passageira: ela já se instalou nos lares. Resta-nos retirar o manto do preconceito para conseguirmos regulamentar a vida das famílias que vivem essa realidade e, ainda, proteger os filhos havidos por essa nova forma de filiação, a fim de atender aos seus interesses em harmonia com os preceitos constitucionais e anseios sociais.

Diante disso, demonstraremos como o tema está sendo tratado por alguns países que o enfrentam, como Estados Unidos, Canadá e Holanda, e que, em algumas situações, reconheceram os malefícios de sua indiferença e buscando, por isso, a legalização desse instituto.

5.10.1 Estados Unidos da América

Podemos brevemente concluir que a doutrina majoritária dos Estados Unidos da América é a favor da multiparentalidade.

A professora de Direito da Universidade da Flórida, Nancy E. Dowd, defende a múltipla parentalidade cooperativa, argumentando que ela só tem a trazer benefícios para a criança, que encontrará em sua vida várias pessoas responsáveis pela sua "nutrição" na forma mais ampla do seu significado. Simplificando: *"More is better"*. Para fundamentar seu entendimento, a professora aborda o tema com base na Teoria da Canalização do Direito de Família, de Carl E. Schneider[454], e no relacionamento entre a cultura e os aspectos legais do Direito de Família. Assim assevera que:

---

[454] A função de canalização do direito da família é o meio pelo qual a lei "recruta, constrói, molda, sustenta e promove instituições sociais". Carl E. Schneider, The Channelling Function in Family Law, 20 HOFSTRA L. REV. 495, 496 (1992) *apud* Dowd, Nancy E. Multiple Parents/Multiple Fathers. *Revista de Direito e Estudos Familiares da Universidade da Flórida*, FL, v. 9, n. 231, p. 231-263, 2007. p. 262.

5. MULTIPARENTALIDADE

Eu acredito que a lei mais frequentemente reflete e segue a cultura do que vice-versa. Em particular no direito da família, parece que mais frequentemente a cultura está muito à frente, culminando em mudanças da Lei. A lei raramente, ou com grande dificuldade, muda a cultura, embora os legisladores continuem tentando fazer com que o direito faça essa função.[455]

Assim, conclui que devemos observar o fenômeno da multiparentalidade voltada para os princípios da antissubordinação e do instrumentalismo limitado, a fim de garantir que sua regulamentação ou deferimento alcance a proteção dos integrantes do núcleo familiar, sem resultar em qualquer interferência no contexto sociocultural, que impulsiona o fato de forma crescente[456].

Mas o fato é que a demanda se faz crescente na família norte-americana, onde observam-se casais que se mudam para estados que permitem a multiparentalidade, a fim de verem formalizada a situação já existente, para reconhecer, assim, os direitos dos filhos, em face dos reflexos positivos e essencialmente importantes para as crianças – como a sedimentação da relação socioafetiva paterno-materno-filial e, ainda, questões financeiras que apoiem o suporte à criança como sucessórios[457].

---

[455] "I believe law more often reflects and follows culture than vice versa. Particularly in family law, it seems that more often culture is far ahead of, and ultimately changes, law. Law rarely, or with great difficulty, changes culture, although legislators continue to try to make law serve this role". Tradução livre. DOWD, Nancy E. Multiple Parents/Multiple Fathers. *Revista de Direito e Estudos Familiares da Universidade da Flórida*, FL, v. 9, n. 231, p. 231-263, 2007. p. 233.

[456] "Under the limited instrumentalism principle, in recognition of the limited role of law in social and cultural change, we should ask whether we are trying to impose a rule that is ahead of cultural values. Or, put differently, we should not ask law to accomplish social change that society is unwilling to support. Under the antisubordination principle, law should adopt rules that do not subordinate individuals or families. If law's power is exercised, as discourse, rights, or coercion, we should ask for benefits from that power and what results occur". Paráfrase: A autora explica que o princípio do instrumentalismo limitado deve ser responsável por manter a lei subsidiária às mudanças sociais e culturais de modo a não impor regras inaceitáveis ou incompatíveis com os conceitos socioculturais. Em se tratando do princípio da não antissubordinação, é responsável por não adotar leis coercitivas a subordinar os integrantes do grupo familiar e, se o fizer, deve ser questionado quais os seus benefícios. Ibidem, p. 234.

[457] EMANUEL, Gabrielle. *Three (parents) can be a crowd, but for some it's a family* [Três (pais) podem ser uma multidão, mas para alguns é uma família]. 30 mar. 2014. Disponível em: <https://www.

Entretanto, salvo raras exceções, como no Estado da Califórnia, identificamos que nos Estados Unidos da América a multiparentalidade é uma realidade social, mas não uma categoria legal. A ideia de que cada criança tem ou deveria ter apenas dois pais permanece como uma das principais pressuposições operacionais do Direito da Família naquele sistema jurídico[458], em especial pela força atribuída à instituição denominada "casamento"[459].

Mas, com a crescente realidade dos múltiplos pais (sejam originados do vínculo de nascimento, pais psicológicos ou outras categorias), a jurisprudência passa a refletir sobre a essência do benefício da parentalidade ao filho e concede alguns direitos e deveres a esses pais que não pertencem a categoria do denominado "pai legal".

Muito embora não exista uma lista abrangente de casos, existem várias experiências, sendo que passamos a discorrer sobre algumas delas, já que é possível precisar que, pelo menos dez estados reconhecerem a existência da relação paterno/materno-filial sedimentada em mais de duas pessoas em relação a um único filho.

Por fim, é importante destacar que raramente há legislação prevendo o instituto, sendo que as decisões concessivas ora se baseiam na jurisprudência ora na interpretação da lei voltada para preceitos jurídicos protetivos, como "o melhor interesse da criança".

5.10.1.1 *Alasca*

No Estado do Alasca, a multiparentalidade poderia ser a solução para um caso que envolvia um pedido de adoção do padrasto, o qual tinha o vínculo socioafetivo sedimentado com a enteada, ao passo que o pai

---

npr.org/2014/03/30/296851662/three-parents-can-be-a-crowd-but-for-some-its-a-family>. Acesso em: 17 dez. 2017.

[458] DOWD, Nancy E. Multiple Parents/Multiple Fathers. *Revista de Direito e Estudos Familiares da Universidade da Flórida*, FL, v. 9, n. 231, p. 231-263, 2007. p. 232.

[459] DAVIS, Samuel M. *Children's Rights under the law* [Os direitos das crianças de acordo com a lei]. Nova Iorque: Editora da Revista da Universidade de Oxford, 2011. Disponível em: <https://books.google.com.br/books?id=Z_RMAgAAQBAJ&pg=PT83&lpg=PT83&dq=%22traditions+have+protected+the+marital+family.%22+Id.+at.+125&source=bl&ots=8wt6gHvEGN&sig=1tQh1OSoPfhY2RrV2JxFmB82Q5g&hl=en&sa=X&redir_esc=y#v=onepage&q&f=false>. Acesso em: 17 dez. 2017.

5. MULTIPARENTALIDADE

biológico buscava reatar laços perdidos com a filha. Entretanto, não foi o que ocorreu, e o pai socioafetivo foi privado de seu direito.[460_461]

O caso é sobre uma adoção julgada em março de 2017. O padrasto, que viveu com a criança desde que esta contava com 1 ano de idade, ingressou com ação quando a menina tinha 6 anos de idade requerendo sua adoção – requerimento feito à revelia do pai biológico, sob o argumento de que este se afastara da convivência com a criança. Depois disso, o pai biológico ingressou com demanda requerendo a guarda da criança, visto que a mãe, segundo seus argumentos, criava objeções quanto as visitas paternas. Assim, conseguiu o aumento do número de visitas, porém a guarda permaneceu com a genitora. A seguir, voltaram a discutir o pedido contido na ação do padrasto, que encontrou a objeção do pai biológico – sendo que o padrasto havia sido vencido no primeiro julgamento, sendo que o magistrado entendeu que aquela situação não refletia o "melhor interesse da criança" e, ainda, que a eventual conduta de distanciamento do pai biológico não era suficiente para ensejar o rompimento do vínculo. O padrasto recorreu.

A Suprema Corte manteve a decisão, argumentando que o consentimento do pai biológico e o melhor interesse da criança são exigências previstas no Estatuto do Alasca, AS 25.23.120 (c)[462], sendo de natureza cumulativa; e, uma vez inexistindo um dos requisitos, a adoção não pode ser concedida, quiçá ambos. Isto porque foi ressaltado que ambos não existiram no caso concreto, sendo que o melhor interesse foi interpretado pelo órgão julgador como a necessidade de reconciliação da menor e seu pai biológico e a importância da permanência deste na vida da criança.

---

[460] ESTADOS UNIDOS DA AMÉRICA. Alaska Statutes Title 25. Marital and Domestic Relations § 25.23.140. Appeal and validation of adoption decree. [Estatutos do Alasca Título 25. Relações conjugais e domésticas § 25.23.140. Apelo e validação do decreto de adoção]. Disponível em: <http://codes.findlaw.com/ak/title-25-marital-and-domestic-relations/ak-st-sect-25-23-140.html>. Acesso em: 7 jan. 2018.

[461] ESTADOS UNIDOS DA AMÉRICA. Suprema Corte do Estado do Alasca. Apelação nº S-15904. Apelante: Daniel W. Apelado: Brandon L. 10 de março de 2017. Disponível em: http://www.courtrecords.alaska.gov/webdocs/opinions/ops/sp-7157.pdf>. Acesso em: 17 dez. 2017.

[462] ESTADOS UNIDOS DA AMÉRICA. Alaska Statutes Title 25. Marital and Domestic Relations § 25.23.140. Appeal and validation of adoption decree. [Estatutos do Alasca Título 25. Relações conjugais e domésticas § 25.23.140. Apelo e validação do decreto de adoção]. Disponível em: <http://codes.findlaw.com/ak/title-25-marital-and-domestic-relations/ak-st-sect-25-23-140.html>. Acesso em: 7 jan. 2018.

Outro caso envolvendo a disputa de pais também ocorreu nesse estado americano. Uma mãe solteira, doente terminal de câncer, deu seu filho em adoção a um casal homossexual masculino e, antes de morrer, ainda que contra sua vontade, indicou o nome completo do pai biológico, que foi facilmente encontrado, já que se encontrava preso. O pai biológico se opôs à adoção. Entretanto, por questões formais quanto à sua negativa (ausência de declaração juramentada), sua opinião foi desconsiderada e a adoção concedida e arquivada. Ocorre que, o pai biológico não ficou satisfeito e iniciou incansável batalha judicial para reverter a situação – o que tardou sua defesa formal por mudanças de advogados no decorrer do processo. É importante destacar que, pelo fato de a criança ser indiana, encontrou-se regramento específico que dava ao pai biológico o direito de requerer a invalidação de processo, sem indicação de prazo prescricional[463]. Entretanto, o Estado do Alasca negou o pedido do pai biológico, decidindo por prescrição nos termos da lei local, que prevê prazo prescricional de 1 ano[464]. A Suprema Corte não aplicou a lei destinada aos indianos, por entendimento jurisprudencial, que determina o uso da lei local "quando o Congresso não estabeleceu uma limitação de tempo para uma causa de ação federal".

O Tribunal Superior emitiu o decreto de adoção em 6 de setembro de 2002. Assim pela Lei do Estado do Alasca, qualquer objeção à adoção arquivada estaria prescrita se interposta após 4 de setembro de 2003. Entretanto, a petição do pai biológico para invalidar a adoção foi protocolada em 21 de outubro de 2004 – portanto, prescrita.

Verifica-se que, no presente caso, a negativa do reconhecimento da paternidade biológica se deu por questões formais exigidas no Estatuto do Bem-estar da Criança Indiana. Entretanto, ao julgar novamente, a Suprema Corte se negou a aplicar o mesmo dispositivo legal e decidiu

---

[463] ESTADOS UNIDOS DA AMÉRICA. Alaska Indian Child Welfare Act, Section 1914 [Lei do Alaska de bem-estar da criança indiana, seção 1914]. Disponível em: <http://codes.findlaw.com/ak/>. Acesso em: 17 dez. 2017.

[464] Ver Seção 25.23.140 (b) do Estatuto do Alaska. ESTADOS UNIDOS DA AMÉRICA. Alaska Statutes Title 25. Marital and Domestic Relations § 25.23.140. Appeal and validation of adoption decree. [Estatutos do Alasca Título 25. Relações conjugais e domésticas § 25.23.140. Apelo e validação do decreto de adoção]. Disponível em: <http://codes.findlaw.com/ak/title-25-marital-and-domestic-relations/ak-st-sect2523140.html>. Acesso em: 7 jan. 2018.

pela prescrição disposta no Estatuto do Estado do Alasca. A nosso ver, parece ter ocorrido um verdadeiro malabarismo interpretativo, não sabemos se por rigorismo processual; para preservar o Instituto da Adoção; proteger a criação da criança em um lar conjugal; ou negar o convívio desta com um pai que tinha ficha criminal. O fato é que esse Estado, ao menos por enquanto, não ventila a hipótese de permissão da multiparentalidade.

5.10.1.2 *Califórnia*

Uma Lei de 2013 aprovada no mês de outubro autoriza a multiparentalidade no estado da Califórnia, permitindo aos tribunais que atribua o Estado de Filiação a mais de duas pessoas, em proteção ao melhor interesse do filho, incluindo todos os efeitos, inclusive os sucessórios[465]. A lei assim justifica sua existência:

> A maioria das crianças tem dois pais, mas em casos raros, as crianças têm mais de duas pessoas que são os pais da criança em todos os sentidos. Separar uma criança de um pai tem um impacto psicológico e emocional devastador sobre a criança e os tribunais devem ter o poder de proteger as crianças contra esse dano.[466]

A presente Lei foi motivada por um caso em que a filha de um casal de homossexuais do sexo feminino terminou em uma casa de adoção e seu pai biológico perdeu a tentativa de assim ser declarado quando ele procurou a custódia[467]. O relator do Projeto de Lei assumiu a necessi-

---

[465] ESTADOS UNIDOS DA AMÉRICA. California. LEGISLATIVE COUNSEL'S DIGEST. SB-274 . Family law: parentage: child custody and support. October 04, 2013. [Poder Legislativo. Projeto de Lei nº 274. Direito de Família: parentesco: custódia e suporte a criança. 4 out. 2013]. Disponível em: <https://leginfo.legislature.ca.gov/faces/billNavClient.xhtml?bill_id=201320140SB274>. Acesso em: 17 dez. 2017. (Capítulo 564).

[466] ESTADOS UNIDOS DA AMÉRICA. California. LEGISLATIVE COUNSEL'S DIGEST. SB-274 . Family law: parentage: child custody and support. October 04, 2013. [Poder Legislativo. Projeto de Lei nº 274. Direito de Família: parentesco: custódia e suporte a criança. 4 out. 2013]. Disponível em: <https://leginfo.legislature.ca.gov/faces/billNavClient.xhtml?bill_id=201320140SB274>. Acesso em: 17 dez. 2017. Capítulo 564. Seção 1 (a). Tradução livre.

[467] Vide "Caso MC" abaixo.

dade de cuidar do melhor interesse da criança, no momento em que as famílias estão assumindo novos arranjos.

Temos observado que a paternidade presuntiva havida pelo casamento é extremamente importante para a cultura americana – e no Estado da Califórnia não foi diferente. Assim, para permitir a multiparentalidade, a referida Lei permitiu não apenas a coexistência entre pais presuntivos, estendendo a presunção ao marido da esposa, mas ainda reconhecendo a possibilidade de existência de outras formas de filiação, como a registral e biológica, em pessoas distintas.

Assim, resolvemos apresentar com um pouco mais de detalhes mais dois casos que consideramos emblemáticos, a fim de apontar que a insegurança do instituto pode causar injustiças que só seu amadurecimento poderá extirpar.

5.10.1.2.1 Caso Michael versus Gerald

Há quase quatro décadas o Estado da Califórnia já enfrentava questões envolvendo relações multiparentais. Uma mulher casada com um homem deu à luz a uma menina em 1981 – entretanto, a criança era fruto de um relacionamento extraconjugal. Nos três primeiros anos que se seguiram ao nascimento da criança, a mãe biológica conviveu maritalmente, de forma não concomitante, com três homens: o marido, o pai biológico de sua filha e um terceiro[468].

Em 1982, o pai biológico ingressou junto ao Poder Judiciário do Estado da Califórnia requerendo a declaração da paternidade e o direito à visitação da criança. A filha, por meio de um tutor, requereu o reconhecimento e convivência com ambos os pais: o marido de sua genitora e o pai biológico. O tribunal negou o pedido dos dois, sob a argumentação de que o §621 do Código de Evidências daquele Estado[469] impede a oportunidade da prova da paternidade pelo pai biológico em face da atribuição ao estado de filiação ao marido e, ainda, com base

---

[468] ESTADOS UNIDOS DA AMÉRICA. Suprema Corte do Estado da Califórnia. Apelação nº 491 U.S. 110. Apelante: Michael H.: Apelado: Gerald D. 15 de junho de 1989. Disponível em: <https://supreme.justia.com/cases/federal/us/491/110/case.html#132>. Acesso em: 19 dez. 2017.

[469] ESTADOS UNIDOS DA AMÉRICA. California Code, Evidence Code – EVID. [Código de Evidências da Califórnia]. Disponível em: <http://codes.findlaw.com/>. Acesso em: 19 dez. 2017.

no §461 do Código Civil, que veda o direito a visitação sem a aquiescência da mãe[470].

O pedido foi negado porque o Poder Judiciário entendeu que reconhecer ambos os pais seria o mesmo que atribuir a multiparentalidade – sendo que, naquela ocasião (ano de 1989), não havia regra legal nem tampouco orientação social a esse respeito.

Observamos que a presunção da paternidade havida pelo casamento é uma clara resposta da Lei e dos Tribunais mediante a velha e ultrapassada "proteção do lar conjugal" em detrimento do melhor interesse do filho. Entretanto, essa proteção do núcleo familiar em face de seus membros, em especial os vulneráveis, também já não encontra suporte na sociedade americana. Assim, a filiação nos EUA também segue outros contornos, em especial no Estado da Califórnia, que passa a permitir legalmente a multiparentalidade, como será demonstrado a seguir.

5.10.1.2.2 Caso MC

Conforme dito alhures, a legalização da multiparentalidade na Califórnia decorreu de um caso que comoveu o Estado, já que a decisão foi injusta pela força atribuída ao casamento em detrimento da filiação. Assim, passamos a dispor dos detalhes para demonstrar ao leitor a realidade social do instituto e a solução que representa para muitos casos, já que sua inaplicação poderá ensejar graves prejuízos para o filho[471].

Em fevereiro de 2008, um casal homossexual feminino fez acordo de convivência. Entretanto, ambas eram usuárias de drogas e o relacionamento era baseado em abuso físico e psicológico de ambas as partes. Assim, em maio de 2008 se separaram.

Após a separação, uma delas teve relações sexuais com um homem chamado Jesus e, em junho de 2008, ficou grávida, atribuindo-lhe a paternidade, que ele imediatamente assumiu, convidando-a para morar em sua casa. A gestante viveu com Jesus e sua família nos primeiros 3 meses da gestação, quando teve todo o amparo gestacional.

---

[470] ESTADOS UNIDOS DA AMÉRICA. California Code, Civil Code – CIV [Código Civil da Califórnia]. Disponível em: <http://codes.findlaw.com/>. Acesso em: 19 dez. 2017.
[471] ESTADOS UNIDOS DA AMÉRICA. Suprema Corte do Estado da Califórnia. Apelação nº CK79091. Apelante: Melissa e outros. Apelada: Irene V. 5 de maio de 2011. Disponível em: <https://supreme.justia.com/cases/federal/us/>. Acesso em: 19 dez. 2017.

Entretanto, em setembro de 2008, decidiu deixar aquele lar e voltar a viver com sua antiga companheira. No início, a situação era precária. As duas chegaram a viver por alguns dias dentro de um carro, até se mudarem para um apartamento.

Em outubro de 2008, ambas decidiram oficializar a união e se casaram na Califórnia, Estado que permitia o casamento entre casais homossexuais.

Ressalte-se que, após deixar a residência de Jesus, a gestante não informou seu paradeiro, evitando o contato do pai biológico e deixando de exigir seu auxílio financeiro.

A criança nasceu em março de 2009, sendo que apenas a mãe biológica constou na certidão de nascimento.

Assim, viveram a criança, a mãe biológica e sua esposa por cerca de 3 ou 4 semanas, quando a mãe biológica decidiu deixar o lar conjugal, levando consigo a menor.

Em maio de 2009, a companheira da mãe biológica requereu judicialmente a guarda da criança e aquela, não apenas se opôs, como também conseguiu uma ordem de restrição.

Em junho de 2009, a mãe biológica decidiu procurar o pai da criança, Jesus, pedindo auxílio financeiro – e ele de imediato se dispôs a ajudar. A família de Jesus passou a ter contato com a criança através da mãe biológica.

Entretanto, a mãe biológica passou a se envolver com outro homem e articulou um atentado contra sua antiga esposa, causando graves ferimentos. A mãe biológica foi presa sob a acusação de tentativa de assassinato.

O dilema enfrentado foi o seguinte: as leis do Estado da Califórnia submetem a exame a filiação à margem do casamento e atribuem o estado de filiação ao cônjuge. Assim, com a prisão da mãe biológica, a menor deveria ter sido deixada em custódia à antiga esposa desta, já que à época do seu nascimento as duas estavam legalmente casadas.

Mas como deixar em custódia uma criança a uma pessoa que, além de não possuir qualquer vínculo afetivo, biológico, ainda é dependente química e foi gravemente ferida pela mãe da criança? Como seria a convivência, criação e tratamento dispensado a essa criança?

Observando toda o drama, o Estado decide levar a criança sob sua custódia para um lar de adoção, sob o argumento do histórico de violência doméstica entre as mães e uso de drogas.

5. MULTIPARENTALIDADE

Mas e Jesus, o pai biológico que sempre esteve disposto a assumir essa paternidade e só não o fez integralmente pelo comportamento da mãe biológica que desaparecia sem deixar vestígios? Como o esperado, ele lutou pela guarda, afirmando que estava "preparado para cuidar de sua filha e proporcionar um lar amoroso e nutritivo". Sua noiva também declarou que ajudaria a cuidar da criança.

O juiz de primeira instância então declarou Jesus o pai biológico e presumido da criança, ratificando que teria duas mães: a biológica e a presuntiva, em face do casamento à época do nascimento – e o resultado foi a multiparentalidade. Entretanto, o Estado deu a guarda aos avós maternos, restando a Jesus e à avó paterna apenas visitas e às duas mães visitas na forma monitorada. Todos apelaram.

A Suprema Corte do Estado da Califórnia julgou o caso e manteve a maternidade da mãe biológica com base no § 7610 do Código de Família[472], que prevê que "mãe é aquela que dá à luz".

Em se tratando do cônjuge virago da mãe biológica, o tribunal não retirou seu vínculo com a criança, com base no §7611 do Código de Família que prevê a vinculação da paternidade ao casamento e, muito embora ela seja mulher, aplicaram a lei extensivamente em face da igualdade da presunção parental entre homens e mulheres.

É importante notar que o Direito não é absoluto e admite prova em contrário nos termos da Seção §7612 do Código de Família. Entretanto, diferente do nosso Direito, a prova é o casamento, já que ele gera o estado de filiação. Portanto, o título de mãe presuntiva foi gerado pela prova da existência do casamento entre as mulheres antes do nascimento da criança e, ainda, a prova da convivência entre ambas após o nascimento, ainda que por apenas algumas semanas.

Quanto a Jesus, para a nossa inteira decepção, a Suprema Corte da Califórnia reverteu a decisão de primeira instância e retirou sua qualidade de pai. Isto porque a Corte entendeu que Jesus não poderia ser declarado pai presuntivo com base no §7611, que vincula essa modalidade ao casamento. Por sua vez, o tribunal entendeu que, por força de entendimento jurisprudencial, a paternidade poderia ter sido atribuída a Jesus, a partir da "escolha do candidato mais adequado".

---

[472] ESTADOS UNIDOS DA AMÉRICA. California Code, Family Code – FAM [Código de Família da Califórnia]. Disponível em: <http://codes.findlaw.com/ca/family-code/>. Acesso em: 19 dez. 2017.

Entretanto, a Suprema Corte concluiu que a multiparentalidade não poderia ser aplicada por força do § 7612 (b) do Estatuto das Famílias, que prevê a escolha entre paternidades presuntivas conflitantes – decisão a ser tomada com base em políticas de controle e lógica, motivo pelo qual o tribunal determinou o retorno dos autos à Primeira Instância para a produção de provas, para se determinar qual das paternidades presuntivas restará sedimentada, após a demonstração de todos para auferir qual deles atenderá aos requisitos.

Há um velho ditado que diz que "fatos ruins tornam a Lei ruim", em referência aos precedentes judiciais que resultaram em alteração de leis. Mas o fatídico caso acima poderia ser uma exceção e os fatos ruins teriam levado a uma boa lei?

Ademais, é difícil imaginar que a situação descrita acima impulsionou o legislativo a proteger as crianças que têm mais de duas pessoas como seus pais em todos os sentidos e que seriam prejudicadas pela separação de qualquer um deles.

No presente caso foi impossível saber quais vínculos essa criança formou. Certamente a afetividade não pode ser tão forte em relação aos três adultos que a reivindicam, já que a criança passou a maior parte de sua vida em família substituta, com visitas limitadas de seus três pais.

Entretanto, a intenção da Lei foi altamente positiva, já que pode haver outros filhos cujas vidas se enquadram na imagem da legislatura – filhos que são concebidos e criados em situações em que a privação de um deles será fonte de danos.

Assim, embora a própria existência de tais famílias possa parecer nova, ou mesmo assustadora para os tradicionalistas, elas são uma realidade da vida contemporânea, e as crianças não devem sofrer devido ao desejo da Lei de se apegar ao passado.

5.10.1.3 *Dakota do Norte*

A Suprema Corte desse Estado julgou, em 2010, o caso do padrasto que criou um menino como seu filho por seis anos. Com ambos os pais biológicos também na vida do menino, a Suprema Corte do Estado reconheceu a "paternidade psicológica" com relação ao padrasto, a fim de "prevenir danos graves ou prejudiciais para a criança". Denota-se que o padrasto foi o responsável pelos primeiros cuidados com o menor, ocupando o lugar de primeira referência e, ainda, dispensou todos os cuidados com relação a ele. Por isso, teve seus direitos resguardados, para não causar danos à criança e para enaltecer aquela relação de afeto e cuidados que tenderá apenas a crescer. Assim, o padrasto recebeu seus direitos, incluindo visitas e até convites para eventos escolares especiais[473].

5.10.1.4 *Delaware*

Em julho de 2009, o Legislativo de Delaware aprovou um estatuto que cria um status legal de "pai de fato". O estatuto dá aos tribunais de família a habilidade de designar como pai de fato da criança aquele que exerce a paternidade socioafetiva, consubstanciada no consentimento dos pais para o desenvolvimento daquela relação, exercício da responsabilidade parental e, ainda, duração mínima a sedimentar a relação paterno-filial[474].

Logo, entendemos que o Estado de Delaware passa a permitir a multiparentalidade, ao reconhecer a paternidade socioafetiva e exigir que esteja consubstanciada no consentimento dos pais.

5.10.1.5 *Flórida*

Observamos que o instituto está tão sedimentado nos Estados Unidos que um juiz elevou à condição de pai um doador de material genético. Ressalte-se que o estado da Flórida proíbe expressamente qualquer vínculo jurídico entre doador e criança. Ocorre que o procedimento foi realizado sem qualquer acordo expresso descrevendo qual a condição legal em que ficaria o doador – e isto gerou a batalha judicial. Assim, o juiz concordou em colocar os nomes dos três pais no certificado de nascimento de uma menina em Miami[475].

---

[473] ESTADOS UNIDOS DA AMÉRICA. Suprema Corte do Estado de Dakota do Norte. Apelação nº 2010 ND 40. Apelante: Mark A. M. e outro; Apelado: Robin M. M. e outro. 16 de março de 2010. Disponível em: https://www.ndcourts.gov/court/opinions/20090176.htm. Acesso em: 17 dez. 2017.

[474] Law: 77 Del. Laws c. 97 §§1–3 (2009). Essa lei foi introduzida no Código do Estado de Delaware, Título 13, § 8-201. EUA. Delaware Code Title 13. Domestic Relations. [Código de Delaware, título 13, Relações Domésticas]. Disponível em: <http://caselaw.findlaw.com/delaware.html>. Acesso em: 17 dez. 2017.

[475] GRAY, Kevin. Florida judge approves birth certificate listing three parentes [*Juiz da Flórida aprova certidão de nascimento listando três pais*]. 7 fev. 2013. Disponível em: <https://www.

O caso envolveu um casal de lésbicas e um amigo do sexo masculino. As mulheres inicialmente imaginavam que ele teria um papel não parental na vida da menina. Entretanto o doador se insurgiu contra a mera condição de doador e exigiu sua elevação à condição de pai, com todos os efeitos jurídicos, em especial o direito a conviver com a criança. Eles entraram em confronto no tribunal antes de concordar com um atestado de nascimento de três pais e visitas semanais para o homem, enquanto a responsabilidade de decisão dos pais permaneceu com as mulheres.

5.10.1.6 *Louisiana*

Como foi bem apontado pelo Ministro Luiz Fux em seu voto no RE 898.060/SC[476], o Estado de Louisiana admite a parentalidade em seus artigos 197 e 198. Aqui destacaremos algumas questões interessantes.

O direito do filho de buscar o novo estado de filiação é imprescritível, salvo para os efeitos sucessórios, que preveem prazo de 1 (um) ano a contar da data do falecimento do investigado. Em se tratando do direito do pai de buscar a paternidade já sedimentada com outrem, prescreve em 1 (um) ano, a contar do nascimento do filho ou da descoberta da paternidade, limitado ao prazo de 10 (dez) anos do nascimento da criança. E, diferentemente do nosso ordenamento, é permitido ao pai o reconhecimento do filho *post mortem*, desde que realizado no prazo de 1 (um) ano a contar do óbito[477].

Os tribunais da Louisiana permitiram "dupla paternidade" quando o marido de uma mãe – geralmente, o pai presumido de crianças nascidas no casamento – não é o pai biológico, consubstanciado no melhor

---

reuters.com/article/us-usa-florida-adoption/florida-judge-approves-birth-certificate-listing-three-parents-idUSBRE91618L20130207>. Acesso em: 17 dez. 2017.
[476] BRASIL. Supremo Tribunal Federal. Recurso Extraordinário nº 898.060, do Tribunal de Justiça do Estado de Santa Catarina. Relator: Ministro Luiz Fux, Tribunal Pleno. Brasília, DF, 21 de setembro de 2016. Disponível em: <http://stf.jus.br/portal/jurisprudencia/listarJurisprudencia.asp?s1=%28898060%29&base=baseAcordaos&url=http://tinyurl.com/htbwlaj>. Acesso em: 5 jan. 2018.
[477] ESTADOS UNIDOS DA AMÉRICA. Louisiana. Civil Code. [Código Civil de Louisiana]. Disponível em: <https://legis.la.gov/legis/Laws_Toc.aspx?folder=67&level=Parent>. Acesso em: 10 dez. 2017.

5. MULTIPARENTALIDADE

interesse da criança e, ainda, corroborado o direito do pai biológico em conviver com seu filho[478].

5.10.1.7 *Maine*

Os legisladores decidiram, em 2015, capacitar os tribunais do Estado do Maine a reconhecerem outras formas de parentalidade e, conforme o caso, a multiparentalidade, como parte de uma grande reforma das leis de parentesco. A Lei entrou em vigor em julho de 2016.

Assim, o Estado do Maine passa a dispor de 8 formas de parentesco, havidos por vínculos distintos, sendo estes: nascimento, adoção, reconhecimento voluntário de paternidade, presuntivo, parentesco de fato, parentesco genético, consentimento para assistência, reprodução e consentimento através de um acordo válido de transportador gestacional.

Pela nova legislação[479], o parentesco presuntivo é reconhecido por duas formas: havido pelo casamento ou relação a ele equiparada e reconhecida legalmente na jurisdição onde foi inserida, bem como consubstanciado na posse de estado de filho por no mínimo 2 (dois) anos desde o nascimento. Em caso de concomitância entre essas formas de filiação, a multiparentalidade poderá ser decretada pelo tribunal, sendo os direitos e responsabilidades sobre o menor deferidos com base em seu melhor interesse – e o direito à guarda física possui requisitos taxativos, como por exemplo, "a capacidade de um parente permitir e incentivar o contato frequente e contínuo entre a criança e o outro parente, incluindo o acesso físico" [480].

Observa-se a preocupação dada pelo legislador não apenas para conceder o instituto da multiparentalidade, mas também para garantir que este seja construtivo para a vida do filho e harmonioso entre as partes.

---

[478] ESTADOS UNIDOS DA AMÉRICA. Suprema Corte do Estado da Califórnia. Apelação nº 98-C-0167. Apelante: T.D. e outro. Apelado: M.M.M. Dezembro de 1994 (Ingresso da ação). Disponível em: http://www.lasc.org/opinions/98c0167.opn.pdf. Acesso em: 17 dez. 2017.

[479] ESTADOS UNIDOS DA AMÉRICA. Maine. An Act To Update Maine's Family Law Nº 1017 de 1 jul. 2016. [Lei para Atualizar o Direito de Família do Estado de Maine de 1 de jul.2016]. Disponível em: <http://legislature.maine.gov/bills/getPDF.asp?paper=SP0358&item=1&snum=127>. Acesso em: 17 dez. 2017.

[480] Tradução livre. ESTADOS UNIDOS DA AMÉRICA. Maine Revised Statutes Title 19-A. Domestic Relations [Estatuto Revista do Estado de Maine. Título 19-A. Relações Domésticas]. Disponível em: < http://codes.findlaw.com/me/title-19-a-domestic-relations/>. Acesso em: 17 dez. 2017.

5.10.1.8 Nova Jersey

Em 2015, no Estado de Nova Jersey, ocorreu uma decisão sobre multiparentalidade que envolveu uma mulher e um casal homossexual masculino, sendo que um deles havia sido o melhor amigo da mulher na faculdade. A criança, filha biológica da mulher e seu amigo de faculdade, nasceu em 2009, sendo o acordo dos três criar em conjunto a criança. Entretanto, o litígio deu início quando a mulher propôs se mudar para a Califórnia. Ocorre que o caso ensejou grande desafio, já que a lei daquele Estado prevê apenas 3 espécies de parentalidade legais: biológica, adotiva ou procriação (decorrente do parto). Entretanto, o melhor interesse da criança deve ser observado nesse Estado: logo, o juiz finalmente bloqueou sua mudança e deu a custódia da filha a todos os três, concluindo que o marido do melhor amigo era um "pai psicológico".

Denota-se o apoio da jurisprudência para solucionar o caso, que criou a categoria de "pai psicológico" sob o manto de 4 requisitos que o pai socioafetivo cumpria: 1) consentimento do pai biológico; 2) convivência entre o requerente e o menor na mesma casa; 3) cuidados e auxílio financeiro em favor do desenvolvimento da criança; 4) vivência da paternidade entre o requerente e a criança por tempo suficiente para sedimentar o vínculo paterno-filial[481].

5.10.1.9 Nova Iorque

Um relacionamento íntimo de três partes entre um marido, sua esposa e uma vizinha no subúrbio de Long Island acabou levando ao primeiro caso conhecido de tripla custódia, julgado em março de 2017 pela Suprema Corte de Nova Iorque. Os três decidiram, antes mesmo da concepção, criar juntos uma criança – e o fizeram por 18 meses após seu nascimento. Os pais biológicos se divorciaram e a mãe afetiva ingressou com a demanda para ver seus direitos resguardados, já que amava e cuidava daquela criança tanto quanto os outros, sendo comprovado que era identificada pela criança como sua "segunda mãe". O pai biológico

---

[481] ESTADOS UNIDOS DA AMÉRICA. Suprema Corte do Estado de Nova Jersey. Apelação nº 1725385. Apelante: D.G. e outro. Apelado: K.S. 24 de agosto de 2015. Disponível em: <http://caselaw.findlaw.com/nj-superior-court-appellate-division/1725385.html>. Acesso em: 17 dez. 2017.

se opôs e a mãe biológica concordou com a custódia compartilhada[482]. A Suprema Corte concedeu o pedido, fundamentando sua decisão na legislação especial daquele Estado, que permite a custódia do menor àquele parente que representar seu melhor interesse, consubstanciado no bem-estar e felicidade daquela criança[483].

5.10.1.10 *Oregon*

O Estado de Oregon possui uma peculiaridade com relação aos adotados que, na prática, já resulta em multiparentalidade. O Estatuto das Relações Domésticas aponta que poderá ser feita a chamada "adoção aberta", mediante a qual o vínculo com os pais biológicos não se encerra, desde que a consanguinidade venha acompanhada de uma relação de afeto[484]. Assim, os pais adotivos e biológicos podem realizar um acordo que não romperá os laços com a família natural – desde que seja consentido pelo filho, se for maior de 14 anos.

Denota-se que os juízes têm revertido a adoção fechada em aberta, ainda sem o consentimento das partes, se entenderem que se trata do melhor interesse da criança[485].

---

[482] ESTADOS UNIDOS DA AMÉRICA. Suprema Corte do Estado de Nova Iorque. Apelação nº 27.073. Apelante: Dawn M. Apelado: Michael M. 8 de março de 2017. Disponível em: <https://law.justia.com/cases/new-york/other-courts/2017/2017-ny-slip-op-27073.html>. Acesso em: 17 dez. 2017.

[483] §70. ESTADOS UNIDOS DA AMÉRICA. New York Consolidated Laws, Domestic Relations Law – DOM § 70. Habeas corpus for child detained by parent [Leis Consolidadas de Nova Iorque, Lei de Relações Domésticas, §70. Habeas corpus para criança detida por parente]. Disponível em: <http://codes.findlaw.com/ny/domestic-relations-law/dom-sect-70.html>. Acesso em: 17 dez. 2017.

[484] Estatuto Revisado das Relações Domésticas do Estado de Oregon. ORS 109.305. ORS 419B.476 (5) (b) ORS 109.119. ESTADOS UNIDOS DA AMÉRICA. Oregon Revised Statutes Title 11. Domestic Relations [Estatuto Revisado das Relações Domésticas de Oregon. Título 11. Relações Domésticas]. Disponível em: <http://codes.findlaw.com/or/title-11-domestic-relations/>. Acesso em: 17 dez. 2017.

[485] ESTADOS UNIDOS DA AMÉRICA. Suprema Corte do Estado de Oregon. Apelação nº A144243. Apelante: S.T. Apelado: Departamento de Serviços Sociais. 29 de dezembro de 2010. Disponível em: <http://www.publications.ojd.state.or.us/docs/A144243.htm>. Acesso em: 17 fev. 2017.

5.10.1.11 *Pensilvânia*

Um tribunal de apelação da Pensilvânia decidiu, em 2007, que o doador de material genético a uma mulher que estava casada com outra mulher teve que contribuir com o apoio à criança depois que o casal se separou[486]. O procedimento foi realizado à revelia da esposa. Após o procedimento, o homem se envolveu na vida das duas crianças, criando um laço de afetividade, encorajando-as a chamá-lo de pai e, ainda, dispensando altas quantias a título de auxílio financeiro. O tribunal entendeu que mostrou uma intenção de "demonstrar o envolvimento dos pais muito além do meramente biológico" e ordenou que ele fosse considerado como "parte indispensável" de apoio às crianças, embora não o declarasse expressamente pai, dando o direito à custódia compartilhada. No momento da decisão, ele morreu e, segundo relatos dos advogados, ele deixou sua propriedade para as crianças.

Ressalte-se que esse estado não possuía legislação que pudesse suportar a decisão, que foi fundamentada em decisões jurisprudenciais e doutrinárias quanto à proteção do melhor interesse da criança.

5.10.1.12 *Washington*

A Suprema Corte do Estado de Washington também enfrentou o tema[487]. Nesse caso, a mãe biológica vivia maritalmente com outra mulher e realizou uma inseminação artificial com material genético de seu amigo também homossexual. Nos 6 primeiros anos de vida da criança, a mãe biológica e sua parceira cuidaram da criança; entretanto, por questões de falta de apoio financeiro da companheira, a mãe biológica se separou dela. A companheira ingressou com demanda judicial requerendo a determinação de parentesco com base na Lei de Parentesco, capítulo 26.26[488] ou, de acordo com uma teoria do *common law* sobre o

---

[486] ESTADOS UNIDOS DA AMÉRICA. Suprema Corte do Estado da Pensilvânia. Apelação nº 1043706. Apelante: Jennifer L. S-J e outro. Apelado: Jodilynn J. e outro. 30 de abril de 2007. Disponível em: <http://caselaw.findlaw.com/pa-superior-court/1043706.html>. Acesso em: 26 dez. 2017.

[487] ESTADOS UNIDOS DA AMÉRICA. Corte de Apelação do Estado de Washington. Apelação nº 52151-9-I. Apelante: Ellen Carvin. Apelada: Page Britain. 3 de maio de 2004. Disponível em: <http://caselaw.findlaw.com/wa-court-of-appeals/1058670.html>. Acesso em: 26 dez. 2017.

[488] ESTADOS UNIDOS DA AMÉRICA. Washington Revised Code Title 26. Domestic Relations [Título 26 do Código Revisado de Washington. Relações Domésticas]. Disponível

parentesco de "fato". Como terceira alternativa, solicitou visitas nos termos da seção 26.10.160 (3)[489], que autoriza o direito de visitação por qualquer pessoa, desde que baseado no melhor interesse da criança. Após o ingresso da demanda, a mãe biológica se casou com o pai biológico, que reconheceu a paternidade e alterou a certidão de nascimento da criança, onde constou como seu pai.

A Suprema Corte não atribuiu o parentesco à companheira porque não estava casada com a mãe biológica à época da inseminação. Quanto ao parentesco de fato, a Suprema Corte entende que há uma tendência a crescer, sendo que resolve as questões de parentesco trazidas pela família moderna, e, muito embora reconheça a prova da existência da relação materno-filial com a criança, o tribunal nega o pedido do parentesco em face da inexistência de um dos requisitos: o consentimento da mãe biológica, que deve concordar "com o desenvolvimento de uma relação parental entre o peticionário e a criança". Em se tratando do terceiro pedido, o tribunal decidiu conceder o direito de visitação à companheira, fundamentado em entendimentos jurisprudenciais que determinam que se deve observar o melhor interesse da criança, e a considerou "co-parente psicológico".

Uma questão interessante nesse caso foi a alegação da mãe biológica quanto à inconstitucionalidade desse artigo, que determina a "visitação de terceiros". Afinal, segundo ela, isso resultaria em uma interferência estatal na condução do lar e criação dos filhos. Entretanto, o tribunal rebateu tal argumento, concluindo pela constitucionalidade do Estatuto, "uma vez que a evidência apoiava a determinação do julgamento de que o crescimento e o desenvolvimento da criança seriam prejudicados".

5.10.1.13 *Washington D.C.*

Em se tratando da capital do país, não encontramos casos de concessão de multiparentalidade. Entretanto, com a crescente utilização das técnicas de reprodução assistida, foi editada uma lei, neste ano, que estabelece os limites de parentesco nos casos de gestação por substituição e doação de material genético. A lei assevera que apenas os

---

em: <http://codes.findlaw.com/wa/title-26-domestic-relations/#!tid=NC372FF509A6C11DA82 A9861CF4CA18AB>. Acesso em: 26 de 2017.
[489] Ibidem.

autores do projeto parental terão direito ao reconhecimento parental, sendo o mesmo vedado tanto aos doadores e à concessora de útero, seus cônjuges e companheiros. Entretanto, tal regramento concede o título parental aos eventuais "pretensos pais", sem relatar um número específico de quem pode contratar a substituta e o doador, não restando claro se a multiparentalidade poderá ser legalmente reconhecida na capital do país[490].

5.10.1.14 *Breve Relato Histórico sobre a Responsabilidade do Padrasto*
Observamos que, nos Estados Unidos, um grande número das disputas judiciais que envolvem a multiparentalidade tem o marido da mãe envolvido, também conhecido como *stepfather e father in law*. São relações de padrasto e enteado, que geram reflexos jurídicos.

Na década de 40 uma pesquisa feita na Universidade de Chicago demonstrou decisões tomadas entre o final do Século XVIII e o início do Século XIX, com demandas judiciais envolvendo a relação formada entre padrastos e enteados e a necessidade, já naquela época, de regulamentação jurídica. A irresponsabilidade do padrasto em dispensar cuidados ao enteado foi reflexo de entendimento originado no ano de 1790 da Corte da Grã-Bretanha. Assim, apenas no final do Século XIX, foi firmado o entendimento que o casamento com a mãe biológica importava na assunção das dívidas da mesma, o que incluía as despesas com o filho. Com esse fenômeno, se iniciaram as demandas judiciais de padrastos requerendo reembolso pelas despesas gastas com os enteados, que foram deferidas pelas Cortes Americanas, que não discutiram o mérito da formação do vínculo paterno-filial, mas apenas ratificava que o padrasto não tinha responsabilidades parentais[491].

Essa grande injustiça acontecia, em especial porque a mulher não tinha controle sobre seus bens e, uma vez se casando novamente, o padrasto controlava todo o patrimônio deixado pelo *de cujus*, ficando o

---

[490] ESTADOS UNIDOS DA AMÉRICA. Washington D.C. B21-0016 – Collaborative Reproduction Amendment Act of 2015. Law Number L21-0255 Effective from Apr 7, 2017. [Lei de Alteração de Reprodução Assistida, nº L21-0255 de 7 de abril de 2017]. Disponível em: <http://lims.dccouncil.us/Legislation/B21-0016?FromSearchResults=true>. Acesso em: 26 dez.2017.
[491] MERIAM, Adele Stuart. *The Stepfather in the Family*. Chicago: Universidade de Chicago, 1940. p.1-21 e 60.

5. MULTIPARENTALIDADE

filho órfão de seu provedor e à margem das migalhas ofertadas à título de empréstimo pelo padrasto, já que a genitora nada dispunha a oferecer.

Entretanto, o direito é sempre uma via de mão dupla, motivo pelo qual os filhos que trabalhavam para os padrastos foram aos Tribunais requerer o pagamento pelos serviços prestados nas fazendas deles. Mas, em total proteção ao padrasto, a Corte Americana, a partir de decisão precursora no ano de 1850, reage e declara aquela relação familiar, concluindo pela inviabilidade da cobrança por serviços prestados entre membros da família, como sinal de proteção da Lei pelo ato de cidadania realizado pelo padrasto em acolher o filho de outrem.[492]

Diante disso, a pesquisa demonstra que até a década de 40 verificou-se de forma majoritária nos Estados Unidos a irresponsabilidade do padrasto em face do enteado, salvo se sedimentada relação paterno-filial como se filho natural o fosse, passando a ter alguns direitos específicos e limitados, como a alimentos e vestuário, sem outros reflexos como o direito à herança, destinado aos filhos naturais ou adotivos.

Portanto, entendemos que, muito embora indiferente à proteção do filho, o caminho histórico da jurisprudência norte americana teve o seu reflexo positivo ao incluir o filho socioafetivo como integrante do núcleo familiar. Essa resolução foi precursora da evolução natural hoje vista em muitos Tribunais que defendem o "melhor interesse do filho" – o que também resulta na concessão da multiparentalidade.

5.10.2 Canadá

O Canadá admite a multiparentalidade, permitindo que a filiação seja instituída por acordo de vontade entre as partes (ainda nos casos de reprodução assistida) ou por ordem judicial, devendo prevalecer o interesse da criança, cujo rol é taxativo, determinando, ainda, que todos os pais exerçam a paternidade responsável e a guarda do menor conjuntamente, ainda que vivam separados[493].

---

[492] Estados Unidos da América. Suprema Corte do Estado de Nova Iorque. Williams v. Williams, 3 N.Y. (3 Comstoock) 512 (1850) *apud* MERIAM, Adele Stuart. *The Stepfather in the Family*. Chicago: Universidade de Chicago, 1940. p. 1-21/60.

[493] CANADÁ. Family law act. [sbc 2011] chapter 25. Assented to november 24, 2011 [lei de direito de família. Capítulo 25. Aprovada em 24 nov.2011]. Disponível em: <http://www.bclaws.ca/civix/document/id/complete/statreg/11025_00>. Acesso em: 19 dez. 2017.

5.10.3 Holanda

A lei atual da Holanda apenas permite que o estado de filiação seja reconhecido pelo máximo de duas pessoas. Entretanto, em junho de 2016, o governo publicou um relatório realizado por um comitê, reavaliando a paternidade do Século XXI[494] e, entre outras situações, fazendo uma explanação sobre a crescente realidade social da multiparentalidade também naquele país.

O texto assevera que inexistem razões para não atribuir ao filho a proteção legal em face daqueles que se responsabilizaram pela sua criação, inclusive para legitimação sucessória e afirma que a legalização só trará benefícios, já que motivará a sedimentação da paternidade socioafetiva.

Diante disso, o referido comitê sugere a regulamentação da multiparentalidade a partir da obediência a algumas regras, entre elas a subordinação ao melhor interesse da criança e a limitação em até 4 pessoas, por entender que a criança não poderá desenvolver relacionamento de afeto com um número superior a este. E mais: o comitê entende que não deve existir litígio entre os pais envolvidos na relação.

Observamos, ainda, um fato curioso, pois aquele comitê entende que a multiparentalidade pode ser requerida ao Poder Judiciário antes mesmo de a criança ser gerada. Os pretensos pais devem apenas apresentar todas as regras que permearão aquela relação com a criança, como a distribuição dos cuidados financeiros, que encontrará sua validade após a homologação judicial, sendo passível de execução a partir da confirmação da gravidez.

Isto posto, verificamos claramente que a multiparentalidade é um fenômeno que se espalha, o que impulsiona o debate entre os juristas, a fim de regulamentarem o fato conforme a necessidade vigente em cada contexto sociocultural.

---

[494] HOLANDA. Child and Parents in the 21st Century: the report of the government committee on the reassessment of parenthood [Filho e Pais no século 21: relatório do comitê do governo reavaliando a paternidade]. Disponível em: <https://www.government.nl/documents/reports/2016/12/07/child-and-parent-in-the-21st-century>. Acesso em: 19 dez. 2017.

6. Aspectos da Sucessão Legitimária

Preliminarmente, reiteramos que o presente trabalho alcança os estudos referente aos aspectos sucessórios dos herdeiros necessários pertencentes a linha reta, quais sejam, ascendentes e descendentes, já que este é um dos efeitos decorrentes do reconhecimento do Estado de Filiação. Logo, cônjuges e companheiros não farão parte dos estudos.

Aberta a sucessão com a morte do autor da herança, todos os herdeiros legitimários, nascidos ou a nascer[495], recebem de forma automática e instantânea o patrimônio do *de cujus*.

Intimamente ligado ao conceito de família, que se reinventou no decorrer dos períodos, os direitos sucessórios também sofreram variações. No início, o patrimônio que valia como direito de propriedade era transmitido por testamento e, em sua inexistência, invalidade ou ineficácia, àqueles indicados pela Lei, cujo critério se dava pelo afeto presumido entre sucedido e sucessor[496], demonstrando que o vínculo consanguíneo não sofria influências para a transmissão do patrimônio *post mortem*.

Percebe-se que a responsabilidade do chefe de família ao transmitir o patrimônio[497] aos familiares mais próximos foi ganhando proteção da

---

[495] Aqui consideramos os nascituros e aqueles havidos por técnicas de reprodução assistida e que encontrem amparo na presunção de paternidade/maternidade.

[496] MOREIRA ALVES, José Carlos. *Direito Romano*. 16. ed. Rio de Janeiro: Forense, 2014. p. 741-742.

[497] Francisco Cahali afirma que "o direito sucessório encontra fundamento no próprio direito de propriedade". CAHALI, Francisco José; HIRONAKA, Giselda Maria Fernandes Novaes.

Lei com o passar da História, ao presumir-se o dever de afeto ao autor da herança em face daqueles que mantinham com ele relação de parentesco e estavam sob seu poder[498].

Assim, a ordem de vocação hereditária foi considerada por Arthur Vasco Itabaiana de Oliveira "pedra angular da sucessão legítima". Ainda que considerando sua "simplicidade", ele a vincula à organização familiar, justificando, assim, as inúmeras transformações pelas quais foi passando no decorrer da História[499].

Como visto, a alteração da vocação hereditária também caminhou em paralelo com a alteração de paradigmas da filiação, resultando hoje na isonomia entre os filhos.

Consta no Código Civil de 2002, Artigo 1.845, que: "São herdeiros necessários, os descendentes, os ascendentes e o cônjuge". É oportuno destacar a elevação dos "companheiros" à categoria de "legitimários", por força de recente decisão do Supremo Tribunal Federal[500].

Cumpre destacar que o presente capítulo será reservado ao estudo dos efeitos sucessórios entre ascendentes e descendentes, pelo fato de o cônjuge ou companheiro já ter sua parte reservada por Lei e os colaterais serem herdeiros facultativos, podendo o testador excluí-los da sucessão.

Além de todas essas questões, o presente trabalho trata de multiparentalidade e, por ser corolário da filiação, restringir-nos-emos à sucessão legítima entre ascendentes e descendentes. Afinal, havendo multi-

---

Direito das Sucessões. 4. ed. revisada, atualizada e ampliada. São Paulo: Revista dos Tribunais, 2012. p. 24.

[498] CARVALHO, Luiz Paulo Vieira de. *Direito das Sucessões.* 3. ed. revista, atualizada e ampliada. São Paulo: Atlas, 2017. p. 8.

[499] ITABAIANA DE OLIVEIRA, Arthur Vasco. *Tratado de Direito das Sucessões.* São Paulo: Max Limonad, 1952. v. 1. p. 169-171.

[500] "É inconstitucional a distinção de regimes sucessórios entre cônjuges e companheiros prevista no art. 1.790 do CC/2002, devendo ser aplicado, tanto nas hipóteses de casamento quanto nas de união estável, o regime do art. 1.829 do CC/2002". (BRASIL. Supremo Tribunal Federal. Repercussão Geral nº 809. Relator: Ministro Marco Aurélio Mello, Tribunal Pleno. Brasília, DF, 10 de maio de 2017. Disponível em: <http://stf.jus.br/portal/jurisprudenciaRepercussao/listarProcesso.asp?PesquisaEm=tema&PesquisaEm=controversia&PesquisaEm=ambos&situacaoRG=TODAS&situacaoAtual=S&txtTituloTema=809&numeroTemaInicial=&numeroTemaFinal=&acao=pesquisarProcesso&dataInicialJulgPV=&dataFinalJulgPV=&classeProcesso=&numeroProcesso=&ministro=&ordenacao=asc&botao=>. Acesso em: 6 jan. 2018).

6. ASPECTOS DA SUCESSÃO LEGITIMÁRIA

plicidade de pais e/ou mães, todos se tornam responsáveis entre si pela universalidade de direitos denominada "herança", como será demonstrado a seguir.

Denota-se ainda que não se trata o estudo das disposições teóricas sucessórias, mas sim a possibilidade do ingresso na legítima e eventuais polêmicas alcançadas no momento, ainda que de forma singular e prematura em face da contemporaneidade do reconhecimento multiparental.

Os reflexos da multiparentalidade no campo sucessório serão vistos apenas no futuro, quando surgirem as demandas judiciais havidas por ascendentes ou descendentes que nortearam suas relações por essa espécie hibrida de filiação. Assim, o presente estudo serve para apontar os principais conceitos que norteiam a proteção da legítima das relações multiparentais, bem como tecer considerações a respeito de algumas questões percebidas pela autora e que podem alcançar polêmica, sem – reprisa-se – se esgotar as possibilidades que poderão ser adicionadas em face das necessidades sociais a surgir com o amadurecimento da multiparentalidade cumulado com sua intrínseca necessidade de proteção da legítima.

6.1 Proteção da Legítima de Forma Isonômica

A proteção da herança dos filhos já era prevista no Código de Hammurabi, que determinava, em caso de segundas núpcias, o dever apenas de cuidado dos bens dos menores, com expressa determinação de sua inalienabilidade[501].

O grande entrave histórico para a nossa civilização foi a hierarquização da filiação, acolhida do Direito Romano, que abriu espaço para a desigualdade, fazendo com que no passado remoto no Brasil os filhos fossem denominados *ilegítimos, naturais* e *espúrios*. Logo, considerando

---

[501] Código de Hammurabi (rei da Babilônia, 1728-1686 a.C.): § 177 "Se uma viúva, cujos filhos são pequenos, decidiu entrar na casa de um outro, não poderá entrar sem a permissão dos juízes. Quando ela for entrar na casa de um outro, os juízes examinarão a situação da casa de seu primeiro marido ao seu segundo marido e à mulher e lhes farão redigir uma taboa. Eles guardarão a casa, criarão os filhos pequenos e não venderão os objetos. O comprador que comprar os objetos dos filhos de uma viúva perderá a sua prata; os bens voltarão ao seu proprietário" (BOUZON, Emanuel. *O Código de Hammurabi*. 2. ed. Rio de Janeiro: Vozes, 1976. p. 79-80).

a grande preocupação da proteção à instituição familiar e para não dar publicidade à existência desses filhos que poderiam "tumultuar" o lar já formado, deparamos com restrições à atribuição dos efeitos sucessórios a esses filhos extraconjugais. Os adotivos na forma "simples" também encontraram sua discriminação sucessória, como apontado no capítulo que trata dessa modalidade de filiação jurídica.

A tendência de proteger os filhos iniciou-se ainda em Roma, onde poderia haver a legitimação dos denominados *naturais*, com proteção à sucessão *ab intestato* em igualdade de condições com os filhos legítimos, desde que autorizada pelo Príncipe. O conceito foi aplicado no Brasil advindo do Direito Português, que tratou o tema com mais rigor, já que se voltou para a proteção da herança dos herdeiros legítimos, possibilitando o reconhecimento também dos *espúrios*, porém limitando os efeitos da perfilhação apenas aos alimentos e honrarias do pai e permitindo a sucessão apenas em casos excepcionais, quando se concederia a legitimação. Apenas no final do Século XIX e após a transferência do poder das perfilhações ao Poder Judiciário, houve atribuição dos efeitos sucessórios, porém apenas quando reconhecidos filhos ilegítimos *naturais*[502], ato corroborado por Teixeira de Freitas na Consolidação das Leis Civis de 1858, Artigo 961[503].

Guilherme de Oliveira aponta que, em Portugal, o respeito à filiação e sua isonomia encontrou suas razões sucessórias especialmente na família burguesa que recolheu do arbítrio do Estado o encargo de perfilhação dos filhos ilegítimos naturais para concorrência sucessória com o intuito de *"repartir fortunas para liquidação da propriedade feudal e expansão livre da indústria"*[504].

No Brasil, o primeiro sistema civil codificado de 1916 também fez a diferenciação[505], prevendo a sucessão legítima apenas para os filhos legitimados naturais ou adotivos e ainda em desigualdade de condições em relação aos legítimos, restando vedado o reconhecimento aos filhos

---

[502] PEREIRA, Lafayette Rodrigues. *Direitos de Família*. Rio de Janeiro: Tribuna Liberal, 1889. p. 239-244.
[503] FREITAS, Augusto Teixeira de. *Consolidação das Leis Civis*. Brasília: Senado Federal, Conselho Editorial, 2003. v. 2. p. 561.
[504] OLIVEIRA, Guilherme de. *Critério Jurídico da Paternidade*. Coimbra: Almedina, 1998. p. 79.
[505] Artigos 358, 1.605 e parágrafos do Código Civil de 1916.

6. ASPECTOS DA SUCESSÃO LEGITIMÁRIA

incestuosos ou adulterinos, em escárnio à filiação e sua submissão ao casamento.

Mas o fato é que a Lei do Divórcio pôs fim à indissolubilidade do casamento, trazendo outros contornos à filiação, que contou com a isonomia à herança, independentemente de sua origem[506]. Por conseguinte, tivemos a promulgação da Constituição Cidadã[507] de 1988, que elencou preceitos civis fundamentais e, em prestígio à dignidade da pessoa humana, solidariedade e proteção à criança e adolescente, exterminou a categorização dos filhos e os igualou para todos os fins de direito, sendo, portanto, devida a sucessão legítima em igualdade de condições, situação transmitida pelo Código Civil de 2002[508].

Ressalte-se a sugestão de Álvaro Villaça Azevedo ao Relator da Constituinte de 1988, Senador Bernardo Cabral, para que fizesse constar um parágrafo no Artigo 227, da Constituição Federal – cópia do Artigo 202, do Código Familiar do Estado do México de Hidalgo: *"Os filhos não recebem qualificativo algum, são iguais ante a lei, a família, a sociedade e o Estado"*[509].

Esse espírito de igualdade que reina entre os juristas, também foi externado por Orlando Gomes, que defende a igualdade de efeitos jurídicos para os filhos reconhecidos de forma judicial ou voluntária[510]. E diferente não o poderia ser, em face de possível mácula a preceitos constitucionais, já que a filiação não pode ser objeto de diferenciação entre as demais, sendo os efeitos por ela gerados *direito adquirido do pró-*

---

[506] Lei 883/1949. Art. 2º. Qualquer que seja a natureza da filiação, o direito à herança será reconhecido em igualdade de condições.

[507] Termo utilizado pelo então presidente da Câmara dos Deputados, o deputado Ulysses Guimarães, ao declarar a entrada em vigor da nova Constituição, que carregou o adjetivo por refletir a reorganização jurídica e política de uma nação saída de um duro período de ditadura militar, reestabelecendo a democracia e a proteção especial aos direitos individuais. ISTO É. *A Constituição Cidadã*. Texto original de 27.7.1988 e atualizado em 21 jan.2016. Disponível em: <https://istoe.com.br/161883_A+CONSTITUICAO+CIDADA/>. Acesso em: 11 nov. 2017.

[508] Não apenas a igualdade entre os irmãos foi prestigiada pelo Código Civil de 2002, mas também a solidariedade entre os integrantes do núcleo familiar, responsabilizando-os uns para com os outros, como a obrigação dos irmãos em prestar alimentos entre si (art. 1.697).

[509] AZEVEDO, Álvaro Villaça. *Estatuto da família de fato*: de acordo com o atual Código Civil, Lei nº 10.406, de 10-01-2002. 3. ed. São Paulo: Atlas, 2011. p. 149-150.

[510] GOMES, Orlando. *Direito de família*, 3. ed. Rio de Janeiro: Forense, 1978. p. 362.

prio filho, com todas as normativas legais em igualdade de condições com os demais irmãos, independentemente da forma de sua constituição.

Entendemos que o caráter patrimonial do liberalismo, ainda que superado pelo comunismo e nacionalismo, está enraizado em nossa cultura, onde o prestígio à família e à sua constituição, na forma escolhida pelos integrantes, não é maior que a preocupação do legislador quanto à proteção à legítima, sendo que veda a reconstituição familiar enquanto não realizada sua partilha, a dispor no Artigo 1.523, I, do Código Civil.

Além disso, a proteção à união familiar, solidariedade e afeto entre pais e filhos há tempos é considerada como argumento essencial à proteção da legítima, cuja ordem foi determinada pelo Estado como a que "presumivelmente seria a adotada por um homem sensato e afetuoso"[511].

Diante disso, a herança, como uma universalidade de direitos, representa a continuação dos deveres e relações jurídicas do defunto, e a atribuição do patrimônio para proteção e desenvolvimento de seus sucessores, privilegiados pela Lei por aqueles que tenham relação de maior proximidade com o *de cujus*, tanto para proteção dos que dele dependem quanto para a mantença do *"monte mor"* naquele núcleo familiar, incluindo nesse grupo os filhos e pais havidos por qualquer espécie de vínculo que constitua o parentesco, natural ou civil e, ainda, de forma isonômica.

6.1.1 Colação

A colação é o instituto criado pela Lei para igualar as legítimas dos descendentes, obrigando-os a levar aos autos de inventário eventuais benesses doadas em vida pelo *de cujus*, extirpando qualquer favorecimento em detrimento dos demais. A doação deverá ser retirada da cota parte disponível do *de cujus* – portanto, se superada, será deduzido o excesso da quota parte hereditária do donatário e, se insuficiente, deverá haver a devolução do excesso ao *monte mor* a ser partilhado entre os herdeiros.

No caso da multiparentalidade, a legítima também resta preservada. Isso porque, conforme nos ensina Pontes de Miranda, a sentença declaratória do estado de filiação possui efeito *ex tunc*, pois "existia antes, embora sem caráter legal". Assim, complementa que o "reconhecimento,

---

[511] MAXIMILIANO, Carlos. *Direito das Sucessões*. 2. ed. São Paulo: Freitas Bastos, 1942. v. 1. p. 30.

portanto, não cria; revela-a. Daí resulta que os seus efeitos, quaisquer que sejam, remontam ao dia do nascimento, e, se for preciso, da concepção do reconhecido"[512].

Logo, a multiparentalidade poderá gerar, no futuro, demandas questionando doações feitas em vida pelo autor da herança. Entretanto, salvo se for doação de bem imóvel cujo registro público é de fácil acesso pois, nesse caso, entendemos que a dificuldade da prova poderá desigualar os descendentes, em especial aqueles que desconhecem o patrimônio de seu ascendente e autor da herança.

Giselda Maria Fernandes Novaes Hironaka nos ensina que a colação é o fundamento da isonomia imposta pelo legislador a todos os descendentes do *de cujus*, e estende os efeitos do Artigo 2.010, do Código Civil com gastos ordinários aos filhos maiores de idade, ao mesmo tempo em que os condiciona à oferta de igualdade de condições a todos os filhos[513].

Assim, entendemos que o reconhecimento de filho já existente à época dos benefícios concedidos aos filhos maiores de idade, com a paga de festa de casamento, viagens, estudos, deverá ser colacionada para abatimento da quota-parte do herdeiro beneficiário, se o filho reconhecido não gozou de tais benefícios ou se despendeu valores próprios para custeá-lo. Entendemos que, se outro parente, consanguíneo ou socioafetivo, responsabilizou-se pela paga dessas despesas do filho reconhecido, nada deverá cobrar em virtude de inexistência de prejuízo.

Diante disso, percebemos que, muito embora os efeitos sucessórios da multiparentalidade possa causar demandas judiciais, vemos que a isonomia alcançada pelos filhos fez com que nosso sistema atual regule a proteção à legítima dos descendentes também advindos de relações multiparentais.

6.2 Responsabilidade Parental

Constatamos a resistência histórica do legislador de submeter a sucessão ao Instituto da Filiação, colocando por vezes em segundo plano

---

[512] PONTES DE MIRANDA, Francisco Cavalcanti. *Tratado de direito privado*: parte especial. Atualizado por Rosa Maria de Andrade Nery. São Paulo: Editora Revista dos Tribunais, 2012. Tomo IX: Direito de Família. Direito Parental. Direito Protectivo.

[513] CAHALI, Francisco José; HIRONAKA, Giselda Maria Fernandes Novaes. *Direito das Sucessões*. 4. ed. revisada, atualizada e ampliada. São Paulo: Revista dos Tribunais, 2012. p. 455-456 e 461.

os filhos, como se fosse legítimo acrescer ao mundo mais uma pessoa revoltada, sem a devida responsabilidade por sua felicidade e por sua projeção na sociedade[514]. Com a proteção ao Instituto da Filiação, sua desvinculação do casamento e a assertividade trazida pelo exame de DNA, a responsabilidade parental passou a ser facilmente atribuída ao pai desidioso, que almejava omitir-se do ofício que lhe era inerente.

Nos dias atuais, deparamos com a dificuldade de aceitação da responsabilidade parental devida aos filhos que já possuem um vínculo sedimentado. A tendência é bem marcada nas famílias reconstituídas, no seio da qual se verifica a atuação do chamado "genitor social". A mera convivência com o cônjuge do genitor aponta para a tendência de atribuir-se a ele o dever de cuidado dos filhos trazidos da outra relação, em conjunto com os pais biológicos. No mesmo sentido, deparamos com a legislação alemã[515], que prevê a liberdade de atuação judicial, com base no melhor interesse da criança, que aponta a tendência de atribuir a esse genitor a responsabilidade quanto aos aspectos patrimoniais[516].

Com todo o respeito, entendemos que a simples convivência não é capaz de gerar a responsabilidade parental e consequente efeitos sucessórios, mas esta deve estar sedimentada à filiação socioafetiva, consubstanciada na posse de estado de filho. A preocupação se faz iminente pela vulnerabilidade das relações amorosas, que poderá ensejar a banalização do Instituto da Multiparentalidade.

As famílias reconstituídas mostram que a formação do vínculo socioafetivo entre padrasto, madrasta e enteados estão se tornando uma realidade crescente, na qual há quem sugira a edição de um estatuto sucessório próprio para esses núcleos familiares[517]. Discordamos, em face da

---

[514] Expressões utilizadas pelo autor: MAXIMILIANO, Carlos. *Direito das Sucessões*. 2. ed. São Paulo: Freitas Bastos, 1942. v. 1. p. 143.

[515] Código Civil da Alemanha. Título 5 – Custódia Parental – Seção 1697ª. Princípio do melhor interesse da criança. Na medida em que não for previsto de outra forma, o tribunal, em processos sobre os assuntos previstos neste título, toma a decisão de que, tendo em conta as circunstâncias e possibilidades reais e os interesses justificados dos envolvidos, é mais propício ao melhor interesse da criança. (Tradução livre).

[516] FERRANDO, Gilda. Famílias Recompostas e Novos Pais. In: TEIXEIRA, Ana Carolina Brochado; RIBEIRO, Gustavo Pereira Leite; COLTRO, Antônio Carlos Mathias; TELLES, Marília Campos Oliveira e (Orgs.). *Problemas da família no Direito*. Belo Horizonte: Del Rey, 2012. p. 169-170.

[517] GRISARD FILHO, Waldyr. *Famílias reconstituídas*: novas uniões depois da separação. 2. ed. rev. e atual. São Paulo: Editora Revista dos Tribunais, 2010. p. 179-181.

6. ASPECTOS DA SUCESSÃO LEGITIMÁRIA

necessidade de isonomia entre os filhos, não havendo que se tratar de regras sucessórias distintas para dispor da constituição familiar, que é direito livre de todo cidadão, assegurado pela Carta Magna.

Mas o fato é que a delegação do poder parental é compreendida pelos deveres de cuidado, que envolvem questões patrimoniais, já que os bens "são estados ou possibilidades reais dignos de relevo para a criação ou a manutenção da sociedade; podendo consistir em interesses da comunidade ou bens individuais, materiais ou ideais"[518].

Nesse sentido, Virgílio de Sá Pereira assevera que a Teoria do Patrimônio integra o direito à personalidade jurídica de cada ser humano[519], opinião confirmada por Arthur Vasco Itabaiana de Oliveira, que assevera, ainda, tratar-se da relação íntima entre "o progresso do homem pela perpetuação da espécie e a organização da propriedade pela necessidade das satisfações da vida coletiva"[520].

Assim, deve-se atribuir a responsabilidade parental, independentemente da origem do vínculo de filiação e mesmo se coexistente com outros[521]. Entender de forma diversa, a nosso ver, resultaria em verdadeiro

---

[518] WINKLER, Markus. *Kollisionen verfassungsrechtlicher Schutznornem:* Zur Dogmatik der "verfasungsimmanenten" Grundrechtsschranken. Berlin: Duncker-Humblot, 2000. p. 31 *apud* ALEXANDRINO, José de Melo. Os direitos das crianças: linhas para uma construção unitária. In: TEIXEIRA, Ana Carolina Brochado; Ribeiro, Gustavo Pereira Leite; COLTRO, Antônio Carlos Mathias; TELLES, Marília Campos Oliveira e (Org.). *Problemas da Família no Direito*. Belo Horizonte: Del Rey, 2012. p. 191-192.

[519] PEREIRA, Virgilio de Sá. *Direito de família:* lições do professor catedrático de direito civil. 3. ed. atual. legislativamente. Rio de Janeiro: Forense, 2008. p. 32/42.

[520] Itabaiana De Oliveira, Arthur Vasco. *Tratado de Direito das Sucessões*. São Paulo: Max Limonad, 1952. v. 1. p. 46-51.

[521] Em sentido contrário: "Investigação de Paternidade. Paternidade Socioafetiva. 1. Não há deserção quando a sentença concede ao apelante o benefício da assistência judiciária gratuita. 2. Estabelecendo o ECA a imprescritibilidade da ação investigatória de paternidade, não estender a vedação do perecimento do direto aos maiores amplica em violação ao princípio constitucional da igualdade. *Ao depois, a possibilidade de investigação não traz necessariamente sequelas obrigacionais e patrimoniais. Reconhecida a filiação socioafetiva, a investigação de paternidade não leva a desconstituição ou anulação do registro de nascimento, mas se limita a atender a possibilidade de se conhecer a paternidade sem gerar sequelas patrimoniais.* Recurso Provido por Maioria." (BRASIL. Tribunal de Justiça do Estado do Rio Grande do Sul. Apelação Cível 70004131520. Apelante: J.A.F.S. Apelado: I.T. Relator: Desembargador Sérgio Fernando de Vasconcellos Chaves, Sétima Câmara Cível. Porto Alegre/RS, 22 de maio de 2002. Disponível em: <http://www.tjrs.jus.br/busca/search?q=70004131520&proxy stylesheet=tjrs_index&client=tjrs_index&filter=0&getfields=*&aba=juris&entsp=a__

retrocesso à paternidade do passado Romano Arcaico e a do passado remoto da denominada *ilegítima*, que não gerava qualquer efeito pessoal e patrimonial.

Assim, o Código Civil necessita ser respeitado em suas nuances, porém interpretado conjuntamente com as demais regras de Direito lá expostas, em especial as de Direito de Família e sucessões, que dialogam entre si. Uma vez inexistindo determinação expressa quanto à atribuição da legítima apenas aos descendentes havidos por vínculo consanguíneo e o sistema autorize claramente a existência de vínculos de "outra origem", compreende-se que é permitida legalmente a sucessão por parentesco entre filhos e pais socioafetivos, em face da reciprocidade do Instituto, ainda que existente múltiplos vínculos.

Extirpada a discussão, o Supremo Tribunal Federal, ao julgar o paradigma que originou a Repercussão Geral 622, reconheceu as paternidades biológica e socioafetiva em igualdade de condições, permitindo inclusive sua cumulação, determinando a isonomia de tratamento quanto a seus efeitos legais e elevando, portanto, filhos e pais socioafetivos à categoria de herdeiros necessários, sem excluir o dever-direito dos filhos e pais naturais, com total preservação da responsabilidade parental.

6.3 Sucessão e Filiação x Patrimonialização

O fundamento da *sucessão legitimária* estava intimamente ligado à garantia da sobrevivência daqueles que tinham um vínculo de proximidade e afeto com o *de cujus*, sendo considerado como seu dever a responsabilidade sobre eles. Mas a responsabilidade era reflexa, visto que os integrantes daquele grupo também deveriam honrar o nome e perpetuar o patrimônio do *pater* falecido, resultando em uma verdadeira extensão da vida.

Com o passar dos tempos e a proteção alcançada pelos filhos, a responsabilidade do *de cujus* estendeu-se a todos os filhos, inclusive para aqueles que não tiveram qualquer relação de afeto, resultando no imprescritível direito ao reconhecimento de paternidade ou maternidade, com todos os efeitos legais, como os sucessórios.

politicasite&wc=200&wc_mc=1&oe=UTF8&ie=UTF8&ud=1&sort=date%3AD%3AS%3Ad1&as_qj=70008795775&site=ementario&as_epq=&as_oq=&as_eq=&as_q=+#main_res_juris>. Acesso em: 6 jan. 2018. (Grifo nosso)

6. ASPECTOS DA SUCESSÃO LEGITIMÁRIA

Rolf Madaleno entende ser imoral a perseguição do vínculo de filiação *post mortem* pois, para ele, esta ação busca apenas efeitos patrimoniais – o que deve ser rechaçado pelo ordenamento jurídico por analogia autorizada pelo Artigo 4º, da LINDB. Isto porque entende que a imoralidade do ato é rechaçada pelos Artigos 1.609, parágrafo único, do Código Civil e 26, parágrafo único do ECA, que não permitem o reconhecimento do filho sem que tenha deixado descendentes, asseverando a injustiça de alguém se locupletar do patrimônio familiar que não ajudou a constituir[522].

Com todo o respeito ao seu entendimento, passamos a divergir da fundamentação jurídica porque o Artigo 4º aponta que a analogia deve ser utilizada apenas nos casos de omissão legislativa e, no presente caso, temos regras de ordem constitucional, infraconstitucional e jurisprudencial (RG 622/STF), que determinam a isonomia entre os filhos, além de determinação expressa de que a única forma de exclusão da herança ao filho não deserdado é a prescrição à petição de herança, cujo cômputo, segundo recente julgado do Superior Tribunal de Justiça[523], se inicia após o trânsito em julgado da decisão que reconheceu a paternidade, por força do Artigo 189, do Código Civil. Além disso, a herança é direito constitucional previsto em seu Artigo 5º, XXX, não podendo ser relativizada.

Enfrentando o tema, o Superior Tribunal de Justiça afastou a argumentação da patrimonialização para a extirpação do reconhecimento do vínculo consanguíneo:

> Ainda que haja consequência patrimonial advinda do reconhecimento do vínculo jurídico de parentesco, ela não pode ser invocada como argumento para negar o direito do recorrido à sua ancestralidade. Afinal, todo o embasamento relativo à possibilidade de investigação da paternidade, na hipótese, está no valor supremo da dignidade da pessoa humana e no direito do recorrido à sua identidade genética.[524]

---

[522] MADALENO, Rolf Hanssen. *Direito de família*. 7. ed. revista, atualizada e ampliada. Rio de Janeiro: Forense, 2017. p. 504 e 512-513.
[523] BRASIL. Superior Tribunal de Justiça. Recurso Especial nº 1.475.759, do Tribunal de Justiça do Distrito Federal. Relator: Ministro João Otávio de Noronha, Terceira Turma. Brasília, DF, 17 de maio de 2016. Disponível em: <http://www.stj.jus.br/SCON/jurisprudencia/doc.jsp?livre=REsp+1475759&b=ACOR&p=true&l=10&i=2>. Acesso em: 5 jan. 2018.
[524] BRASIL. Superior Tribunal de Justiça. Recurso Especial nº 1.401.719, do Tribunal de Justiça do Estado de Minas Gerais. Relatora: Ministra Nancy Andrighi, Terceira Turma. Brasí-

Nesse sentido, Álvaro Villaça Azevedo não entende possível o tratamento desigual aos filhos e, em caso de contribuição para o aumento patrimonial da família indica que as partes devem utilizar a alternativa já inserida no ordenamento jurídico, realizando a "doação patrimonial remuneratória", excluídas até mesmo da colação, nos termos do Artigo 2.011, do Código Civil.[525]

Ademais, entendemos que a Súmula 149 do Supremo Tribunal Federal em tese resolve o problema que envolve a patrimonialização da filiação, sendo que manteve a prescrição para a busca sucessória, sendo reduzida a vintenária do sistema revogado[526] para 10 anos, conforme disposto no Código Civil de 2002[527].

Ainda que a busca por direitos sucessórios seja debatida intensamente pela Doutrina em face da proteção à filiação e sua despatrimonialização, uma vez reconhecido o Estado de Filiação, entendemos que não restou alternativa aos operadores do Direito senão estenderem os efeitos, inclusive no caso da multiparentalidade, conforme já se pronunciou o IBDFAM no IX Congresso de Direito de Família, no Enunciado nº 9 que assim dispôs: "A multiparentalidade gera efeitos jurídicos", sendo questão corroborada pela decisão da Corte Maior na RG 622/STF.

Por fim, pensamos que não é coerente limitar o legítimo direito ao reconhecimento do Estado de Filiação perseguido pelo filho e de toda a sua geração subsequente, por meras suposições de eventual busca patrimonial. Isto porque a herança, por constituir um complexo de direitos e deveres, nem sempre resulta em transmissão de riquezas: os herdeiros compartilham o líquido, podendo ficar com obrigações futuras como alimentos vincendos[528]. Ademais, o ordenamento sucessório dá o direito aos que detêm o título de *legitimados* e não o condiciona àqueles que

---

lia, DF, 8 de outubro de 2013. Disponível em: <http://www.stj.jus.br/SCON/jurisprudencia/doc.jsp?livre=REsp+1401719&b=ACOR&p=true&l=10&i=12>Acesso em: 5 jan. 2018.

[525] Conversa com o professor orientador Dr. Álvaro Villaça Azevedo em 10 de dezembro de 2017 em seu escritório, Chácara Flora, São Paulo.

[526] Artigo 177 do Código Civil de 1916.

[527] Artigo 205 do Código Civil de 2002.

[528] Disposto no artigo 1.700 do Código Civil e corroborado pela jurisprudência: BRASIL. Superior Tribunal de Justiça. Recurso Especial nº 219.199, do Tribunal de Justiça do Estado da Paraíba. Relator: Ministro Ruy Rosado de Aguiar, Segunda Seção. Brasília, DF, 10 de dezembro de 2003. Disponível em: <http://www.stj.jus.br/SCON/jurisprudencia/doc.jsp?livre=REsp+219199&b=ACOR&p=true&l=10&i=4>. Acesso em: 5 jan. 2018.

6. ASPECTOS DA SUCESSÃO LEGITIMÁRIA

tenham *boa-fé*. Ao limitar, estaremos criando normas restritivas a direitos constitucionalmente previstos, valendo o brocado: *Ubi lex non distinguit, nec nos distinguire debemus*[529].

6.4 Obstáculos a Herdar, Criados pelo Legislador

Muito embora a investigação do estado de filiação seja imprescritível, segundo a Súmula 149 do Supremo Tribunal Federal, o efeito sucessório poderá não ser alcançado, criando assim o legislador algumas espécies de travas de segurança para a proteção do ato jurídico perfeito e ao direito adquirido mediante partilha.

Assim, houve a proteção à legítima já partilhada, com prescrição da petição de herança em 10 (dez) anos[530-531], contados a partir da abertura da sucessão, nos termos dos Artigos 205, c/c 1.784, do Código Civil, relembrando que não corre prescrição contra os incapazes nos termos dos Artigos 198, I, c/c Art. 3º, do Código Civil, sendo causa de interrupção a existência de demanda judicial nos termos do Artigo 202, I. Nesse caso, poderemos, em tese, ver esse prazo se estender por décadas.

O legislador preocupou-se, ainda, com a patrimonialização do reconhecimento dos pais, como verdadeira punição pela imoralidade da própria circunstância, excluindo-os do usufruto legal e da administração dos bens do filho, se adquiridos antes do reconhecimento voluntário ou forçado (Artigo 1.693, I, do Código Civil).

---

[529] Tradução livre: "Onde a lei não distingue, não nos é permitido fazer a distinção".

[530] Em sentido contrário, Luiz Paulo Vieira de Carvalho não reconhece a natureza pessoal atribuída à pretensão da Petição de Herança, se tratando de um direito real e concluindo pela sua imprescritibilidade. CARVALHO, Luiz Paulo Vieira de. *Direito das Sucessões*. 3. ed. revista, atualizada e ampliada. São Paulo: Atlas, 2017. p. 287-288.

[531] Muito embora seja cabível Ação Rescisória de Anulação de Partilha contra herdeiro "preterido" da partilha (arts. 628 e 658 do CPC), com prazo decadencial de 2 anos, não se aplica aos filhos excluídos do processo de partilha, conforme explicado no Fórum Permanente de Processualistas Civis, realizado em São Paulo, dias 18, 19 e 20 de março de 2016, através do seguinte Enunciado: "183. (art. 658) A ação rescisória de partilha com fundamento na preterição de herdeiro, prevista no inciso III do art. 658, está vinculada à hipótese do art. 628, não se confundindo com a ação de petição de herança (art. 1.824 do Código Civil), cujo fundamento é o reconhecimento do direito sucessório e a restituição da herança por aquele que não participou, de qualquer forma, do processo de inventário e partilha." (Grupo: Procedimentos Especiais). BRASIL. Enunciado nº 183 do Fórum Permanente de Processualistas Civis, em 2016. São Paulo/SP. Disponível em: <www.cpcnovo.com.br/wp-content/uploads/2016/06/FPPC-Carta-de-São-Paulo.pdf>. Acesso em: 18 nov. 2017.

Rolf Madaleno aponta outra clara repulsa do legislador à patrimonialização da filiação, quando limita o direito ao alcance da condição de ascendente ao pai ou a mãe que desejam reconhecer o filho após seu falecimento, limitando o direito apenas se inexistente descendente, que será chamado a herdar primeiro (Artigo 1.609, parágrafo único, c/c Artigo 1829, I, do Código Civil e Artigo 26, parágrafo único, do ECA)[532].

Assim, entendemos que o legislador, ao limitar o prazo para petição de herança, considerou que o direito patrimonial a ela não alcança a importância do direito pessoal ao reconhecimento do estado de filiação perseguido pelo filho.

Nesse caso, pune, ainda, os ascendentes excluindo-os da participação na herança, o que se torna justo se imaginarmos que a inércia imposta pelo pai ou mãe desidiosos pode ter gerado danos de natureza material e imaterial, como a dor do filho, que partiu com o sentimento de rejeição.

Por fim, há que se destacar que o direito ao resgate da herança continua condicionado ao passivo do autor da herança. Portanto, muito embora considerada uma universalidade de direitos, a herança também resulta em deveres: realizada a partilha do legado após a apuração do montante líquido, é preciso saldar, primeiramente, todas as dívidas do *de cujus*[533].

Isto posto, vemos como um excesso a usurpação do direito constitucional de todos ao reconhecimento do estado de filiação, com argumentos voltados à patrimonialização, já que o legislador criou travas de segurança para não lesar terceiros e o próprio filho e, ainda, elaborou a proteção ao ato jurídico perfeito resultante da distribuição do legado.

6.5 Multiplicidade de Ascendentes

Os parentes que compõem a linha reta do autor da herança, porém em grau superior, são denominados *ascendentes*. Esses herdeiros só são chamados a suceder se inexistentes descendentes. Aqui, não há direito de representação, sendo os de grau mais remoto excluídos pelos de grau mais próximo.

---

[532] MADALENO, Rolf Hanssen. *Direito de família*. 7. ed. revista, atualizada e ampliada. Rio de Janeiro: Forense, 2017. p. 593.
[533] ITABAIANA DE OLIVEIRA, Arthur Vasco. *Tratado de Direito das Sucessões*. São Paulo: Max Limonad, 1952. v. I. p. 59-60.

6. ASPECTOS DA SUCESSÃO LEGITIMÁRIA

Mas o fato é que o fenômeno da multiparentalidade traz, de imediato, outras polêmicas, entre elas a divisão da quota-parte do ascendente, já que se herda por linha, divididas em materna e paterna.

Assim, se existente a mesma quantidade de ascendentes nas linhas incomuns, não haverá qualquer problema: a herança será dividida em partes iguais (resguardada a concorrência com cônjuge ou companheiro). Entretanto, no caso de disparidade de quantidade de ascendentes no mesmo grau e linha[534], o conflito continua configurado, já que essa categoria de legitimários não herda por representação. Logo, resta a dúvida se haverá a divisão aos ascendentes em mesmo grau por linha ou em partes iguais.

Luiz Paulo Vieira de Carvalho nos aponta um critério estritamente legalista, segundo o qual entende que o sistema sucessório dos ascendentes destina a cota parte à linha, sendo 50% para cada, conforme leitura que se faz do Artigo 1.836, §2ª, do Código Civil e, uma vez diferindo a quantidade de ascendentes na linha materna e paterna, a cota parte será dividida entre os integrantes da linha à qual pertencem. Por exemplo: se forem duas mães e um pai, será 25% para cada mãe e 50% para um pai. Ressalta ainda que em nada implica a isonomia sucessória, por se tratar de direito exclusivo dos filhos.[535-536]

Já Ricardo Calderón, muito embora entenda que inexiste disposição legal a respeito pela inovação da multiparentalidade, prima pela divisão igualitária entre os integrantes de linhas distintas, por entender que esta seria a divisão mais justa[537].

Trata-se de matéria de grande complexidade já que, muito embora o parágrafo segundo do Artigo 1836 não tenha previsto a multiplicidade de pais e mães, lá está disposto o percentual de 50% por linha. Entretanto, concordamos que essa divisão pode causar injustiça, em especial

---

[534] Exemplo: mãe socioafetiva pré-morta, mãe biológica viva e pais biológico e socioafetivo vivos.

[535] CARVALHO, Luiz Paulo Vieira de. *Direito das Sucessões*. 3. ed. revista, atualizada e ampliada. São Paulo: Atlas, 2017. p. 332-333.

[536] No mesmo sentido: CAHALI, Francisco José; HIRONAKA, Giselda Maria Fernandes Novaes. *Direito das Sucessões*. 4. ed. revisada, atualizada e ampliada. São Paulo: Revista dos Tribunais, 2012. p.153 e 173.

[537] CALDERÓN, Ricardo. *Princípio da Afetividade no Direito de Família*. 2. ed. revista, atualizada e ampliada. Rio de Janeiro: Forense, 2017. p. 234.

pela isonomia constitucional atribuída a todos e, ainda, pela igualdade imposta na responsabilidade parental pela criação dos filhos, não podendo haver regras que os diferenciem. O que parece ser correto, para nós, é a divisão equânime entre os ascendentes em mesmo grau, respeitada a concorrência com cônjuge ou companheiro sobrevivente. Porém, há que se alterar a legislação, que prevê de forma diversa, como exposto alhures.

6.6 Multiplicidade de Descendentes

Em sendo reconhecido o direito à multiparentalidade, o filho será igualado aos outros irmãos e receberá sua quota-parte da herança deixada pelos ascendentes, nos termos da legislação vigente à época da abertura da sucessão. Mas é preciso lembrar que, nessa linha reta, é possível o direito à representação, nos termos dos Artigos 1.851 e seguintes.

Francisco José Cahali aponta que a preferência dos descendentes ao demais herdeiros se resume na presunção de maior *amor e afeição*[538], sendo, portanto, indiscutível a transmissão da herança aos filhos, ainda que já existente alguma espécie de vínculo parental sedimentado que resultou na múltipla sucessão.

Como bem observa Luiz Paulo Vieira de Carvalho, há questionamentos sobre a possibilidade de o filho receber a herança em dobro. Nesse ponto, adicionamos a possibilidade do recebimento triplo, se formada a tríade "registral, biológico e afetivo". E mais, não apenas concorda com a possibilidade de multiplicidade de heranças, como aponta sua existência já vivenciada em nosso ordenamento jurídico, já que, no passado, a adoção simples poderia gerar a multiplicidade de heranças, já que o vínculo com a família natural não se extinguia para efeitos sucessórios, sendo o adotante herdeiro dos pais biológicos e dos pais adotivos, perdendo direito de ser integrando na legítima destes apenas se existentes filhos anteriores à adoção[539].

Diante disso, parece-nos que a circunstância da dupla herança existente na adoção não foi modificada por repúdio, mas sim pela isonomia

---

[538] CAHALI, Francisco José; HIRONAKA, Giselda Maria Fernandes Novaes. *Direito das Sucessões*. 4. ed. revisada, atualizada e ampliada. São Paulo: Revista dos Tribunais, 2012. p.167.
[539] CARVALHO, Luiz Paulo Vieira de. *Direito das Sucessões*. 3. ed. revista, atualizada e ampliada. São Paulo: Atlas, 2017. p. 330-331.

6. ASPECTOS DA SUCESSÃO LEGITIMÁRIA

constitucional trazida pela filiação em proveito do adotado, que passa a ser tratado em igualdade de condições com os filhos do adotante e desvincula-se por completo da família natural por questões de proteção do novo lar contra eventuais incômodos, e proteção do filho a fim de extirpar o convívio com aqueles que tiveram o poder familiar extinto.

Assim, decidimos apontar as questões que entendemos ser mais polêmicas no que tange à multiplicidade de descendentes.

6.6.1 Adoção

A isonomia entre os filhos trazida pela Constituição Federal e a possibilidade de cumulação das paternidades trazidas no julgamento da RE 622/STF, nos traz o questionamento se as adoções já realizadas se encontram ameaçadas pelo reconhecimento parental biológico, resultando em atribuição de efeitos sucessórios. São lacunas que se abriram e merecem resposta, já que poderão haver demandas judiciais a exigir o difícil posicionamento.

Denota-se que existem ações de adoção sendo deferidas no Poder Judiciário reconhecendo a multiparentalidade, porém já iniciados os vínculos havidos pela afetividade. Assim, passaremos a dispor sobre as situações tão similares quanto antagônicas, procurando demonstrar o nosso entendimento a respeito, com base na pesquisa já realizada.

6.6.1.1 *Adoção Plena*

Como dito alhures, a multiplicidade sucessória já encontrou amparo legal nos casos de adoção simples, permanecendo o adotado vinculado à sua família de origem – e, portanto, recebendo todos os direitos sucessórios de seus ascendentes. Entretanto, ele também recebia herança dos pais adotivos, desde que estes não tivessem filhos legítimos, legitimados ou reconhecidos[540]. Assim, em nosso entendimento, a *dupla herança* não foi um problema para adoção, mas sim a falta dela, que gerava a desigualdade com os filhos naturais do adotante.

Por conseguinte, a isonomia constitucional trouxe outros contornos ao Instituto da Filiação e igualou os adotados aos filhos dos adotantes, seus irmãos. Assim, entendemos que, pela História da Adoção e submis-

---

[540] Artigos 378 e 379 do Código Civil.

são de direitos do adotado à sorte da existência de filhos do adotante, o princípio constitucional serviu para igualar os filhos no lar adotivo, pois o adotado passou a ter as mesmas condições que seus irmãos, filhos naturais. Tanto é verdade que, posteriormente, o Estatuto da Criança e do Adolescente estipulou a adoção plena e o rompimento dos vínculos com a família de origem, nos termos do Artigo 41.

Ocorre que os filhos poderão exigir uma interpretação analógica da isonomia constitucional dos adotados, de maneira inversa: o retorno à família natural. Entretanto, essa exigência conflita diretamente com o ECA nos termos acima exarados.

Denota-se que o Superior Tribunal de Justiça já enfrentou a questão e demonstrou a tendência no prestígio ao vínculo consanguíneo e à vontade do filho. No presente caso, o adotado requereu o reconhecimento do estado de filiação em face do pai biológico, e o tribunal optou pela procedência do pedido e, observando que naquela situação não havia vínculo registral anteriormente sedimentado com esse pai biológico, desconsiderou a vedação imposta no Artigo 41, do ECA, e fundamentou no melhor interesse do filho[541]. Posteriormente, também se optou pela possibilidade de reconhecimento do estado de filiação do adotado em face do ascendente genético: reconheceu-se em um deles a multiparentalidade[542].

O Tribunal de Justiça do Estado de Minas Gerais também já enfrentou a multiparentalidade envolvendo adoção e decidiu pela procedência em face do "melhor interesse e proteção integral" do menor. Entretanto, no caso em apreço, a mãe biológica não havia abandonado

---

[541] BRASIL. Superior Tribunal de Justiça. Recurso Especial nº 813.604, do Tribunal de Justiça do Estado de Santa Catarina. Relatora: Ministra Nancy Andrighi, Terceira Turma. Brasília, DF, 16 de agosto de 2007. Disponível em: <http://www.stj.jus.br/SCON/jurisprudencia/doc.jsp?livre=REsp+813604&b=ACOR&p=true&l=10&i=6>. Acesso em: 5 jan. 2018.

[542] BRASIL. Superior Tribunal de Justiça. Recurso Especial nº 220.623, do Tribunal de Justiça do Estado de São Paulo. Relator: Ministro Fernando Gonçalves, Quarta Turma. Brasília, DF, 3 de setembro de 2009. Disponível em: <http://www.stj.jus.br/SCON/jurisprudencia/doc.jsp?livre=REsp+220623&b=ACOR&p=true&l=10&i=4>. Acesso em: 5 jan. 2018. Sobre a concomitância entre os vínculos afetivo e jurídico, vide: BRASIL. Justiça de Primeiro Grau do Estado do Paraná. Vara da Infância e da Juventude. Ação de adoção cumulada com pedido de mantença da paternidade registral nº 0038958-54.2012.8.16.0021. "Partes Preservadas". Juiz de Direito: Sérgio Luiz Kreuz. 20 de fevereiro de 2013. Disponível em: <http://www.direitodascriancas.com.br/jurisprudencia/index/1>. Acesso em: 9 nov. 2017).

o adotado, motivo pelo qual o juiz não aplicou a pena de destituição do poder familiar – ato que resultou em multiparentalidade[543].

Assim, por tudo o que já foi produzido pela Doutrina e jurisprudência sobre o Estado de Filiação e o direito ao tratamento igualitário entre os filhos em sua integralidade (sobretudo a homenagem à *vontade do filho* de ter o reconhecimento genético como alto valor representativo; a elevação da ascendência genética a direito intrínseco à personalidade), será difícil retroceder a tudo o que foi construído para excluir dos filhos adotivos o direito ao reconhecimento do Estado de filiação, com todos os seus efeitos, em especial os sucessórios.

6.6.1.2 *Adoção Afetiva*

Muito embora anacrônico ao sistema de filiação híbrido hoje vivenciado pela sociedade e protegido pelo ordenamento jurídico, a adoção precedida de vínculos de afeto encontra sua fundamentação no Estatuto da Criança e do Adolescente e é sobre esse fundamento que vem sendo concedida. Reiteramos que o sistema de adoção precisa urgentemente passar por séria reforma para adequar-se ao novo conceito de filiação.

A reinvenção do Instituto da Filiação trouxe novos paradigmas, que foram se modificando com uma rapidez inalcançada pelo Legislador e pelo Poder Judiciário, sendo que ainda existem processos de adoção consubstanciados no vínculo de afeto, como as situações dos "filhos de criação", que ainda estão em trâmite. A título de exemplo, a madrinha que cuidou da afilhada como se filha fosse, desenvolvendo entre ambas uma relação materno-filial, requereu a formalização do vínculo já estabelecido, mediante pedido de adoção[544].

Nessas situações, entendemos que poderá haver a multiparentalidade, visto que o vínculo biológico ou registral com a família natural

---

[543] CRIANÇA terá duas mães e um pai em seu registro de nascimento. Site: Consultor Jurídico – Conjur. 20 set. 2014. Disponível em: <https://googleweblight.com/?lite_url=https://www.conjur.com.br/2014-set-20/criancaduasmaespairegistronascimento&ei=wKv4n5 4k&lc=ptBR&s=1&m=674&host=www.google.com.br&ts=1508602843&sig=ANTY_ L3X4ZMcvNvYxmN93iqDxjlhj8kcVg>. Acesso em: 22 out. 2017.

[544] BRASIL. Superior Tribunal de Justiça. Recurso Especial nº 823.384, do Tribunal de Justiça do Estado do Rio de Janeiro. Relatora: Ministra Nancy Andrighi, Terceira Turma. Brasília, DF, 28 de junho de 2007. Disponível em: <http://www.stj.jus.br/SCON/jurisprudencia/doc.jsp?livre=REsp+823384&b=ACOR&p=true&l=10&i=6>. Acesso em: 5 jan. 2018.

ainda não foi excluído. Geralmente ocorre que pais desprovidos de recursos financeiros, que não têm condições de cuidar dele entreguem seu filho para alguém de seu convívio próximo. Aqui não se trata de desamor, mas sim de excesso de amor dos pais que, em uma atitude altruísta, deixam o filho sob a guarda e cuidados de quem possa melhor proporcionar o desenvolvimento psicossocial e projeção da criança ou adolescente na sociedade.

Logo, se constatado *o melhor interesse do filho*, a multiparentalidade poderá ser acolhida nesses casos de adoção, nos quais por vezes o convívio com os pais permanece – assim como permanece o dever desse filho de auxiliar esses pais na velhice. Ficam assim instituídas as verdadeiras funções sociais da relação paterno-filial: solidariedade e colaboração mútuas.

Mas a relação de afeto entre padrasto e madrasta também gera demandas de pedido de adoção. O Supremo Tribunal Federal, por decisão monocrática do Ministro Luiz Edson Fachin, reconheceu a multiparentalidade em um caso de ação de adoção póstuma, com fundamento na RG 622/STF. Entretanto, muito embora se tratasse de pedido de adoção, a maternidade se consubstanciou na relação de afeto entre madrasta e enteados[545-546].

É importante lembrar que o *padrastio* ou *madrastio*, puros e simples, não geram efeitos sucessórios, já que o vínculo de afinidade com os parentes do cônjuge ou companheiro não o coloca em grau de herdeiro legitimário[547]. Logo, a elevação à categoria de sucessor legal apenas será

---

[545] BRASIL. Supremo Tribunal Federal. Agravo Regimental no Recurso Extraordinário com Agravo nº 933.945, do Tribunal de Justiça do Estado do Goiás. Relator: Ministro Edson Fachin, Segunda Turma. Brasília, DF, 29 de setembro de 2017. Disponível em: <http://stf.jus.br/portal/jurisprudencia/listarJurisprudencia.asp?s1=%28933945%29&base=baseAcordaos&url=http://tinyurl.com/ybfwl6hy>. Acesso em: 5 jan. 2018.

[546] No mesmo sentido: BRASIL. Tribunal de Justiça do Estado do Rio Grande do Sul. Apelação nº 70065388175. Apelante: J.A.M.S. Apelado: A.J. Relator: Desembargador Alzir Felippe Schmitz, Oitava Câmara Cível. Porto Alegre/RS, 17 de setembro de 2015. Disponível em: <http://www.tjrs.jus.br/busca/search?q=70065388175&proxystylesheet=tjrs_index&client=tjrs_index&filter=0&getfields=*&aba=juris&entsp=a__politicasite&wc=200&wc_mc=1&oe=UTF8&ie=UTF8&ud=1&sort=date%3AD%3AS%3Ad1&as_qj=70014442743&site=ementario&as_epq=&as_oq=&as_eq=&as_q=+#main_res_juris>. Acesso em: 5 jan. 2018.

[547] CARVALHO, Luiz Paulo Vieira de. *Direito das Sucessões*. 3. ed. revista, atualizada e ampliada. São Paulo: Atlas, 2017. p. 315. E também: CAHALI, Francisco José; HIRONAKA, Giselda Maria

6. ASPECTOS DA SUCESSÃO LEGITIMÁRIA

alcançada se existente o reconhecimento judicial ou extrajudicial[548] do vínculo paterno-materno-filial entre eles.

Isto posto, entendemos que *o melhor interesse do filho* e o *princípio da isonomia constitucional* são capazes de flexibilizar a filiação havida por adoção consubstanciada em relações socioafetivas, culminando no reconhecimento da multiparentalidade em favor do filho, com todos os efeitos inclusive os sucessórios, sendo perfeitamente aplicada a RG 622/STF.

6.6.2 Técnicas de Reprodução Assistida

Apontaremos breves e principais discussões que poderão surgir para habilitação sucessória dos filhos advindos de técnicas de reprodução assistida.

6.6.2.1 Inseminação Artificial Homóloga

Reza o Artigo 1.798, do Código Civil que serão herdeiros necessários os filhos nascidos ou já concebidos desde o momento da abertura da sucessão. Entretanto, com as técnicas de reprodução assistida, o casal pode congelar seu material genético e, com a pretérita autorização do outro, realizar o procedimento após a morte dele ou dela, em homenagem à continuação de sua existência na pessoa do descendente.

A questão é extremamente controversa, já que não há lei sucessória regulamentando a questão. A pergunta que se faz é se o material genético tem seus direitos sucessórios resguardados, se considerado que, no momento da abertura da sucessão o procedimento ainda não tiver sido realizado.

Francisco José Cahali demonstra dissabor em relação a essa tese de efeitos gerados por manipulação genética *post mortem*, explicando que "com a morte, desaparece a personalidade e, assim, novas relações jurídicas não podem ser instauradas com o falecido". Ressalte-se que tal questão é inalcançada pelo Direito Sucessório, que condiciona a legitimação à existência de filho nascido ou a nascer no momento da abertura

---

Fernandes Novaes. *Direito das Sucessões*. 4. ed. revisada, atualizada e ampliada. São Paulo: Revista dos Tribunais, 2012. p. 147.
[548] Provimento Conselho Nacional de Justiça 63/2017 que permitiu o reconhecimento de paternidade ou maternidade socioafetiva extrajudicialmente.

da sucessão, muito embora reconheça a aplicabilidade do Artigo 1.597, III a V, do Código Civil e o dever de isonomia[549].

E, de fato, o Artigo 1.597, incisos III e IV, trata da proteção à fecundação *post mortem*, atribuindo o estado de filiação ao filho havido por essas técnicas reprodutivas, o que constitui a paternidade presumida.

Cristiano Chaves Farias defende a concessão dos direitos sucessórios para as situações previstas no dispositivo supracitado, desde que já tenha havido a concepção laboratorial, onde a Lei não distingue esta da uterina. Entretanto, entende que ela não será aplicada aos casos em que há apenas o sêmen congelado, pelo princípio da isonomia entre os filhos, já que sêmen não é sinônimo de filho concebido[550].

Nesse sentido, foi editado o Enunciado 267 da III Jornada de Direito Civil, que aduz:

> 267 – Art. 1.798: A regra do art. 1.798 do Código Civil deve ser estendida aos embriões formados mediante o uso de técnicas de reprodução assistida, abrangendo, assim, a vocação hereditária da pessoa humana a nascer cujos efeitos patrimoniais se submetem às regras previstas para a petição da herança.

Diante do exposto, a multiparentalidade sucessória também poderá ser perseguida pela presunção de paternidade havida por inseminação artificial homóloga *post mortem*, em especial porque, se pré-morto o pai ou a mãe, o nascido provavelmente será acolhido por alguma parentalidade socioafetiva, somando-se os vínculos e, consequentemente, todos os seus efeitos.

6.6.2.2 *Inseminação Artificial Heteróloga e Cessão Temporária de Útero*

Como já foi dito, há a *presunção de paternidade* do marido ou companheiro que autoriza o uso da técnica de reprodução assistida com material genético de terceiro. Nesses casos, obviamente que um teste de DNA afastaria a paternidade biológica; entretanto, a Lei decide responsabilizar

---

[549] CAHALI, Francisco José; HIRONAKA, Giselda Maria Fernandes Novaes. *Direito das Sucessões*. 4. ed. revisada, atualizada e ampliada. São Paulo: Revista dos Tribunais, 2012. p. 122-123 e 168.

[550] FARIAS, Cristiano Chaves de. A família parental. In: PEREIRA, Rodrigo da Cunha (Coord.). *Tratado de Direito das Famílias*. Belo Horizonte: IBDFAM, 2015. p. 264-265.

6. ASPECTOS DA SUCESSÃO LEGITIMÁRIA

o homem por sua escolha (prévia autorização) e, ainda, por proteger o filho de eventual desamparo material em caso de arrependimento posterior, determinando o vínculo parental, gerando todos os seus efeitos, inclusive sucessórios.

Questiona-se, portanto, quanto a *presunção da maternidade*, já que como bem observa Giselda Maria Fernandes Novaes Hironaka, as técnicas de reprodução assistida também podem alcançar a mulher por doação de óvulo ou pela cessão temporária de útero para a gestação, criando controvérsias quanto à qualificação do filho como descendente. Aponta ainda que a situação se agrava quando deparamos com dois enunciados de Direito Civil antagônicos: um, que sugere a presunção de maternidade em face da autora do projeto maternal[551]; e outro, que determina a interpretação restritiva quanto à presunção paterna[552]. Diante disso,

---

[551] I Jornada de Direito Civil, ano 2002. Enunciado 129 – "Proposição para inclusão de um artigo no final do Cap. II, Subtítulo II, Cap. XI, Título I, do Livro IV, com a seguinte redação: Art. 1.597, A . A maternidade será presumida pela gestação. Parágrafo único: Nos casos de utilização das técnicas de reprodução assistida, a maternidade será estabelecida em favor daquela que forneceu o material genético, ou que, tendo planejado a gestação, valeu-se da técnica de reprodução assistida heteróloga". BRASIL. Enunciado nº 129 da I Jornada de Direito Civil, em 2002. Jornadas de direito civil I, III, IV e V : enunciados aprovados / coordenador científico Ministro Ruy Rosado de Aguiar Júnior. Brasília : Conselho da Justiça Federal, Centro de Estudos Judiciários, 2012. Também disponível em: <http://www.google.com.br/url?sa=t&rct=j&q=&esrc=s&source=web&cd=1&ved=0ahUKEwjq57NmsbYAhWClJAKHZAYD0MQFggnMAA&url=http%3A%2F%2Fwww.cjf.jus.br%2Fcjf%2Fcorregedoriadajustica-federal%2Fcentro-de-estudos-judiciarios-1%2Fpublicacoes1%2Fjornadascej%2FEnunciadosAprovadosJornadas1345.pdf&usg=AOvVaw3AXZNmzAnCUcp9yUsg_UNL>. Acesso em: 20 nov. 2017.

[552] III Jornada de Direito Civil, ano 2004. Enunciado 257 – Art. 1.597: "As expressões fecundação artificial, 'concepção artificial' e 'inseminação artificial', constantes, respectivamente, dos incs.' III, IV e V do art'. 1597 do Código Civil, devem ser interpretadas restritivamente, não abrangendo a utilização de óvulos doados e a gestação de substituição". BRASIL. Enunciado nº 257 da III Jornada de Direito Civil, em 2004. Jornadas de direito civil I, III, IV e V : enunciados aprovados / coordenador científico Ministro Ruy Rosado de Aguiar Júnior. Brasília : Conselho da Justiça Federal, Centro de Estudos Judiciários, 2012. Também disponível em: <http://www.google.com.br/url?sa=t&rct=j&q=&esrc=s&source=web&cd=1&ved=0ahUKEwj-q57NmsbYAhWClJAKHZAYD0MQFggnMAA&url=http%3A%2F%2Fwww.cjf.jus.br%2Fcjf%2Fcorregedoria-da-justica-federal%2Fcentro-de-estudos-judiciarios-1%2Fpublicacoes-1%2Fjornadas-cej%2FEnunciadosAprovados-Jornadas-1345.pdf&usg=AOvVaw3AXZNmzAnCUcp9yUsg_UNL>. Acesso em: 20 nov. 2017.

conclui que devem ser reconhecidos esses novos vínculos para a legitimação sucessória[553].

Entendemos que os Enunciados são complementares em si, porquanto o Enunciado 257 reflete a compreensão literal da Lei, na qual realmente não há previsão expressa de *presunção de maternidade,* enquanto o Enunciado 129, identificando a lacuna legislativa, sugere a alteração do Código Civil para fazer constar a responsabilidade maternal por seu projeto parental. Mas há um fato inconteste: a evolução da Ciência, com reflexos na área da família e sucessões, que o legislador não pôde acompanhar. Essa evolução merece respostas legislativas para a proteção sucessória dos filhos havidos pelas técnicas de reprodução assistida heteróloga.

Isto porque também poderá haver a multiparentalidade pela formação de vínculo socioafetivo posterior. Porém, entendemos que apenas o amadurecimento do instituto poderá apontar o direito à coexistência dos vínculos, já que não abrangido pela RE 622/STF, que limitou a filiação biológica e afetiva e nada tratou sobre aquelas havidas por técnicas de reprodução assistida.

6.6.2.3 Doador de Material Genético

Há ainda a emblemática situação do doador de material genético e a possível legitimação sucessória diante de uma condição de alguém que nunca aceitou nem tampouco correu o risco, mas que apenas contribuiu para o projeto alheio. O fato é que, com a evolução da Medicina, há a crescente busca da sociedade por técnicas de reprodução assistida, sem que exista lei federal delimitando as responsabilidades dos participantes do processo.

Para dispor sobre isso, o Conselho Nacional de Justiça editou os Provimentos 52/2016 e 63/2017, com o objetivo de regulamentar e facilitar o registro das crianças havidas por técnicas de reprodução assistida, autorizando o registro pelos pais independentemente se casados, conviventes, homossexuais ou solteiros, constando, ainda, a inexistência de direitos sucessórios quanto aos doadores.

---

[553] HIRONAKA, Giselda Maria Fernandes Novaes. *Morrer e Suceder:* passado e presente da transmissão sucessória concorrente. São Paulo: Revista dos Tribunais, 2014. p. 350-352.

6. ASPECTOS DA SUCESSÃO LEGITIMÁRIA

Concluímos que, nesse caso, não haverá legitimação de doadores quanto à sucessão, muito embora o vínculo genético não necessite de "vontade" para existir. A intenção do doador tem a finalidade social de *contribuição para a formação da família*, devendo, portanto, ser resguardado seu direito de não constituir o vínculo parental, que precisa constar expressamente e de forma pretérita ao ato. Assim, essa é a única forma que não gera o parentesco e, portanto, não deve gerar efeitos sucessórios, muito embora defendamos a necessidade de legislação federal para regulamentar o ato.

6.6.3 Sucessão Avoenga

Os netos também têm seus direitos sucessórios resguardados com relação aos ascendentes de seu sucessor por força do Artigo 1.851, do Código Civil, que dá, aos descendentes do filho havido de uma relação multiparental, o direito de herdar, ainda que de forma múltipla.

Realizado o registro onde consta a multiparentalidade, acreditamos que não haverá grandes controvérsias. Entretanto, haverá problemas em caso da existência fática da relação paterno/materno filial sem o devido reconhecimento judicial – o que inabilita os netos a herdar por representação, por falta de legitimidade.

Assim, a jurisprudência enfrentou o tema e estendeu os efeitos sucessórios do filho a seus descendentes, ainda que aquele seja pré-morto a eventual reconhecimento do Estado de Filiação.

Trata-se de matéria inovadora, onde o Artigo 1.606, do Código Civil restringe a ação de investigação de paternidade ou maternidade de forma personalíssima ao filho, "passando aos herdeiros, se ele morrer menor ou incapaz". Ocorre que tal artigo está em flagrante contradição com o Direito Sucessório dos descendentes, que podem herdar por representação.

Assim, em movimento contrário à literalidade da Lei, o Ministro Humberto Gomes de Barros, já há mais de uma década e de forma precursora naquele Superior Tribunal, decidiu pela possibilidade jurídica do pedido de declaração da relação avoenga por autores cujo pai era falecido, sob o fundamento de inexistência de norma restritiva de direito que impossibilitasse a pretensão[554]. A decisão foi mantida por aquele

---

[554] BRASIL. Superior Tribunal de Justiça. Recurso Especial nº 604.154, do Tribunal de Justiça do Estado do Rio Grande do Sul. Relator: Ministro Humberto Gomes de Barros, Terceira

tribunal, consubstanciada no entendimento de que o direito à ancestralidade genética está inserido no princípio de proteção à dignidade da pessoa humana[555].

Concordamos com o posicionamento supracitado – especialmente porque o direito à herança é cláusula pétrea[556], prevista no Artigo 5º, XXX, da Carta Magna, devendo ser protegido de forma irrefutável. Além disso, a concessão do direito aos netos continua demonstrada, sendo que os direitos ao reconhecimento da ancestralidade, à origem genética e ao nome são intrínsecos ao ser humano e fundamentados no Direito da Personalidade, no preceito constitucional de proteção à dignidade da pessoa humana.

Diante disso, também serão devidas eventuais multiplicidades de heranças por representação aos ascendentes falecidos, nada havendo no ordenamento jurídico que altere essa questão, ainda que as partes tenham que lutar pelo reconhecimento da paternidade ou maternidade a fim de obter a legitimidade sucessória.

6.7 Multiplicidade Sucessória Enfrentada pelo STJ

O Superior Tribunal de Justiça[557] já se posicionou acerca da matéria envolvendo a multiparentalidade e seus efeitos sucessórios, em uma decisão precursora que envolve muitas questões polêmicas já tratadas no presente estudo.

Turma. Brasília, DF, 16 de junho de 2005. Disponível em: <http://www.stj.jus.br/SCON/jurisprudencia/doc.jsp?livre=REsp+604154&b=ACOR&p=true&l=10&i=5>. Acesso em: 5 jan. 2018.

[555] BRASIL. Superior Tribunal de Justiça. Recurso Especial nº 807.849, do Tribunal de Justiça do Estado do Rio de Janeiro. Relatora: Ministra Nancy Andrighi, , Segunda Seção. Brasília, DF, 24 de março de 2010. Disponível em: <http://www.stj.jus.br/SCON/jurisprudencia/doc.jsp?livre=REsp+807849&b=ACOR&p=tru e&l=10&i=3>. Acesso em: 5 jan. 2018.

[556] Como bem lembra CARVALHO, Luiz Paulo Vieira de. *Direito das Sucessões*. 3. ed. revista, atualizada e ampliada. São Paulo: Atlas, 2017. p. 332.

[557] BRASIL. Superior Tribunal de Justiça. Recurso Especial nº 1.618.230, do Tribunal de Justiça do Estado do Rio Grande do Sul. Relator: Ministro Ricardo Villas Bôas Cueva, Terceira Turma. Brasília, DF, 28 de março de 2017. Disponível em: <http://www.stj.jus.br/SCON/jurisprudencia/toc.jsp?livre=REsp+1618230&&tipo_visualizacao=RESUMO&b=ACOR>. Acesso em: 5 jan. 2018.

6. ASPECTOS DA SUCESSÃO LEGITIMÁRIA

O caso revela uma "adoção à brasileira", na qual o pai biológico deu seu filho à uma irmã que, junto com seu parceiro[558], criou o menor, desenvolvendo uma relação paterno-materno-filial socioafetiva. Aos 61 anos de idade, o investigante, que já tinha ciência da paternagem biológica há 27 anos, ingressou com pedido de investigação de paternidade, vindo a falecer o pai biológico aos 91 anos de idade, antes que a citação fosse realizada. Como o autor da herança tinha sucessores, estes contestaram a ação, sob o fundamento de sedimentação da relação socioafetiva e o caráter patrimonial da demanda.

Em primeira instância, o magistrado privilegiou a paternidade socioafetiva e declarou o vínculo biológico sem alteração no registro de nascimento, pois entendeu que essa formalidade resultaria no reconhecimento do estado de filiação e seus efeitos sucessórios. O Tribunal de Justiça manteve a decisão de primeira instância sob os mesmos argumentos, adicionando o agravante de o autor já ter recebido a herança do pai socioafetivo. O filho recorreu ao STJ.

O Relator do processo, o Ministro Ricardo Villas Bôas Cueva, deu procedência ao recurso, reconhecendo a multiparentalidade, com todos os seus efeitos, inclusive sucessórios.

Para justificar a elevação do vínculo biológico ao patamar do socioafetivo, o relator ressaltou a isonomia trazida aos filhos pelas normas de direitos vigentes, fundamentando o reconhecimento à multiparentalidade na Repercussão Geral 622 do STF. Em se tratando dos direitos sucessórios, conclui o Ministro que: "A pessoa criada e registrada por pai socioafetivo não precisa, portanto, negar sua paternidade biológica, e muito menos abdicar de direitos inerentes ao seu novo status familiar, tais como os direitos hereditários".

Assim, por unanimidade de votos, resta rechaçada por esses componentes do STJ as teses que desejam obstar o reconhecimento ao Estado de Filiação fundamentada em eventual patrimonialização na busca por direitos sucessórios. Portanto, resta patente a tendência de nossos tribunais de prestigiar o direito pessoal em detrimento de suposições de usurpação patrimonial.

---

[558] No referido acórdão não há menção à espécie de relação jurídica constituída entre os pais socioafetivos – se casamento ou união estável –, porém ele indica que eram um "casal", sendo que o pai faleceu aos 12 anos do menor, demonstrando, portanto, que a socioafetividade não tem prazo para a sua formação, possui a sua proteção legal e se protrai no tempo.

7. Sugestão de "*Lege Ferenda*"

Entendemos a importância de ajustarmos algumas normas legais para recepcionar a multiparentalidade porque, muito embora os sistemas de Direito do mundo ocidental sofram influências mútuas, o fato é que vigora no Brasil o sistema *Civil Law*, sendo que a jurisprudência é fonte de direito secundária à legislação[559].

Entretanto, pela peculiaridade inerente às questões que envolvem a família, esta não poderá sofrer rígidas disposições. Eventuais divergências serão disseminadas, trazendo o mínimo de segurança jurídica ao fenômeno que só tem a crescer.

O reconhecimento do estado de filiação pelo vínculo biológico continua previsto pelo Artigo 1.593, assim identificado como "parentesco natural". Já o vínculo socioafetivo é protegido por interpretação jurisprudencial do "parentesco civil". Independentemente de sua formação, é vedada sua desconstituição, salvo por erro ou falsidade de registro[560]. Entretanto, a nova realidade nos mostra que, muitas vezes, os parentes-

---

[559] REALE, Miguel. *Lições preliminares de direito*. São Paulo: Saraiva, 2002. p. 141-143.

[560] O que já foi relativizado pela jurisprudência, como se verifica o caso da "adoção à brasileira", em face da qual a Corte entendeu que o vínculo socioafetivo e a vontade dos pais registrais descaracterizam a falsidade registral (BRASIL. Superior Tribunal de Justiça. Recurso Especial nº 709.608, do Tribunal de Justiça do Estado do Mato Grosso do Sul. Relator: Ministro João Otávio de Noronha, Quarta Turma. Brasília, DF, 5 de novembro de 2009. Disponível em: <http://www.stj.jus.br/SCON/jurisprudencia/doc.jsp?livre=709608&b=ACOR&p=true&l=10&i=5>. Acesso em: 20 nov. 2017).

cos natural e civil coexistem em pessoas distintas, fato imprevisível aos olhos do legislador quando da edição do Código Civil.

Mas a Multiparentalidade é um fato social que merece proteção em face da importância da isonomia alcançada entre os filhos, concedida pela Constituição Federal de 1988, onde o passado nos mostrou que a categorização dos filhos serviu apenas para trazer injustiças e sofrimentos às crianças e adolescentes e proteção legal à "paternidade irresponsável".

Assim, muito embora reconheçamos a realidade social da formação híbrida da filiação nas famílias brasileiras, com fundamentação esparsa em preceitos constitucionais e leis esparsas, ainda assim entendemos ser prudente que a legislação promova algumas mudanças a fim de recepcionar essa realidade de forma expressa e evidente. Isto porque, mesmo após a tese de Repercussão Geral nº 622/STF reconhecer a Multiparentalidade, ainda assim encontramos impasse na aplicação da tese, com base em inexistência de amparo legal que autorize a concomitância dos vínculos[561], reforçando a importância da adequação legal para levar à sociedade a necessária segurança jurídica.

7.1 Filiação

Preliminarmente, sugerimos incluir a possibilidade de cumulatividade de vínculo de filiação, para excluir de uma vez a discussão quanto à possibilidade ou não do reconhecimento legal da multiplicidade de vínculos.

CAPÍTULO II – DA FILIAÇÃO
Inserir Artigo no capítulo: Admite-se a cumulação de filiações geradas por vínculos biológicos e socioafetivos, conforme resulte ao mesmo tempo da consanguinidade e da posse de estado de filho, advinda de uma ou mais fontes.

A isonomia entre os filhos está prevista em nossa Constituição Federal. Entretanto, compartilhamos do entendimento de que o Código Civil necessita ser alterado[562] para que haja sua proteção integral.

---

[561] BRASIL. Tribunal de Justiça do Distrito Federal e dos Territórios. Apelação nº 0008418-53.2013.807.0016. Apelante: A.S.A. Apelado: F.C.S.C. E OUTRO(S). Relator: Desembargador Gilberto Pereira de Oliveira, 3ª Turma Cível. Brasília/DF, 14 de setembro de 2016. Disponível em: <http://cacheinternet.tjdft.jus.br/cgibin/tjcgi1?NXTPGM=plhtml06&ORIGEM=INTER&CDNUPROC=20130110330594APC>. Acesso em: 7 jan. 2018.

[562] Daniela Braga Paiano, ao tratar do tema, fez pertinente sugestão de alteração desse artigo. PAIANO, Daniela Braga. *O direito de filiação nas famílias contemporâneas*. 2016. 291 p. Tese

7. SUGESTÃO DE "LEGE FERENDA"

Acreditamos que a intenção pretérita do legislador ao limitar o Artigo 1.596 foi a de proteger os adotados e filhos ilegítimos de eventuais prejuízos em detrimento dos filhos havidos pelo casamento, o que já resta ultrapassado. Assim, entendemos por bem simplificar o referido artigo, a fim de abranger formas de filiação que possam surgir, não havendo prejuízo, já que a classificação do parentesco e a atribuição do estado de filiação já estão dispostos no decorrer do Código Civil, que ainda pode ser ampliado por leis esparsas. (Por exemplo: o nascido por inseminação artificial heteróloga sem autorização do marido não pode ser considerado filho deste, por vedação expressa contida no artigo 1.597, V, do Código Civil).

Portanto, imbuídos no espírito de proteção isonômica dos filhos, objetivo desse dispositivo, independentemente do vínculo que os origina e se há concomitância com outro já sedimentado, sugerimos a seguinte alteração:

Código Civil Vigente. Artigo 1.596. Os filhos, havidos ou não da relação de casamento, ou por adoção, terão os mesmos direitos e qualificações, proibidas quaisquer designações discriminatórias relativas à filiação.

Sugestão de alteração: Artigo 1.596. Os filhos terão os mesmos direitos e qualificações, proibidas quaisquer designações discriminatórias relativas à filiação.

Outrossim, muito embora concordarmos com a tese de que o reconhecimento extrajudicial para os casos de multiparentalidade é prematuro, uma vez sedimentados os conflitos do instituto e criadas suas raízes próprias. Assim como visto na parentalidade socioafetiva, será necessária a alteração da legislação para o reconhecimento extrajudicial[563],

---

(Doutorado). Faculdade de Direito, Universidade de São Paulo, São Paulo, 2016. Orientador: Prof. Álvaro Villaça Azevedo. p. 219.

[563] Em resposta ao um pedido de providências do IBDFAM para se ter a regulamentação da paternidade socioafetiva perante os oficiais de registro civil do Brasil, o CNJ nega o pedido de reconhecimento da multiparentalidade, pois assevera prematura a sua intervenção em questão tão polêmica e sem amparo legislativo, porém reconhece a necessidade na possibilidade de regulamentação da paternidade socioafetiva extrajudicialmente, por escritura pública e desde que preenchidos os seguintes requisitos formais: 1) comprovação de estado de posse de filho e vontade livre e desimpedida de ser pai ou mãe; 2) aplicação por analogia de disposições do ECA para a proteção da criança e adolescente, sendo estas: Artigo 42 *ca-*

que será realizado mediante alteração do Artigo 54, da Lei de Registros Públicos, já que nela não há menção de qualquer possibilidade de se fazer constar a existência de: múltiplos pais, mães e avós nem no assento nem na certidão de nascimento do filho:

> Lei de Registros Públicos – Lei nº 6015/1973. Artigo 54. O assento de nascimento deverá conter: [...]
> Sugestão de alteração. Artigo 54. O assento de nascimento deverá conter: [...] 12. É permitida a multiplicidade de pais e mães com vínculo biológico e afetivo, desde que comprovada a posse de estado de filho, vontade livre e desimpedida de ser pai ou mãe, vínculo de afetividade e observadas as limitações impostas no Artigo 42 caput §1º; 42 §3º; 45 caput e seu §2º da Lei 8069/1990.

Por fim, observamos que, ao editar o Provimento 63/2017, o Conselho Nacional de Justiça excluiu a possibilidade da coexistência de dois pais e duas mães (Artigo 14), discriminando, assim, os casais homossexuais, que terão que enfrentar o Poder Judiciário para buscar o vínculo socioafetivo. Desse modo, respeitamos as razões do CNJ para atuar com parcimônia quanto à multiparentalidade, por ser um instituto novo e que se encontra em vias de amadurecimento; entretanto, sugerimos a alteração para permitir a coexistência de mesmo gênero parental para proteger os casais homossexuais que desejam constituir família.

> Provimento 63/2017. Art. 14. O reconhecimento da paternidade ou maternidade socioafetiva somente poderá ser realizado de forma unilateral e não implicará o registro de mais de dois pais e de duas mães no campo FILIAÇÃO no assento de nascimento.
> Sugestão de alteração. Art. 14. O reconhecimento da paternidade ou maternidade socioafetiva somente poderá ser realizado de forma unilateral e não

---

put §1º; 42 §3º; 45 *caput* e seu §2º da Lei 8069/90; 3) dispensado estágio de convivência com a criança e; 4) comprovação do vínculo de afetividade. Brasil. Conselho Nacional de Justiça. Corregedoria. Pedido de Providências. Autos nº 0002653-77.2015.2.00.0000. Ministro Corregedor João Otávio de Noronha. Julgado em 14.mar.2017. Como resultado do processo supracitado, o Provimento 63 de 20 de novembro de 2017 vetou expressamente a multiparentalidade extrajudicial: Art. 14. O reconhecimento da paternidade ou maternidade socioafetiva somente poderá ser realizado de forma unilateral e não implicará o registro de mais de dois pais e de duas mães no campo FILIAÇÃO no assento de nascimento.

7. SUGESTÃO DE "LEGE FERENDA"

implicará o registro de mais de dois pais e de duas mães no campo FILIAÇÃO no assento de nascimento.

Parágrafo único. No caso de filhos de casais homoafetivos, poderá haver o duplo reconhecimento da filiação socioafetiva pela companheira ou companheiro, desde que não resulte em mais de duas pessoas no registro, observadas ainda as disposições do Artigo 16 §2º abaixo[564].

7.2 Adoção

A adoção possui determinação imperativa quanto ao rompimento total com relação à família natural, criticado por Rui Geraldo Camargo Viana, por defender que se trata de afastamento das regras da Lei de investigação de paternidade nº 8.560/92 e da paternidade responsável[565].

Nesse sentido, a mudança de paradigma da sociedade trouxe o prestígio ao direito do ser humano em ver reconhecida sua ancestralidade, seu nome, entre outros atributos intrínsecos à personalidade, por meio do vínculo parental biológico.

Por conseguinte, o reconhecimento ao estado de filiação protegido pelo ECA a todos os filhos de forma indiscriminada, cumulado com a isonomia entre os filhos ditada pela Constituição Federal e demais leis esparsas, aponta que nossa legislação atual, ao tratar da adoção está incoerente com o atual sistema jurídico, que prevê o desligamento por completo do vínculo parental biológico.

Assim, não temos o intuito de esgotar o assunto nem tampouco de solucionar todas as suas questões – tanto por sua natureza complexa quanto por ser um assunto dissociado do objeto central do estudo – mas nossa intenção é apenas a de demonstrar a necessidade de alteração de dois artigos, que demonstram flagrante contradição no caso de concessão da multiparentalidade aos adotados. Por isso, sugerimos a seguinte redação:

Estatuto da Criança e do Adolescente – Lei 8069/1990 – Art. 41. A adoção atribui a condição de filho ao adotado, com os mesmos direitos e deveres,

---

[564] Art. 16. §2º. No caso de filhos de casais homoafetivos, o assento de nascimento deverá ser adequado para que constem os nomes dos ascendentes, sem referência à distinção quanto à ascendência paterna ou materna.

[565] VIANA, Rui Geraldo Camargo. 1996. 200 p. *A família e a filiação*. Tese de Titularidade de Direito Civil – Faculdade de Direito, Universidade de São Paulo, São Paulo, 1996. p.181.

inclusive sucessórios, desligando-o de qualquer vínculo com pais e parentes, salvo os impedimentos matrimoniais.

§ 1º Se um dos cônjuges ou concubinos adota o filho do outro, mantêm-se os vínculos de filiação entre o adotado e o cônjuge ou concubino do adotante e os respectivos parentes.

§ 2º É recíproco o direito sucessório entre o adotado, seus descendentes, o adotante, seus ascendentes, descendentes e colaterais até o 4º grau, observada a ordem de vocação hereditária.

Sugestão de alteração: Art. 41. A adoção atribui a condição de filho ao adotado, com os mesmos direitos e deveres, inclusive sucessórios, desligando-o de qualquer vínculo com pais e parentes e desde que este seja o interesse do adotado, salvo os impedimentos matrimoniais.

§ 1º Se um dos cônjuges, concubinos ou companheiros adota o filho do outro, mantêm-se os vínculos de filiação entre o adotado e o cônjuge, concubino ou companheiro do adotante e os respectivos parentes.

§ 2º É recíproco o direito sucessório entre o adotado, seus descendentes, o adotante, seus ascendentes, descendentes e colaterais até o 4º grau, observada a ordem de vocação hereditária.

Estatuto da Criança e do Adolescente – Lei 8069/1990 – Art. 48. O adotado tem direito de conhecer sua origem biológica, bem como de obter acesso irrestrito ao processo no qual a medida foi aplicada e seus eventuais incidentes, após completar 18 (dezoito) anos.

Parágrafo único. O acesso ao processo de adoção poderá ser também deferido ao adotado menor de 18 (dezoito) anos, a seu pedido, assegurada orientação e assistência jurídica e psicológica.

Sugestão de alteração: Art. 48. O adotado tem, a seu exclusivo critério, o direito de conhecer sua origem biológica ou reestabelecer o vínculo de filiação, bem como de obter acesso irrestrito ao processo no qual a medida foi aplicada e seus eventuais incidentes, após completar 18 (dezoito) anos.

Parágrafo único. O acesso ao processo de adoção poderá ser também deferido ao adotado menor de 18 (dezoito) anos, a seu pedido, assegurada orientação e assistência jurídica e psicológica.

7.3 Doadores

Há uma matéria que não encontra amparo na Lei: é a inexistência de vínculo parental pelo doador de material genético. Percebe-se que a filiação biológica não poderá ser desconstituída, como no caso do registro

7. SUGESTÃO DE "LEGE FERENDA"

feito por erro[566], já que a participação genética da formação do indivíduo pode ser facilmente demonstrada mediante exames laboratoriais.

Para proteger os doadores de material genético, o Provimento 63/2017 do Conselho Nacional de Justiça manteve a inexistência de vínculo de filiação e seus efeitos. No mesmo sentido, para preservar o interesse dos doadores de contribuírem para a Ciência, o Conselho Federal de Medicina mantém o anonimato fundamentado na Resolução nº 2.168/2017 e assevera inexistir vínculo de parentesco entre doador e criança. Nesse caso, o fator determinante para a formação do vínculo parental passa a ser *a vontade*[567]. Sugerimos, então, que tal determinação conste do Código Civil:

> Código Civil Vigente. Artigo 1.593. O parentesco é natural ou civil, conforme resulte da consanguinidade ou outra origem.
> Sugestão de alteração: Artigo 1.593 Parágrafo único. O conhecimento da ascendência biológica não importará no reconhecimento de vínculo de parentesco natural entre o doador ou a doadora e o embrião ou nascituro havido por meio das técnicas de reprodução assistida, salvo se inexistente declaração expressa e anterior a realização do procedimento.
> Estatuto da Criança e do Adolescente. Lei nº 8069/1990. Art. 27. O reconhecimento do estado de filiação é direito personalíssimo, indisponível e imprescritível, podendo ser exercitado contra os pais ou seus herdeiros, sem qualquer restrição, observado o segredo de Justiça.
> Sugestão de alteração: Art. 27. O reconhecimento do estado de filiação é direito personalíssimo, indisponível e imprescritível, podendo ser exercitado contra os pais ou seus herdeiros, sem qualquer restrição, observado o segredo de Justiça.

---

[566] Verifica-se que o Superior Tribunal de Justiça desconsiderou o princípio de *melhor interesse da criança* e julgou procedente ação negatória de paternidade, visto que a filiação socioafetiva foi consubstanciada no erro advindo da presunção *pater is est*. (BRASIL. Superior Tribunal de Justiça, REsp 1330404, do Tribunal de Justiça do Estado do Rio Grande do Sul. Relator Ministro Marco Aurelio Bellizze, Terceira Turma. Brasília, DF, 5 de fevereiro de 2015. Disponível em: <http://www.stj.jus.br/SCON/jurisprudencia/doc.jsp?livre=1330404&b=ACOR&p=true&l=10&i=5>. Acesso em: 7 jan. 2018.)

[567] No mesmo sentido, Mônica Aguiar defenda que "Enquanto na filiação decorrente da conjunção carnal, o critério biológico é o prevalente para fixar essa relação, na inseminação artificial, a vontade é, por excelência, o fator básico a ser utilizado". AGUIAR, Mônica. *Direito à filiação e bioética*. Rio de Janeiro: Forense, 2005, p. 93.

Parágrafo único. Os filhos havidos por técnicas de reprodução assistida não receberão o reconhecimento ao estado de filiação com relação aos doadores de material genético, salvo se inexistente declaração expressa e anterior a realização do procedimento.

7.4 Gestação por Substituição

Em 1988 já se falava em *trimaternidade*, em face das técnicas da fertilização *in vitro*. Assim, já podia ser identificado um núcleo maternal subdividido em: *mãe genética*; *mãe que carrega* e *mãe que cuida*[568].

Com a possibilidade de cessão temporária de útero, a maternidade não é mais sempre certa, já que o parto nem sempre atribuirá a filiação, como outrora.

Assim, sem a intenção de esgotar todas as possibilidades de normatização, porém no caso de as espécies de maternidades se colidirem, sugerimos que se deva regulamentar a consolidação do vínculo parental em face daquela que teve o *animus* de "fazer nascer alguém"[569], – mediante a inserção do seguinte dispositivo legal:

> Sugestão de inclusão. Código Civil. Capítulo II "Da filiação": A maternidade será presumida pela gestação.
> Parágrafo único. Cessa a presunção estabelecida no *caput* deste artigo quando utilizada técnica de procriação assistida, caso em que a maternidade será estabelecida em favor daquela que dela se valeu, assim considerada como a autora do projeto parental.
> Código Civil. Art.1.608. Quando a maternidade constar do termo do nascimento do filho, a mãe só poderá contestá-la, provando a falsidade do termo, ou das declarações nele contidas.
> Sugestão de alteração. Art.1.608. Quando a maternidade constar do termo do nascimento do filho, a mãe poderá contestá-la, provando a falsidade do termo, das declarações nele contidas ou comprovando que se valeu das técnicas de reprodução assistida.

---

[568] Cusine, Douglas. New Reproductive Tecniques: a Legal Perspective, 1988, apud Santos, Maria Celeste Cordeiro Leite. Quem são os Pais? O DNA e a filiação, proposta de solução ou início dos dilemas? In: Leite, Eduardo de Oliveira (Coord.). *Grandes temas da atualidade*: DNA como meio de prova da filiação. Rio de Janeiro, Forense, 2000. p. 211.

[569] Aguiar, Mônica. *Direito à filiação e bioética*. Rio de Janeiro: Forense, 2005. p. 113-117 e 159.

7. SUGESTÃO DE "LEGE FERENDA"

Assim, para evitar a multiparentalidade em casos nos quais não existe proteção legal – qual seja a atribuição do vínculo parental pela procriação ou doação de óvulo – faz-se necessária a exclusão da presunção de maternidade advinda do parto, prevista no ordenamento jurídico.

Estatuto da Criança e do Adolescente. Lei nº 8069/1990. Art. 10. Os hospitais e demais estabelecimentos de atenção à saúde de gestantes, públicos e particulares, são obrigados a: [...] II – identificar o recém-nascido mediante o registro de sua impressão plantar e digital e da impressão digital da mãe, sem prejuízo de outras formas normatizadas pela autoridade administrativa competente; [...] V – manter alojamento conjunto, possibilitando ao neonato a permanência junto à mãe.

VI – acompanhar a prática do processo de amamentação, prestando orientações quanto à técnica adequada, enquanto a mãe permanecer na unidade hospitalar, utilizando o corpo técnico já existente.

Sugestão de alteração: Art. 10. Os hospitais e demais estabelecimentos de atenção à saúde de gestantes, públicos e particulares, são obrigados a:II – identificar o recém-nascido mediante o registro de sua impressão plantar e digital e da impressão digital da parturiente, da mãe biológica ou daquela que se valeu da técnica de reprodução assistida assim compreendida como a autora do projeto parental, se distintas forem, sem prejuízo de outras formas normatizadas pela autoridade administrativa competente; [...] V – manter alojamento conjunto, possibilitando ao neonato a permanência junto à parturiente e à mãe genética ou daquela que se valeu da técnica de reprodução assistida assim compreendida como a autora do projeto parental, se distintas forem.

VI – acompanhar a prática do processo de amamentação, prestando orientações quanto à técnica adequada, enquanto a parturiente permanecer na unidade hospitalar, utilizando o corpo técnico já existente.

A presunção de maternidade homóloga também poderá ser aplicada ao uso das técnicas de reprodução assistida, pela cessão do útero de uma terceira para gerar o filho da esposa falecida. Logo, também se faz necessária a alteração do Artigo 1.597, III, do Código Civil para dar isonomia aos maridos[570].

---

[570] Muito embora se defenda pela exclusão do artigo em face da invalidade da permissão com a morte. (Aguiar, Mônica. *Direito à filiação e bioética*. Rio de Janeiro: Forense, 2005. p. 117-118).

> Código Civil Vigente. Artigo 1.597. Presumem-se concebidos na constância do casamento os filhos: [...] III – havidos por fecundação artificial homóloga, mesmo que falecido o marido; [...]
> Sugestão de alteração: Artigo 1.597. Presumem-se concebidos na constância do casamento os filhos: [...] III – havidos por fecundação artificial homóloga, mesmo que falecido o marido ou a esposa; [...]

7.5 Isonomia Sucessória

Em se tratando das questões sucessórias, os filhos devem ser tratados de forma isonômica, motivo pelo qual o reconhecimento do estado de filiação proporcionará a legitimação da sucessão, atribuindo, portanto, todos os efeitos sucessórios.

Considerando-se que a sucessão legítima é recíproca, os pais também são herdeiros de seus filhos. Assim sendo, também se faz necessário o ajuste legislativo para prever a existência de multiplicidade de ascendentes no mesmo grau e linha.

Além disso, conforme já foi referido no título das sucessões dos ascendentes, o Artigo 1.836, §2º, limitou a herança por linha. Entendemos que o legislador assim o fez porque não poderia prever o fenômeno da multiparentalidade. Assim, diante do princípio da isonomia constitucional e do direito à herança, todos previstos na Carta Magna, compartilhamos a sugestão de alteração[571] para equiparação dos ascendentes no mesmo grau e linhas diversas:

> Código Civil Vigente. Artigo 1.836. Na falta de descendentes, são chamados à sucessão os ascendentes, em concorrência com o cônjuge sobrevivente. [...] §2º. Havendo igualdade em grau e diversidade em linha, os ascendentes da linha paterna herdam a metade, cabendo a outra aos da linha materna.
> Sugestão de alteração: Artigo 1.836. Na falta de descendentes, são chamados à sucessão os ascendentes, em concorrência com o cônjuge sobrevivente. [...] §2º. Havendo igualdade em grau e diversidade em linha, os ascendentes da linha paterna herdam a metade, cabendo a outra aos da linha materna. §3º. Em caso de multiparentalidade, falecido o descendente sem deixar prole, o quinhão correspondente aos ascendentes será dividido na mesma proporção do número de pais ou mães sobreviventes e distribuída a cota em partes iguais.

---

[571] Sugestão feita por Luiz Paulo Vieira de Carvalho (CARVALHO, Luiz Paulo Vieira de. *Direito das Sucessões*. 3. ed. revista, atualizada e ampliada. São Paulo: Atlas, 2017. p. 334-335), com pequenas modificações da autora, a título de contribuição.

8. Conclusões

A origem histórica do parentesco é controversa. Além disso, a distância temporal somada à perda de registros nos faz órfãos de informações históricas mais completas. Alguns relatos demonstram que o vínculo consanguíneo não foi precursor do parentesco em Roma, mas sim a *affectio*. Após séculos de mudanças de preceitos sociais, políticos, econômicos e jurídicos, a sociedade passou a prestigiar o liame biológico dos *cognados*; entretanto, ainda assim o Imperador Justiniano sabiamente compreendeu a importância da filiação dos *agnados*, mantendo o direito à filiação a ambas as modalidades.

Concluímos então que a noção de parentesco está intimamente ligada às condições socioculturais, motivo pelo qual vai se modificando no decorrer do tempo a fim de atender aos anseios e necessidades da nova realidade na qual está inserido, de acordo com o tempo e o espaço. Assim, verificamos que a família e a filiação, uma vez umbilicalmente conectadas ao parentesco, também se alteraram com as mudanças de paradigmas socioculturais – e sua modificação infinita é inalcançável pelo Direito, que sempre vem após.

Percebemos que a família deixou de se tornar o centro para tornar-se um meio impulsionador de bem-estar e promoção física, psicossocial e econômica de seus integrantes. E, uma vez demonstrado pela sociedade que os vínculos afetivo e biológico são unissonamente importantes para o filho, a coexistência entre pessoas distintas fez nascer a multiparentalidade.

Como vimos, a multiparentalidade alcança verdadeiro medidor do estado democrático de direito, já que fundamentada em um de seus elementos: a dignidade da pessoa humana. E ela constitui, ainda, verdadeira proteção para o filho, pois chama os pais à responsabilidade do ofício parental, retirando do abstrato o mandamento constitucional da *paternidade responsável*.

Ressaltamos que nossa época presta homenagem ao *princípio* da *vontade do filho* de constituir o Estado de Filiação e *ao princípio da vontade do doador* em não o fazer – fato que nos convida a repensar os novos critérios a que deva ser submetida a formação do vínculo.

Por isso, entendemos que cada forma de filiação é composta por características próprias, que devem ser observadas pelo julgador – como, por exemplo, a da socioafetividade, que deve restar sedimentada na posse do estado de filho; e a da natural, pelo vínculo biológico.

Observamos que não existe lei que proíba a multiparentalidade, cuja existência é evidente e inevitável. Uma vez comprovada a existência de múltiplos vínculos parentais, entendemos que a tendência é pela sua concessão.

Destacamos um marco histórico para a fundação do Instituto da Multiparentalidade, com a Tese de Repercussão Geral nº 622 fixada pelo Supremo Tribunal Federal, que permite a coexistência entre os vínculos e demonstra a igualdade de importância do vínculo afetivo e biológico para o Instituto da Filiação e para a família brasileira, ambos protegidos pelo Estado Democrático de Direito.

A proteção à verdade do coração e ao vínculo construído pelo amor e afeto é defendida pelos juristas de forma inderrogável, de tal forma que o amor ao próximo, como mandamento bíblico, passa a ser relevante para o Direito à Filiação.

Entretanto, quando esse amor entra em conflito com a verdade biológica (muitas vezes a realidade daquele que nunca teve contato com o filho), a Doutrina entra em verdadeira convulsão conceitual. Contudo verifica-se que o filho se dirige ao Poder Judiciário não para extirpar o amor de uma vida inteira, mas para reconhecer seus direitos em igualdade de condições com os filhos que possuem a filiação pelo mesmo vínculo.

Isto porque percebemos que não podemos deixar que o alicerce do reconhecimento parental esteja vinculado à perenidade do amor: o direito não cria afeto, mas regulamenta seus efeitos. Deste modo, a afetividade não representa diminuição de direitos para substituir ou sobrepor o vínculo biológico, mas está aliada indissoluvelmente ao fechamento do

8. CONCLUSÕES

elo que protege o indivíduo em toda a sua extensão, para seu desenvolvimento pleno e completo.

Assim, a multiparentalidade traz o direito perseguido pelos filhos e oferece aos juristas o conforto de saber que a verdade do coração será preservada como a mais alta expressão do vínculo paterno-materno--filial, andando de mãos dadas com o vínculo biológico, que também poderá se tornar afeto. Juntos, protegerão o filho e lhe darão as bases para que desenvolva todas as suas possibilidades.

Nesse sentido, a Suprema Corte demonstrou, no julgamento do RE 898.060/SC, tanto prestígio à parentalidade socioafetiva quanto indignação à parentalidade irresponsável, encontrando saída alternativa para enaltecer uma e fulminar a outra, em uma única oportunidade.

Assim, entendemos que a multiparentalidade está autorizada pela Corte Maior a ser perquirida em todas as relações paterno-materno--filial em que coexistirem, em pessoas distintas, os vínculos natural e afetivo, restando à adoção plena e as técnicas de reprodução assistida debates ainda não sedimentados.

Mas o fato é que a tendência é a proliferação do instituto. Isto porque o fenômeno das famílias reconstituídas é a forma mais evidente de expansão da multiparentalidade, por se tratar de um novo núcleo que encontra em sua constituição filhos havidos de outros relacionamentos, restando muitas vezes sedimentada a relação socioafetiva entre padrastos, madrastas e enteados, ainda que estes mantenham o vínculo não apenas biológico, mas também afetivo com os pais de sangue.

É importante destacar que a destinação da múltipla filiação deve encontrar temperamentos e restrições, culminando em encargo severo ao magistrado, pois não envolve a aplicação da Lei de forma lógica, mas exige que se respeite a história das partes envolvidas.

Assim, o melhor interesse do filho deve ser observado para a concessão ou não da multiparentalidade; entretanto, o real benefício será confirmado no decorrer do compartilhamento das tarefas parentais, sendo que o reflexo positivo dependerá mais dos adultos do que por ação dos próprios filhos, em especial quando se tratar de crianças e adolescentes em situação de vulnerabilidade no ambiente familiar. Entretanto, permanecemos partidários da aplicação do instituto, pois entendemos que o Poder Judiciário goza de todos os mecanismos para coibir qualquer ato por parte de um dos pais que, por questões egoístas, almeje ter apenas para si o filho, prejudicando o harmônico desenvolvimento das relações paterno-materno-filiais, onde por isso entendemos que caberá aos julgadores dar o ritmo a essa dança, punindo-os severamente – como, por exemplo, aplicando com rigor a Lei 12.318/2010, que trata da alienação parental.

Também não podemos nos esquecer da resistência de alguns juristas apontadas neste trabalho, com base em argumentos que preferem proteger a patrimonialização das relações familiares, como no caso dos aspectos sucessórios, abordados no presente estudo.

Muito embora não exista herança de pessoa viva, negar o reconhecimento a um direito líquido e certo (filiação), por uma expectativa de direito (herança), baseada em mero juízo de valor, parece-nos ser tanto injusto quanto ilegal.

Mais que isso: excluir direitos constitucionalmente previstos baseados em suposições de imorais proveitos patrimoniais é um retrocesso do qual não podemos nos valer. É como não permitir a investigação de paternidade com receio de perturbação do lar conjugal, como outrora era legalizado e hoje é recriminado veementemente.

A proteção à legítima sucessória foi uma evolução que caminhou com a limitação em testar, colocando no patamar de proteção máxima e primordial os descendentes, em face do pressuposto de que encontrariam maior afeto do *de cujus*, em face dos demais parentes.

Mas o fato é que, o julgado do Supremo Tribunal Federal demonstra tendência para a uniformização da questão, em especial quanto aos efeitos sucessórios. Logo, sendo atribuída a multiparentalidade, não há que se negar todos os efeitos pessoais e patrimoniais do Estado de Filiação.

Diante disso, acreditamos na multiparentalidade como um instituto que fortalece as realidades familiares e preserva tanto o direito dos pais quanto o dos filhos. Assim, mais pessoas se comprometerão com aquele ser humano, suprindo dessa forma suas necessidades.

Mas o fato é que, ao estudar sobre o Direito estrangeiro e a marginalização que por vezes é imposta à filiação, com sua submissão ao casamento, muitas vezes causando injustiças aos filhos[572], nos enchem de

---

[572] Vide capítulo de Direito Estrangeiro, caso MC, EUA (M.C. *versus* IRENE V.), arquivado em 5 de maio de 2011. ESTADOS UNIDOS DA AMÉRICA. Suprema Corte do Estado da Califórnia. Apelação nº CK79091. Apelante: Melissa e outros. Apelada: Irene V. 5 de maio

8. CONCLUSÕES

orgulho os avanços conseguidos em nosso País, que encontra nos operadores um sincronismo de proteção integral e divorciada de fatores externos.

Assim, após a pesquisa, ao nos remetermos aos questionamentos incitados no início do trabalho, podemos responder seguramente que a multiparentalidade é uma realidade social viva dentro dos lares, que se dissemina no Brasil e em vários países afora, restando a cada Estado o dever de regulamentar essas situações já existentes, cujos reflexos benéficos dependem da responsabilidade dos envolvidos de resguardarem o melhor interesse do filho. Vimos ainda que o fenômeno está em processo de maturação e, nesse primeiro momento, não encontra aplicação para todas as espécies de filiação – o que deverá encontrar solução em face da isonomia constitucional perseguida por séculos e adquirida após muita injustiça em desfavor dos filhos. Ademais, os efeitos patrimoniais devem ser aplicados nos termos da Lei, já que o reconhecimento do Estado de Filiação está inserido no ordenamento jurídico, tendo como proteção essencial o princípio constitucional da dignidade da pessoa humana.

Por fim, entendemos que caberá a cada filho, individualmente, demonstrar seu melhor interesse e, se o mundo genético e afetivo, quando existentes em pessoas distintas, forem requisitos essenciais para sua proteção integral enquanto sujeito individual de direitos, a multiparentalidade há de ser concedida, em homenagem aos Direitos da Personalidade e aos princípios da dignidade da pessoa humana e da paternidade responsável.

de 2011. Disponível em: <https://supreme.justia.com/cases/federal/us/>. Acesso em: 19 dez. 2017.

REFERÊNCIAS

1. Doutrina

AGUIAR, Mônica. *Direito à filiação e bioética*. Rio de Janeiro: Forense, 2005.

ALEXANDRINO, José de Melo. Os direitos das crianças: linhas para uma construção unitária. In: TEIXEIRA, Ana Carolina Brochado; RIBEIRO, Gustavo Pereira Leite; COLTRO, Antônio Carlos Mathias; TELLES, Marília Campos Oliveira e (Org.). *Problemas da Família no Direito*. Belo Horizonte: Del Rey, 2012. p. 185-214.

ALMEIDA, José Luiz Gavião de. 1992. 190 p. *Da desconstituição do vínculo filial* (no direito brasileiro). Tese (Doutorado) – Faculdade de Direito, Universidade de São Paulo, São Paulo, 1992.

ALMEIDA, José Luiz Gavião de. O direito de família e a Constituição de 1988. In: MORAES, Alexandre (Coord.). *Os 20 anos da Constituição da República Federativa do Brasil*. São Paulo: Atlas, 2009. p. 381-394.

ALMEIDA, José Luiz Gavião de. *Direito civil*: família. Rio de Janeiro: Campus/Elsevier, 2008.

ALVES, Jones Figueiredo. A família no contexto da globalização e a socioafetividade como seu valor jurídico fundamental. In: CASSETARI, Christiano (Coord.). *10 anos de vigência do Código Civil brasileiro de 2002*: estudos em homenagem ao professor Carlos Alberto Dabus Maluf. São Paulo: Saraiva, 2013. p. 541-554.

ANGELS, Friedrich. *A Origem da Família, da Propriedade Privada e do Estado*. Tradução de Ciro Mioranza. São Paulo: Editora Lafonte, 2017.

AUBRY; RAU. *Cours de droit civil français*. 4. ed. Paris, 1869. v. 5 e 7.

AULETA, Tomasso. La famiglia rinnovatta: problemi e prospettive. In: BIANCA, Cesare Massimo; TOGLIATTI, Marisa Malagoli; MICCI, Anna Lisa (Coord.). *Interventi di sostegno ala genitorialità nelle famiglie ricomposte*: giuristi e psicologi a confronto. MILÃO: Franco Angeli, 2016.

AZEVEDO, Álvaro Villaça. União Estável. *Revista do Advogado* (da Associação dos Advogados de São Paulo – AASP), São Paulo, n. 58, mar. 2000. p. 14-29. (Número sobre: Direito de Família: Homenagem a Sérgio Marquez da Cruz.)

AZEVEDO, Álvaro Villaça. *Estatuto da família de fato*: de acordo com o atual Código Civil, Lei nº 10.406, de 10-01-2002. 3. ed. São Paulo: Atlas, 2011.

AZEVEDO, Álvaro Villaça. Estatuto dos Concubinos (originário). Anteprojeto de Lei. Criado por Álvaro Villaça Azevedo. In:_____. *Estatuto da família de fato*: de acordo com o atual Código Civil, Lei nº 10.406, de 10-01-2002. 3. ed. São Paulo: Atlas, 2011. p. 231-234.

AZEVEDO, Álvaro Villaça. *Curso de Direito Civil*: Direito de família. São Paulo: Atlas, 2013.

AZEVEDO, Álvaro Villaça. Afeto na relação familiar. In: CASSETARI, Christiano (Coord.). *10 anos de vigência do Código Civil Brasileiro de 2002*: estudos em homenagem ao professor Carlos Alberto Dabus Maluf. São Paulo: Saraiva, 2013. p. 575-588.

BEVILÁQUA, Clóvis. *Código Civil dos Estados Unidos do Brasil comentado*. 8. ed. Rio de Janeiro: Francisco Alves, 1950. v. 2.

BIONDI, Biondo. *Istituzioni di Diritto Romano*. 4. ed. Milão: Giuffrè, 1972.

BITTAR, Carlos Alberto; BITTAR FILHO, Carlos Alberto. *Direito civil constitucional*. 3ª ed. São Paulo: Revista dos Tribunais, 2003.

BITTENCOURT, Edgard de Moura. *O concubinato no direito*. São Paulo: Alba, 1961. v. 2.

BONFANTE, Pietro. *Famiglia e Successione*. Milano-Napoli-Palermo: Editora Torino, 1916.

BOUZON, Emanuel. *O Código de Hammurabi*. 2. ed. Rio de Janeiro: Vozes, 1976.

CAHALI, Francisco José; HIRONAKA, Giselda Maria Fernandes Novaes. *Direito das Sucessões*. 4. ed. revisada, atualizada e ampliada. São Paulo: Revista dos Tribunais, 2012.

CALDERÓN, Ricardo. *Princípio da Afetividade no Direito de Família*. 2. ed. revista, atualizada e ampliada. Rio de Janeiro: Forense, 2017.

CARVALHO, Luiz Paulo Vieira de. *Direito das Sucessões*. 3. ed. revista, atualizada e ampliada. São Paulo: Atlas, 2017.

CASSETARI, Christiano. *Multiparentalidade e Parentalidade Socioafetiva*: efeitos jurídicos. 2. ed. São Paulo: Atlas, 2015.

CATALAN, Marcos. Um ensaio sobre a multiparentalidade: prospectando, no ontem, pegadas que levarão ao amanhã. *Revista Facultad de Derecho Y Ciencias Políticas*, Medellín – Colombia, v. 42, n. 117, p. 621-649, Julio-Diciembre de 2012. (ISSN 0120-3886).

CHAMOUN, Ebert. *Instituições de Direito Romano*. 6. ed. Rio de Janeiro: Rio, 1977.

REFERÊNCIAS

CHAROLLES, Michel. *Introdução aos problemas da coerência dos textos*. In: GALVES, C.; ORLANDI, P. E.; OTONI, P. (Orgs.). *O texto: leitura e escrita*. 2ª ed. Campinas: Pontes, 1997.

CHAVES, Antônio. *Adoção, Adoção Simples e Adoção Plena*. 3. ed. rev. e ampl. São Paulo: Editora Revista dos Tribunais, 1983.

CHINELATO E ALMEIDA, Silmara Juny de Abreu. Exame de DNA, filiação e direitos da personalidade. In: LEITE, Eduardo de Oliveira (Coord.). *Grandes temas da atualidade*: DNA como meio de prova da filiação. Rio de Janeiro: Forense, 2000.

COLLATIO. *Digesto*, livro 16, título 3, fragmento 20.

Comparato, Fábio Konder. *A afirmação histórica dos direitos humanos*. São Paulo: Saraiva, 1999.

CONSALTER, Zilda Mara. O desamor e seus consectários jurídicos no âmbito do direito das famílias. In: PEREIRA, Dirce do Nascimento; CONSALTER, Zilda Mara (Org.). *Questões Controversas do Direito das Famílias na Contemporaneidade*. Belo Horizonte, 2015, p.24-46.

CORDEIRO, António Menezes. *Tratado de direito civil português I*: parte geral. 3. ed. Coimbra: Almedina, 2005. v. 1.

CORRAL, D. Ildefonso L. Garcia Del. Cuerpo del Derecho Civil Romano: Novelas. Publicado por los Hermanos Kriegel, Hermann Y Osenbruggen. Tercera Parte. Revisado el texto latino por D. Eduard Osenbruggen. Barcelona, 1898.

CORREIA, Alexandre; SCIASCIA, Gaetano. *Manual de Direito Romano e textos em correspondência com os artigos do Código Civil Brasileiro*. 4. ed. São Paulo: Saraiva, 1961. v. 1.

COULANGES, Fustel de. *A cidade antiga*. 2. ed. Tradução de J. Cretella Jr. e Agnes Cretella. São Paulo: Editora Revista dos Tribunais, 2011.

CRUZ, Sebastião. *Direito Romano (Ius Romanum)*: I. Introdução. Fontes. 4. ed. revista e atualizada. Coimbra: Dislivro, 1984.

CUNHA LOBO, Abelardo Saraiva da. *Curso de Direito Romano*: história, sujeito e objeto do direito. Instituições Jurídicas. Brasília: Senado Federal, 2006.

CUNHA PEREIRA, Rodrigo da. *Princípios fundamentais norteadores para o direito de família*. Belo Horizonte: Del Rey, 2005.

DIAS, Maria Berenice. O dever de fidelidade. *Revista da AJURIS*, Associação dos Juízes do Rio Grande do Sul, t. I, n. 85, p. 477-479, mar. 2002.

DIAS, Maria Berenice. *Manual de direito das famílias*. 4. ed. rev., atual. e ampl. São Paulo: Editora Revista dos Tribunais, 2007.

DINIZ, Maria Helena. *Curso de direito civil brasileiro*. 23. ed. São Paulo: Saraiva, 2008. v. 5.

D'ORS, A.; HERNÁNDEZ-TEJERO, F.; FUENTESECA, P.; GARCIA-GARRIDO, M.; BURILLO, J. *El Digesto de Justiniano*. Pamplona: Editorial Aranzadi, 1975. v. III, livros 37-50. DOWD, Nancy E. Multiple Parents/Multiple Fathers. *Revista de Direito e Estudos Familiares da Universidade da Flórida*, FL, v. 9, n. 231, p. 231-263, 2007.

ESPINOLA, Eduardo. *Questões Jurídicas e Pareceres*: A Adopção dos filhos espúrios pelo próprio pae. São Paulo: Cia. Graphico-Editora Monteiro Lobato, 1925.

FACHIN, Luiz Edson. *Estabelecimento da filiação e paternidade presumida*. Porto Alegre: Sergio Antonio Fabris Editor, 1992.

FACHIN, Luiz Edson. Paternidade e ascendência genética. In: LEITE, Eduardo de Oliveira (Coord.). *Grandes temas da atualidade*: DNA como meio de prova da filiação. Rio de Janeiro: Forense, 2000.

FACHIN, Luiz Edson. As relações paterno-filiais à luz do direito civil contemporâneo: reflexões sobre o poder familiar e autoridade parental. In: CASSETARI, Christiano. (Coord.). *10 anos de vigência do Código Civil Brasileiro de 2002*: estudos em homenagem ao professor Carlos Alberto Dabus Maluf. São Paulo: Saraiva, 2013. p. 555-562.

FACHIN, Rosana. Em busca da Família do Novo Milênio. In: PEREIRA, Rodrigo da Cunha (Coord.). *Família e Cidadania*: o novo CCB e a *vacatio legis*. Belo Horizonte: IBDFAM, 2002. p. 59-69.

FARIAS, Cristiano Chaves de. A família parental. In: PEREIRA, Rodrigo da Cunha (Coord.). *Tratado de Direito das Famílias*. Belo Horizonte: IBDFAM, 2015. p. 247-273.

FERRANDO, Gilda. Famílias Recompostas e Novos Pais. In: TEIXEIRA, Ana Carolina Brochado; RIBEIRO, Gustavo Pereira Leite; COLTRO, Antônio Carlos Mathias; TELLES, Marília Campos Oliveira e (Orgs.). *Problemas da família no Direito*. Belo Horizonte: Del Rey, 2012. p. 159-173.

FERREIRA, Jussara Suzi Assis Borges Nasser; RÖRHMANN, Konstanze. *As famílias pluriparentais ou mosaicos*. En. Pereira, R. da. C. (Org), Família e dignidade humana. São Paulo: IOB Thompson, 2006, p. 508.

FREITAS, Augusto Teixeira de. *Consolidação das Leis Civis*. Brasília: Senado Federal, Conselho Editorial, 2003 (1858). v. II.

FUJITA, Jorge Shiguemitsu. *Filiação*. São Paulo: Atlas, 2009.

FUJITA, Jorge Shiguemitsu. Filhos de criação: e os seus direitos? In: CASSETARI, Christiano (Coord.). *10 anos de vigência do Código Civil Brasileiro de 2002*: estudos em homenagem ao professor Carlos Alberto Dabus Maluf. São Paulo: Saraiva, 2013. p. 563-574.

FUJITA, Jorge Shiguemitsu. 2008. 197 p. *O afeto nas relações entre pais e filhos*: filiações biológica, socioafetiva e homoafetiva. Tese (Doutorado). Faculdade

REFERÊNCIAS

de Direito, Universidade de São Paulo, São Paulo, 2008. Orientador: Prof. Titular Doutor Álvaro Villaça Azevedo.

GAIO. *Institutas*. Tradução, notas e introdução de Alfredo di Pietro. La Plata: Ediciones Libreria Juridica, 1967.

GAIO. *Institutas*, livro 1, título 67.

GAIO. *Institutas*, livro 2, títulos 138-140.

GAIO. *Institutas*, livro 3, título 2.

GAIO. *Digesto*, livro 38, título 10, fragmento 4, comentários 3 e 7.

GAMA, Guilherme Calmon Nogueira da. *Direito de família pós-moderno*: separação de fato e ética. In: *Direito de família*: diversidade e multidisciplinariedade. Porto Alegre: IBDFAM, 2007, p.97-98.

GIORDANI, Mário Curtis. *Iniciação ao Direito Romano*. 5. ed. Rio de Janeiro: Lumen Juris, 2003.

GOMES, Orlando. *Direito de família*. 3. ed. Rio de Janeiro: Forense, 1978.

GONÇALVES, Carlos Roberto. *Direito civil brasileiro*. 5. ed. São Paulo: Saraiva, 2008, v.6.

GRISARD FILHO, Waldyr. *Famílias reconstituídas*: novas uniões depois da separação. 2. ed. rev. e atual. São Paulo: Editora Revista dos Tribunais, 2010.

HIRONAKA, Giselda Maria Fernandes Novaes. *Direito civil*: estudos. Belo Horizonte: Del Rey, 2000.

HIRONAKA, Gisela Maria Fernandes Novaes. Famílias Paralelas. *Revista da Faculdade de Direito da Universidade de São Paulo*, São Paulo, v. 108, p. 199-219, jan./dez. 2013. (Separata).

HIRONAKA, Giselda Maria Fernandes Novaes. *Morrer e Suceder*: passado e presente da transmissão sucessória concorrente. São Paulo: Revista dos Tribunais, 2014.

HIRONAKA, Giselda Maria Fernandes Novaes. *O valor e conteúdo jurídico do afeto na relação paterno-filial*: socioafetividade e multiparentalidade. 2015. Texto não publicado e enviado, anexo a e-mail, por uma gentileza da autora.

ITABAIANA DE OLIVEIRA, Arthur Vasco. *Tratado de Direito das Sucessões*. São Paulo: Max Limonad, 1952. v. I.

JUSTINIANO, Novella XXII, capítulos 22 e 23.

KELSEN, Hans. *Teoria pura do direito*: introdução à problemática científica do direito. Tradução de J. Cretella Jr. e Agnes Cretella. 7. ed. revisada e atualizada. São Paulo: Editora Revista dos Tribunais, 2011.

KRIEGEL, Hermann e Osenbruggen. *Cuerpo del Derecho Civil Romano. Digestorum D. Iustiniani*. Notas de referências de D. Ildefonso L. Garcia Del Corral. Primeira Parte Digesto, Tomo III. Barcelona: Jaime Molinas, 1897.

LEITE, Eduardo de Oliveira. *Famílias monoparentais*: a situação jurídica de pais e mães solteiros, de pais e mães separados e dos filhos na ruptura da vida conjugal. São Paulo: Editora Revista dos Tribunais, 1977.

Leite, Eduardo de Oliveira. *Exame de DNA, ou, o limite entre o genitor e pai.* In: _____. (Coord.). *Grandes temas da atualidade:* DNA como meio de prova da filiação. Rio de Janeiro, Forense, 2000. p. 61-85.

Lima Neto, Francisco Vieira. *O direito de não sofrer discriminação genética:* uma nova expressão dos direitos da personalidade. Rio de Janeiro: Lumen Juris, 2008.

Lôbo, Paulo Luiz Netto. Entidades familiares constitucionalizadas: para além do numerus clausus. In: Pereira, Rodrigo da Cunha (Coord.). *Família e Cidadania* – o novo CCB e a *vacatio legis*. Belo Horizonte: Del Rey, 2002.

Lôbo, Paulo Luiz Netto. Código Civil comentado: direito de família, relações de parentesco, direito patrimonial. Artigos 1.591 a 1.693. In: Azevedo, Álvaro Villaça (Coord.). *Código Civil comentado.* São Paulo: Atlas, 2003. v. XVI.

Lôbo, Paulo Luiz Netto. *Famílias.* 2. ed. São Paulo: Saraiva, 2009.

Lôbo, Paulo Luiz Netto. Direito de Família e os Princípios Constitucionais. In: Pereira, Rodrigo da Cunha (Coord.). *Tratado de Direito das Famílias.* Belo Horizonte: IBDFAM, 2015. p. 101/129.

Lôbo, Paulo Luiz Netto. Quais os limites e a extensão da tese de repercussão geral do STF sobre socioafetividade e multiparentalidade? *Revista IBDFAM*: Família e Sucessões, Belo Horizonte, v. 22, p. 11-27, jul./ago. 2017.

Madaleno, Rolf Hanssen. *Direito de família em Pauta.* Porto Alegre: Livraria do Advogado: 2004.

Madaleno, Rolf Hanssen. *Paternidade Alimentar.* In: Souza, Ivone Maria Candido Coelho de (Coord.). *Direito de família, diversidade e multidisciplinariedade.* Porto Alegre: IBDFAM, 2007.

Madaleno, Rolf Hanssen. *Repensando direito de família.* Porto Alegre: Livraria do Advogado Editora, 2007.

Madaleno, Rolf Hanssen. *Filiação Sucessória.* Revista Brasileira de Direito das Famílias e Sucessões, Belo Horizonte, v. 9, n. 1, p. 25–41, dez/jan 2008.

Madaleno, Rolf Hanssen. *Direito de família.* 7. ed. revista, atualizada e ampliada. Rio de Janeiro: Forense, 2017.

Madaleno, Rolf Hanssen. *Novas perspectivas no direito de família.* Porto Alegre: Livro do Advogado, ed. 2000

Madeira, Hélcio Maciel França. *Digesto de Justiniano, liber primus:* introdução ao Direito Romano / Imperador do Oriente Justiniano I. Prólogo de Pierangelo Catalano. 4. ed. rev. da tradução. São Paulo: Editora Revista dos Tribunais, 2009.

Maluf, Adriana Caldas do Rego Freitas Dabus. *Novas modalidades de família na pós-modernidade.* São Paulo: Atlas, 2010.

Maluf, Carlos Alberto Dabus; Maluf, Adriana Caldas do Rego Freitas Dabus. *Curso de Direito de Família.* São Paulo: Saraiva, 2013.

REFERÊNCIAS

MALUF, Carlos Alberto Dabus; MALUF, Adriana Caldas do Rego Freitas Dabus. Parecer – As relações de parentesco na contemporaneidade – prevalência a priori entre a parentalidade socioafetiva ou biológica – Descabimento – Definição em cada caso concreto do melhor interesse dos filhos – multiparentalidade – reconhecimento em casos excepcionais. *Revista do Instituto dos Advogados de São Paulo* (RIASP) e *Revista dos Tribunais*, Coordenação Elias Farah, nova série, ano 17, v. 33, p. 19-44, jan.-jun. 2014.

MARCUSCHI, Luiz Antônio. *Linguística do Texto*: o que é e como se faz. São Paulo: Parábola Editorial, 2012,

MAXIMILIANO, Carlos. *Direito das Sucessões*. 2. ed. São Paulo: Freitas Bastos, 1942. v. 1.

MAZZONI, Silvia. Interventi di sostegno ala genitorialità. In: BIANCA, Cesare Massimo; TOGLIATTI, Marisa Malagoli; MICCI, Anna Lisa (Coord.). *Interventi di sostegno ala genitorialità nelle famiglie ricomposte*: giuristi e psicologi a confronto. Milão: Franco Angeli, 2016.

MERIAM, Adele Stuart. *The Stepfather in the Family*. Chicago: Universidade de Chicago, 1940.

MICCI, Anna Luisa. La famiglia rinnovatta: problemi e prospettive. In: BIANCA, Cesare Massimo; TOGLIATTI, Marisa Malagoli; MICCI, Anna Lisa (Coord.). *Interventi di sostegno ala genitorialità nelle famiglie ricomposte*: giuristi e psicologi a confronto. Milão: Franco Angeli, 2016.

MODESTINO. *Digesto*, livro 38, título 10, fragmento 4, comentários 2 e 10.

MONTEIRO, Washington de Barros. *Curso de Direito Civil*: Direito de família. 37. ed. São Paulo: Saraiva, 2004.

MOREIRA ALVES, José Carlos. *Instituições de Direito Romano*. Rio de Janeiro, Forense, 1997. v. 2.

MOREIRA ALVES, José Carlos. *Direito Romano*. 16. ed. Rio de Janeiro: Forense, 2014.

MUNIZ, Francisco José Ferreira; OLIVEIRA, José Lamartine Corrêa de. *Direito de Família*. Porto Alegre: Sergio Antonio Fabris, 1990.

NADAUD, Stéphane. *L'homoparentalité*: une nouvelle chance pour la famille? Paris: Fayard, 2002.

NASCIMENTO, Walter Vieira. *Lições de História do Direito*. 12. ed. rev. e aumentada. Rio de Janeiro: Forense, 2000.

NAVES, Nilson. Apresentação. In: FREITAS, Augusto Teixeira de. *Consolidação das leis civis*. Prefácio de Ruy Rosado de Aguiar. Brasília: Senado Federal, Conselho Editorial, 2003. 2 v. p. X et seq. Disponível em: <http://www2.senado.leg.br/bdsf/handle/id/496206>. Acesso em: 30 ago. 2017.

OLIVEIRA, Guilherme de. *Critério Jurídico da Paternidade*. Coimbra: Almedina, 1998.

PAIANO, Daniela Braga. *O direito de filiação nas famílias contemporâneas*. 2016. 291 p. Tese (Doutorado). Faculdade de Direito, Universidade de São Paulo, São Paulo, 2016. Orientador: Prof. Álvaro Villaça Azevedo.

PIETRO, Alfredo di. *Gaius: Institutas*. La Plata: Ediciones Libreria Juridica, 1967.

PEREIRA JÚNIOR, Álvaro. Reportagem realizada em São Paulo e exibida nacionalmente no programa de televisão da Rede Globo, *Fantástico*, em 3 jul. 2016.

PEREIRA, Caio Mário da Silva. *Reconhecimento de paternidade e seus efeitos*. Rio de Janeiro: Forense, 2006.

PEREIRA, Lafayette Rodrigues. *Direitos de Família*. Rio de Janeiro: Tribuna Liberal, 1889.

PEREIRA, Lafayette Rodrigues. *Direitos de Família*: Anotações e Adaptações ao Código Civil por José Bonifácio de Andrada e Silva. Rio de Janeiro: Editores Virgílio Maia & Comp., 1918.

PEREIRA, Lafayette Rodrigues. *Direitos de Família*. Brasília: Senado Federal, 2004. (Conselho Editorial do Superior Tribunal de Justiça).

PEREIRA, Rodrigo da Cunha. *Princípios fundamentais norteadores do Direito de Família*. Belo Horizonte: Del Rey, 2006.

PEREIRA, Virgilio de Sá. *Direito de família*: lições do professor catedrático de direito civil. 3. ed. atual. legislativamente. Rio de Janeiro: Forense, 2008.

PERROT, Michele. *História da vida privada*: da Revolução Francesa à Primeira Guerra. São Paulo: Companhia das Letras, 1991.

PONTES DE MIRANDA, Francisco Cavalcanti. *Tratado de direito de família*. 3. ed. refundida e aumentada. São Paulo: Max Limonad, 1947. v. 3.

PONTES DE MIRANDA, Francisco Cavalcanti. *Tratado de direito privado*: parte especial. Atualizado por Rosa Maria de Andrade Nery. São Paulo: Editora Revista dos Tribunais, 2012. Tomo VII: Direito de Personalidade e Direito de Família. Direito matrimonial (existência e validade do casamento).

PONTES DE MIRANDA, Francisco Cavalcanti. *Tratado de direito privado*: parte especial. Atualizado por Rosa Maria de Andrade Nery. São Paulo: Editora Revista dos Tribunais, 2012. Tomo IX: Direito de Família. Direito Parental. Direito Protectivo.

PORTANOVA, Rui. *Ações de filiação e paternidade socioafetiva*: com notas sobre direito belga e Corte Europeia dos Direitos Humanos. Porto Alegre: Livraria do Advogado, 2016.

RAMOS, Elival da Silva. *Ativismo judicial*. São Paulo: Saraiva, 2010.

REALE, Miguel. *Lições preliminares de Direito*. 27. ed. São Paulo: Saraiva, 2002.

RESCIGNO. Le prospettive giuridiche per le famiglie ricomposte. In: MAZZONI, Silvia (org.). *Le nuove costellazioni familiar*. Milano: Giuffrè, 2002.

REFERÊNCIAS

RICCOBONO, Salvatore. *Corso di Diritto Romano*: Formazione e Sviluppo Del Diritto Romano Dalle XII Tavole a Giustiniano. Milão: Dott. A. Giuffreè, 1933-34. Parte 1. p. 569-579.

RICCOBONO, Salvatore. *Roma, madre de las leyes*. Tradução de J. J. Santa-Pinter. Buenos Aires: Depalma, 1975.

ROSA, Conrado Paulino da. *Ifamily*: um novo conceito de família? São Paulo: Saraiva, 2014.

RUSCELLO, Francesco. Poder Parental, Informação e Tutela do Menor. In: TEIXEIRA, Ana Carolina Brochado; RIBEIRO, Gustavo Pereira Leite; COLTRO, Antônio Carlos Mathias; TELLES, Marília Campos Oliveira e (Org.). *Problemas da Família no Direito*. Belo Horizonte: Del Rey, 2012. p. 225-233.

SAN TIAGO DANTAS, Francisco Clementino de. *Direito de família e das sucessões*. 2. ed. revisada e atualizada por José Gomes Bezerra Câmara e Jair Barros. Rio de Janeiro: Forense, 1991.

SANTOS, Maria Celeste Cordeiro Leite. Quem são os Pais? O DNA e a filiação, proposta de solução ou início dos dilemas? In: LEITE, Eduardo de Oliveira (Coord.). *Grandes temas da atualidade*: DNA como meio de prova da filiação. Rio de Janeiro, Forense, 2000.

SCAFF, Fernando Facury. A efetivação dos direitos sociais no Brasil. In: SCAFF, Fernando Facury; ROMBOLI, Roberto; REVENGA, Miguel (Coord.). *A Eficácia dos direitos sociais*: I Jornada Internacional de Direito Constitucional Brasil/Espanha/Itália. São Paulo: Quartier Latin, 2010.

SESTA, Michele. *Manuale di diritto di famiglia*. 2. ed. Padova: Cedam, 2005.

SILVA, Reinaldo Pereira e. Acertos e desacertos em torno da verdade biológica. In: LEITE, Eduardo de Oliveira (Coord.). *Grandes temas da atualidade*: DNA como meio de prova da filiação. Rio de Janeiro: Forense, 2000.

STANZIONE, Pasquale. Personalidade, Capacidade e Situações Jurídicas do Menor. In: TEIXEIRA, Ana Carolina Brochado; RIBEIRO, Gustavo Pereira Leite; COLTRO, Antônio Carlos Mathias; TELLES, Marília Campos Oliveira e (Org.). *Problemas da Família no Direito*. Belo Horizonte: Del Rey, 2011.

TELLES, José Homem Corrêa. *Comentário Crítico à Lei da Boa Razão*. Lisboa: 1865.

TEPEDINO, Gustavo. *Temas de direito civil*. Rio de Janeiro: Renovar, 2004.

ULPIANO. *Digesto*, livro 1, título 1, fragmento 10, comentário 2.

ULPIANO. *Digesto*, livro 50, título 16, fragmento 195, comentário 2.

ULPIANO. *Digesto*, livro 26, título 1.

VELOSO, Zeno. *Direito brasileiro da filiação e paternidade*. São Paulo: Malheiros, 1997.

VENOSA, Silvio de Salvo. *Direito civil*: direito de família. 11. ed. São Paulo: Atlas, 2011. v. 6.

Verucci, Florisa. O direito de ter pai. In: Leite, Eduardo de Oliveira (Coord.). *Grandes temas da atualidade*: DNA como meio de prova da filiação. Rio de Janeiro, Forense, 2000.

Viana, Rui Geraldo Camargo. 1996. 200 p. *A família e a filiação*. Tese de Titularidade de Direito Civil – Faculdade de Direito, Universidade de São Paulo, São Paulo, 1996.

Vilella, João Baptista. Desbiologização da paternidade. *Revista da Faculdade de Direito da Universidade Federal de Minas Gerais*, Belo Horizonte, ano XXVII, n. 21 (nova fase), maio 1979. (Separata).

Volterra, Eduardo. *Instituciones de Derecho Privado Romano*. Madrid: Editorial Civitas, 1986.

Wagner, Adriana. *Possibilidades e potencialidades da família:* a construção de novos arranjos a partir do recasamento. In: Wagner, A. (Coord.), Família em cena: tramas, dramas e transformações. Petrópolis: Vozes, 2002, p. 24-26

Wald, Arnoldo. *Direito de família*. 6. ed. São Paulo: Editora Revista dos Tribunais, 1988.

Wald, Arnoldo. *O novo direito de família:* com remissões ao novo código civil (lei 10.406, de 10-1-2002). 14. ed. São Paulo: Saraiva, 2002.

Welter, Pedro Belmiro. *Igualdade entre as filiações biológica e socioafetiva*. São Paulo: Editora Revista dos Tribunais, 2003.

Welter, Pedro Belmiro. *Teoria Tridimensional do Direito de Família*. São Paulo: Livraria do Advogado Editora, 2009.

Welter, Pedro Belmiro. *Teoria tridimensional do Direito de Família. Revista Jurídica*: órgão nacional de doutrina, jurisprudência, legislação e crítica jurídica, Sapucaia do Sul – RS, ano 58, n. 390, p. 11-34, abr. 2010. (Editora Notadez).

Wieacker, Franz. *Privatrechtsgeschichte Der Neuzeit Unter Besonderer Berucksichtigung Der Deutschen Entwicklung*. 2. ed. revista. Gottingen: Vandenhoek & Ruprecht, 1967.

Wieacker, Franz. *História do Direito Privado Moderno*. Tradução de A. M. Botelho Hespanha. 2. ed. revista. Lisboa: Fundação Calouste Gulbenkian, 1980.

2. Documentos em Suporte Eletrônico

Baima, Cesar. *Cientistas abrem caminho para criação de filhos com dois pais (e sem mãe)*. Rio de Janeiro, 14 set. 2016. Disponível em: <https://oglobo.globo.com/sociedade/ciencia/cientistas-abrem-caminho-para-criacao-de-filhos--com-dois-pais-sem-mae-20106106>. Acesso em: 24 set. 2017.

Barros, Sérgio Resende de. *Direitos humanos da família:* principiais e operacionais. 3 dez. 2003. Disponível em: ≤http://www.srbarros.com.br/pt/direitos--humanos-da-familia--principiais-e-operacionais.cont>. Acesso em: 30 set. 2017.

REFERÊNCIAS

BBC Brasil.com. *Cientista anuncia nascimento de outro bebê clonado*. 4 jan. 2003. Disponível em: <http://www.bbc.com/portuguese/ciencia/030104_clone-dtl.shtml>. Acesso em: 23. set. 2017.

BBC Brasil.com. *Três bebês clonados nascerão no mês que vem, diz cientista*. 5 jan. 2003. Disponível em: <http://www.bbc.com/portuguese/ciencia/030105_cloneml.shtml>. Acesso em: 23 set. 2017.

BIRMAN, Joel. *A evolução da família*. Aula dada no programa televisivo "Café Filosófico" em 7 out. 2012, e publicado no Youtube em 4 maio 2017. Disponível em: <https://www.youtube.com/watch?v=IbQCWd-M_cw>. Acesso em: 30 set. 2017.

BRASIL. Enunciado nº 183 do Fórum Permanente de Processualistas Civis, em 2016. São Paulo/SP. Disponível em: <www.cpcnovo.com.br/wp-content/uploads/2016/06/FPPC-Carta-de-São-Paulo.pdf>. Acesso em: 18 nov. 2017.

CALDERÓN, Ricardo. *Reflexos da decisão do STF de acolher socioafetividade e multiparentalidade*. 25 set. 2016. Disponível em: <http://www.conjur.com.br/2016--set-25/processo-familiar-reflexos-decisao-stf-acolher-socioafetividade--multiparentalidade>. Acesso em: 5 set. 2017.

CAMPOS, Paulo Roberto. Ressurgimento na Europa da "Roda dos Expostos". Set. 2012. Disponível em: <http://catolicismo.com.br/materia/materia.cfm?IDmat=2993E1A3-057A-2744-2B80429CC4914449&mes=Setembro2012>. Acesso em: 9 jan. 2018.

CRIANÇA terá duas mães e um pai em seu registro de nascimento. Site: Consultor Jurídico – Conjur. 20 set. 2014. Disponível em: <https://googleweblight.com/?lite_url=https://www.conjur.com.br/2014set20/crianca-duas--maes-pai-registronascimento&ei=wKv4n54k&lc=ptBR&s=1&m=674&host=www.google.com.br&ts=1508602843&sig=ANTY_L3X4ZMcvNvYxm-N93iqDxjlhj8kcVg>. Acesso em: 22 out. 2017.

DAVIS, Samuel M. *Children's Rights under the law* [Os direitos das crianças de acordo com a lei]. Nova Iorque: Editora da Revista da Universidade de Oxford, 2011. Disponível em: <https://books.google.com.br/books?id=Z_RMAgAAQBAJ&pg=PT83&lpg=PT83&dq=%22traditions+have+protected+the+marital+family.%22+Id.+at.+125&source=bl&ots=8wt6gHvEGN&sig=1tQh1OSoPfhY2RrV2JxFmB82Q5g&hl=en&sa=X&redir_esc=y#v=onepage&q&f=false>. Acesso em: 17 dez. 2017.

DIAS, Maria Berenice. *O dever de fidelidade*. Disponível em: <http://www.mariaberenice.com.br/manager/arq/(cod2_549)2__o_dever_de_fidelidade.pdf>. Acesso em: 24 nov. 2017.

EMANUEL, Gabrielle. *Three (parents) can be a crowd, but for some it's a family* [Três (pais) podem ser uma multidão, mas para alguns é uma família]. 30 mar.

2014. Disponível em: <https://www.npr.org/2014/03/30/296851662/three-parents-can-be-a-crowd-but-for-some-its-a-family>. Acesso em: 17 dez. 2017.

GRAY, Kevin. Florida judge approves birth certificate listing three parentes [Juiz da Flórida aprova certidão de nascimento listando três pais]. 7 fev. 2013. Disponível em: <https://www.reuters.com/article/us-usa-florida-adoption/florida-judge-approves-birth-certificate-listing-three-parents-idUSBRE91618L20130207>. Acesso em:17 dez. 2017.

FREITAS, Augusto Teixeira de. *Consolidação das leis civis*. Brasília: Senado Federal, Conselho Editorial, 2003. v. I. (Coleção história do direito brasileiro. Direito civil). Disponível em: <http://www2.senado.leg.br/bdsf/item/id/496206>. Acesso em: 30 ago. 2017.

IBDFAM (Instituto Brasileiro de Direito de Família). Assessoria de Comunicação Social (com informações do STF). *Tese anunciada pela ministra Cármen Lúcia reconhece multiparentalidade*. Belo Horizonte, 22 set. 2016. Disponível em: <http://www.ibdfam.org.br/noticias/6119/Tese+anunciada+pela+ministra+C%C3%A1rmen+L%C3%BAcia+reconhece+multiparentalidade>. Acesso em: 5 set. 2017.

ISTO É. *A Constituição Cidadã*. Texto original de 27.7.1988 e atualizado em 21 jan.2016. Disponível em: <https://istoe.com.br/161883_A+CONSTITUICAO+CIDADA/>. Acesso em: 11 nov. 2017.

KEHL, Maria Rita. *A família tentacular*. Palestra proferida no Colégio Oswald de Andrade no ano de 2011. Disponível em: <https://www.youtube.com/watch?v=Kt-jSi32nL0>. Acesso em: 20 set. 2017.

MATSUURA, Sérgio. Primeira edição genética de embriões humanos nos EUA causa polêmica. Jornal O Globo, Rio de Janeiro, 27 jul. 2017. Disponível em: <https://oglobo.globo.com/sociedade/ciencia/primeira-edicao-genetica-de-embrioes-humanos-nos-eua-causa-polemica-21637400>. Acesso em: 22 dez. 2017.

NEIMARK, Jill. *A baby with 3 genetic parents seems healthy, but questions remain* [Um bebê com 3 parentes genéticos parece saudável, mas permanecem questionamentos]. Site: National Public Radio (NPR). New York, 8 abr. 2017. Disponível em:<https://www.npr.org/sections/health-shots/2017/04/08/523020895/a-baby-with-3-genetic-parents-seems-healthy-but-questions-remain>. Acesso em: 24 dez. 2017.

NOVA Família: CNJ poderá fixar regras para registro civil de uniões poliafetivas. [Site] Consultor Jurídico – Conjur. 4 maio 2016. Disponível em: <https://www.conjur.com.br/2016-mai-04/cnj-fixar-regras-registro-civil-unioes-poliafetivas?imprimir=1>. Acesso em: 2 nov. 2017.

REFERÊNCIAS

O GLOBO. *Reino Unido autoriza manipulação genética de embriões para pesquisa*. 1o fev. 2016. Disponível em: http://g1.globo.com/ciencia-e-saude/noticia/2016/02/reino-unido-autoriza-manipulacao-genetica-de-embrioes-para-pesquisa.html. Acesso em: 22 dez. 2017.

PASTORE, Mariana. Fertilização com duas mães e um pai é avaliada no Reino Unido. *Folha de São Paulo*, São Paulo, 14. mar. 2011. Caderno Equilíbrio e Saúde. Disponível em: <http://noticias.bol.uol.com.br/ciencia/2011/03/14/fertilizacao-com-duas-maes-e-um-pai-e-avaliada-no-reino-unido.jhtm>. Acesso em: 24 nov. 2017.

PAULO II, Papa João. *Instrução sobre o respeito à vida humana nascente e a dignidade da procriação*: resposta a algumas questões atuais. Roma, 22 fev. 1987. Disponível em: <http://www.vatican.va/roman_curia/congregations/cfaith/documents/rc_con_cfaith_doc_19870222_respect-for-human-life_po.html>. Acesso em: 27 maio 2016.

PORTER, E. This time, it's not the economy. *The New York Times*, New York, 24 Oct. 2006. Disponível em: <http://www.nytimes.com/2006/10/24/business/24econ.html?_r=1&ref=business&oref=slogin>. Acesso em: 24 out. 2006.

REINO unido autoriza manipulação genética de embriões. Jornal *O Globo*, Rio de Janeiro, 1 fev. 2016. Disponível em: <http://g1.globo.com/ciencia-e-saude/noticia/2016/02/reino-unido-autoriza-manipulacao-genetica-de-embrioes-para-pesquisa.html>. Acesso em: 22 dez. 2017.

SCHREIBER, Anderson. *STF, Repercussão Geral 622*: Multiparentalidade e seus efeitos. Set. 2009. Disponível em: <https://flaviotartuce.jusbrasil.com.br/artigos/388310176/stf-repercussao-geral-622-multiparentalidade-e-seus--efeitos>. Acesso em: 8. set. 2017.

SIMÃO, José Fernando. Pai, padrasto e ascendente genético: uma confusão categorial que custa caro ao sistema. (Parte 2 – Padrasto não é pai socioafetivo). *Jornal Carta Forense*, São Paulo, 3 jun. 2016. Disponível em: <http://www.cartaforense.com.br/conteudo/colunas/pai-padrasto-e-ascendente-genetico-uma-confusao-categorial-que-custa-caro-ao-sistema---parte-2-padrasto-nao-e-pai-socioafetivo/16622>. Acesso em: 9 jun. 2016.

SIMÃO, José Fernando. A multiparentalidade está admitida e com repercussão geral. Vitória ou derrota do afeto? *Jornal Carta Forense*, São Paulo, 3 jan. 2017. Disponível em: <http://www.cartaforense.com.br/conteudo/colunas/a-multiparentalidade-esta-admitida-e-com-repercussao-geral-vitoria-ou-derrota--do-afeto/17235>. Acesso em: 9 nov. 2017.

SISTEMA romano-germânico. *Wikipedia* (PT) (base bibliográfica do verbete: MARTINS, Isidoro. Sistema Romano-Germânico. História do Direito Nacional, Memória Jurídica Nacional, Ministério da Justiça). Disponível em: <https://pt.wikipedia.org/wiki/Sistema_romano-germ%C3%A2nico>. Acesso em: 10. ago. 2017.

SUPERIOR TRIBUNAL DE JUSTIÇA. Notícias. *O sonho da maternidade às portas do Judiciário*. 10 dez. 2017. Disponível em: <http://www.stj.jus.br/sites/STJ/default/pt_BR/Comunica%C3%A7%C3%A3o/noticias/Not%C3%ADcias/O-sonho-da-maternidade-%C3%A0s-portas-do-Judici%C3%A1rio>. Acesso em: 9 jan. 2018.

3. Decisões Judiciais Nacionais

BRASIL. Superior Tribunal de Justiça. REsp 146.548, do Tribunal de Justiça do Estado de Goiás. Relator Ministro Cesar Asfor Rocha, Quarta Turma. Brasília, DF, 28 de agosto de 2000. Disponível em: <http://www.stj.jus.br/SCON/jurisprudencia/doc.jsp?livre=146548&b=ACOR&p=true&l=10&i=14>. Acesso em 7 jan. 2018.

BRASIL. Superior Tribunal de Justiça. Recurso Especial nº 220.059, do Tribunal de Justiça do Estado de São Paulo. Relator: Ministro Ruy Rosado de Aguiar, Segunda Seção. Brasília, DF, 22 de novembro de 2000. Disponível em: <http://www.stj.jus.br/SCON/jurisprudencia/doc.jsp?livre=REsp+220059&b=ACOR&p=true&l=10&i=8>. Acesso em: 5 jan. 2018.

BRASIL. Tribunal de Justiça do Estado do Rio Grande do Sul. Apelação Cível 70004131520. Apelante: J.A.F.S. Apelado: I.T. Relator: Desembargador Sérgio Fernando de Vasconcellos Chaves, Sétima Câmara Cível. Porto Alegre/RS, 22 de maio de 2002. Disponível em: <http://www.tjrs.jus.br/busca/search?q=70004131520&proxystylesheet=tjrs_index&client=tjrs_index&filter=0&getfields=*&aba=juris&entsp=a__politica-site&wc=200&wc_mc=1&oe=UTF-8&ie=UTF-8&ud=1&sort=date%3AD%3AS%3Ad1&as_qj=70008795775&site=ementario&as_epq=&as_oq=&as_eq=&as_q=+#main_res_juris>. Acesso em: 6 jan. 2018.

BRASIL. Superior Tribunal de Justiça. Recurso Especial nº 219.199, do Tribunal de Justiça do Estado da Paraíba. Relator: Ministro Ruy Rosado de Aguiar, Segunda Seção. Brasília, DF, 10 de dezembro de 2003. Disponível em: <http://www.stj.jus.br/SCON/jurisprudencia/doc.jsp?livre=REsp+219199&b=ACOR&p=true&l=10&i=4>. Acesso em: 5 jan. 2018.

BRASIL. Tribunal de Justiça do Estado do Rio Grande do Sul. Apelação Cível nº 70008795775. Apelante: J. R. S. Apelada: M. L. M. Relator: Desembargador José Carlos Teixeira Giorgis, Sétima Câmara Cível. Porto Alegre/RS, 23 de junho de 2004. Disponível em: <http://www.tjrs.jus.br/busca/search?q=70008795775&proxystylesheet=tjrs_index&client=tjrs_index&fil

REFERÊNCIAS

ter=0&getfields=*&aba=juris&entsp=a__politicasite&wc=200&wc_mc =1&oe=UTF8&ie=UTF8&ud=1&sort=date%3AD%3AS%3Ad1&as_ qj=&site=ementario&as_epq=&as_oq=&as_eq=&as_q=+#main_res_juris>. Acesso em: 21 nov. 2017.

BRASIL. Superior Tribunal de Justiça. Recurso Especial nº 604.154, do Tribunal de Justiça do Estado do Rio Grande do Sul. Relator: Ministro Humberto Gomes de Barros, Terceira Turma. Brasília, DF, 16 de junho de 2005. Disponível em: <http://www.stj.jus.br/SCON/jurisprudencia/doc.jsp?livre=REsp+604154&b=ACOR&p=true&l=10&i=5>. Acesso em: 5 jan. 2018.

BRASIL. Tribunal de Justiça do Estado do Rio Grande do Sul. Embargos Infringentes nº 70011846680. Embargante: A. D. L. Embargado: S. A. J. B. Desembargador Luiz Felipe Brasil Santos, Quarto Grupo de Câmaras Cíveis. Passo Fundo/RS, 12 de agosto de 2005. Relator:. Disponível em: <http://www.tjrs.jus.br/busca/search?q=70011846680&proxystylesheet=tjrs_index&client=tjrs_index&filter=0&getfields=*&aba=juris&entsp=a__politica-site&wc=200&wc_mc=1&oe=UTF-8&ie=UTF-8&ud=1&sort=date%3AD%3AS%3Ad1&as_qj=70062692876&site=ementario&as_epq=&as_oq=&as_eq=&as_q=+#main_res_juris>. Acesso em: 5 jan. 2018.

BRASIL. Tribunal de Justiça do Estado do Rio Grande do Sul. Apelação Cível nº 70014442743. Apelante: F.O.J. Apelado: S.J.L.M. Relatora: Desembargadora Maria Berenice Dias, Sétima Câmara Cível.Tramandaí/RS, 26 de abril de 2006, Disponível em: <http://www.tjrs.jus.br/busca/search?q=70014442743&proxystylesheet=tjrs_index&client=tjrs_index&filter=0&getfields=*&aba=juris&entsp=a__politicasite&wc=200&wc_mc=1&oe=UTF8&ie=UTF8&ud=1&sort=date%3AD%3AS%3Ad1&as_qj=70011846680&site=ementario&as_epq=&as_oq=&as_eq=&as_q=+#main_res_juris>. Acesso em: 5 jan. 2018.

BRASIL. Superior Tribunal de Justiça. Recurso Especial nº 878.954, do Tribunal de Justiça do Estado do Rio Grande do Sul. Relatora: Ministra Nancy Andrighi, Terceira Turma. Brasília, DF, 7 de maio de 2007. Disponível em: <http://www.stj.jus.br/SCON/jurisprudencia/doc.jsp?livre=REsp+878954&b=ACOR&p=true&l=10&i=6>. Acesso em: 5 jan. 2018.

BRASIL. Superior Tribunal de Justiça. Recurso Especial nº 833.712, do Tribunal de Justiça do Estado do Rio Grande do Sul. Relatora: Ministra Nancy Andrighi, Terceira Turma. Brasília, DF, 17 de maio de 2007. Disponível em: <http://www.stj.jus.br/SCON/jurisprudencia/doc.jsp?livre=REsp+833712&b=ACOR&p=true&l=10&i=16>. Acesso em: 5 jan. 2018.

BRASIL. Superior Tribunal de Justiça. Recurso Especial nº 823.384, do Tribunal de Justiça do Estado do Rio de Janeiro. Relatora: Ministra Nancy Andrighi, Terceira Turma. Brasília, DF, 28 de junho de 2007. Disponível em: <http://www.stj.jus.br/SCON/jurisprudencia/doc.jsp?livre=REsp+823384&b=ACOR&p=true&l=10&i=6>. Acesso em: 5 jan. 2018.

BRASIL. Superior Tribunal de Justiça. Recurso Especial nº 813.604, do Tribunal de Justiça do Estado de Santa Catarina. Relatora: Ministra Nancy Andrighi, Terceira Turma. Brasília, DF, 16 de agosto de 2007. Disponível em: <http://www.stj.jus.br/SCON/jurisprudencia/doc.jsp?livre=REsp+813604&b=ACOR&p=true&l=10&i=6>. Acesso em: 5 jan. 2018.

BRASIL. Superior Tribunal de Justiça. Recurso Especial nº 878.941, do Tribunal de Justiça do Distrito Federal e dos Territórios. Relatora: Ministra Nancy Andrighi, Terceira Turma. Brasília, DF, 21 de agosto de 2007. Disponível em: <http://www.stj.jus.br/SCON/jurisprudencia/doc.jsp?livre=REsp+878941&b=ACOR&p=true&l=10&i=12>. Acesso em: 5 jan. 2018.

BRASIL. Supremo Tribunal Federal. Ação Direta de Inconstitucionalidade nº 3.510, do Tribunal de Justiça do Distrito Federal e dos Territórios. Relator: Ministro Ayres Britto, Tribunal Pleno. Brasília, DF, 29 de maio de 2008. Disponível em: <http://stf.jus.br/portal/jurisprudencia/listarJurisprudencia.asp?s1=%28ADI+3510%29&base=baseAcordaos&url=http://tinyurl.com/z8lohet>. Acesso em: 5 jan. 2018.

BRASIL. Superior Tribunal de Justiça. Recurso Especial nº 1.003.628, do Tribunal de Justiça do Distrito Federal e dos Territórios. Relatora: Ministra Nancy Andrighi, Terceira Turma. Brasília, DF, 14 de outubro de 2008. Disponível em: <http://www.stj.jus.br/SCON/jurisprudencia/doc.jsp?livre=REsp+1003628&b=ACOR&p=true&l=10&i=2>. Acesso em: 5 jan. 2018.

BRASIL. Superior Tribunal de Justiça. Agravo Regimental no Agravo de Instrumento nº 1.049.257, do Tribunal de Justiça do Estado do Rio de Janeiro. Relator: Ministro Massami Uyeda, Terceira Turma. Brasília, DF, 4 de novembro de 2008. Disponível em: <http://www.stj.jus.br/SCON/jurisprudencia/doc.jsp?livre=AgRG+1049257&b=ACOR&p=true&l=10&i=2>. Acesso em: 5 jan. 2018.

BRASIL. Tribunal de Justiça do Rio Grande do Sul. Apelação Cível nº 70027112192. Apelante: S.O.K. Apelado: S.N.A.S. Relator: Desembargador Claudir Fidélis Faccenda, Oitava Câmara Cível. Porto Alegre/RS, 2 de abril de 2009. Disponível em: <http://www.tjrs.jus.br/busca/search?q=70027112192&proxystylesheet=tjrs_index&client=tjrs_index&filter=0&getfields=*&aba=juris&entsp=a__politicasite&wc=200&wc_mc=1&oe=UTF8&ie=UTF8&ud=1&sort=date%3AD%3AS%3Ad1&as_qj=70004131520&site=ementario&as_epq=&as_oq=&as_eq=&as_q=+#main_res_juris>. Acesso em: 6 jan. 2018.

REFERÊNCIAS

BRASIL. Tribunal de Justiça do Estado do Rio Grande do Sul. Apelação Cível nº 70029363918. Apelante: M. P. Apelado: N. L. C. A. Relator: Desembargador Claudir Fidelis Faccenda, Oitava Câmara Cível. Santa Maria/RS, 7 de maio de 2009. Disponível em: <http://www.tjrs.jus.br/busca/search?q=700 29363918&proxystylesheet=tjrs_index&client=tjrs_index&filter=0&getfie lds=*&aba=juris&entsp=a__politicasite&wc=200&wc_mc=1&oe=UTF8& ie=UTF8&ud=1&sort=date%3AD%3AS%3Ad1&as_qj=70008795775&site =ementario&as_epq=&as_oq=&as_eq=&as_q=+#main_res_juris>. Acesso em: 5 jan. 2018.

BRASIL. Superior Tribunal de Justiça. Recurso Especial nº 220.623, do Tribunal de Justiça do Estado de São Paulo. Relator: Ministro Fernando Gonçalves, Quarta Turma. Brasília, DF, 3 de setembro de 2009. Disponível em: <http://www.stj.jus.br/SCON/jurisprudencia/doc.jsp?livre=REsp+220623 &b=ACOR&p=true&l=10&i=4>. Acesso em: 5 jan. 2018.

BRASIL. Superior Tribunal de Justiça. Recurso Especial nº 945.283, do Tribunal de Justiça do Estado do Rio Grande do Norte. Relator: Ministro Luis Felipe Salomão, Quarta Turma. Brasília, DF, 15 de setembro de 2009. Disponível em: <http://www.stj.jus.br/SCON/jurisprudencia/doc.jsp?livre=RE sp+945283&b=ACOR&p=true&l=10&i=7>. Acesso em: 5 jan. 2018.

BRASIL. Superior Tribunal de Justiça. Recurso Especial nº 709.608, do Tribunal de Justiça do Estado do Mato Grosso do Sul. Relator: Ministro João Otávio de Noronha, Quarta Turma. Brasília, DF, 5 de novembro de 2009. Disponível em: <http://www.stj.jus.br/SCON/jurisprudencia/doc.jsp?livre =709608&b=ACOR&p=true&l=10&i=5>. Acesso em: 20 nov. 2017.

BRASIL. Superior Tribunal de Justiça. Agravo Regimental no Recurso Especial nº 939.657, do Tribunal de Justiça do Estado do Rio Grande do Sul. Relatora: Ministra Nancy Andrighi, Terceira Turma. Brasília, DF, 1 de dezembro de 2009. Disponível em: <http://www.stj.jus.br/SCON/jurisprudencia/ doc.jsp?livre=AgRG+no+REsp+939657&b=ACOR&p=true&l=10&i=7>. Acesso em: 5 jan. 2018.

BRASIL. Superior Tribunal de Justiça. Recurso Especial nº 807.849, do Tribunal de Justiça do Estado do Rio de Janeiro. Relatora: Ministra Nancy Andrighi, Segunda Seção. Brasília, DF, 24 de março de 2010. Disponível em: <http://www.stj.jus.br/SCON/jurisprudencia/doc.jsp?livre=REsp+807849 &b=ACOR&p=true&l=10&i=3>. Acesso em: 5 jan. 2018.

BRASIL. Superior Tribunal de Justiça. Recurso Especial nº 1.157.273, do Tribunal de Justiça do Estado do Rio Grande do Norte. Relatora: Ministra Relatora Nancy Andrighi, Terceira Turma. Brasília, DF, 18 de maio de 2010. Disponível em: <http://www.stj.jus.br/SCON/jurisprudencia/doc.jsp?livre=RE sp+1157273&b=ACOR&p=true&l=10&i=9>. Acesso em: 5 jan. 2018.

BRASIL. Superior Tribunal de Justiça. Recurso Especial nº 450.566, do Tribunal de Justiça do Estado do Rio Grande do Sul. Relatora: Ministra Nancy Andrighi, Terceira Turma. Brasília, DF, 3 de maio de 2011. Disponível em: <http://www.stj.jus.br/SCON/jurisprudencia/doc.jsp?livre=Resp+450566&b=ACOR&p=true&l=10&i=9>. Acesso em: 5 jan. 2018.

BRASIL. Supremo Tribunal Federal. Arguição de Descumprimento de Preceito Fundamental nº 132, do Tribunal de Justiça do Estado do Rio de Janeiro. Relator: Ministro Ayres Britto, Tribunal Pleno. Brasília, DF, 5 de maio de 2011. Disponível em: <http://stf.jus.br/portal/jurisprudencia/listarJurisprudencia.asp?s1=%28ADPF+132%29&pagina=3&base=baseAcordaos&url=http://tinyurl.com/yazqcmql>. Acesso em: 5 jan. 2018.

BRASIL. Supremo Tribunal Federal. Ação Direta de Inconstitucionalidade nº 4277, do Tribunal de Justiça do Distrito Federal e dos Territórios. Relator: Ministro Ayres Britto, Tribunal Pleno. Brasília, DF, 5 de maio de 2011. Julgado em 4 maio 2011. Disponível em: <http://stf.jus.br/portal/jurisprudencia/listarJurisprudencia.asp?s1=%28ADI+4277%29&pagina=2&base=baseAcordaos&url=http://tinyurl.com/jw2reqn>. Acesso em: 5 jan. 2018.

BRASIL. Tribunal de Justiça do Estado de Rondônia. Apelação Cível nº 0005041-07.2010.8.22.0002. Apelante: Ministério Público do Estado de Rondônia. Apelado: R. R. de M. Relator: Desembargador Sansão Saldanha, Primeira Câmara Cível. Ariquemes/RO, 19 de julho de 2011. Disponível em: <http://webapp.tjro.jus.br/juris/consulta/detalhesJuris.jsf?cid=3>. Acesso em: 5 nov. 2017.

BRASIL. Supremo Tribunal Federal. Recurso Extraordinário nº 477.554, do Tribunal de Justiça do Estado de Minas Gerais. Relator: Ministro Celso de Mello, 2ª Turma. Brasília, DF, 16 de agosto de 2011. Disponível em: <http://portal.stf.jus.br/processos/detalhe.asp?incidente=2376061>. Acesso em: 6 jan. 2018.

BRASIL. Superior Tribunal de Justiça, REsp 1.183.378, do Tribunal de Justiça do Estado do Rio Grande do Sul. Relator Ministro Luis Felipe Salomão, Quarta Turma. Brasília, DF, 25 de agosto de 2011. Disponível em: <http://www.stj.jus.br/SCON/jurisprudencia/doc.jsp?livre=1183378&b=ACOR&p=true&l=10&i=8>. Acesso em: 7 jan. 2008.

BRASIL. Superior Tribunal de Justiça. Recurso Especial nº 1.189.663, do Tribunal de Justiça do Estado do Rio Grande do Sul. Relatora: Ministra Nancy Andrighi, Terceira Turma. Brasília, DF, 6 de setembro de 2011. Disponível em: <http://www.stj.jus.br/SCON/jurisprudencia/doc.jsp?livre=REsp+1189663&b=ACOR&p=true&l=10&i=1>. Acesso em: 5 jan. 2018.

BRASIL. Tribunal de Justiça do Estado de Santa Catarina. Agravo de instrumento nº 2011.024143-5 e Apelação cível nº 2011.027498-4. "Partes preser-

REFERÊNCIAS

vadas". 4ª Câmara de Direito Civil, Relator: Desembargador Luiz Fernando Boller. Florianópolis, SC, 22 de setembro de 2011. Disponível em: <http://www.google.com.br/url?sa=t&rct=j&q=&esrc=s&source=web&cd=3&ved=0ahUKEwiEzfu-iszYAhWEDJAKHRCQBGwQFggvMAI&url=http%3A%2F%2Fwww.mpsp.mp.br%2Fportal%2Fpage%2Fportal%2Finfanciahome_c%2Fadocao%2FJurisprudencia_adocao%2Fdireito_a_informacao_adocao%2FAcordao%2520TJSC%2520AgI%2520n.%25202011.241435%2520%2520e%2520Apel%2520%2520n.%25202011.027498-4.doc&usg=AOvVaw3y8pMgCPxw14Cn61u7LynC>. Acesso em: 9 jan. 2018.

BRASIL. Superior Tribunal de Justiça. Recurso Especial nº 1.183.378 do Tribunal do Estado do Rio Grande do Sul. Relator: Ministro Luis Felipe Salomão, Quarta Turma. Brasília, DF, 25 de outubro de 2011. Disponível em: <http://www.stj.jus.br/SCON/jurisprudencia/doc.jsp?livre=REsp+1183378+&b=ACOR&p=true&l=10&i=8>. Acesso em: 5 jan. 2018.

BRASIL. Justiça de Primeiro Grau do Estado de Rondônia. Comarca de Ariquemes. Ação de investigação de paternidade cumulada com anulação de registro civil nº 0012530-95.2010.8.22.0002. Autora: A.A.B. Réu: M.S.B. e E.S.S., Primeira Vara Cível. Juíza de Direito: Deisy Cristhian Lorena de Oliveira Ferraz. 13 de março de 2012. Disponível em: <https://www.tjro.jus.br/appg/pages/index.xhtml>. Acesso em: 19 nov. 2017.

BRASIL. Superior Tribunal de Justiça. Recurso Especial nº 1.159.242, do Tribunal de Justiça do Estado de São Paulo. Relatora: Ministra Nancy Andrighi, Terceira Turma. Brasília, DF, 24 de abril de 2012. Disponível em: <http://www.stj.jus.br/SCON/jurisprudencia/doc.jsp?livre=REsp+1159242&b=ACOR&p=true&l=10&i=4>. Acesso em: 5 jan. 2018.

BRASIL. Superior Tribunal de Justiça. Recurso Especial nº 1.244.957, do Estado de Santa Catarina. Relatora: Ministra Nancy Andrighi, Terceira Turma. Brasília, DF, 7 de agosto de 2012. Disponível em: <http://www.stj.jus.br/SCON/jurisprudencia/doc.jsp?livre=REsp+1244957&b=ACOR&p=true&l=10&i=4>. Acesso em: 5 jan. 2018.

BRASIL. Tribunal de Justiça do Estado de São Paulo. Apelação Cível nº 0006422-26.2011.8.26.0286. Apelante: V. M. G. e A. B. Apelado: Juízo da Comarca. Itú/SP. Relator: Desembargador Alcides Leopoldo e Silva Júnior, Primeira Câmara de Direito Privado. 15 de agosto de 2012. Disponível em: <https://esaj.tjsp.jus.br/cposg/search.do?conversationId=&paginaConsulta=1&localPesquisa.cdLocal=-1&cbPesquisa=NUMPROC&tipoNuProcesso=UNIFICADO&numeroDigitoAnoUnificado=0006422--26.2011&foroNumeroUnificado=0286&dePesquisaNuUnificado=0006422-26.2011.8.26.0286&dePesquisa=&uuidCaptcha=&pbEnviar=Pesquisar>. Acesso em: 5 jan. 2018.

BRASIL. Superior Tribunal de Justiça. Recurso Especial nº 1.194.059, do Tribunal de Justiça do Estado de São Paulo. Relator: Ministro Massami Uyeda, Terceira Turma. Brasília, DF, 6 de novembro de 2012. Disponível em: <http://www.stj.jus.br/SCON/jurisprudencia/doc.jsp?livre=REsp+1194059&b=ACOR&p=true&l=10&i=2>. Acesso em: 5 jan. 2018.

BRASIL. Supremo Tribunal Federal. Repercussão Geral no Recurso Extraordinário com Agravo nº 841.528, do Tribunal de Justiça do Estado da Paraíba. Relator: Ministro Luiz Fux, Tribunal Pleno. Brasília, DF, 29 de novembro de 2012. Disponível em: <stf.jus.br/portal/jurisprudencia/listarJurisprudencia.asp?s1=(898060)&base=baseRepercussao&url=http://tinyurl.com/htbwlaj>. Acesso em: 5 jan. 2018.

BRASIL. Superior Tribunal de Justiça. Recurso Especial nº 1.167.993, do Tribunal de Justiça do Estado do Rio Grande do Sul. Relator: Ministro Luis Felipe Salomão, Quarta Turma. Brasília, DF, 18 de dezembro de 2012. Disponível em: <http://www.stj.jus.br/SCON/jurisprudencia/doc.jsp?livre=REsp+1167993&b=ACOR&p=true&l=10&i=15>. Acesso em: 5 jan. 2018.

BRASIL. Justiça de Primeiro Grau do Estado do Paraná. Vara da Infância e da Juventude. Ação de adoção cumulada com pedido de mantença da paternidade registral nº 0038958-54.2012.8.16.0021. "Partes Preservadas". Juiz de Direito: Sérgio Luiz Kreuz. 20 de fevereiro de 2013. Disponível em: <http://www.direitodascriancas.com.br/jurisprudencia/index/1>. Acesso em: 9 nov. 2017.

BRASIL. Superior Tribunal de Justiça. Recurso Especial nº 1.274.240, do Tribunal de Justiça do Estado de Santa Catarina. Relatora: Ministra Nancy Andrighi, Terceira Turma. Brasília, DF, 8 de outubro de 2013. Disponível em: <http://www.stj.jus.br/SCON/jurisprudencia/doc.jsp?livre=REsp+1274240&b=ACOR&p=true&l=10&i=3>. Acesso em: 5 jan. 2018.

BRASIL. Superior Tribunal de Justiça. Recurso Especial nº 1.401.719, do Tribunal de Justiça do Estado de Minas Gerais. Relatora: Ministra Nancy Andrighi, Terceira Turma. Brasília, DF, 8 de outubro de 2013. Disponível em: <http://www.stj.jus.br/SCON/jurisprudencia/doc.jsp?livre=REsp+1401719&b=ACOR&p=true&l=10&i=12>. Acesso em: 5 jan. 2018.

BRASIL. Tribunal de Justiça do Estado de São Paulo. Apelação Cível nº 0013076-79.2010.8.26.0604. Apelantes: Djaci de Souza Marques e Maricelia Ramos da Silva. Apelado: Juízo da Comarca. Relator: Desembargador Silvério da Silva, 8ª Câmara de Direito Privado. São Paulo/SP, 12 de março de 2014. Disponível em: <https://esaj.tjsp.jus.br/cposg/search.do;jsessionid=73CE3253A44A94F1595FD9BAD94DDFB5.cposg7?conversationId=&paginaConsulta=1&localPesquisa.cdLocal=1&cbPesquisa=NUMPROC&

REFERÊNCIAS

tipoNuProcesso=UNIFICADO&numeroDigitoAnoUnificado=00130767 9.2010&foroNumeroUnificado=0604&dePesquisaNuUnificado=0013076 79.2010.8.26.0604&dePesquisa=&uuidCaptcha=>. Acesso em: 8 jan. 2018.

BRASIL. Superior Tribunal de Justiça. Recurso Especial nº 1.328.380, do Tribunal de Justiça do Estado do Mato Grosso do Sul. Relator: Ministro Marco Aurélio Belizze, Terceira Turma. Brasília, DF, 21 de outubro de 2014. Disponível em: <http://www.stj.jus.br/SCON/jurisprudencia/doc.jsp?livre=REsp+1328380&b=ACOR&p=true&l=10&i=7>. Acesso em: 5 jan. 2018.

BRASIL. Superior Tribunal de Justiça. Recurso Especial nº 1.458.696, do Tribunal de Justiça do Estado de São Paulo. Relator: Ministro Moura Ribeiro, Terceira Turma. Brasília, DF, 16 de dezembro de 2014. Disponível em: <http://www.stj.jus.br/SCON/jurisprudencia/doc.jsp?livre=REsp+1458696&b=ACOR&p=true&l=10&i=6>. Acesso em: 5 jan. 2018.

BRASIL. Superior Tribunal de Justiça, REsp 1330404, do Tribunal de Justiça do Estado do Rio Grande do Sul. Relator Ministro Marco Aurelio Bellizze, Terceira Turma. Brasília, DF, 5 de fevereiro de 2015. Disponível em: <http://www.stj.jus.br/SCON/jurisprudencia/doc.jsp?livre=1330404&b=ACOR&p=true&l=10&i=5>. Acesso em: 7 jan. 2018.

BRASIL. Tribunal de Justiça do Rio Grande do Sul. Apelação Cível nº 70062692876. Apelante: L. P. R. e outros. Apelado: Juízo da Comarca. Relator: Desembargador José Pedro de Oliveira Eckert, Oitava Câmara Cível. Porto Alegre/RS, 12 de fevereiro de 2015. Disponível em: <http://www.tjrs.jus.br/busca/search?q=70062692876&proxystylesheet=tjrs_index&client=tjrs_index&filter=0&getfields=*&aba=juris&entsp=a__politica-site&wc=200&wc_mc=1&oe=UTF-8&ie=UTF-8&ud=1&sort=date%3AD%3AS%3Ad1&as_qj=70029363918&site=ementario&as_epq=&as_oq=&as_eq=&as_q=+#main_res_juris>. Acesso em: 5 jan. 2018.

BRASIL. Superior Tribunal de Justiça. Recurso Especial nº 1.352.529, do Tribunal de Justiça do Estado de São Paulo. Relator: Ministro Luis Felipe Salomão, Quarta Turma. Brasília, DF, 24 de fevereiro de 2015. Disponível em: <http://www.stj.jus.br/SCON/jurisprudencia/doc.jsp?livre=REsp+1352529&b=ACOR&p=true&l=10&i=5>. Acesso em: 5 jan. 2018.

BRASIL. Superior Tribunal de Justiça. Recurso Especial nº 1.185.337, do Tribunal de Justiça do Estado do Rio Grande do Sul. Relator: Ministro João Otávio de Noronha, Terceira Turma. Brasília, DF, 17 de março de 2015. Disponível em: <http://www.stj.jus.br/SCON/jurisprudencia/doc.jsp?livre=REsp+1185337&b=ACOR&p=true&l=10&i=1>. Acesso em: 5 jan. 2018.

BRASIL. Supremo Tribunal Federal. Recurso Extraordinário nº 878.694, do Tribunal de Justiça de Minas Gerais. Relator: Ministro Roberto Barroso,

Tribunal Pleno. Brasília, DF, 16 de abril de 2015. Disponível em: <http://stf.jus.br/portal/jurisprudencia/listarJurisprudencia.asp?s1=%28878694%29&base=baseRepercussao&url=http://tinyurl.com/zmwnbwj>. Acesso em: 5 jan. 2018.

BRASIL. Tribunal de Justiça do Estado do Rio Grande do Sul. Apelação nº 70065388175. Apelante: J.A.M.S. Apelado: A.J. Relator: Desembargador Alzir Felippe Schmitz, Oitava Câmara Cível. Porto Alegre/RS, 17 de setembro de 2015. Disponível em: <http://www.tjrs.jus.br/busca/search?q=70065388175&proxystylesheet=tjrs_index&client=tjrs_index&filter=0&getfields=*&aba=juris&entsp=a__politica-site&wc=200&wc_mc=1&oe=UTF-8&ie=UTF-8&ud=1&sort=date%3AD%3AS%3Ad1&as_qj=70014442743&site=ementario&as_epq=&as_oq=&as_eq=&as_q=+#main_res_juris>. Acesso em: 5 jan. 2018.

BRASIL. Superior Tribunal de Justiça. Recurso Especial nº 1.500.999, do Tribunal de Justiça do Estado do Rio de Janeiro. Relator: Ministro Ricardo Villas Bôas Cueva, Terceira Turma. Brasília, DF, 12 de abril de 2016. Disponível em: <http://www.stj.jus.br/SCON/jurisprudencia/doc.jsp?livre=REsp+1500999&b=ACOR&p=true&l=10&i=3>. Acesso em: 21 nov. 2017.

BRASIL. Superior Tribunal de Justiça. Recurso Especial nº 1.475.759, do Tribunal de Justiça do Distrito Federal e dos Territórios. Relator: Ministro João Otávio de Noronha, Terceira Turma. Brasília, DF, 17 de maio de 2016. Disponível em: <http://www.stj.jus.br/SCON/jurisprudencia/doc.jsp?livre=REsp+1475759&b=ACOR&p=true&l=10&i=2>. Acesso em: 5 jan. 2018.

BRASIL. Tribunal de Justiça do Distrito Federal e dos Territórios. Apelação nº 0008418-53.2013.807.0016. Apelante: A.S.A. Apelado: F.C.S.C. E OUTRO(S). Relator: Desembargador Gilberto Pereira de Oliveira, 3ª Turma Cível. Brasília/DF, 14 de setembro de 2016. Disponível em: <http://cacheinternet.tjdft.jus.br/cgibin/tjcgi1?NXTPGM=plhtml06&ORIGEM=INTER&CDNUPROC=20130110330594APC>. Acesso em: 7 jan. 2018.

BRASIL. Supremo Tribunal Federal. Repercussão Geral nº 622. Ministro Relator Luiz Fux, Tribunal Pleno. Brasília, DF, 21 de setembro de 2016. Disponível em: <http://www.stf.jus.br/portal/jurisprudenciarepercussao/verAndamentoProcesso.asp?incidente=4252676&numeroProcesso=692186&classeProcesso=ARE&numeroTema=622#>. Acesso em: 20 nov. 2017.

BRASIL. Supremo Tribunal Federal. Recurso Extraordinário nº 898.060, do Tribunal de Justiça do Estado de Santa Catarina. Relator: Ministro Luiz Fux, Tribunal Pleno. Brasília, DF, 21 de setembro de 2016. Disponível em: <http://stf.jus.br/portal/jurisprudencia/listarJurisprudencia.asp?s1=%28898060%29&base=baseAcordaos&url=http://tinyurl.com/htbwlaj>. Acesso em: 5 jan. 2018.

REFERÊNCIAS

BRASIL. Conselho Nacional de Justiça. Corregedoria. Pedido de Providências nº 0002653-77.2015.2.00.0000. Requerente: IBDFAM. Requerido: CNJ. Ministro Corregedor Nacional de Justiça João Otávio de Noronha, Corregedoria. Brasília, DF, 14 de março de 2017. Disponível em: ≤http://ibdfam.org.br/assets/img/upload/files/Decisao%20socioafetividade.pdf>. Acesso em: 20 nov. 2017.

BRASIL. Superior Tribunal de Justiça. Recurso Especial nº 1.618.230, do Tribunal de Justiça do Estado do Rio Grande do Sul. Relator: Ministro Ricardo Villas Bôas Cueva, Terceira Turma. Brasília, DF, 28 de março de 2017. Disponível em: <http://www.stj.jus.br/SCON/jurisprudencia/toc.jsp?livre=REsp+1618230&&tipo_visualizacao=RESUMO&b=ACOR>. Acesso em: 5 jan. 2018.

BRASIL. Supremo Tribunal Federal. Recurso Extraordinário nº 646.721, do Tribunal de Justiça do Estado do Rio Grande do Sul. Relator: Ministro Roberto Barroso, Tribunal Pleno. Brasília, DF, 10 de maio de 2017. Disponível em: <http://stf.jus.br/portal/jurisprudencia/listarJurisprudencia.asp?s1=%28646721%29&base=baseAcordaos&url=http://tinyurl.com/y8jl6342>. Acesso em: 5 jan. 2018.

BRASIL. Supremo Tribunal Federal. Repercussão Geral nº 809. Relator: Ministro Marco Aurélio Mello, Tribunal Pleno. Brasília, DF, 10 de maio de 2017. Disponível em: <http://stf.jus.br/portal/jurisprudenciaRepercussao/listarProcesso.asp?PesquisaEm=tema&PesquisaEm=controversia&PesquisaEm=ambos&situacaoRG=TODAS&situacaoAtual=S&txtTituloTema=809&numeroTemaInicial=&numeroTemaFinal=&acao=pesquisarProcesso&dataInicialJulgPV=&dataFinalJulgPV=&classeProcesso=&numeroProcesso=&ministro=&ordenacao=asc&botao=>. Acesso em: 6 jan. 2018.

BRASIL. Supremo Tribunal Federal. Agravo Regimental no Recurso Extraordinário com Agravo nº 933.945, do Tribunal de Justiça do Estado do Goiás. Relator: Ministro Edson Fachin, Segunda Turma. Brasília, DF, 29 de setembro de 2017. Disponível em: <http://stf.jus.br/portal/jurisprudencia/listarJurisprudencia.asp?s1=%28933945%29&base=baseAcordaos&url=http://tinyurl.com/ybfwl6hy>. Acesso em: 5 jan. 2018.

4. Decisões Judiciais Estrangeiras

ESTADOS UNIDOS DA AMÉRICA. Suprema Corte do Estado de Nova Iorque. Apelante: Williams. Apelado: Williams, 3 N.Y. (3 Comstoock) 512 (1850). In: MERIAM, Adele Stuart. *The Stepfather in the Family*. Chicago: Universidade, 1940. p.1-21/60.

ESTADOS UNIDOS DA AMÉRICA. Suprema Corte do Estado da Califórnia. Apelação nº 491 U.S. 110. Apelante: Michael H.: Apelado: Gerald D. 15 de junho de 1989. Disponível em: <https://supreme.justia.com/cases/federal/us/491/110/case.html#132>. Acesso em: 19 dez. 2017.

ESTADOS UNIDOS DA AMÉRICA. Suprema Corte do Estado da Califórnia. Apelação nº 98-C-0167. Apelante: T.D. e outro. Apelado: M.M.M. Dezembro de 1994 (Ingresso da ação). Disponível em: http://www.lasc.org/opinions/98c0167.opn.pdf. Acesso em: 17 dez. 2017.

ESTADOS UNIDOS DA AMÉRICA. Corte de Apelação do Estado de Washington. Apelação nº 52151-9-I. Apelante: Ellen Carvin. Apelada: Page Britain. 3 de maio de 2004. Disponível em: <http://caselaw.findlaw.com/wa-court-of-appeals/1058670.html>. Acesso em: 26 dez. 2017.

ESTADOS UNIDOS DA AMÉRICA. Suprema Corte do Estado da Pensilvânia. Apelação nº 1043706. Apelante: Jennifer L. S-J e outro. Apelado: Jodilynn J. e outro. 30 de abril de 2007. Disponível em: <http://caselaw.findlaw.com/pa-superior-court/1043706.html>. Acesso em: 26 dez. 2017.

ESTADOS UNIDOS DA AMÉRICA. Suprema Corte do Estado de Dakota do Norte. Apelação nº 2010 ND 40. Apelante: Mark A. M. e outro; Apelado: Robin M. M. e outro. 16 de março de 2010. Disponível em: https://www.ndcourts.gov/court/opinions/20090176.htm. Acesso em: 17 dez. 2017.

ESTADOS UNIDOS DA AMÉRICA. Suprema Corte do Estado de Oregon. Apelação nº A144243. Apelante: S.T. Apelado: Departamento de Serviços Sociais. 29 de dezembro de 2010. Disponível em: <http://www.publications.ojd.state.or.us/docs/A144243.htm>. Acesso em: 17 fev. 2017.

ESTADOS UNIDOS DA AMÉRICA. Suprema Corte do Estado da Califórnia. Apelação nº CK79091. Apelante: Melissa e outros. Apelada: Irene V. 5 de maio de 2011. Disponível em: <https://supreme.justia.com/cases/federal/us/>. Acesso em: 19 dez. 2017.

ESTADOS UNIDOS DA AMÉRICA. Suprema Corte do Estado de Nova Jersey. Apelação nº 1725385. Apelante: D.G. e outro. Apelado: K.S. 24 de agosto de 2015. Disponível em: <http://caselaw.findlaw.com/nj-superior-court-appellate-division/1725385.html>. Acesso em: 17 dez. 2017.

ESTADOS UNIDOS DA AMÉRICA. Suprema Corte do Estado de Nova Iorque. Apelação nº 27.073. Apelante: Dawn M. Apelado: Michael M. 8 de março de 2017. Disponível em: <https://law.justia.com/cases/new-york/other-courts/2017/2017-ny-slip-op-27073.html>. Acesso em: 17 dez. 2017.

ESTADOS UNIDOS DA AMÉRICA. Suprema Corte do Estado do Alasca. Apelação nº S-15904. Apelante: Daniel W. Apelado: Brandon L. 10 de março de 2017. Disponível em: http://www.courtrecords.alaska.gov/webdocs/opinions/ops/sp-7157.pdf>. Acesso em: 17 dez. 2017.

5. Enunciados

BRASIL. Enunciado nº 103 da I Jornada de Direito Civil, em 2002. Brasília/DF. Disponível em: <http://www.cjf.jus.br/enunciados/enunciado/734>. Acesso em: 20 nov. 2017.

BRASIL. Enunciado nº 106 da I Jornada de Direito Civil, em 2002. Brasília/DF. Disponível em: <http://www.cjf.jus.br/enunciados/enunciado/737>. Acesso em: 20 nov. 2017.

BRASIL. Enunciado nº 107 da I Jornada de Direito Civil, em 2002. Brasília/DF. Disponível em: <http://www.cjf.jus.br/enunciados/enunciado/738>. Acesso em: 20 nov. 2017.

BRASIL. Enunciado nº 108 da I Jornada de Direito Civil, em 2002. Brasília/DF. Disponível em: Disponível em: <http://www.cjf.jus.br/enunciados/enunciado/740>. Acesso em: 8 set. 2017.

BRASIL. Enunciado nº 129 da I Jornada de Direito Civil, em 2002. Jornadas de direito civil I, III, IV e V: enunciados aprovados / coordenador científico Ministro Ruy Rosado de Aguiar Júnior. – Brasília: Conselho da Justiça Federal, Centro de Estudos Judiciários, 2012.
Também disponível em: <http://www.google.com.br/url?sa=t&rct=j&q=&esrc=s&source=web&cd=1&ved=0ahUKEwj-q57NmsbYAhWClJAKHZAYD0MQFggnMAA&url=http%3A%2F%2Fwww.cjf.jus.br%2Fcjf%2Fcorregedoriadajusticafederal%2Fcentrodeestudosjudiciarios1%2Fpublicacoes1%2Fjornadascej%2FEnunciadosAprovados-Jornadas-1345.pdf&usg=AOvVaw3AXZNmzAnCUcp9yUsg_UNL>. Acesso em: 20 nov. 2017.

BRASIL. Enunciado nº 257 da III Jornada de Direito Civil, em 2004. Jornadas de direito civil I, III, IV e V : enunciados aprovados / coordenador científico Ministro Ruy Rosado de Aguiar Júnior. Brasília: Conselho da Justiça Federal, Centro de Estudos Judiciários, 2012. Também disponível em: <http://www.google.com.br/url?sa=t&rct=j&q=&esrc=s&source=web&cd=1&ved=0ahUKEwj-q57NmsbYAhWClJAKHZAYD0MQFggnMAA&url=http%3A%2F%2Fwww.cjf.jus.br%2Fcjf%2Fcorregedoriadajusticafederal%2Fcentrodeestudosjudiciarios1%2Fpublicacoes1%2Fjornadascej%2FEnunciadosAprovados-Jornadas-1345.pdf&usg=AOvVaw3AXZNmzAnCUcp9yUsg_UNL>. Acesso em: 20 nov. 2017.

BRASIL. Enunciado nº 258 da III Jornada de Direito Civil, em 2004. Brasília/DF.Disponível em: <http://www.cjf.jus.br/enunciados/enunciado/506>. Acesso em: 9 jan. 2018.

BRASIL. Enunciado nº 267 da III Jornada de Direito Civil, em 2004. Brasília/DF. Disponível em: <http://www.cjf.jus.br/enunciados/enunciado/526>. Acesso em: 20 nov. 2017.

BRASIL. Enunciado nº 450 da V Jornada de Direito Civil, em 2012. Brasília/DF. Disponível em: <http://www.cjf.jus.br/enunciados/enunciado/381>. Acesso em: 20 nov. 2017.

BRASIL. Enunciado nº 519 da V Jornada de Direito Civil, 2012. Brasília/DF. Disponível em: <http://www.cjf.jus.br/enunciados/enunciado/588>. Acesso em: 8 jan. 2018.

BRASIL. Enunciado 9 aprovado no X Congresso de Direito de Família do Instituto Brasileiro de Direito de Família – IBDFAM, em 2015. Belo Horizonte/MG. Disponível em: <http://www.ibdfam.org.br/noticias/5819/IBDFAM+aprova+Enunciados>. Acesso em: 20 nov. 2017.

6. Legislação Nacional

BRASIL. Consolidação das Leis Civis, de 1858, e Código Civil: esboço. V. II. Augusto Teixeira de Freitas. Rio de Janeiro, RJ. Disponível em: http://www2.senado.leg.br/bdsf/handle/id/242360. Acesso em: 20 nov. 2017.

BRASIL. Lei nº 3.071, de 1º de janeiro de 1916 (Código Civil dos Estados Unidos do Brasil). Diário Oficial da União, Rio de Janeiro, RJ, 5 jan. 1916. Disponível em: <http://www.planalto.gov.br/ccivil_03/leis/L3071.htm#art1806>. Acesso em: 20 nov. 2017.

BRASIL. Decreto-lei nº 4.657, de 4 de setembro de 1942. Lei de Introdução às normas do Direito Brasileiro. Diário Oficial da União, Rio de Janeiro, RJ, 9 set.1942. Disponível em: <http://www.planalto.gov.br/ccivil_03/decreto-lei/Del4657compilado.htm>. Acesso em: 20 nov. 2017.

BRASIL. LEI No 883, DE 21 DE OUTUBRO DE 1949. Dispõe sobre o reconhecimento de filhos ilegítimos. Diário Oficial da União, Rio de Janeiro, RJ, 26 out.1949. Disponível em: <https://www.planalto.gov.br/ccivil_03/leis/1930-1949/l0883.htm> Acesso em: 20 nov. 2017.

BRASIL. LEI Nº 3.133, DE 8 DE MAIO DE 1957. Atualiza o instituto da adoção prescrita no Código Civil. Diário Oficial da União, Rio de Janeiro, RJ, 9 mai.1957. Disponível em: <http://legis.senado.gov.br/legislacao/ListaTextoSigen.action?norma=573358&id=14232738&idBinario=15714223&mime=application/rtf>. Acesso em: 20 nov. 2017.

BRASIL. Lei nº 4.655, de 2 de junho de 1965. Dispõe sobre legitimidade adotiva. Diário Oficial da União, Brasília, DF, 3 jun.1965. Disponível em: <http://www.planalto.gov.br/ccivil_03/leis/1950-1969/L4655.htm>. Acesso em: 20 nov. 2017.

BRASIL. Lei nº 6.015, de 31 de dezembro de 1973. Dispõe sobre os registros públicos, e dá outras providências. Diário Oficial da União, Brasília, DF, 31 dez.1973. Disponível em: <http://www.planalto.gov.br/CCIVIL_03/LEIS/L6015original.htm>. Acesso em: 20 nov. 2017.

REFERÊNCIAS

BRASIL. Lei no 6.697, de 10 de outubro de 1979. Institui o Código de Menores. Diário Oficial da União, Brasília, DF, 11 out.1979. Disponível em: <http://www.planalto.gov.br/ccivil_03/leis/1970-1979/L6697>.htm. Acesso em: 20 nov. 2017.

BRASIL. Constituição (1988). Constituição da República Federativa do Brasil. Brasília, DF, 5 out. 1988. Disponível em: <http://www.planalto.gov.br/ccivil_03/constituicao/constituicaocompilado.htm>. Acesso em: 20 nov. 2017.

BRASIL. Lei nº 7.841, de 17 de outubro de 1989. Revoga o art. 358 da Lei nº 3.071, de 1º de janeiro de 1916 – Código Civil e altera dispositivos da Lei nº 6.515, de 26 de dezembro de 1977. Diário Oficial da União, Brasília, DF, 18 out.1989. Disponível em: <http://www.planalto.gov.br/ccivil_03/leis/L7841.htm>. Acesso em: 20 nov. 2017.

BRASIL. Lei nº 8.069, de 13 de julho de 1990. Dispõe sobre o Estatuto da Criança e do Adolescente e dá outras providências. Diário Oficial da União, Brasília, DF, 16 jul.1990 e retificado em 27 set.1990. Disponível em: <http://www.planalto.gov.br/ccivil_03/leis/L8069.htm>. Acesso em: 20 nov. 2017.

BRASIL. Decreto nº 99.710, de 21 de novembro de 1990. Promulga a Convenção sobre os Direitos da Criança. Diário Oficial da União, Brasília, DF, 22 nov.1990. Disponível em <http://www.planalto.gov.br/ccivil_03/decreto/1990-1994/d99710.htm>. Acesso em: 20 nov. 2017.

BRASIL. Lei nº 8.112, de 11 de dezembro de 1990. Dispõe sobre o regime jurídico dos servidores públicos civis da União, das autarquias e das fundações públicas federais. Diário Oficial da União, Brasília, DF, 19 abr.1991. Disponível em: <http://www.planalto.gov.br/ccivil_03/leis/L8112cons.htm>. Acesso em: 20 nov. 2017.

BRASIL. Lei nº 8. 213, de 24 de julho de 1991. Dispõe sobre os Planos de Benefícios da Previdência Social e dá outras providências. Diário Oficial da União, Brasília, DF, 25 jul.1991, republicado em 11 abr.1996 e 14 ag.1998. Disponível em: <http://www.planalto.gov.br/ccivil_03/leis/L8213cons.htm>. Acesso em: 20 nov. 2017.

BRASIL. Lei nº 8.560, de 29 de dezembro de 1992. Regula a investigação de paternidade dos filhos havidos fora do casamento e dá outras providências. Diário Oficial da União, Brasília, DF, 30 dez. 1992. Disponível em: <http://www.planalto.gov.br/ccivil_03/leis/L8560.htm>. Acesso em: 20 nov. 2017.

BRASIL. Lei nº 9.263, de 12 de janeiro de 1996. Regula o § 7º do art. 226 da Constituição Federal, que trata do planejamento familiar, estabelece penalidades e dá outras providências. Diário Oficial da União, Brasília, DF, 15 jan.1996. Disponível em: <http://www.planalto.gov.br/ccivil_03/leis/L9263.htm>. Acesso em: 8 jan. 2018.

BRASIL. Projeto de Lei do Senado n° 149, de 1997. *Define os crimes resultantes de discriminação genética*. Brasília/DF, 5 ago. 1997. Disponível em: <http://www25.senado.leg.br/web/atividade/materias/-/materia/1456>. Acesso em: 8 jan. 2018.

BRASIL. Lei nº 10.406, de 10 de janeiro de 2002 [Código Civil]. Diário Oficial da União, Brasília, DF, 11 jan. 2002. Disponível em: <http://www.planalto.gov.br/ccivil_03/leis/2002/L10406.htm>. Acesso em: 20 nov. 2017.

BRASIL. Lei nº 11.105, de 24 de março de 2005. Regulamenta os incisos II, IV e V do § 1o do art. 225 da Constituição Federal, estabelece normas de segurança e mecanismos de fiscalização de atividades que envolvam organismos geneticamente modificados – OGM e seus derivados, cria o Conselho Nacional de Biossegurança – CNBS, reestrutura a Comissão Técnica Nacional de Biossegurança – CTNBio, dispõe sobre a Política Nacional de Biossegurança – PNB, revoga a Lei no 8.974, de 5 de janeiro de 1995, e a Medida Provisória no 2.191-9, de 23 de agosto de 2001, e os arts. 5o, 6o, 7o, 8o, 9o, 10 e 16 da Lei no 10.814, de 15 de dezembro de 2003, e dá outras providências. Diário Oficial da União, Brasília, DF, 28 mar. 2005. Disponível em: <http://www.planalto.gov.br/ccivil_03/_ato2004-2006/2005/lei/l11105.htm>. Acesso em: 8 jan. 2018.

BRASIL. Lei nº 11.924, de 17 de abril de 2009. Altera o art. 57 da Lei nº 6.015, de 31 de dezembro de 1973, para autorizar o enteado ou a enteada a adotar o nome da família do padrasto ou da madrasta. Diário Oficial da União, Brasília, DF, 17 abr.2009. Disponível em: <http://www.planalto.gov.br/ccivil_03/_ato2007-2010/2009/lei/l11924.htm>. Acesso em: 20 nov. 2017.

BRASIL. Lei nº 12.004, de 29 de julho de 2009. Altera a Lei nº 8.560, de 29 de dezembro de 1992, que regula a investigação de paternidade dos filhos havidos fora do casamento e dá outras providências. Diário Oficial da União, Brasília, DF, 30 jul. 2009. Disponível em: <http://www.planalto.gov.br/ccivil_03/_ato2007-2010/2009/lei/l12004.htm>. Acesso em: 20 nov. 2017.

BRASIL. Lei nº 12.318, de 26 de agosto de 2010. Dispõe sobre a alienação parental e altera o art. 236 da Lei no 8.069, de 13 de julho de 1990. Diário Oficial da União, Brasília, DF, 27 ago. 2010 e retificado em 31 ago. 2010. Disponível em: <http://www.planalto.gov.br/ccivil_03/_ato2007-2010/2010/lei/l12318.htm>. Acesso em: 8 jan. 2018.

BRASIL. Provimento da Corregedoria Geral da Justiça do Estado do Maranhão nº 21/2013. Dispõe sobre o reconhecimento voluntário de paternidade socioafetiva perante os Ofícios de Registro Civil das Pessoas Naturais do Estado do Maranhão, e dá outras providências. Diário da Justiça Eletrônico, São Luís, MA, 19 dez. 2013. Disponível em: <http://www.tjma.jus.br/cgj/visualiza/sessao/1586/publicacao/404284>. Acesso em: 20 nov. 2017.

REFERÊNCIAS

BRASIL. Provimento da Corregedoria Geral da Justiça do Estado de São Paulo nº 36/2014: Regulamenta o apadrinhamento afetivo, apadrinhamento financeiro e reconhecimento da paternidade socioafetiva. Diário da Justiça Eletrônico, São Paulo, SP, 12 dez. 2014. Disponível em: <http://www.arpensp.org.br/?pG=X19leGliZV9ub3RpY2lhcw==&in=MjE3OTc=> Acesso em: 20 nov. 2017.

BRASIL. Lei nº 13.105, de 16 de março de 2015. Código de Processo Civil. Diário Oficial da União, Brasília, DF, 17 mar. 2015. Disponível em: <http://www.planalto.gov.br/ccivil_03/_ato2015-2018/2015/lei/l13105.htm>. Acesso em: 20 nov. 2017.

BRASIL. Resolução CFM nº 2.121/2015, do Conselho Federal de Medicina, de 16 jul. 2015. Diário Oficial da União, Brasília, DF, 24 set. 2015. Disponível em: <http://www.google.com.br/url?sa=t&rct=j&q=&esrc=s&source=web&cd=1&ved=0ahUKEwjkjfmgo8bYAhUHFZAKHc6gCj8QFggnMAA&url=http%3A%2F%2Fwww.portalmedico.org.br%2Fresolucoes%2Fcfm%2F2015%2F2121_2015.pdf&usg=AOvVaw1LfaxfQRTKVZAl7L9KSBeE>. Acesso em: 20 nov. 2017.

BRASIL. Provimento nº 52, de 14 de março de 2016. Dispõe sobre o registro de nascimento e emissão da respectiva certidão dos filhos havidos por reprodução assistida. Diário Oficial da União, Brasília, DF, 15 mar.2016. Disponível em: <http://www.cnj.jus.br/busca-atos-adm?documento=3109>. Acesso em: 20 nov. 2017.

BRASIL. Resolução CFM nº 2.168/2017, do Conselho Federal de Medicina, de 21 set. 2017. Diário Oficial da União, Brasília, DF, 10 nov. 2017. Disponível em: <https://sistemas.cfm.org.br/normas/visualizar/resolucoes/BR/2017/2168>. Acesso em: 20 nov. 2017.

BRASIL. Conselho Nacional de Justiça. Provimento nº 63 de 14 nov. 2017. Institui modelos únicos de certidão de nascimento, de casamento e de óbito, a serem adotadas pelos ofícios de registro civil das pessoas naturais, e dispõe sobre o reconhecimento voluntário e a averbação da paternidade e maternidade socioafetiva no Livro "A" e sobre o registro de nascimento e emissão da respectiva certidão dos filhos havidos por reprodução assistida. Diário Oficial da União, Brasília, DF, 17 nov. 2017. Disponível em: <http://www.cnj.jus.br/busca-atos-adm?documento=3380>. Acesso em: 20 nov. 2017.

BRASIL. Conselho Nacional de Justiça. Provimento nº 83 de 14 ag. 2019. Altera a Seção II, que trata da Paternidade Socioafetiva, do Provimento n. 63, de 14 de novembro de 2017 da Corregedoria Nacional de Justiça. Diário Oficial da União, Brasília, DF, 14 ag. 2019. Disponível em: < https://www.cnj.jus.br/busca-atos-adm?documento=3764>. Acesso em: 23 set.2019.

BRASIL. Lei nº 13.509, de 22 de novembro de 2017. Dispõe sobre adoção e altera a Lei nº 8.069, de 13 de julho de 1990 (Estatuto da Criança e do Adolescente), a Consolidação das Leis do Trabalho (CLT), aprovada pelo Decreto-Lei nº 5.452, de 1º de maio de 1943, e a Lei nº 10.406, de 10 de janeiro de 2002 (Código Civil). Diário Oficial da União, Brasília, DF, 23 nov.2017. Disponível em: <http://www.planalto.gov.br/ccivil_03/_ato2015-2018/2017/lei/L13509.htm>. Acesso em: 20 nov. 2017.

7. Legislação Estrangeira

CANADÁ. Family law act. [sbc 2011] chapter 25. Assented to november 24, 2011 [lei de direito de família. Capítulo 25. Aprovada em 24 nov.2011]. Disponível em: <http://www.bclaws.ca/civix/document/id/complete/statreg/11025_00>. Acesso em: 19 dez. 2017.

ESTADOS UNIDOS DA AMÉRICA. Alaska Indian Child Welfare Act, Section 1914 [Lei do Alaska de bem-estar da criança indiana, seção 1914]. Disponível em: <http://codes.findlaw.com/ak/>. Acesso em: 17 dez. 2017.

ESTADOS UNIDOS DA AMÉRICA. Alaska Statutes Title 25. Marital and Domestic Relations § 25.23.140. Appeal and validation of adoption decree. [Estatutos do Alasca Título 25. Relações conjugais e domésticas § 25.23.140. Apelo e validação do decreto de adoção]. Disponível em: <http://codes.findlaw.com/ak/title-25-marital-and-domestic-relations/ak-st-sect-25-23-140.html>. Acesso em: 7 jan. 2018.

ESTADOS UNIDOS DA AMÉRICA. Califórnia. Assembly Committee on Judiciary. SB-274. May 14, 2013. Family Law: Parentage. [Projeto de Lei nº 274 sobre Direito de Família: Parentesco. de 14 maio. 2013]. Disponível em: <http://www.leginfo.ca.gov/pub/13-14/bill/sen/sb_0251-0300/sb_274_cfa_20130617_102905_asm_comm.html> . Acesso em: 17 dez. 2017.

ESTADOS UNIDOS DA AMÉRICA. California. LEGISLATIVE COUNSEL'S DIGEST. SB-274 . Family law: parentage: child custody and support. October 04, 2013. [Poder Legislativo. Projeto de Lei nº 274. Direito de Família: parentesco: custódia e suporte a criança. 4 out. 2013]. Disponível em: <https://leginfo.legislature.ca.gov/faces/billNavClient.xhtml?bill_id=201320140SB274>. Acesso em: 17 dez. 2017.

ESTADOS UNIDOS DA AMÉRICA. California Code, Evidence Code – EVID. [Código de Evidências da Califórnia]. Disponível em: <http://codes.findlaw.com/>. Acesso em: 19 dez. 2017.

ESTADOS UNIDOS DA AMÉRICA. California Code, Civil Code – CIV [Código Civil da Califórnia]. Disponível em: <http://codes.findlaw.com/>. Acesso em: 19 dez. 2017.

REFERÊNCIAS

ESTADOS UNIDOS DA AMÉRICA. California Code, Family Code – FAM [Código de Família da Califórnia]. Disponível em: <http://codes.findlaw.com/ca/family-code/>. Acesso em: 19 dez. 2017.

EUA. Delaware Code Tittle 13. Domestic Relations. [Código de Delaware, título 13, Relações Domésticas]. Disponível em: <http://caselaw.findlaw.com/delaware.html>. Acesso em: 17 dez. 2017.

ESTADOS UNIDOS DA AMÉRICA. Louisiana. Civil Code. [Código Civil de Louisiana]. Disponível em: <https://legis.la.gov/legis/Laws_Toc.aspx?folder=67&level=Parent>. Acesso em: 10 dez. 2017.

ESTADOS UNIDOS DA AMÉRICA. Maine. An Act To Update Maine's Family Law Nº 1017 de 1 jul. 2016. [Lei para Atualizar o Direito de Família do Estado de Maine de 1 de jul.2016]. Disponível em: <http://legislature.maine.gov/bills/getPDF.asp?paper=SP0358&item=1&snum=127>._Acesso em: 17 dez. 2017.

ESTADOS UNIDOS DA AMÉRICA. Maine Revised Statutes Title 19-A. Domestic Relations [Estatuto Revista do Estado de Maine. Título 19-A. Relações Domésticas]. Disponível em: < http://codes.findlaw.com/me/title-19--a-domestic-relations/>. Acesso em: 17 dez. 2017.

ESTADOS UNIDOS DA AMÉRICA. New York Consolidated Laws, Domestic Relations Law – DOM § 70. Habeas corpus for child detained by parent [Leis Consolidadas de Nova Iorque, Lei de Relações Domésticas, §70. Habeas corpus para criança detida por parente]. Disponível em: <http://codes.findlaw.com/ny/domestic-relations-law/dom-sect-70.html>. Acesso em: 17 dez. 2017.

ESTADOS UNIDOS DA AMÉRICA. Oregon Revised Statutes Title 11. Domestic Relations [Estatuto Revisado das Relações Domésticas de Oregon. Título 11. Relações Domésticas]. Disponível em: <http://codes.findlaw.com/or/title-11-domestic-relations/>. Acesso em: 17 dez. 2017.

ESTADOS UNIDOS DA AMÉRICA. Washington Revised Code Title 26. Domestic Relations [Título 26 do Código Revisado de Washington. Relações Domésticas]. Disponível em: <http://codes.findlaw.com/wa/title-26--domestic-relations/#!tid=NC372FF509A6C11DA82A9861CF4CA18AB>. Acesso em: 26 de 2017.

ESTADOS UNIDOS DA AMÉRICA. Washington D.C. B21-0016 – Collaborative Reproduction Amendment Act of 2015. Law Number L21-0255 Effective from Apr 7, 2017. [Lei de Alteração de Reprodução Assistida, nº L21-0255 de 7 de abril de 2017]. Disponível em: <http://lims.dccouncil.us/Legislation/B21-0016?FromSearchResults=true>. Acesso em: 26 dez.2017.

HOLANDA. Child and Parents in the 21st Century: the report of the government committee on the reassessment of parenthood [Filho e Pais no século 21: relatório do comitê do governo reavaliando a paternidade]. Disponível em: <https://www.government.nl/documents/reports/2016/12/07/child-and-parent-in-the-21ste-century>. Acesso em: 19 dez. 2017.

APÊNDICE

Entrevista com Psicóloga especialista em família[573]

1) Qual o modelo de pai-mãe ideal?

Pai e mãe ideal são exatamente os reais: aqueles que dão conta dessa tarefa tão complexa que é o educar e cuidar em uma díade, aqueles que entendem a sua função de modelo e referência e que procuram oferecer para a criança a sensação de continente, que é a sensação de proteção máxima, de segurança, de limites, de porto-seguro, com todas as suas potencialidades e fraquezas, mas que fazem esse exercício da maneira mais honesta e franca possível. Tem um autor que eu gosto muito que é o Donald Winnicott, que fala da "mãe suficientemente boa" e que a gente pode desdobrar para o pai também. Esse termo "suficientemente bom" já vem mostrar para a gente que não existem pais e mães ótimos, porque isso não seria do humano. Assim, quando a gente se propõe a fazer nosso melhor com aquilo que a gente tem disponível, e se colocar constantemente como referência, de vida, de comportamento, de atitude, para os nossos filhos, isso representa a nossa busca pelo ideal. E pai e mãe também representam um lugar de culpa, porque sempre acreditam que poderia ser melhor, e ocupar esse lugar de culpa também é natural. Então, longe de um discurso piegas, acredito que o que nutra mesmo a máxima da maternagem e da paternagem seja o amor, no sentido do desprendimento: eu desprendo de mim mesmo em nome de outro. Eu quero tão bem a esse outro que chego a querer mais para ele do que para mim, e isso às vezes extrapola uma relação biológica, como pode ser ilustrada pela sentença de 2012[574].

---

[573] Flávia Cristina Costa Moreno. Doutora em Psicologia Educacional pelo Centro Universitário FIEO – UNIFIEO. Graduada em Psicologia. Especialista na Prova de Rorschach, Gestão Escolar e *Coach*. Técnica-pedagógica responsável pela rede de escolas de ensino fundamental do município de Barueri. Coordena sua própria clínica psicológica. Presta assessoria educacional e organizacional. Pesquisadora associada ao Centro Internacional de Estudos sobre Representações Sociais e Subjetividade da Fundação Carlos Chagas – CIERS. Transcrição livre de entrevista informal, registrada em linguagem coloquial.

[574] BRASIL. Justiça de Primeiro Grau do Estado de Rondônia. Comarca de Ariquemes. Ação de investigação de paternidade cumulada com anulação de registro civil nº 0012530-95.2010.8.22.0002. Autora: A.A.B. Réu: M.S.B. e E.S.S. , Primeira Vara Cível. Juíza de Direito: Deisy Cristhian Lorena de Oliveira Ferraz. 13 de março de 2012. Disponível em: <https://www.tjro.jus.br/appg/pages/index.xhtml>. Acesso em: 19 nov. 2017.

2) Como se realiza de forma eficiente e eficaz o poder parental para o bom desenvolvimento da criança e do adolescente?
Pela constância. A nossa possibilidade de sermos autoridade reside na nossa constância e na nossa coerência. Filhos exigem de nós um constante *up-date*. A gente busca a tentativa de sermos pessoas melhores, considerando que somos modelo. Então, essa é a regra que é colocada todos os dias e da mesma forma, considerando a faixa etária. Além de exigir, eu sou modelo daquilo que exijo, sou constate naquilo que eu peço: eu peço, mas também executo, isso que é constância. A constância está dentro da frequência de sempre se manter aquilo e a coerência entre fazer e falar as mesmas coisas: essa é a base da autoridade e o que vem sendo tão negligenciado ultimamente porque os pais cada vez mais jovens nem sempre conseguem ser esse modelo de constância e coerência: eles até cobram, mas não representam em termos de modelo, e aí que a criança acaba burlando essa regra entendendo que também pode fazer diferente do que está sendo dito. Outro ponto importante é não esquecer que é o adulto e quem é a criança ou o adolescente da relação, porque enquanto adultos nós temos mais condições de corticalizar as emoções: Então, a gente consegue assistir uma birra, por exemplo, sem fazer outra birra também, sem perder limites também, porque só dá limites quem tem limites.

3) O aspecto financeiro deve ser levado em consideração quando da atribuição da guarda?
Eu acredito que não seja o ponto determinante, mas sim o vínculo afetivo. Dependendo do genitor que resguarda maior vínculo com a criança – que nem sempre é a mãe, pois temos visto casos em que é a figura do pai – este deve ser prestigiado. A questão financeira tem sua importância e deve ser considerada, mas não pode ser determinante, porque devemos nutrir não apenas o corpo, mas a alma também. A identificação da criança e o vínculo afetivo devem ser considerados.

4) O que a Psicologia entende como «melhor interesse da criança»?
Eu acredito que se dê com base naquilo que é condição para o melhor desenvolvimento e bem-estar dela. Porque o interesse da criança, dependendo da idade, é muito volúvel: devemos tomar muito cuidado com isso. Perguntas como: – de quem você gosta mais? Com quem você quer ficar, com seu pai ou com sua mãe? – são perguntas tristes que, na minha opinião, nunca deveriam ser feitas a uma criança que se sente em uma "sinuca de bico", pois dizer sim para um é dizer não para o outro. O estudo social

precisa ser feito com bastante cautela e cuidado para que os profissionais percebam quem é o adulto que é o melhor continente a essa criança, que lhe dá mais condições de estar segura, bem e feliz: o melhor interesse dela é esse – e não o "de quem eu gosto mais".

5) Quais os pontos positivos e negativos na convivência da família reconstituída? Há influência sobre os filhos? Quais cuidados se deve ter quanto as crianças?

Essas novas reconstituições familiares são muito interessantes, algo que a própria Psicologia tem aprendido a lidar. O que eu noto é que as crianças têm muito mais jogo de cintura que os adultos e se adaptam muito mais facilmente para estabelecer laços com os novos irmãos, os novos primos. Isso em geral acontece de forma positiva se o casal está bem certo do que deseja, se realiza isso com parcimônia e não de forma abrupta: então, esses são os cuidados que se deve ter. Quando um adulto tem filhos e dará início a uma nova constituição familiar, ele não pode se esquecer de que não é apenas ele que está se vinculando, porque às vezes os adultos se vinculam e desvinculam de uma forma bem prática, mas as crianças sentem, porque elas continuam vinculadas, mesmo quando o relacionamento termina: ela tem pai, que é o ex-marido; depois, o padrasto, que se torna ex-padrasto; depois, o novo namorado da mãe – e ela não deixa para trás as pessoas que participaram da vida dela. Então, esse é um cuidado que tenho quando oriento os pacientes adultos, quando começam relacionamentos novos: para que só apresentem seus pares para os filhos quando for algo mais consistente, quando for realmente uma pessoa que eles querem ter por perto e dividir a vida. Do contrário, isso precisa estar separado.

6) A multiparentalidade pode causar alguma espécie de distúrbio na criança/adolescente? E no filho adulto?

Eu acredito que não. Como eu disse, a capacidade de adaptação da criança é superior à do adulto, até por uma questão biológica em que o cérebro está mais predisposto a novas conexões neuronais, a mudanças: o adulto se fecha em algumas rotinas, alguns esquemas e, quando isso precisa ser reconfigurado, pode sofrer mais. Então, não acredito que possa causar distúrbio. O que pode causar distúrbio é a ausência de afeto, é a ausência de respeito pela faixa etária e pelo bem-estar da criança. Se tudo for conversado antes, por menor que seja a criança, ela sempre tem o direito de ter as situações explicadas previamente. Então, se for um rompimento, um recomeço ou uma nova constituição familiar, tudo deve ser explicado.

Em geral eles são muito generosos e só querem ver bem o pai e a mãe. Porque pai e mãe feliz é criança feliz e eles conseguem oferecer mais afeto, mais inteireza.

7) A verdade biológica tem alguma prevalência sobre a afetiva na psique do indivíduo? A recíproca é verdadeira?
Eu acredito que sim, que a verdade biológica seja fundamental. Quando a gente acompanha crianças adotivas, por exemplo, que não conhecem sua origem, sabemos que, na verdade, sempre desconfiam, porque o adulto, de forma inconsciente, dá pistas do que está acontecendo. São dados que a criança vai acumulando e começa a criar a própria teoria e, num dado momento, ela começa a sofrer com o mistério em torno da origem e é fundamental que ela saiba da questão biológica: quem são os pais biológicos. E é natural que elas queiram conhecer a pessoa que tem 50% do seu DNA, por curiosidade, para saber se tem alguma semelhança física, algum trejeito, algum maneirismo. Então, a questão da afetividade é, sem dúvida fundamental. Mas ela não diminui o valor da verdade biológica.

8) O Direito Português, em seu Artigo 10, nº 2, da Lei de Proteção a Menores homenageia a autonomia do menor em fazer suas escolhas, ainda que tenha idade inferior a 12 anos. Você acha que é possível fazer as melhores escolhas para si mesmo nessa idade? Quais os graus de maturidade do ser humano?
Eu acho muito complicado perguntar para a criança "Com quem você quem quer ficar?"; "De quem você gosta mais?". Eu entendo que isso precisa ser investigado, mas temos que tomar muito cuidado com as perguntas, porque existe um pacto de lealdade. Às vezes, a criança quer ficar muito com o pai, mas não pode dizer, senão a mãe ficará doente – ou vice-versa. A saída seria perguntar de forma mais sutil. Como por exemplo: "O que você gosta de fazer quando está com cada um? " ou "O que sente estando com eles?". Enfim, outros tipos de perguntas que não esse tão direto, porque, quando a criança tem essa clareza dentro dela, ela dirá. Precisamos lembrar que, às vezes, isso é temporário: por exemplo, em geral a menina pequena sente muita saudade do pai e, quando adolesce, sente falta da mãe: então adentra à maturidade. O que a gente sabe é que, por volta dos 11 e 12 anos, segundo Piaget, a criança tem mais condições maturacionais e cognitivas de fazer escolhas. Ela tem um princípio de autonomia. Na verdade, ela sabe o que é melhor para ela naquele momento, com quem ela se sente melhor. Mas existe o viés afetivo: às vezes ela sabe, mas não

pode dizer, pois sabe que irá ferir muito aquele que precisa mais dela. "Eu preciso do meu pai, mas minha mãe precisa mais de mim" – ou vice-versa.

9) Você acha que, com a globalização, o papel que o pai assume na vida de uma criança deixa de ter tanta relevância?
De forma alguma. O papel do pai é fundamental. Aqui temos uma questão dos modelos de gênero, sendo que a mulher e o homem se complementam. Não é à toa que a vida precisa de um representante masculino e de um representante feminino, biológicos em sua natureza, para formação de uma nova vida. O pai tem um papel específico que a mãe não substitui. Às vezes a gente brinca e se refere à mãe como "pãe" para nos referir à mãe que exerce o papel de pai e mãe; porém, são tentativas de suprir as necessidades da criança, mas não excluem a falta: ela permanece. O que vemos é que uma outra pessoa da família é eleita para esse papel, como um avô, um tio, no caso da ausência do pai; e no caso da ausência da mãe, uma avó ou uma tia – enfim, alguém deverá ser representante desse modelo na vida da criança.

10) A função educativa pode ser realizada por uma pluralidade de pais e mães, sem prejuízo à criança/adolescente?
Eu acredito que sim, que seja possível a educação da criança por essa pluralidade. Contudo, seria necessário haver uma harmonização entre essas pessoas e daí a grande dificuldade, porque a constância e a coerência já são desafio quando se tem o pai e mãe, porque deverão entrar num acordo, não podendo desautorizar um ao outro, para que a educação tenha força. Se tivermos pais e mães dizendo coisas distintas teremos uma "Torre de Babel" e os filhos vão se utilizar dessa inconstância para se safar e tirar vantagem. Então, vão pedir para cada um aquilo que é possível, usando dessa maleabilidade para se "darem bem".

11) No caso de múltiplo reconhecimento na vida adulta, isto reflete na esfera psíquica do indivíduo? Se sim, de que forma?
Se for na vida adulta, menos. É que, quanto mais desenvolvidos nós somos, melhores condições a gente tem de enfrentar traumas e frustrações. Quanto menor a gente é, mais incisivos são os traumas, porque eles encontram um corpo psíquico muito vulnerável, no qual os conceitos de "certo" e "errado" ainda estão em construção. Agora, isso, numa idade inferior, precisaria ser muito discutido com a criança e o adolescente. Teria de ser bem explicado, para que não pareça ser um "ser mutante". Afinal,

se todo mundo tem um pai e uma mãe, por que ele teria dois? Tem de ser muito bem explicado, para que isso seja visto pelo ângulo positivo e não pelo negativo.

12) O binômio autoridade-submissão existe hoje no poder parental? O filho ficará prejudicado, caso tenha mais de 2 pais e/ou 2 mães na função educativa?
A autoridade pode ser muito forte se os participantes paternos e maternos tiverem o mínimo de conciliação, pois, se forem pessoas antagônicas, ficaria muito complicado exercer autoridade sobre o filho. Por exemplo: eu tenho dois pais; um diz que eu posso fumar e outro diz que não. Qual terá mais autoridade sobre mim? Agora, se os dois entendem que isso faz mal para mim e me explicam a respeito, a mensagem tem muito mais força. A regra precisa ser repetida e mantida: é isso que está na regra forte.

13) O fenômeno da família reconstituída é transitório?
Eu acredito que não. A gente tem assistido tantas mudanças ultimamente para dar conta do que a vida real vem revelando! Afinal, o senso comum determina a Ciência, mas as diferentes áreas, como o Direto e a Psicologia vêm se deparando com essas questões. É porque são novas facetas da humanidade e acredito que isso possa até sofrer ainda mais transformações. Mas um retorno maciço para a família nuclear é improvável. Isto porque as coisas são conectadas e, como os adultos têm se dado mais o direito de escolher seus parceiros e só se manter relações que de fato sejam positivas, não vêm suportando mais relações abusivas. Enfim, isso tem a ver com a postura do adulto e, quando se rompe aquela relação com filhos, eles os acompanham em outras decisões e apresentam-se formatos de família multivariados.

14) O ser humano, para seu completo desenvolvimento, necessita ter os 3 laços: afetivo; biológico e ontológico? Existe hierarquia entre os mesmos?
Acredito que não exista hierarquia. Todas essas fatias, organizações didáticas em etapas e segmentos são para dar conta de uma explicação, mas as coisas acontecem de forma muito interligada e interdependente. Temos a questão dos laços afetivos que vão definir nosso jeito de ser, nosso jeito de nos colocarmos no mundo, nossa organização psíquica. Mas esse afetivo depende do biológico, porque temos que ter predisposição para aquilo porque, se isso for de alguma forma prejudicado, nem sempre o afetivo pode nos suprir; e esse biológico se articula com o ontológico, que

é aquilo que vem determinado pela espécie – no caso, a espécie humana. Por exemplo: a gente ainda tem traços dessa ancestralidade tribal, que é a questão de enxergar as coisas pelo ângulo negativo. E isso é muito forte em todos nós: temos uma memória para o negativo surpreendente, porque na nossa ancestralidade a gente precisava dessa informação muito bem armazenada para sobreviver, para não comer as plantas venenosas, não andar nos lugares perigosos etc. Então, mesmo que eu tenha a predisposição da espécie e meu aspecto biológico garantido, se eu não tiver pessoas que convivam comigo e que me ofertem a questão afetiva, eu não me torno gente, eu sou um "bife" com dois olhos. A gente só se torna pessoa no contato com outra pessoa, e não com o meio. É como aquela história do Mogli, que ilustra bem: era uma pessoa com saúde, com todo o seu aparato orgânico biológico preservado, mas foi privado do contato humano e não desenvolveu as funções psíquicas superiores.

15) Existe período mínimo de convivência que possa considerar sedimentada a paternidade/maternidade?
O que a gente sabe é que a primeira infância tem um poder incrível sobre a vida adulta. Então, a pessoa que estiver com a criança nos seus três primeiros anos, terá um papel que poucos outros terão igual em termos de desenvolvimento. Porque até os três anos a gente tem o dobro de glicose no cérebro e isso permite um desenvolvimento neurológico que nunca mais teremos igual. Até os três anos eu terei esse "supercrescimento", que alguns autores chamam de "Idade de Ouro" do desenvolvimento cognitivo, social, biológico, afetivo, motor. Durante toda essa infância maior e até os doze anos, isso continua prevalecendo, em níveis diferentes de graduação, mas continua. Então, acredito que as pessoas que tenham convivência com a criança na infância completa – do 0 aos 12 – são pessoas que vão participar muito mais dessa constituição de personalidade. Mas a adolescência também é importante e nós temos a ressignificação da primeira identidade, que pode ser fortalecida ou refutada. Aí entra a importância dos amigos, que têm poder influenciador e significativo. Mas, em termos de sedimentação, é a primeira infância.

16) O conhecimento da ancestralidade do homem é suficiente para o desenvolvimento de sua personalidade ou deve haver o reconhecimento formal pelo Direito?
Acredito que uma coisa não exclui a outra. O reconhecimento biológico é um direito, trata da minha origem e, portanto, da constituição de quem

eu sou, de minha identidade. Vejo isso pelos casos de filhos adotivos que acompanho: embora eles amem seus pais adotivos, fantasiam histórias com seus pais biológicos, querem conhecê-los e os idealizam, os hostilizam... numa ambivalência que demonstra o quanto essa questão é importante. Pai é pai... ainda que seja um mau pai ou um bom pai. É diferente de um ascendente. Parece um jogo de palavras que mais complica do que explica.

17) Para a Psicologia, existe alguma diferença entre *pai* e *ascendente genético*?
Trabalhamos com os conteúdos que o paciente traz. Se o pai (reconhecido como pai) é o padrasto, então entendemos que ele ocupa esse papel. O discurso da criança é nosso guia. Muitas vezes mesmo com um pai presente, a figura de pai está no avô. Esse é um lugar mais simbólico do que jurídico. As leis do coração são regidas por outras regras, bem particulares.

18) O que você entende por *comportamento de apego*? Que espécie de vínculo lhe dá essa atribuição (o biológico ou o afetivo)?
Tem um estudioso que trata da "Teoria do Apego", chamado John Bowlby, e do quanto ela é fundamental. Ele trata disso nos bebês, de zero a um ano: do quanto eles precisam de adultos à sua volta que estejam realmente entregues a esse cuidado – adultos cuidadores: mãe, avó, pai. Enfim, adultos que permitam essa ilusão do que a gente chama do "princípio do prazer", que é a possibilidade de fantasiar o controle sobre tudo. O bebê precisa viver essa fantasia de onipotência, sendo possível apenas se tiver esse adulto entregue a essa tarefa. E isso resulta na constituição do apego. Só o biológico não garante, como se verifica nos casos, por exemplo, da mãe com depressão pós-parto. O que marca o vínculo de apego é o afeto.

19) Na sua opinião, quais os efeitos sociais da multiparentalidade? E da família reconstituída?
Eu creio que, como aspectos contemporâneos, inicialmente eles possam gerar algum desconforto, discriminação, porque o que é novo em geral é rejeitado e criticado. Mas essa é uma fase inicial do processo comum; depois, isso ganha aspectos de naturalidade, como a família reconstituída, que hoje tem sido vista com muito mais naturalidade. Pode ser que algumas crianças ou alguns jovens se sintam deslocados com essa situação, e isso dependerá do jeito de ser de cada um. Como já dito, a criança lida melhor com isso. Quanto ao jovem, aquele que lida melhor com as mudanças e com o rompimento de paradigmas não sofrerá. Agora aquele que, por

seu jeito de ser é mais conservador, que apresenta um comportamento mais estereotipado, esse pode ser que sofra e que tenha que esconder, como hoje já é visto naqueles que, por exemplo, que têm vergonha de dizer que o pai tem um emprego subalterno, ou aqueles que escondem onde moram. Enfim, já temos essas situações.

20) Existe algo mais que queira relatar sobre o tema «Aspectos pessoais e sociais da multiparentalidade» que não foi abordado acima? Se positivo, esteja à vontade para abordá-lo.
Gostaria de acrescentar que, quanto mais a gente conseguir viver a premissa do respeito e do amor ao próximo, mais a gente consegue aceitar as mudanças. Afinal, qual é a diferença de se ter uma família multiparental ou uniparental, se é uma família onde se encontra prazer, forças, princípios? Então, o que transcende a organização registral da família? São esses princípios do amor, do respeito, da segurança e da proteção: é isso que deve ser garantido, independentemente de como ela está constituída, porque a criança precisa disso antes de qualquer outra coisa. Mesmo nas famílias uniparentais, nas quais há apenas o pai ou a mãe, há a falta. Mas, se dentro do possível isso for garantido, a criança se desenvolve como temos visto: ela se desenvolve, cresce, trabalha, estabelece laços, produz, e demonstra saúde psíquica. Quantas vezes temos famílias nucleares do tipo "propaganda de margarina", mas que são doentes? Muitas vezes, nessas famílias há relacionamentos abusivos, pessoas que não se toleram, "bodes expiatórios" nas pessoas de filhos que vão precisar se utilizar de entorpecentes para colar a própria personalidade! Então temos que enxergar além do formato, do desenho e do papel, para entendermos o que é realmente necessário para a constituição de uma criança. E precisamos enxergar essa possibilidade de permitir que ela seja e exista. Assim, os adultos precisam se cuidar e estar bem para oferecerem o seu melhor.